안아주기와 해석

정신분석 축어록

HOLDING and INTERPRETATION
by D. W. WINNICOTT

Copyright © **The Winnicott Trust**, 1986
by arrangement with **The Marsh Agency Ltd**
　& **KCC**(Korea Copyright Center Inc.)

Translation copyright © 2018
by **Korean Institute for Contemporary Psychoanalysis**
　(previously, Korea Psychotherapy Institute)

본 저작물의 한국어판 저작권은 The Marsh Agency와 KCC를 통한 독점 계약으로 현대정신분석연구소(구 한국심리치료연구소)가 소유하고 있습니다. 저작권법에 의하여 보호를 받는 저작물이므로 무단전제와 무단복제를 금합니다.

안아주기와 해석
정신분석 축어록

발행일　2022년 8월 22일
지은이　도널드 위니캇
옮긴이　정윤애
펴낸이　이준호
펴낸곳　현대정신분석연구소 (구 한국심리치료연구소)
주소　서울시 종로구 새문안로5가길 28, (적선동, 광화문플래티넘) 918호
전화　02) 730-2537~8
팩스　02) 730-2539
홈페이지　www.kicp.co.kr
E-mail　kicp21@naver.com
등록　제22-1005호(1996년 5월 13일)
정가　30,000원
ISBN　978-89-97465-56-9 (93180)

Holding and Interpretation
- Fragment of Analysis -

안아주기와 해석
정신분석 축어록

by

도널드 위니캇
마수드 칸 서문

- 목 차 -

마수드 칸의 서문   1

정신분석 축어록   31

부록: 철수와 퇴행   360

참고문헌   371

서문

마수드 칸

(M. Masud R. Khan)

위니캇 박사가 1971년 1월에 서거하기 약 여섯 달 전, 성공회의 젊은 신부 몇 사람이 그를 대담에 초빙한 일이 있었다. 위니캇이 이를 수락하여 서로 격의 없이 대화를 나누는 가운데 신부들이 필요로 하는 게 무엇인지 밝혀졌다. 그것은 마음의 병으로 도움을 청하는 사람들 중, 누가 정신과적 치료가 필요한 사람이고 누가 신부들과의 대화를 통해 스스로 치유할 수 있는 사람인지 구분하는 방법이었다. 위니캇은 내게 이 이야기를 하면서 신부들의 질문이 너무 단순해서 놀랐다고 했다. 위니캇이 한참 머뭇거리다가 생각을 가다듬고 대답했다.

'어떤 사람이 당신에게 와서 말을 하는데, 그 말을 들으면서 그가 당신을 **지치게 한다**고 느끼면, 그는 병이 든 것이고 정신과적 치료가 필요한 사람일 겁니다. 반면 당신이 그에게 계속 흥미를 느낀다면, 그의 마음의 고통이나 갈등이 아무리 심각해도 당신은 그를 잘 도와줄 수 있습니다.'

나는 위니캇의 이 현명한 대답에 깊은 감명을 받았다. 그 후로 내가 누구를 진찰할 때면 이 말을 떠올리곤 한다.

위니캇의 분석 기록인 『정신분석 축어록』*Fragment of an Analysis*을 다시 읽어보니 그 문제가 나에게 더욱 예리하게 다가온다. 우리는 위니캇이 이 환자에 대해 쓴 두 개의 보고기록을 갖고 있는데, 하나는 "철수와 퇴행"Withdrawal and Regression (위니캇 1954a, 이 책의 부록으로 수록되어 있음)이라는 논문에 포함된 것이고, 다른 하나는 바로 이 『정신분석 축어록』에 제시된 것이다. 이 책은 이 환자에 대한 최종적인 분석기록이다.[1] 한 분석 환자에 대한 두 편의 보고를 그 스타일이나 성격 그리고 내용면에서 비교해보는 것도 유익할 것이다.

나의 논의에서 **지치게 하는 것**boring과 **권태**boredom를 구분하는 것은 중요한 일이다. 옥스퍼드 영어사전은 동사의 명사형인 **boring**을 '타인들을 성가시게 하고, 지치게 하는 행태the practice of annoying and wearying others'라고 정의한다. 반면에 명사 **boredom**에 대해서는 '무료함의 상태the state of being bored, 곧 지루함tedium, 따분함ennui'으로 정의한다. 여기에서 나의 가설은 **지치게 하는 것**이 '반사회적 경향성'(위니캇 1956)의 특성을 갖고 있고 요구와 희망에 차있음을 암시하는데 반해, **권태**는 조직화되어 있고 방어적인 기분이며 정신적인 구조라는 것이다. 이와 마찬가지로 무료하다고 느끼는 것은 일종의 정상적인 상태로서 지치게 하는 것과는 다르다. 지치게 하는 것이 정신과적 질병의 증상이라는 위니캇의 선행 개념들을 찾기 위해 나는 그의 저술들을 다시 살펴보았다. 그러자 비록 간접적이고 표면적이기는 하나, 가장 초기 저술에서부터 그러한 개념들을 찾을 수 있었다.

위니캇(1936)은 '주의 깊은 병력청취는 나의 분석 관점에 지대한 영향을 미쳤다…'라고 말했다. 유아와 아동에 대한 위니캇의 관찰방식을 직접 살펴보는 것은 나중에 그의 정교한 정신분석 가설들을 올바르게

---

[1] 지오바키니(P. L. Giovacchini, 1972)에 의해 출간된 이전 버전이 있다. 참고문헌 참조.

이해하는데 크게 도움이 된다. 위니캇의 첫 번째 저서 『아동기 장애에 관한 임상 노트』Clinical Notes on Disorders of Childhood (1931)에서 제시된 사례들은 임상가로서의 그의 독특한 스타일과 감성이 이미 뚜렷하게 확립되었음을 보여준다. 위니캇은 항상 유아와 아동을 정해진 돌봄 환경 안에 있는 하나의 전인적whole 인간으로 관찰한다. 위니캇의 첫 번째 저서 내용 중 두 개의 장이 그의 논문집『소아의학을 거쳐 정신분석학으로』 Through Paediatrics to Psycho-Analysis (1975)에 재수록 되어 있다.

그 장들의 사례 자료에서 돋보이는 것은, 위니캇이 가만있지 못함과 안절부절못함이라는 아동의 행동을 특별한 관찰요소로 추출해 내는 방식이다. 안절부절못하는 아이는 **놀이를 통하여** 흥분과 불안을 정신적으로 처리하거나 통제할 수 없다. 아이는 주변 환경에 호소하기 위하여 자신의 흥분과 불안을 '성가신 행동behavioral nuisances', 예컨대 틱이나 안절부절, 식욕부진, 변비 등으로 전환시킨다. 위니캇은 자신의 논문 "조적 방어"The Manic Defence(1935)에서 이러한 임상 경험을 처음으로 이론화하여 제시했다. 여기에서 나의 목적은 사람을 지치게 하는 정신 상태의 역동이 무엇인지 찾아내는 것이 될 것이다.

위니캇이 아동에 관한 소아의학적 연구의 임상 데이타에서 성인의 정신분석으로 옮겨가면서, 첫 번째 중요 분석 논문으로서 조적 방어를 쓴 것은 우연이 아니다. 조적 방어는 아동들에게서 관찰되는 안절부절 못함이나 가만있지 못함과 연관된 불안을 처리하는 정신내적 방법이다. 위니캇(1935)은 '외부 현실을 환상fantasy과 비교하기보다는 내적 현실과 비교하게 되었다'고 말한다. 이 언급은 대수롭지 않아 보이지만 그가 정신적 경험에 접근하는데 결정적인 방향 전환을 가져온다. 나중에 위니캇은 강박적compulsive 환상 안에서 정신적 현실에 대한 부인negation을 보게 된다. '강박적 환상은 에너지를 흡수하지만 꿈이나 삶에 도움이 되지 않는 고립된 현상으로 남는다.'(위니캇 1971) 위니캇은 조적 방어에서 내적 현실을 부인deny하려는 시도, 즉 외부 현실로의 도피와 '가사상태 suspended animation'를 유지하려는 시도를 간파한다. 그는 자신의 주장을 입증하기 위해 네 개의 임상사례를 제시한다(위니캇 1935). 첫 번째는 다섯 살 된 빌리의 사례이다. 빌리는 가만있지 못하고 손에 넣은 것을 즐기지 못하는 무능력 때문에 의뢰되었다. 분석에서 빌리의 게임은 **놀이하기**playing가 아니라 거친 공격이었다. 박해불안이 감소되면서, 아이는 가진 것material을 놀이하기와 자기 환상의 특성에 대한 관심을 표현하는데 사용할 수 있게 된다. 두 번째는 여덟 살인 데이빗의 사례이다. 데이빗은 일종의 '비사회적' 아동으로 '성과 화장실 강박증' 때문에 퇴학 대신 분석을 받게 된 경우이다. 분석 초기의 한 회기에서, 아이는 '선생님을 지치게 하지 않길 바래요.'라고 말했다. 그 말에 대해 위니캇은 '나를 지쳐 나가떨어지게 하려는 의도가 금방 드러나 버렸다.'하고 덧붙인다. 그와 동시에, 데이빗에게는 분석가를 기진맥진한 상태로부터 구해내려는 욕구도 있었다. 그래서 아이는 위니캇에게 억지로 쉬는 시간을 부여했다. 그러나 분명한 사실은 '지쳐가는 사람은 그 아이였다'는 것이다. 이 사례를 통해서 우리는 내적인 스트레스에 대처해 나가는 기술로서 '피곤하게 하는 것tiring'과 '지치게 하는 것boring'이 얼마나 서로 명확하게 연결되어 있는지 알 수 있다. 지치게 하는 환자는 언어와 자료를 강박적으로 과도하게 통제함으로써, 자신의 내적 현실에 대한 전능통제를 계속 유지하려고 한다. 그의 이야기는 아무것도 일어날 수 없는 돌같이 굳어진 지루한 공간이다.

위니캇이 제시하는 그 다음 사례는 서른 살 난 샬럿의 사례이다. 그녀는 임상적으로 자살 공포를 갖고 있는 우울증 환자였다. 이 사례는 환자가 반복되는 꿈을 어떻게 보고하는지 보여준다. '그녀가 열차가 서 있는 철로로 간다. **그러나 열차는 전혀 움직이지 않는다.**' 분석이 자리 잡고 난 후 그녀는 열차가 떠나는 꿈을 꾸었다. 위니캇의 해석은 '간단히 말하자면, 움직이기 시작한 기차는 사고를 낼 수 있다.'는 것이다. 조적 방어에서 욕구는 무엇인가 일어날 수 있는 모든 가능성을 동결하는 것이다. 이것이 내가 위니캇의 개념을 확장하여 지겨운 이야기를 분석가에게 강요하는 환자는 언어나 은유가 자신의 경험을 정교하게 하거나 달라지게 하도록 허락하지 않는다고 가정하는 이유이다. 그런 환자는 단조롭고 반복적인 이야기의 내용뿐 아니라 이야기하는 기법을 통해서도 자신과 분석가 모두가 무력해지는 대화 공간을 만들어낸다.

네 번째 사례는 서른아홉 살의 강박증 환자인 마틸다의 사례이다. 어느 한 분석시간에(거기서부터 위니캇의 보고가 시작된다), 환자는 위니캇이 볼 수 있게 48개의 자신의 모습이 연속으로 담긴 폴리포토 사진 한 장을 가져왔다. 위니캇은 '사진들을 쳐다보고 바라봄으로써 자신의 죽음을 부인하려는' 그녀의 소망을 그 사진판 안에서 발견했다. 또한 환자는 자신(위니캇)이 직접 그녀를 보는 것보다 **자신이 그녀의 사진 (그녀의 사진을 마흔여덟 번)을 보는 것을 훨씬 더 현실감 있게 느낀다는 점**도 발견했다. 그때서야 처음으로 분석상황(그녀는 이것이 현실이라고 주장하면서 사년을 보냈다)이 그녀에게 현실이 아닌 것 또는 적어도 자기애적 관계인 것으로 보였다. 이 관계는 그녀 자신이 안도감을 얻는 데에만 유용하고 주는 것 없이 받기만 하는 분석가와의 관계이며, 그녀 자신의 내적 대상들과 맺고 있는 관계이다. 그녀는 하루인가 이틀 전에 "진정한 자기 자신이 되는 것이 얼마나 끔찍하고 얼마나 무섭도록 외로운지"에 대해 느닷없이 생각했던 것을 기억했다.

이 짧은 임상 삽화vignette에 위니캇이 환자에게 접근하는 방식의 핵심이 이미 담겨있다. 우리는 위니캇이 분석상황이나 관계에서 환자가 만들어 내거나 제시하는 것의 **진정성**authenticity을 문제시하고 있음을 볼 수 있다. 이러한 사실로 미루어, 나는 지치게 하는 것이 환자나 분석가 모두에게 본질적으로 진정한 것이 아니라는 결론을 내린다. 그렇지만 환자를 돕기 위해서 우리는 이 위조된 담화를 참고 견디는 법을 배워야 한다. 프로이트(1895)는 최면술을 철저히 포기하고 오로지 자유연상만을 사용한 최초의 사례에서 이 '지치게 하는 요인'을 만났고, 이렇게 말했다. "엘리자벳 양이 자신의 병에 대하여 했던 이야기는 **지겨운** wearisome 것이었다.……" (해설자의 강조)

이러한 맥락에서 그 다음으로 중요한 위니캇의 논문은 "우울증에 대한 어머니의 조직화된 방어와 관련된 보상"Reparation in Respect of Mother's Organized Defence against Depression(1948a)이다. 이 논문에서 위니캇은 '거짓 보상false reparation'이라는 개념을 도입했다. 이 거짓 보상은 '환자가 자신을 어머니와 동일시하는 데에서 유래하는 것으로, 중심적인 요인은 환자 자신의 죄책감이 아니라 우울증과 무의식적인 죄책감에 대한 어머니의 조직화된 방어이다.' 위니캇의 이 연구는 이전 십년간 영국정신분석학회에서 있었던 신랄한 논쟁, 즉 무의식적 환상을 전적으로 강조하는 멜라니 클라인Melanie Klein과 그녀의 추종자들, 그리고 어떤 환상들은 분석가 자신의 주관적 환상을 환자에게 돌린 것이라고 주장하는 글로버Edward Glover를 비롯한 다른 사람들 사이의 논쟁에서 어떤 해답을 찾아내려는 시도였다. 위니캇은 어머니의 기분이 어린아이의 성장하는 정신적 현실을 얼마나 많이 침범할 수 있는지, 그리고 그 특성을 발견 못하도록 얼마나 혼란에 빠뜨리는지 보여주고자 했다.

우리는 이후 위니캇이 이 가설을 어떻게 그의 '참 자기와 거짓 자기 인격 구조' 개념으로 확대시켜 나갔는지 보게 될 것이다. 어머니가 아동에게 미치는 침범적 영향을 보다 극적으로 보여주는 사례는 "임상자료에서 자아-이질적 요인으로 나타나는 어머니의 광증"Mother's Madness appearing in the Clinical Material as an Ego-alien Factor(1972)이라는 그의 논문에서 제시된다.

위니캇은 유아와 어머니의 관계에 대한 자신의 견해를 "원시적 감정 발달"Primitive Emotional Development(1945)이라는 그의 논문에서 이미 간결하게 서술했다.

'아기와 어머니의 젖가슴이라는 점에서 볼 때 (젖가슴이 어머니-사랑을 전달하는 본질적인 수단이라고 주장하는 것은 아니다) 아기는 본능적인 충동과 약탈적인 생각을 가지고 있다. 어머니는 젖가슴과 젖을 만들 능력을 가지고 있으며, 배고픈 아기의 공격을 기꺼이 받으려 할 것이다. 이 두 가지 현상은 어머니와 아기가 **경험을 공유하며 살기** 전까지는 서로 연관되지 않는다. 성숙하고 신체적으로 능력이 있는 어머니는 인내하고 이해할 수 있는 어머니이어야 한다. 그러므로 유아가 외부 대상, 곧 유아의 관점에서 볼 때 자기의 외부에 있는 대상과 맺는 최초의 유대가 순조롭게 일어날 수 있는 상황을 만들어 주는 사람은 바로 어머니이다.

나는 이 과정을 반대 방향에서 나온 두 개의 선이 서로 가까이 다가가는 과정으로 생각한다. 만약 두 선이 겹친다면 거기에는 **착각**illusion의 순간이 있을 것이다. 이는 아기가 환각hallucination으로 여기거나 외부 현실에 속하는 것으로 여길 수 있는 경험의 조각이다.'

이 논문에서 우리는 나중에 등장하는 위니캇의 모든 개념들, 즉 안아주기holding, 중간(또는 과도) 대상transitional object, 의존dependence 등의 개념들의 기본적 형태를 만나 볼 수 있다. 어머니-유아 관계의 기본 모형 위에서, 위니캇은 전이의 성질과 특성 그리고 분석 세팅의 역할을 정교하게 정립할 수 있었다. 위니캇은 '공유하는 현실에 대한 개별적인 접촉과, 유아의 삶의 시작에서부터 이 접촉이 발달하는 과정'을 중요시했다(위니캇, 1948). 위니캇은 그러한 시도에서 분석가들이 처할 수 있는 위험이 무엇인지 안다. '…분열성 유형의 청소년에 대한 많은 치료가 실패로 끝나는 이유는 그 치료들이 분석가를 "생각해 낼 수 있는", 어떤 점에서는 분석가를 **창조해낼**create **수 있는**, 아이의 능력을 무시한 채 계획되고 있기 때문인데, 실제로 분석가는 (아이가 창조해낸) 분석가의 역할에 맞추도록 노력해야한다.'(위니캇, 1948)

위니캇은 그의 논문 "출생기억, 출생외상, 그리고 불안"Birth Memories, Birth Trauma, and Anxiety(1949)에서 '개인의 출생 경험은 매우 중요하고, 기억자료로 간직된다는 증거가 있다.'고 말한다. 그러나 그는 '**출생외상에 대한 분석만으로 이루어지는 치료는 없다.**'고 한다. 위니캇은 쉰 살의 미스 H라는 여성 환자의 분석 에피소드를 상세히 보고하고 다음과 같은 결론을 내린다. '나는 한 사례를 매우 면밀하고 상세히 관찰한 결과, **환자가 아주 특화된 조건 하에서의 분석시간 동안 자기의 일부를 자궁 내 상태로 퇴행시킬 수 있음**을 확신하게 되었다.' 그의 다음 진술은 더욱 중요하다. '**지능이 정신과 구별되는 어떤 것으로 작용하기 시작하는 것은 견딜 수 없는 반응 단계들의 경계선과 관련이 있는 것 같다.**' 위니캇으로 하여금 환상하기fantasying에서 일종의 병리적 정신 기능을 파악하게 해준 것은 침범에 대해 반응하는 이러한 때 이른 지적 기능의 분화였다. 병리적 정신 기능은 정신적 현실을 부인negation하는 것으로, 그 중 어떤 특정 유형의 강박적 자유연상은 분석과정에서 나타나는 증상이다. 위니캇은 "마음 그리고 마음과 정신-신체 관계"Mind and its Relation to the Psycho-Soma(1949a)에서 이 같은 유형의 정신기능 발달 왜곡과 관련된 변화를 일부 논의한다. 존재의 정신-신체적 일체성wholeness

을 재발견하기 위해 '**마음활동**mind activity 에서 벗어나려 하는' 일부 환자들의 욕구는 그들이 ECT(전기충격요법)를 요구하는데서 볼 수 있다.

위니캇은 그의 논문 "불안전과 관련된 불안"Anxiety Associated with Insecurity(1952)에서 유아를 돌보는 기술이 실패한 데서 오는 세 가지 주요 불안유형을 자세히 설명한다.

> 해체되는disintegration의 느낌으로 드러나는 비통합unintegration: 비인격화 되는 느낌으로 드러나는 정신과 신체 관계의 결여: 의식의 무게중심이 핵에서 껍질로, 개인으로부터 돌봄과 기술로 옮겨가는 느낌

이 실패한 기술을 기억하는 것이야 말로 지치게 하는boring 환자가 가지는 기술의 핵심이라고 나는 생각한다. 그런 환자들은 아동기에 자기들이 희생제물이 되었던, 관계를 삭막하게 만드는 기술을 (성인이 된 상황에서 대화를 통해) 분석에 끌어들임으로써 분석과정을 왜곡하고 남용한다. 위니캇(1952)이 지적하듯이 그 배후에는 그들 내부의 이해할 수 없는 광증에 대한 두려움이 있다.

> '광증에 대한 두려움, 즉 **통합되지 않은 상태로의 퇴행이나, 몸 안에서 산다는 느낌이 부재하는 퇴행에도 불구하고 불안이 일어나지 않는** 두려움인 그런 상태가 있다. 이 두려움은 불안이 없을 것이라는 두려움, 다시 말해, 되돌아오지 못할 어떤 퇴행이 일어날 것이라는 두려움이다.'

지치게 하는 환자 이야기의 폭군적 반복성은 이 잠재된 '광증'을 장황한 말하기로 응고시킨다.

이와 같이 고도로 조직화된 '정신적 습관'을 다루는 임상적 수단에

대해 위니캇은 "정신분석 환경에서 일어나는 퇴행의 초심리학적, 임상적 측면"Metapsychological and Clinical Aspects of Regression within the Psycho-Analytical Setup(1954c)이라는 논문에서 논의한다. 위니캇에게서 핵심적인 문제는 환자 병증에 대한 분류와 사례의 선택이다. 그는 사례들을 세 가지 유형으로 구분한다. 첫째는, 온전한 인격으로 기능 할 수 있으나 대인관계에 어려움이 있는 유형이다. 둘째는, 인격의 온전성이 불안정한 유형이다. 이 유형에서의 분석 작업은 관심의 발달 단계(위니캇 1963 참조)와 관련 있다. 위니캇은 이러한 환자들의 치료에서는 '**분석가의 살아남기**'가 역동적인 요인이라고 생각한다(위니캇, 1963 참조). 셋째 유형은, 그 자체가 하나의 구별되는 실체로서 인격이 형성되기 시작하는 최초의 시기를 분석 작업에서 다루어야 하는 사람들이다. 이 유형에서는 분석상황 내에서 의존으로의 퇴행에 대한 관리management와 임상적 조처가 중점이 된다.

위니캇에 있어 '퇴행이라는 단어는 단지 진전의 반대reverse를 의미하는 것으로', '**진전의 단순한 역전**reversal**은 있을 수 없다.**' 퇴행이 일어**날 수 있게 하는** 자아구조가 있어야 한다. 따라서 퇴행할 수 있는 능력은 유아기와 아동기에 있어서의 좋은 환경적 돌봄의 결과이다. 위니캇에 따르면, 전문화된 (임상적) 환경을 제공함으로써, 이러한 환자들에게서 최초의 실패가 새로운 진전으로서의 정서 발달로 교정될 가능성이 있다는 '**믿음**'이 생기도록 하는 것이 유아기-돌봄의 긍정적 측면이다.

이러한 환자들의 돌봄과 치료에서 강조점은 분석상황의 질(質)로 바뀐다. 위니캇의 문장 한 구절이 이 사실을 명쾌하게 말해준다(1954c).

'환자의 **소망**wishes, 예컨대 조용히 있고 싶다는 소망에 대해서 이야기하는 것은 적절하다. 그러나 퇴행 환자에게 소망이라는 단어는 맞지 않다. 대신 우리는 **욕구**need라는 말을 사용한다. 만약 퇴행 환자가 조용히 있고 싶다는 **욕구를 느낀다면**, 조용하지 않고서는 아무것도 이루어질 수 없다. 이 욕구가 충족되지 않으면 분노가 일어나는 것이 아니라, 환자의 자기 성장을 중단시켰던 환경의 실패 상황이 다시 발생한다. 환자 개인의 "소망"하는 능력은 저해되고, 그에게 헛되다는 느낌을 불러 일으켰던 최초의 원인이 다시 등장하는 것을 우리는 목격한다.

퇴행 환자는 꿈이나 기억 속의 상황을 재현하고 있는 것에 매우 가깝다. 꿈의 행동화는 환자가 자신에게 긴급하게 필요한 것을 발견하는 방법일 수 있는데, 행동화된 것에 대해 이야기하는 것은 행동 이후에 오는 것이지 행동보다 앞설 수 없다.'

퇴행 상태에 대한 이해와 **관리**는 드러나 있든 가려져 있든, 위니캇의 임상 작업의 일차적인 관심사였다. 프로이트와 다른 많은 분석가들은 모든 정신과적 질환과 전이 관계 어디에나 퇴행이 존재한다는 것을 확인했다. 그들이 주로 강조한 것은 리비도 발달의 보다 원시적 단계로의 퇴행으로, 여기에는 그에 상응하는 환상과 소망이 수반된다. 위니캇은 여기에 퇴행 현상과 퇴행 상태 안에 있는 **욕구** 요소를 추가로 강조했다.

이쯤에서 당면한 임상자료로 되돌아가고자 한다. 환자에 대해 위니캇이 기록해 놓은 전체 노트를 활용하도록 허락해 주신 클레어 위니캇 여사께 나는 진심으로 감사를 드린다.

여기에 제시한 자료에 관해 위니캇이 짤막하게 언급한 대로, 이 환자는 이전에, 즉 전쟁기간 중에 분석을 받은 적이 있다. 실제로 이 환자에 대한 두 차례 분석의 세 단계에서 나온 세 편으로 분리된 많은 분량의 분석 기록이 있다.

위니캇은 분석 초기부터 기록을 남기기로 결심했다. 첫째 기록은 1

차 분석에 관한 것으로 "Fragment *from* an Analysis"이라는 제목이 붙여져 있다.[2] 위니캇은 이 단편을 초고 형태로 작성하였지만 출간하지는 않았다. 위니캇이 여기서 말하는 내용이 대단히 의미 있기에, 이 기록에 대한 그의 서론을 직접 인용하기로 한다.

'나는 이 연구보고에서 흔치 않은 임상 자료를 이용하고자 한다.

분석 자료를 보고하는 것은 어렵다. 첫째, 한 시간의 분석을 기억해야 하고 이어서 그것을 다시 기록해야하는 엄청난 과제가 있다. 둘째, 자료의 양이 아주 많기 때문에 자료의 선택에 따르는 어려움이 있다. 셋째, 분석가가 자신이 말한 내용을 기록하면서 알게 되는 특별한 어려움이 있다.

하지만 이 보고에서는 위에서 말한 세 가지 어려움 모두가 어느 정도 극복되었다. 첫째, 나의 환자가 천천히 신중하게 말했기 때문에 그가 말한 것을 내가 쉽게 기록할 수 있었다. 둘째, 나는 분석에서 결정적으로 중요하다고 생각되는 특별한 순간을 선택해서 기록했다. 셋째, 나는 내가 말한 것이 내 마음에 들든 부끄럽게 여겨지든 상관없이 사실대로 적어 두었다.

19 세 된 청년의 분석에서 분명히 결정적이라고 판명될 만한 한 단계에 이르게 되었다. 오랫동안 꾸준히 노력한 결과 환자와 나는 언덕의 정상에 도달하고 있었고 점점 더 많은 것을 보고 있었다. 정상에 다다르면서 분석 작업 자체가 덜 힘들게 된 것도 한 가지 이유일 것이다. 우리는 일 년 간의 분석에서 성과를 내려 하고 있었다. 그래서 나는 일어나고 있는 것에서 가능한 한 많은 것을 알아내기 위해 여러 세션을 거의 말한 그대로 적어 놓았다. 나는 이 사례에서 내가 이 독특한 절차를 선택한 것을 환자가 몰랐을 것이라고 생각한다. 만일 환자가 이 사실을 알게 되어, 아주 큰 문

---

2 2차 분석의 최종 기록에는 "정신분석 단편(Fragment *of* an Analysis)" 이라는 제목이 붙여져 있다.

제가 될 수 있었다면, 나는 물론 그렇게 하지 않았을 것이다.

사례 전체를 다 기술하지 않고서도 이 분석의 두드러지는 특징을 말할 수 있는데, 그것은 환자가 그의 내적 세계 대상에 대한 느낌과 쉽게 접촉한다는 것, 그리고 내가 이 내적 세계 안에 그와 함께 있다고 느끼는 한, 이런 감정들을 내게 쉽게 말한다는 것이다. 이러한 내면세계의 유지는, 예상할 수 있듯이, 환자의 인격이 해리되는 완강한 저항의 한 형태이다. 그 결과 그는 분석에서 외부 세계에 있는 그 자신과 거의 관계를 맺지 못했다. 내가 보고하려는 이 분석의 축어록은 이러한 저항이 와해되는 시기를 나타낸다.

이 분석은 복잡한 것이 아니었다. 이 분석은 그 자체의 동력을 갖고 있었는데, 그것은 분석가와 환자 모두에게 아주 다행스러운 일이었다. 환자가 다니는 대학이 런던에서 다른 곳으로 피난을 가는 바람에 커다란 방해를 받았음에도 불구하고, 환자는 마치 자신이 도움을 필요로 한다는 것을 알고 있고 도움을 받을 수 있다고 믿는 것처럼 행동했다. 더욱이 그는 다른 환자들과는 달리, 자기가 서둘지 않으면 언제라도 분석의 기회를 빼앗길 수 있다고 느끼는 것처럼 행동하지 않았다.

이 환자의 분석이 어떻게 시작되었는지 설명하는 게 좋을 것 같다. 왜냐하면 그것이 그의 전이의 성격을 규명해주기 때문이다. 어느 날 환자의 어머니가 나에게 전화를 걸어서 자신이 아무개한테서 분석을 받고 있는데 분석을 받고 싶어 하는 열아홉 살 된 아들이 있다고 말했다. "내가 그를 만나 보라고요?"라고 하면서 그 요청에 동의하였고, 내일 다섯 시에 내게 보내라고 했다. 다음날 다섯 시에 그 청년이 내 방에 와서 카우치에 누웠다. 그리하여 일이년이 지난 후에도 그가 변함없이 똑같이 하는 분석이 시작되었다. 다른 말로, 그에게 있어서 분석은 이미 그가 믿고 있는 무언가를 의미했다. 그는 방을 나서면서 나의 서가에 다가가 책 두 권을 살펴보더니 자기 집 서가에도 그 책이 있다고 했다. 이미 그의 내면세계에 속한 누군가를 내 의자에다 앉혀 놓는다는 사실을 그는 갖가지 방식으로 보여주었다. 분석에서 일어난 일을 내가 말 그대로 기록하기 시작한 첫 번째 분석 시간의 바로 그 순간까지 나는 그의 내면세계 안에 하나의 대상으로 남아 있었다고 해도 틀린 말이 아니다.

달리 말하면, 지금까지 약 일 년이 걸렸는데, 학기 중에 학교가 피난을 가는 바람에 분석이 중단되었으므로, 나에 대한 환자의 관계는 실제로 무슨 일이 일어났는지 제대로 이해하지 못하는 한 극히 인위적인 것이었다. 자료는 풍부하였고 분석 작업도 상당히 진척되었지만, 예컨대, 오이디푸스 상황의 역동에 도달하기는 불가능했다. 사실상 과도기가 도래했음이 알려지게 된 것은 환자가 오이디푸스 콤플렉스라 불리는 것에 대해 읽기는 읽었지만 동의하지 않는다고 대수롭잖은 말처럼 진술함으로써 외부 세계에 질투가 현실적으로 존재한다는 걸 처음으로 인정하면서부터였다. 이 분석 전반부 동안 나는 상황을 강요하는 어떠한 시도도 하지 않았는데, 이는 전이의 유형으로 볼 때 그렇게 하는 것이 전혀 무익함을 내가 알고 있었기 때문이고 또한 분석이 꾸준히 진전되고 있어서 저항이나 부정적 치료 반응으로 불릴 수 있는 것들에 대해 설명을 해줄 수 있는 발달을 기대할 수 있었기 때문이다.

독자의 이해를 다소나마 돕기 위해, 임상자료에 들어가기 전에 다음 사실을 미리 말해둔다. 분석의 결정적인 변화는 분석 종결에 대한 환자의 두려움을 분석하는 데서 왔다는 것이다. 어떤 일을 종결한다는 생각이 주는 불안은 여러 가지 방식으로 나타난다. 이 환자의 경우 하나의 두드러지는 방식은, 욕망이 충족되어 끝나는 순간에 환각을 일으켰던 젖가슴 또는 기분 좋은 주관적 외부 대상이 사라지는 것이었다.

그에게 있어 이것은 사랑 대상에 대한 공격성보다도 더 나쁜 것으로서, 사랑의 대상을 아예 멸절시켜버리기 때문이다.

분석의 이 시점까지 나는 그저 하나의 내면화된 사람이었고, 분석은 그 한계 내에서 나름대로 순조롭게 진행되었다. 하지만, 그 후로 분석과 환자의 삶이 변했다. 분석에서 환자는 나를 외부 현상과 연결시킬 수 있게 되었고, 심각한 해리에서 벗어나게 되었다. 그 결과 그는 이제 외부의 일들을 연상 안으로 끌어들일 수 있었다. 집에서는 어머니의 실제 자기에 대한 관찰을 토대로 어머니와 새로운 관계를 시작했다. 그리고 이 환자는 이상한 옷을 입고 턱수염을 가꾸는 자기만족적이고 자기중심적인 게으른 젊은 남자에서 벗어나, 일을 원하고 마침내는 일자리를 구하는 남자로 바뀌었고, 지금은 어떤 공장에서 전쟁 관련 일을 하고 있다. 더욱이 이전에는 비현실적이어서 분석에 들어올 수 없었던 오이디푸스 상황이 이제는 고전적 방식으로 그에게 현실적이 되었다.'

이어지는 임상 기록은 약 이년간 지속되었던 1차 분석 마지막 다섯 회기의 내용을 축어록으로 기록한 것이다. 그 분석은 환자가 어떤 엔지니어링 회사에서 전쟁 관련 일자리를 맡으면서 종결되었다. 환자는 다음 두 가지 생각에 마음이 사로잡혀 있었다. 하나는 분석이 끝나서 그것이 '완결된complete' 경험이 되는데 대한 두려움이고, 다른 하나는 이 두려움을 식사가 끝날 때의 만족감의 내용에 대한 극도로 적대적인 환자 자신의 공포와 혼동하는 것이다. 이는 욕망의 멸절과 (없어지지 않고) 지속되는 객관적 젖가슴에 대한 적대감을 동반하는 주관적 젖가슴의 멸절을 의미한다. (위니캇이 어느 한 회기에서 환자에게 했던 해석임) 풍성하고 이상적이라고 할 식사가 주는 만족감에 대한 극심한 두려움이 다섯 회기 내내 분석 소재가 되었다. 이러한 맥락에서 위니캇이 환자에게 해준 한 가지 해석은 여기에서 인용할 가치가 있어 보인다.

'당신에겐 만족이 젖가슴을 지워 없애는 것보다 더 중요한 어떤 걸 의미하는군요. 그건 젖가슴에 대한 욕망을 잃는다는 것이고, 만족하는 순간 당신은 그 욕망이 다시 살아날지 알 수 없다는 뜻이지요. 그리고 젖가슴이 주관적 현상인 이상, 젖가슴이 다시 나타날지 알 수도 없고요. 젖가슴을 가진 누군가가 객관적 현상으로, 의존 대상으로 인식되지 않는 한, 당신은 당신의 본능과 본능 충족 능력에 휘둘리게 되지요.'

1차 분석은 긴 휴가 기간을 포함하여 거의 이년간 지속되었다. 환자는 조현병적 유형의 질병을 앓고 있는 것으로 간주되었으나 잘 회복되었다.
약 팔년 후, 위니캇이 자진해서 환자의 어머니에게 편지를 썼다.

'저의 편지를 받고 놀라셨을 것입니다. 하지만 저는 정말 당신에게서 B의 소식을 듣고 싶습니다.
　　과거의 환자들과 연락하는 것이 썩 좋은 생각이 아닌 줄 잘 알고 있습니다. 그래서 제가 B에게 직접 편지를 쓰지 않고 당신에게 편지를 쓰는 것입니다. 그럼에도 불구하고 환자들을 계속 살펴 볼 수 있다면 분석 작업이 훨씬 더 흥미로울 것입니다. 그리고 B에 대한 분석을 제가 아주 분명하게 기억하고 있는 터라, 저는 종종 당신에게 그의 소식을 알려달라는 부탁을 하려 했습니다.
　　당신과 B 모두가 평안하기를 바랍니다.'

환자의 어머니가 열심히 답장을 써서 보냈다. 위니캇은 그녀에게 방문해 달라고 부탁했다. 위니캇이 환자의 어머니와 면담한 내용을 여기에 인용한다.

'X 부인이 나의 요청에 응하여 나를 만나러 왔다. X 부인은 기꺼이 가족에 관한 이야기를 해 주었다. 자세한 이야기를 통해 B의 가정생활에 큰 변화가 일어난 것을 알게 되어 흥미로웠다. 그 사이 몇 년간 X 부인 또한 장기간의 분석을 받았다. 부인은 자기가 많이 아팠다고 했다.

첫 번째 면담에서 부인은 만약 완벽한 아동기를 보낸 아이가 있다면 그 아이는 B라고 말했다. 완벽한 어머니로서의 그녀가 증후적인 특성이 있다는 것을 알게 된 것은 그녀 자신에 대한 분석에서였다. 그녀는 오로지 완전해야만 했다. 여기에는 융통성의 여지가 전혀 없었는데, 이는 그녀 안에 있는 대단히 심각한 불안에서 비롯된 것이었다. 뜻밖의 이 새로운 정보가 B에 대한 분석에서 도출된 주요 결론을 완전하게 확증해 준다. 우리가 분석에서 뜻하지 않게 발견했던 것이 바로 다음 사실이기 때문이다. 아주 어릴 적에 젖을 먹던 경험을 돌이켜보면, 그는 수유가 끝날 때 자신이 완전히 멸절된다고 느꼈고 바로 그 때문에 어떠한 수유 경험에도 자유로이 자신을 내맡길 수 없었다. 그 후 소년의 발달과정은 만족스러웠다고 할 수 있다. 나의 관점에서 볼 때, 유일하게 불만족스러웠던 모습은 그가 공산주의자라는 점이다. 물론 공산당원인 것이 질병의 증상이란 말은 아니다. 그의 공산당원 신분은 자신을 어머니로부터 보호하려는 욕구의 잔재라는 것이 나의 의견이다. 어머니는 아들의 이러한 정치적 견해를 싫어한다는 것을 자기도 모르게 노골적으로 드러냈다.

이 남자의 회복에서 드러난 주요한 특징은 자신의 분석 결과에서 오는 그 어떤 것에도 감사하지 않는다는 것이다. 분석에 대해 어떠한 인정이나 감사도 요구하면 안 된다는 것이 극히 중요함을 나는 늘 인식하고 있었다. 완전한 분석은 그에게 유아기의 완전한 관리만큼이나 아주 힘겨울 것이고 그를 멸절시켜 버릴 것이다. 그가 갈 수 있는 단 하나의 길은 분석이 완전해서 그 결과로 그가 변하는 것이다. 내가 언젠가 한번 길에서 그를 불러 세워 어떻게 지내느냐고 물어본 적이 있는데 지금에 와서 보니 후회가 된다. 이 일이 그에게 아무런 해가 되지 않은 것 같기는 하지만 말이다.

그가 이제 의학도가 되었다는 사실로 볼 때, 그가 분석에 복귀하는 것은 거의 확실해 보인다. 그리고 그는 결국 마음을 돌려 분석가가 되고 싶어 할 것이다. 아마도 그는 이 사실을 결코 알지 못할 것이다. 분석가가 되기 전에 선행되어야 할 자신에 대한 분석에서 그가 기억해야 할 주안점은 이전의 분석에서 도움을 받은 방식을 어느 정도는 알고 있어야 한다는 것이다. 분석가가 되지 않을 거라면 굳이 알아야 할 이유는 없지만 말이다.

분석이 종료된 후 그는 달라졌다. 그는 성정체성이 불확실하고 유혹을 받으면 동성애로 빠질 소지가 아주 많았던 내향적인 남성에서 벗어난 후, 느닷없이 엔지니어링 공장에 취직을 했고 거기서 사람들을 관리하는 일을 하게 된다. 직업을 바꿔야 한다는 것을 알게 되었을 때, 그는 직업을 바꿀 수 있었다. 그는 엔지니어링이 자신의 관심사가 아니라는 것을 알고 있었다. 엔지니어링은 전쟁 때문에 감당해야 했던 생활이었을 뿐이다. 그는 군에 입대할 만큼 건강한 상태가 아니었고, 아무도 그가 조국을 위해 죽으려 할 만큼 대영제국에 뿌리가 깊다고는 생각하지 않을 것이다. 전쟁 말기에 그는 자신이 있어야 할 자리를 다시 생각하고 의사가 되기로 결심했다. 현재는 결혼을 한 상태이고, 곧 아기도 태어난다. 그가 이렇게 살아갈 수 있었던 것은 어머니가 정신분석 덕분에 병에서 회복되었고, 그 결과 그를 집에서 내보낼 수 있었기 때문이다. 달리 말해, 이 남성의 분석은 그가 여자와 함께 어머니로부터 달아날 수 있을 만큼 충분히 진척되지 않았다. 그가 치료를 받을 당시 어머니도 치료를 받고 있었다. 이중 분석에는 분명한 이점이 있다. 환자의 여동생은 상당히 직설적인 사람으로 기혼이고 가족이 있다. 하지만 손위 누이는 정신분석을 받고 있는 조현병 환자로 현재 병원에서 요양 중이다. B는 여전히 음악에 지대한 관심이 있고, 그를 이해해줄 수 있고 어머니와 같지 않으면서도 어머니를 대신 할 수 있는 아내를 발견한 것 같다. 바꾸어 말하면, 그가 어떤 점에서는 오랜 분석 덕분에 병에서 회복된 현재의 어머니와 같은 누군가를 찾아낸 것이기는 하나, 또 다른 병든 어머니를 찾을 필요는 없었던 것으로 보인다.'

그 후 사년 동안은 별다른 일이 없었던 것처럼 보인다. 몇몇 기록을 보면 위니캇은 이 기간 동안에도 환자의 어머니와 이따금씩 연락을 주고받은 것으로 나타난다. 이후에 이 환자는 스스로 신경증 치료 전문병원에 찾아가 입원했다. 그를 담당한 정신과 의사가 위니캇에게 연락하여 이 환자가 의사면허를 취득한 후 붕괴를 겪었고 그래서 병원에 입원하게 되었다고 알려주었다. 환자는 위니캇에게 가서 계속 분석을 받는 데 반대했다. 이 무렵 위니캇이 연필로 써놓은 메모가 있는데 다음과 같은 내용이다. '나는 그 환자가 어느 병원에 입원해 있다는 소식을 들었고, 그 병원 의사들과 연락을 주고받았다. 나는 분석을 계속해야 될 때가 온 것을 알았다. 나는 환자의 어머니와 연락했다. 환자에게는 내게 와서 나를 찾을 능력이 없었다.' 주고받은 서신 내용에 의하면, 환자의 어머니도 위니캇에게 전화를 걸었고 그를 만나러 왔던 것으로 보인다. 이 면담 이틀 뒤에 환자의 어머니가 위니캇에게 보낸 편지에는 '제가 방금 B에게 말하였습니다. 그리고 그에게 선생님의 주소와 전화번호를 알려 주었습니다. 저는 그가 선생님을 찾아뵙고 곧 다시 분석을 시작할 수 있기를 간절히 바랍니다.'라고 적혀 있다. 어머니가 아들에게 위니캇의 주소를 알려주어야 했던 이유는 1차 분석 이후 위니캇이 새로운 주소지로 이사를 했기 때문이다. 환자는 일주일 후 분석을 시작했는데 그때도 여전히 병원에 입원해 있었다. 그리하여 1차 분석이 종료된 이후 약 십삼 년 만에 2차 분석이 시작되었다. 새로운 분석이 시작 될 무렵에 위니캇이 연필로 써놓은 메모가 대단히 인상적이다.

'분석이 재개되었을 때, 그가 나를 보러온 것이라고는 도저히 말할 수 없었다. 오히려 삶을 관찰하는 한 사람이 와서 잘 다듬어진 수사적 언어로 나와 이야기하는 것 같았다. 우리는 가끔씩 그 환자에 대하여 이야기했다. 나는 차츰 우리가 한 소년(환자)에 대해 이야기하는 두 사람의 보모가 되어가고 있고, 시간이 되면 그중 한 보모가 - 아기이기도 한 - 소년을 나에게 데리고 온다고 생각하게 되었다. 나는 몇 번 언뜻 아이의 진짜 모습을 보았다.'

처음에는 환자가 매주 다섯 번 분석을 받으러 왔다. 그러나 분석을 시작하고 약 넉 달 뒤, 그는 퇴원을 하고 병원 의료진으로 임용될 수 있었다. 그래서 그는 일주일에 세 번밖에 올 수 없었다. 이 분석은 이년 조금 넘게 계속되었다.

이 2차 분석을 기록한 두 권의 노트가 있다. 첫 권은 진행 중인 분석에 대하여 위니캇이 기억을 되살려 쓴 기록들인데, 대략 2차 분석의 처음 열여섯 달의 분석 내용을 담고 있다. 위니캇은 이 분석 단계를 마치면서 다섯 편의 에피소드를 요약하여, "철수와 퇴행"Withdrawal and Regression(1954a)이라는 논문으로 보고했다. 그리고 석 달의 공백 기간이 있은 후, 위니캇은 마지막 여섯 달 동안의 분석회기 내용을 축어록으로 기록하는데, 그 기록이 이 책에 담겨있다.

이 환자를 치료했던 위니캇의 이야기를 끝내기 위해서는 2차 분석이 종료되고 약 십사 년 후 위니캇이 자진해서 그에게 다시 편지를 썼다는 사실을 언급하지 않을 수 없다. 그 편지를 여기에 인용한다.

'나의 연락을 받고 놀랐을 겁니다. 정말이지 당신이 나를 잊었을 수도 있습니다. 그러나 사실 나는 당신에게서 당신 자신과 당신이 하는 일, 그리고 당신의 가족에 대한 소식을 무척 듣고 싶습니다. 나는 지난날을 되돌아보고 궁금해 하는 나이가 되었습니다.

잘 지내시길 빕니다.'

환자가 즉각 장문의 답장을 보냈다. 자신과 가족의 안부는 물론, 어머니가 오랜 병고 끝에 애처롭게 돌아가셨다는 슬픈 소식도 전했다. 그의 일과 삶이 잘 풀려나가고 있었다. 위니캇이 다음과 같이 답장을 보냈다.

'내 편지에 답신을 해주어 대단히 기뻤습니다. 수고스럽게 여러 가지 일을 자세히 알려줘서 감사합니다. 당신의 어머니께서 마지막을 편안하게 보내지 못하셨다니 참으로 애석합니다. 당신의 어머니는 정말 훌륭하신 분이셨습니다.

나는 당신이 끝없이 심리치료를 받는 길이 아니라, 당신의 삶을 잘 이용하는 길을 선택해서 살아온 것에 깊은 감명을 받았습니다. 아마 그것이 진정 삶일 것입니다 (언젠가 내가 당신에게 다시 편지를 쓸지도 모르겠습니다).'

니체는 1886년 『즐거운 지식』 *The Gay Science* 제 2판 서문에서 다음과 같이 썼다.

'이 책에는 하나 이상의 서문이 필요할지도 모르겠다. 그렇다고 해도 결국 비슷한 경험을 전혀 해보지 못한 사람이 서문에 의해 이 책의 경험에 가까

이 다가갈 수 있을는지는 여전히 의문으로 남을 것이다.'

장기 분석 환자의 최종 여섯 달의 분석을 기록한 축어록을 소개하는 과제 앞에서 나도 비슷한 심정이다. 위니캇의 임상 서술의 장점은, 그것의 정신역동이 열려 있는 것처럼 그 취지 또한 확정되어 있지 않다는 사실에 있다. 위니캇은 간단한 소개 글에서조차 '우울적 자리'의 맥락에서 설명을 하고 있지만, 그와 환자 사이에 실제로 일어나는 '섬세한 상호작용'(p. 329 이하)의 사건들은 어떠한 이론적 전제에 의해서도 방해 받지 않는다. 위니캇이 순진해서 그렇다고 오해해서는 안 된다. 위니캇은 복합적인 감성을 부여받은 임상의였으며, 그의 모든 임상 작업에 영향을 미쳤던 명민한 지적능력을 오랜 기간에 걸쳐 자신 안에 갖추었다. 하지만, 위니캇은 환자의 정신적 현실이 분석 공간 안에서 스스로의 분위기와 특성을 발견하도록 놓아두는 넉넉한 수양 또한 쌓았다. 따라서 그가 서술하는 이야기를 읽는 우리들 각자는 그것을 자신의 감성의 요구와 성향에 부합하는 담화로 바꿔놓을 것이다.

나는 이 이야기를 세 개의 제목으로 나누어 논의하겠다.

(a) 환자가 자기 자신과 관계 맺는 방법
(b) 환자가 위니캇을 이용하는 방법
(c) 위니캇이 환자에게 자기 자신을 드러내고 보여주는 스타일

위니캇은 자신이 임상에서 마주치는 것을 지칠 줄 모르고 기록하는 사람이었다. 그가 어디에서 그러한 에너지와 시간을 얻었는지는 알 수 없는 신비이다. 그렇다 해도, 그가 자신의 모든 환자에 대해 이런 광범위한 기록을 남긴 것은 아니다. 이 환자가 자기 자신을 드러내고 임상적

공간을 장악하는 **태도**manner가 처음부터 위니캇의 마음을 끌었던 것이다. 앞서 인용하였듯이, 위니캇은 이 분석을 시작한 후 첫 번째 초고 기록에서 '환자가 자신의 내적 세계의 대상들에 대한 감정을 쉽게 접한다는 데'에 자신이 감명을 받았다는 것과, 지루하긴 해도 그가 이런 생각들을 말로 표현하는 데 별 어려움을 느끼지 않았다는 것을 말한다. 환자와 2차 분석을 시작하였을 때 위니캇은 다음과 같이 썼다. '오히려 삶을 관찰하는 한 사람이 와서 나와 이야기하는 것 같았다……우리는 때때로 그 환자에 대하여 이야기 했다.' 이 이상하고 계산된 환자의 자세는 분석 내내 지속된다. 다음과 같은 주장도 가능하다. '이 환자에게는 자신의 **생각** 말고는 아무것도 존재하지 않고, **나는 거부한다, 고로 나는 존재한다.** 라는 것이 그의 기본적인 태도이다.' 환자의 머릿속에 일어나는 끊임없는 수다의 내용은 바로 이 **거부**와 이러한 생각들이다. 위니캇(1971)은 이것을 **환상하기**fantasying라고 불렀다. 환자의 주관적 자기를 타자들과 고립시키는 것, 심지어 자신의 반성적 자기-인식으로부터 고립시키는 것이 바로 이 정신작용이다. 외부 세계에 대해서는 환자가 단지 반응할 뿐으로, 참 자기라는 표현을 사용하자면, 환자는 그의 참 자기에 대해 방어적인 태도만을 취한다. 그는 결코 참 자기에 도달할 수 없고 참 자기로 살아갈 수 없다. 그래서 그는 자기에게 자발성과 주도성이 없다고 불평한다. 위니캇은 환자의 내부에 이러한 되돌릴 수 없는 해리가 자리 잡게 된 것은, 욕구와 욕망에서 나오는 모든 주도권의 기회를 환자에게서 빼앗아버린 유아기의 '이상적인' 수유 경험 때문이라고 본다. 배고픔이나 강한 욕망 같은 본능적 위기가 인간을 대상으로 향하도록 밀어붙인다. 그것은 그가 감수할 수 없는 유일한 위험이다. 그래서 그는 그의 정신작용과 자기-관찰이 일어나는, 그의 **내부지대**le terrain interne를 구성하는 대상없는 공간인 **지하감옥**oubliette에 갇혀 살았다. 그 안에서는 모든 경험이 생각으로만 나타나고 어떤 경험이나 사람도 내재화되지 않는다. 환자 자신의 표현대로, '수다는 아무에게도 이야기하는 것이 아닙니다.'(p. 271 이하)

이 환자가 이야기하고 관계 맺는 모든 방식이 본질적으로 부정적인 치료 반응을 초래한다는 것을 위니캇은 처음부터 알고 있었다. 환자가 스스로 다음과 같이 진단을 내린다. '나는 한 번도 인간이 되어본 적이 없습니다. 나는 기회를 놓쳤습니다.'(p. 178) '요약하자면, 나 자신의 문제는 과거에 결코 없었던 싸움을 지금에 와서 어떻게 찾느냐 하는 것입니다.'(p. 316) 위니캇은 이러한 반응에 기가 꺾이지 않았다. 그렇다고 그것을 치료하려고도 하지 않았다. 위니캇은 이 부정적 치료반응의 작용을 이 환자가 삶에서 **현존**exist을 위한 필수적 조건으로 받아들였다. 이 환자는 존재하는 것 이상 하는 것이 거의 없기 때문이다. 더군다나 이 환자의 내성적이고 부드러운 정신작용이 분석가인 자신을 적대하려는 것이 아님을 알게 되자, 위니캇은 환자가 대인관계를 형성하거나 자발적 충동으로 놀이를 시작하는 것은 거부하면서도, 임상적 상황과 공간은 전적으로 수용하는 **역설**에 도전을 받았다. 나는 역설이라는 단어를 신중하게 사용하고 있다. 내가 이 말을 양가감정이라는 갈등의 의미로 보았다면 그것은 잘못된 과잉 단순화일 것이다. 위니캇이 이 환자가 자기 자신과 관계를 맺는 방법과 이 자기-관계 맺기의 특성에 대하여 증언할 수 있었던 것은 이 역설이 위니캇이 이 환자와 관계했던 십삼 년 동안 유지되었기 때문이다 (이 분석이 십삼 년 동안 계속되었고 그 후로도 계속되었다는 것을 잊어서는 안 된다. 위니캇은 그 기간 내내 환자를 기억하고 있었다). 이 환자의 자기-관계 맺기의 특성은 **지치게-하기** boring-ness이지 권태boredom가 아니다. 권태는 정적이고 비활성적인 정신적 무드인 반면, 지치게 하기는 끊임없는 정신작용에 의해 유지되는 능동적이고 실존적인 자세이다. 그래서 우리는 이 환자에게서 섬뜩하면서도 달콤한 피로감을 발견하는 것이다. 이 피로감은 위니캇과 진정한 만남이 있을 위험이나 조짐만 있어도 바로 그의 의식수준을 바꿔 잠에 빠뜨릴 준비가 되어 있었다.

이 '카우치-수면'이 환자가 자신을 가장 진실하게 경험하도록 해 주었다. 그런데 이 카우치-수면은 꿈조차도 실마리를 전혀 주지 않는 비밀스러운 공간이다. 위니캇에게는 '알지 못함unknowing'까지도 담아내는 엄청난 능력이 있었다. 그는 모든 것이 다 일어나도록 했다. 오히려 환자가 조바심을 낸다. '문제는 잠에서 깨는 것입니다… 나는 깨어나고 싶습니다. 일어나서 떠나가고 싶습니다.'(p. 322) 그러나 그는 결코 그렇게 못할 것이다. 그의 정신작용이 일어나는 **지하감옥**에 머물 것이다. 그래서 그는 아무 목표도 가질 수 없다. 길이 없는 곳에는 목표도 없다. 환자가 '막연한 목표 문제'(p. 324)를 제기하자, 위니캇은 환자가 2차 분석을 위하여 위니캇을 찾을 수조차 없었던 사실을 즉각 상기시켜주고, 덧붙여서 다음과 같이 말했다. '아무튼 내가 당신을 찾아갔어야 했지요.'(p. 325) 환자는 기껏해야 그의 참 자기와 고립된 가장자리에 불과할 한 지점에 도달할 수 있었을 뿐으로, 자신의 참 자기에 따라 사는 위험을 감수할 수는 없다. 그리하여 그는 일생 동안 자기-돌봄, 자기-치료라는 자기 기술로 자기 스스로를 지치게 한다.

위니캇이 '우울적 자리'에 의해서 이 자료들을 구조화하려고 결심하였을 때는 그럴만한 충분한 이유가 있었다. 우울적 자리는 일종의 정신-내적 상태를 의미하는 것으로서 특별한 정서 능력과 그 밖의 다른 자아 기능들을 수반한다. 위니캇이 자신의 논문 "철수와 퇴행"(1954a)에서 이 환자 분석에 관한 첫 번째 보고서를 작성한 직후, 그 다음 논문의 제목을 "정상적인 정서발달에서의 우울적 자리"The Depressive Position in

Normal Emotional Development(1954b)로 정한 것은 아마 우연이 아닐 것이다. 위니캇에게 '우울적 자리'란 정서 발달에 있어서 하나의 성취를 의미한다. 위니캇의 논의에서 핵심적인 구절은 이것이다.

'건강한 경우에 아이(또는 성인)는 걸음마 단계를 특징짓는 대인관계능력에 도달하고, 무한히 다양한 형태로 나타나는 삼각관계에 대해 정상적인 분석이 가능해진다. 이는 아이(또는 성인)가 이미 우울적 자리를 **통과하였고 넘어섰다는** 것을 말해준다. 반면, 인격 통합과 관련된 선천적인 문제와 환경과의 관계를 시작하는 문제와 씨름하고 있는 아이(또는 성인)는 개인의 발달에서 아직 우울적 자리에 도달하지 못했음을 말해준다.

환경과의 관계라는 면에서 볼 때, 걸음마 아기는 사람들 사이의 관계 내에서 본능적인 삶을 살아가는 가족상황 내에 있고, 아기는 자아 욕구에 적응해주는 어머니에게 안겨 있다. 이 둘 사이에 어머니에게 안겨있으면서도 그것을 넘어 삶의 단계로 들어가며 우울적 자리에 도달하는 유아 또는 어린아이가 있다. 여기에 **시간이라는 요인**이 들어오고, 어머니가 "**상황을 안아줌으로써**", 유아는 본능적 경험의 영향들을 극복해 나가는 기회를 갖는다. 앞으로 보게 되겠지만, 이 '극복과정'은 소화 과정과 비교될 수 있는 것으로서, 상당히 복잡하다.

어머니가 상황을 안아준다. 아기의 삶에서 결정적인 시기에 그것은 몇 번이고 반복된다. 그리하여 무언가에 대해 무언가를 할 수 있는 것이다. 어머니의 돌보는 기술은 유아에게 함께 있는 사랑과 미움이 구분되고 서로 연결되게 해주며 점차 건강한 방식으로 안으로부터 통제될 수 있게 해 준다.'

이 환자가 위니캇을 이용하는 방법을 이해하는 데 필요한 핵심 개념은 '어머니가 **상황을 안아준다.**'는 표현과 '어머니의 기술'이라는 표현 안에 들어있다. 이 환자의 전이 관계를 세심하게 살펴보면 하나의 특징이 두드러진다. 위니캇이 분석하는 기술을 관찰하고 그것을 즉시 자신의 언어로 만드는 부지런함이다. 이 환자는 위니캇의 분석 기술을 분리해서 자기의 것으로 만들기 위해 객관적 대상인 위니캇을 끝까지 거부하고 부인한다. 그가 위니캇에게 남겨놓는 것은 임상 상황과 임상 공간을 안아주는 것이다. 더욱이, 언어는 그가 위니캇과 거리를 유지하는 데 필요한 모든 장벽을 그에게 제공해준다. 임상 과정이 그를 상호작용으로 조금씩 나아가게 할 때마다 그는 잠이 든다. 신체적 접촉에 대한 환자의 언어적 '요구'는 그에게 일어나는 욕구나 소망을 언어의 영역으로 넘겨버리기 위해 이 욕구를 미리 몰수해 버리는 그의 마음의 또 다른 책략일 뿐이다. 신체적 접촉에 대한 요구는 그때 언어 안에서 돌같이 굳어지고 무기력한 상태로 남는다. 위니캇은 이 점에 대해서 '시의적절한 정확한 해석은 일종의 신체적 접촉이라고 생각합니다.'(p. 305)라는 말로 환자를 안심시킨다. 위니캇은 이 환자의 내적 보호 장치가 얼마나 믿을 수 없는 것인지 늘 알고 있었다. 만일 배려나 관심 형태의 신체적 상호작용에 대한 활성화된 자극이 우연하게라도 도입되었다면, 이 남자의 정신장치인 게임을 늘 자기에게 유리하게 이끌어 가려는 태도가 쉽게 망가질 수 있었을 것이다. 그래서 위니캇도 이 환자가 전적으로 사용하는 방법인 의도적인 언어 영역 내에 머물러 있고, 환자도 놀이할 수 있는 능력에 전혀 도달하지 못하고 있다. 놀이능력은 그의 생각 안에서 향수nostalgia를 불러일으키는 하나의 가능성으로만 남는다. 위니캇은 환자가 가지고 살아야 하는 속박을 아주 잘 알고 있다. 그가 환자에게 당신은 '보상능력에 대한 생각으로 온통 혼란스럽습니다.'(p. 49)고 말하는데, 이 말이 환자에게 불길한 위협이 된다. 왜냐하면 '만족이 그에게서 대상을 멸절시키기 때문이다.'(p. 52) 이러한 제약이 있었으므로, 환자는 위니캇을 대단히 특별하고 거리를 두는 방식으로만 **이용**use할 수 있었다. 환자는 기본적으로 위니캇을 그가 생각한 것이나 경험에서 살펴본 것을 꺼내놓을 수 있고, 그것들 사이의 상호작용을 잠정적으로 허용하는 개인화된 공간을 찾는 데에 사용했다. 그러나 이때마저도 **수면**이 그의 도피처이자 유일한 의존 경험이었다. 위니캇은 언젠가 한 번 환자가 수면을 한 후 이렇게 해석했다. '당신은 잠을 잘 때 당신을 보호해 줄 누군가에게 안기고 싶은 욕구를 가지고 있어요.'(p. 310) 환자가 위니캇에게서 지속적으로 이용하는 것은 그에게 있는 어떤 과묵함이다. 환자는 위니캇이 해석하는 것 이상으로 자신에 대해 알고 있다는 것을 안다. 이것은 그들 사이에 공유된 한 가지 비밀이다. 다른 한 가지 비밀은 위니캇의 기록하기이다.

이제 나는 내가 논의하기 바라는 마지막 문제에 도달했다. 그것은 위니캇이 환자에게 자기 자신을 드러내고presentation 보여주는dosage 방식이다. 위니캇은 가게에서 만년필을 훔치는 한 아이의 반-사회적 경향성을 논의하는 논문인 "희망의 신호로서의 비행"Delinquency as a Sign of Hope(1973) 에서 다음과 같이 주장한다.

'······찾고 있던 것은 대상이 아니다. 어떤 경우에든 **그 아이가 찾고 있는 것은 발견해내는 능력이지 대상이 아니다.**' (강조된 부분은 원저자가 표기하였다)

나는 이 환자가 자신 안에 있는 **능력을 발견하기 위해** 탐색하는 것이지, 어떤 대상과의 관계를 발견하려고 탐색하는 것이 아니라는 사실을 위니캇이 처음부터 알았다고 생각한다. 이 사실이 위니캇으로 하여금 이 환자와의 관계에 특정한 진로를 설정하게 했다. 환자와 마찬가지로, 위니캇 또한 일정부분 임상 과정의 한 '**관찰자**'가 되었다. 그에게서 관찰자는 기록하기의 형태를 취했다. '**상호성의 경험**the experience of mutuality'을 논의하는 논문 "어머니-유아의 상호성 경험"The Mother-Infant Experience of Mutuality(1970)에서 위니캇은 '상호성은 아기의 욕구에 부응하는 어머니의 능력에 속한다.'고 말한다. 그리고 그는 그 상호성을 임상과정의 측면에서 다음과 같이 부연 설명한다.

> '분석에서 접촉을 허용하지 않는 경직된 분석 도덕성을 지닌 분석가는 지금 기술하고 있는 것의 많은 부분을 놓친다. 한 가지 예를 들자면, 분석가가 잠깐 잠이 들거나, 혹은 마음속으로 환상에 빠질 때조차 (얼마든지 일어날 수 있는 있다) 분석가가 약간 움찔한다는 것을 그들은 절대 알지 못한다. 이 움찔함은 어머니와 아기의 관계에서 일어나는 안아주기의 실패와 같은 것이다. 분석가의 정신이 환자를 떨어뜨린 것이다.'

기록하기가 위니캇에게 기여한 한 가지 다른 기능은 환자가 보고를 길게 중단하거나 수면으로 옮겨가는 동안이나, 심지어는 분석회기 중에 환자가 조직적이고 빈틈없는 수사적 말로 공격을 하는 동안에 위니캇을 깨어있게 하고 알아차리게 하는 것이었다. 환자의 그러한 공격 방법 때문에 상호성이 아예 끼어들 수 없었다. 활자화된 이야기는 환자와 분석가 사이의 언어 교환에 얼마간 거짓된 동력을 제공한다. 이 환자가 자신의 이야기를 만들어내는 계산된 표현 방식은 너무 지치게 하는boring 것이고 환자 자신도 그 사실을 알고 있다. 위니캇은 때로, 자기도 전혀 모른 채, 상담할 때 아이들과 함께 했던 방대한 낙서doodling 경험을 분석에 끌어 들였고, 종이 여백을 메모를 끼적이는 데 사용했다. 분석회기 동안 휘갈겨 기록하는 위니캇의 방식은 쓴다기보다는 낙서하는 것에 훨씬 가깝다. 그는 종이 위의 모든 곳에 아무렇게나 써댄다. 모든 방향으로 써나가고, 때로는 밑에서부터 거꾸로 쓰기도 한다. 따라서 위니캇은 신체적 긴장 안에 늘 깨어 있었고, 그의 정신은 환자를 절대 '떨어뜨리지 dropped' 않았다. 그러한 환자들은 역-전이에서 대단히 섬뜩한 증오 반응을 일으키는데, 이 역-전이는 분석가가 긴장을 완화하기 위해 해석을 하게 만들거나, 환자의 이야기보다 더 무기력하고 더 지루한 침묵으로 빠지게 만든다.

위니캇 역시 카우치-수면 안에 있는 환자의 비밀 공간에 버금가는 비밀 공간을 기록하기 영역 안에 만든다. 따라서 두 사람 모두 서로 안전하며, 둘 다 서로 살아남는다. 그들 각자 다른 사람의 비밀을 알고 있으며, 그것을 문제 삼지 않고, 그것과 더불어 **산다**.

이 임상 이야기는 이를 읽는 모든 임상전문가들에게 참으로 많은 교훈을 준다. 아마 그중에서도 가장 중요한 교훈은 환자의 필요 이상으로, 그리고 그 치료를 통해 계속 살아갈 환자의 정신적 자원 이상으로 치료하려고 해서는 안 된다는 것일 것이다.

M. M. R. K

정신분석 축어록
Fragment of an Analysis

이 분석 단편은 분석과정에서 나타날 수 있는 우울적 자리의 한 예로서 제시된 것이다.

환자는 서른 살 된 남자이며, 결혼을 했고, 두 아이가 있다. 환자는 전쟁이 치러지는 시기에 일정 기간 나와 함께 분석을 했다. 하지만 전시라는 상황 때문에, 일을 할 수 있을 정도로 임상적으로 건강해지자 분석이 중단될 수밖에 없었다. 나를 찾아왔던 초기 분석 단계에서 그는 의식에 나타난 동성애자는 아니었으나 강한 동성애적 성향을 띤 우울증 상태였다. 멍해 있었고 현실감이 상당히 결여되어 있었다. 그는 임상적으로는 전쟁 관련 업무를 수행할 수 있을 정도로 개선되었지만, 통찰에 있어서는 별로 나아지지 않았다. 그는 뛰어난 두뇌 덕분에 이런 저런 개념들을 잘 조합하여 철학적으로 설명해내었다. 그래서 진지한 대화를 하게 되면 사람들은 그를 아이디어가 많은 매력적인 사람으로 여기곤 했다.

환자는 아버지가 하던 전문직의 자격을 취득했지만 여기에 만족하지 못했다. 그래서 곧 의학도가 되었고, 아마도 (무의식적으로) 그렇게 함으로써 나를 죽은 그의 친아버지를 대신하는 아버지 상figure으로 계속 이용할 것이다.

환자는 결혼을 했는데, 이로써 결혼을 필요로 하는 여자에게 의존을 통한 치료의 기회를 제공한 것이었다. 환자는 결혼생활이 자신을 위한 의존 치료의 토대가 되기를 (무의식적으로) 희망했다. 하지만 (흔히 그렇듯이) 정작 아내에게 특별한 관용을 요구했을 때, 그것을 얻지 못했다. 다행이도 그녀는 치료자가 되기를 거부하였다. 환자의 병이 새로운 국면으로 진행되어 간 것은 그가 이 사실을 알게 된 것과 일정 부분 관련이 있다. 환자는 일(의사로서의 일)을 전혀 할 수 없었고 자진하여 시설에 입원했다. 비현실감과, 그리고 일과 삶에 대처하지 못하는 총체적 무능력 때문이었다.

당시 환자는 자신이 이전에 만났던 분석가를 원하고 있다는 것을 자각하지 못했고, 분석을 요청하지도 못했다. 나중에 밝혀지지만 이 분석만이 그가 정확하게 실행에 옮겼던 것이고 다른 것은 아무 소용이 없었다.

새로운 분석이 시작되고 약 한 달 후 그는 병원 근무를 다시 시작할 수 있었다.

당시 그는 분열성 환자였다. 그의 누이는 조현병 환자였으며 정신분석 치료(상당한 성공적인)를 받았다. 그는 분석을 받으러 와서 자유롭게 말할 수 없다는 것, 가벼운 대화나 상상이나 놀이를 할 능력이 전혀 없다는 것, 그리고 자발적으로 몸짓을 하거나 흥분할 수 없다는 것 등에 대해 말했다.

처음에는, 환자가 분석을 받으러 와서 이야기를 했다고 할 수 있다. 환자의 말투는 의도적이고 수사적이었다. 그러나 점차 그가 자신의 내부에서 진행되는 대화를 귀담아 듣고, 그 가운데서 나의 관심을 불러일으킬 만한 부분을 보고하고 있다는 사실이 분명해졌다. 시간이 지나면서, 마치 한 어머니나 아버지가 내게 아이를 데려와 아이에 대해 이야기하듯이, 환자가 자신을 분석에 데려와 자신에 대해 이야기했다고 말할 수 있게 되었다. 이 초기 국면(여섯 달 동안 지속된)에서 나는 그 아이(그 자신)와 직접적인 대화를 할 기회를 갖지 못했다.[3]

이 단계에서 전개된 분석의 내용은 다른 곳[4]에 기술되어 있다.

아주 특별한 경로에 의해 이 분석의 특성이 변했다. 그리하여 내가 그 아이, 곧 그 환자를 직접 다룰 수 있게 되었다.

이 분석 국면에는 상당히 명확한 목적이 있었다. 환자 스스로 이제 **자기가** 치료를 받으러 왔으며 처음으로 **희망을 느낀다고** 말했다. 그는 흥분을 느낄 수 없다는 것과 자발성이 결핍되어 있다는 것을 더욱 더 의식했다. 그의 아내는 그를 다른 사람이 정해 놓은 주제를 심각하게 논의할 때 말고는 전혀 활기가 없는 따분한 사람으로 여겼다. 그는 이런 아내를 비난할 수 없었다. 성교능력이 실제로 저해되지는 않았으나 애정 행위를 할 수 없었고 대개는 성적으로 흥분할 수가 없었다. 그에게 아이가 하나 있었는데, 그 후 둘째를 가졌다.

이 새로운 분석 국면에서 분석의 자료는 점차 고전적 유형의 전이 신경증으로 옮겨갔다. 특성상 구강 흥분으로 이어지는 것이 분명한 짧은 분석 국면이 찾아왔다. 이 흥분은 경험되지 않았으나, 뒤에 나오는 사례 기록에서 상세하게 기술된 분석으로 이어졌다. 사례 기록은 전이에는 도달하였으나, 느껴지지 않았던 흥분과 흥분의 **경험** 사이에 이루어진 분석에 대해서 언급하고 있다.

---

3 "임상에서 드러나는 전이의 다양성"(Clinical Varieties of Transference, 위니캇, 1955), "참 자기 거짓 자기로 본 자아 왜곡"(Ego Distortion in Terms of True and False Self, 위니캇, 1960) 참조.

4 "철수와 퇴행"(Withdrawal and Regression, 위니캇, 1954a)에 발표되어 있으며, 이 책 부록으로 수록.

새로운 발달의 첫 번째 신호는 환자의 딸에 대한 전혀 새로운 사랑의 감정이었다. 그는 이 감정을 그가 진짜로 울었던 영화관에서 집으로 돌아오는 길에서 느꼈다. 그는 그 주간에 두 번 눈물을 흘렸다. 이 사실이 환자에게 좋은 징조로 보였다. 그는 사랑을 할 수 없었던 것과 마찬가지로 울거나 웃을 수 없었기 때문이다.

사정 때문에 이 남자는 일주일에 세 번만 분석에 올 수 있었다. 나는 이를 허용했다. 분석이 잘 진행되어 가고 있는 것이 분명하고 빠르게 진행되고 있었기 때문이다.

1월 27일, 목요일

환자 감기에 걸렸다는 것 말고는 할 이야기가 없다고 환자가 말했다. 아마도 그냥 감기인 것 같았다. 하지만 결핵도 의심해 보아야 한다는 생각이 그에게 떠올랐다. 그래서 만약 병원에 가야 한다면, 그 일을 어떻게 처리할 것인지 생각해 보았다. 그는 아내에게 이렇게 말할 수도 있을 것이다. '지금 내가 병원에 다녀왔는데……'

분석가 이 대목에서는 여러 가지 해석이 가능했다. 나는 이 병과 분석의 관계가 무시되었다고 말했다. 나는 병으로 인해 치료가 중단되는 게 아닌가 싶었다. 나는 약간 피상적이기는 하지만 이렇게 결론을 내는 것이 불안의 가장 중요한 요인은 전혀 아니라고 말했다. 동시에 나는 현실 측면을 다루었고, 이 부분은 그에게 맡기겠다고 했다. 그는 내가 이 내용을 분석의 자료로 다루기를 바라지만, 실제로 진단에 참여하는 것은 자신이 원치 않는다는 사실을 알고 있었다.

환자　내가 해석을 하자, 그는 결핵이 아니라 폐암에 대해 생각했던 것이라고 말했다.

분석가　이제 나는 더 강력한 분석 자료를 가지게 되었고, 그가 자살에 대하여 말하는 것이라고 해석했다. 기껏해야 오 퍼센트 정도의 자살 가능성이 있을 것으로 보였다. '당신의 자살 충동에 대해 다루어야 할 필요가 전혀 없었다고 생각합니다. 그렇지요?'라고 내가 말했다.

환자　그는 이 말이 일부 옳다고 했다. 자살하겠다고 아내를 위협한 적은 있으나 정말 그럴 의도는 아니었다. 이 사실은 중요하지 않았다. 다른 한편 그는 가끔 자살이 기질적인 것이라고 생각했다. 여하튼 그는 누이가 두 번 자살을 시도한 적이 있다고 했다. 그 시도들은 불완전하였으며, 성공하려고 계획된 것이 아니었다. 그럼에도 불구하고 그 시도들은 전인격이 다 관여되지 않은 충동의 경우에도 자살이 어떻게 실제로 일어날 수 있는지를 그에게 보여주었다.

그는 그때 자살을 더 멀리 나아가기 위해서 돌파해야 하는 장벽과 연관시켰다.

분석가　장벽을 돌파하지 못하게 막는 사람이 있다고 그가 느낀다는 점을 상기시켜 주었다. (그가 이 사실을 잊고 있었다)

환자　그는 그 장벽이 허물어뜨리거나 몸으로 밀쳐버려야 할 벽으로 느껴진다고 했다. 그는 손대기 힘든 판자벽 너머로 몸뚱이가 넘어가야 한다고 느끼고 있었다.

분석가　나는 그것이 그와 그의 건강 사이에 자살이 끼어있는 증거라고 말했다. 그리고 그가 죽지 않았다는 것을 내가 분명히 알고 있듯이, 이 사실에 대해서도 내가 확실히 알고 있다고 했다.

환자 그는 상황을 달리 하여 삶을 다시 시작하는 다양한 모습도 생각해 보았다. *잠시 멈춤.* 그는 최근 들어 하나의 특징이 되어버린 지각하는 버릇에 대하여 말했다. 이것은 무엇인가 새로운 것이 그에게 일어났기 때문이었다. 분석시간에 맞추기 위해 하던 일을 멈추고 십오 분 정도 천천히 정리했더라면 제 시간에 도착할 수 있었을 것이다. 그러나 그보다는 일이 더 중요하게 되었고, 출발하기 직전에야 하던 일을 마친다. 그래서 운이 좋아야 제 시간에 올 수 있다. 그는 이 사실을 이제 어떤 의미에서는 분석이 일보다 덜 중요해진 것이라고 표현했다.

분석가 여기서 나는 과거의 분석 자료를 한데 모으는 한편, 그 보다 내가 더 쉽게 이러한 사실을 알 수 있다고 하면서 다음과 같이 해석했다. 처음에 그는 자기 자신에게만 도움이 될 수 있었지만, 다음에는 분석에도 기여할 수 있었다. 그리고 지금은 그가 하는 일에서도 분석에 기여할 수 있다. 나는 이러한 사실을 자살 충동을 포함하여 이 국면 전체에 잠재해 있는 죄책감과 결부시켰다. 나는 분석이 지향하고 있는 것은 식욕을 포함한 본능의 흥분이라는 것을 그에게 상기시켰다. 건설적인 충동과 능력이 스스로 발현되지 않는 한, 이 무자비한 본능 파괴에 대한 죄책감은 너무 큰 것이었다.[5]

잠시 멈춤.

환자 이러한 해석의 효과는 그가 훨씬 쉽게 다음 의견을 말할 때 드러났다. '이제 나는 내 병을 재미있게 생각해 볼 수 있어요. 그것은 홍역일 수도 있어요. 아이 때 앓는 병 말이에요.'

---

5 "관심능력의 발달"(The Development of the Capacity for Concern, Winnicott, 1963) 참조.

분석가 나는 병에 대한 환상에 숨어 있는 자살 정보를 내가 제거해 버렸기 때문에 그에게 변화가 일어난 것이라고 언급했다.

환자 그는 이 말에 이어 만약 언젠가 기회가 주어지면 어떤 연애사건을 이용하여 자기 아내의 부정과 비교해 볼 수 있을 것이라는 마음을 처음으로 느꼈다고 했다.

분석가 나는 이 사실이 아내와의 관계에서 아내에 대한 그의 의존 요소가 줄어들고 있음을 가리킨다고 언급했다. 이러한 의존 요소들이 분석 내에 축적되고 있었다.

1월 27일 다음 주

1월 27일 이후에 있었던 세 차례의 분석에 대한 보고를 요약하면 다음과 같다.

환자 마지막 회기 전에 여자친구와 같이 잤다는 사실을 털어 놓았다. 파티 후의 일이었는데 그는 아무 감정도 일어나지 않았다. 그는 분석과 상관없이 언제라도 그럴 수 있다고 말했다. 그는 성애를 느끼지 못했다. (성교능력이 저하된 것은 아니었다)

　이 회기는 내내 단조롭게 진행되었는데, 이는 분석가가 아무런 중요한 일도 일어나지 않고 있다고 느끼게 하려고 환자가 무의식적으로 의도한 것이었다.

환자 이렇게 보고한 후 그는 대단한 결과를 기대하고 있었다고 했다. 그는 내가 듣지 않고도 자신이 흥분을 경험한 것을 알기를 기대했다.

처음에 그 정보는 간접적으로 전해졌다.

분석가 나는 그가 어떤 일이 있었는지 너무 맥 빠지게 보고하는 바람에 그것을 이용할 수 없었다고 언급했다. 그때 나는 그 사건의 전이적 의미를 해석할 수 있었다. 처음에 나는 그 여자친구는 당신 자신을 나타내고, 따라서 그 정사에서 당신은 여자로서 남자인 나와 성교를 한 거라고 말했다.

환자 그는 이 해석에 반신반의했으나, 이 해석에 이어지는 자연스러운 발전이 없었기 때문에 실망했다.

분석가 다음날, 그는 우울했다. 나는 나의 이전 해석이 명백히 잘못된 것이었다고 하면서 새로운 해석을 했다. 나는 그 여자친구가 (전이 신경증에서) 분석가라고 말했다

환자 감정 표출이 즉각 뒤따랐다. 그 해석은 주제를 에로틱한 경험으로 이끈 것이 아니라 의존으로 이끌었다.

그때서야 분석은 그 주간 내내 계속되었던 힘든 국면에서 벗어났다. 그리고 나와 환자의 관계가 굳건해졌는데 이것이 환자를 두렵게 했다.

환자 '당신은 그 관계를 참아낼 수 있겠어요?'라고 그가 질문했다. 그는 자기가 마땅히 의존해도 된다고 생각하는 사람들 중 특히 아버지에 대해 말했다. 아버지는 그의 의존 권리를 어느 단계까지 받아들이고 나서는 늘 그를 어머니에게 넘겼다. 그의 어머니는 (말하자면 환자의 유아기에) 이미 실패했기 때문에, 그에게 아무 도움이 되지 않았다.

분석가 나는 또 다른 해석을 했는데, 그것이 잘못된 것이라는 것을 반응을 통해 알았기 때문에 철회해야만 했다. 나는 아동기 내내 그의 남성적 자기의 주변을 배회했던 여성적 자기를 상기시켰고, 그

의 전이 신경증 내에 있는 나의 새로운 자리를 이 여성적 그림자 자기와 일치시켰다. 이 해석을 철회하고 난 뒤 나는 정확한 해석을 발견했다. 이제, 그의 엄지손가락이 다시 무엇인가를 의미하게 되었다고 내가 말했다. 그는 열한 살이 될 때까지 계속 엄지손가락을 빨았는데, 그가 손가락 빨기를 포기한 것은 엄지손가락으로 나타낼 수 있는 사람이 없었기 때문인 것으로 보인다.[6]

  이 엄지손가락 해석은 분명히 옳았다. 게다가, 이 해석은 아주 정형화된 그의 손-동작을 변화시켰다. 그는 자기가 그렇게 한다는 것을 의식하지 못한 채, 분석이 시작된 후 처음으로 왼손 엄지를 높이 쳐들어 입으로 가져갔다.

2월 8일, 화요일

초인종이 고장 나서, 환자가 문간에서 삼 분을 기다렸다.

환자 환자는 자기 나름대로 분석을 시작하는 방식이 있다고 했고, 이를 병력청취와 비교했다. 환자들은 당신이 실제로 아는 것보다 더 많이 알고 있다고 생각한다.

분석가 '기다린 것 때문에 당신이 화가 났을 수 있다는 것을 내가 알고 있어야 하지요.' (이 환자에게는 대단히 이례적인 경우이다)

환자 그는 계속해서 어떻게 병력을 청취하는지 열심히 설명했다. 아주 상세하게 파고드는 방법도 있고, 환자가 기대하는 만큼 충분

---

6 "중간 대상과 중간 현상"(Transitional Objects and Transitional Phenomena, 위니캇, 1951) 참조.

히 알고 있는 척하면서 그냥 환자를 만족시키는 방법도 있다. 이 설명의 중간쯤에서 그가 철수했다.⁷ 순간적 철수에서 돌아오면서 그는 철수 상태에서 가졌던 환상을 그럭저럭 보고했다. 수술 도중에 수술을 중단한 외과의사에게 짜증이 많이 났던 환상이다. 의사가 환자에게 화가 났다기보다는 단지 환자가 운이 나빴던 거였다. 외과의사가 파업에 들어 갈 때 그가 수술을 받고 있었던 것이다.

분석가 나는 이 철수를 내가 의존 역할을 받아들인 이후의 주말에 대한 반응과 연결시켰다. 나는 초인종이 고장 난 것을 예로서 제시했다. 그러나 초인종 고장은 상대적으로 중요하지 않았다. 반면에 긴 분석공백 기간은 지난 분석회기 마지막에 그가 한 말, 예컨대 나와 함께 산다는 것과 같은 그의 극단적인 의존 욕구를 내가 견딜 수 없을 거라는 말과 직접 연결되었다.

이 해석의 효과는 참으로 대단했다. 분석이 활발해졌고 그 시간 내내 그러했다.

환자 환자는 자기의 부정적 성향에 대해, 그리고 그 성향이 자신을 얼마나 지치게 하고 우울하게 만드는지에 대해 말했다. 부정성은 그를 오만하게 하고 무미건조하게 만든다. 졸음이 올 때 그는 자신에게 짜증이 난다. 이 부정성은 하나의 도전이다. 때로는 말을 시도하는 것조차 가치가 없게 여겨진다. 그는 문자 그대로 자신이 말라붙었다고 느낀다. 수면은 감정의 결핍을 의미한다. 아무런 느낌도 없다. 그때 그는 아내의 태도와 자기의 태도를 대비시켰다. 아내는 감정을 느낀다. 그래서 환자 특유의 모든 것에 대

---

7 이 책 부록의 "철수와 퇴행"(Withdrawal and Regression) 참조.

한 지적 접근과 감정 부재를 견디지 못한다. 그는 사랑이라는 말에 대해 논의하기 시작했는데, 사랑의 성적인 면에 대한 것이 아니었다.

이어서 그는 옵저버[8] 지에 실린 존스Ernest Jones의 글에 대하여 이야기했다. 특히 단추 달린 옷을 입고 있는 아이와 존스가 이것을 식인충동cannibalism과 연결시키는 방식에 대하여 언급했다.

그가 내일 다시 올 것이고 이 주제가 다시 등장할 것을 알기에, 나는 아무런 해석도 하지 않았다.

2월 9일, 수요일

환자가 흥분한 모습으로 왔다.

환자 '기분이 좋습니다.' (의기양양) 사람들과 같이 웃었다고 그가 말했다. 이 모든 것에 무언가 새로운 것이 있었다. 자연스러웠다.

분석가 나는 그가 지난 분석시간의 일을 기억하지 못하는 것을 알아차렸다. 그래서 간단히 요약해서 알려주었다. 이 과정에서 나는 철수 환상의 내용을 기억할 수 없었고, 그래서 그렇다고 말했다. 내가 지난 회기의 분석 자료를 상기시켜 줄 수 있다면, 이 환자에게 늘 도움이 될 것이다.

환자 자신의 기분이 아주 좋을 때 느끼는 해방감이 아내로부터 독립하게 해준다고 그가 말했다. 아내에게 복수심을 느끼는 것은 아

---

8 "양심의 여명"(The Dawn of Conscience), 『옵저버』(The Observer, 6 February, 1955).

니지만, 그도 이제 아내와 협상할 때 쓸 수 있는 무기가 있는 것이다. 그는 더 이상 동정을 바랄 필요가 없었다. 희망이 없는 것은 항상 다름 아닌 바로 그 자신이었다.

분석가   나는 이 해방이 그의 전인격을 강화하고 그를 식인충동과 본능 쪽으로 좀 더 가까이 다가가게 하는 것 같다고 말했다.

환자   그는 일을 더 잘해보려고 어떤 외과의사와 의논하였는데, 아주 우호적이었고 결과도 대단히 만족스러웠다고 했다.

분석가   이때 그의 철수 환상이 생각났고, 그래서 그 내용을 그에게 상기시켜 주었다.

환자   그는 계속해서 어제 환상 속의 그 외과의사는 환자 치료의 일환으로 수술하는 것을 반대했다고 말했다. 의사는 사정을 알고 있었으나, 어떤 의미에서, 파업에 동참한 것이었다.

잠시 멈춤

분석가   나는 그에게 지금 흥분이 존재하고 있지만, 흥분이 그 특유의 불안을 가져오기 때문에 잘 통제되고 있다고 해석했다.

환자   그가 다른 사소한 사건들을 보고했다. '나는 지금은 흥분 상태로 있을 수 있습니다. 일 년 전에도 똑같은 일들이 일어났지만 당시 나는 흥분 상태로 있을 수 없었습니다. 그래서 그 일들이 내게서 그냥 지나가 버렸고, 나는 지적으로만 인식했습니다. 나는 우울증 상태로 지낼 수밖에 없었습니다. 사실 나는 사람들이 어떻게 흥분할 수 있는지 이해하지 못했고, 흥분할 수 있다는 느낌이 어떤 건지도 몰랐습니다. 그러나 이제 나는 여기 이 치료에서 계속되는 진전 덕분에 흥분이 일어나는 것을 받아들일 수 있습니다.' *잠시 멈춤.* '나는 흥분에 대하여 말하고 싶지 않습니다.'

분석가 '흥분의 핵심은 흥분되는 것입니다.'

환자 '거기에는 하나의 위험이 내포되어 있습니다. 흥분할 때 당신은 어리석어 보입니다. 만약 그 때 당신이 지껄인다면, 사람들이 비웃을 것입니다.' (이 '지껄이다'라는 말은 분석에 있어 그의 초기 아동기 단계에 속하는데, 당시 그는 자신이 골이 나거나 철수하기 전에 말을 지껄였다고 한다) '그리고 그때는 당신이 아기를 안고 있게 됩니다.' (흥분을 의미한다)

잠시 멈춤

분석가 나는 지껄이기와 아기 안아주기를[9] 함께 묶어 해석했다.

환자 '사람들은 성인이 지껄이는 것을 경멸합니다. 그래서 나는 언제나 진지했습니다. 이제 나도 분석 밖에서는 자연스럽게 지껄일 수 있다고 느낍니다. 그러나 분석시간에는 지금도 진지하기만 합니다. 그렇지 않으면, 나도 어떤 것에 흥분할 수 있을 것입니다. 흥분에는 그 자체로 무엇인가 다른 것이 있습니다. 위험한 것은 당신이 흥분하면 다른 것을 잃는다는 것입니다. 당신은 그 것을 제거하거나 완해시킵니다.'

분석가 '만약 당신이 흥분을 드러낸다면, 그것은 제거될 것입니다.' (나는 여기에서 거세불안을 해석할 수도 있었으나 삼가 했다)

환자 '그렇습니다, 당신은 참 마음이 편한 사람입니다. 그런데 만일 흥분이 일어나 무언가에 집착을 하게 되면, 당신의 마음이 무거워집니다. 구애됨이 없다는 것이 중요한데 이것은 애정 관계가 없을 때에만 가능합니다. 나는 지난밤에 이런 생각을 했습니다.

---

9 '안아주기' 개념은 다음 논문을 참조할 것. "부모-유아 관계 이론"(The Theory of the Parent-Infant Relationship, Winnicott, 1960a)

여자친구와의 관계는 구애됨이 없는 연애입니다. 하지만 아내와의 관계는 그럴 수 없습니다.'

분석가 나는 그가 자위행위에 대해서도 말하고 있다는 것, 그리고 이미 자위행위를 하고 있기 때문에 그 주제를 전개하고 있다는 것을 그에게 상기시켰다.

환자 '자위행위의 장점은 위험을 감수해야 할 필요가 없다는 것입니다. 사회적으로 골치 아플 일이 없는 거지요.' 그는 자위행위가 성교능력을 위협함에도 불구하고, 결혼 이후에도 이 욕구가 계속되는 예기치 않은 현실에 부딪쳤다.

이 순간에 벨 소리가 났다. 누가 벨을 고치고 있었다. 이것이 방해가 되었는데, 환자는 자신이 그 문제에 신경을 쓰고 있는 것에 대해 놀랐다.

'보통 때는 그렇지 않습니다. 방해되는 일이 있으면 당신이 지나치게 걱정하는 듯이 보이고, 나는 그게 왜 문제가 되는지 잘 모릅니다. 하지만 지금 이런 아주 사적인 문제를 논의하다 보니, 분석 세팅과 그것의 중요성에 대해 당신이 말한 게 사실이라는 것을 처음으로 이해하게 되었습니다.'

분석가 나는 이 사실을 의존의 주제와 연결시켰다.

2월 10일, 목요일

환자 흥분이 의기양양함에 비해 수준이 낮은데도 불구하고, 그는 계속 흥분에 대해 보고했다.

분석가 '당신은 흥분과 관련하여 삶의 대부분을 평균 이하로 살아온 것

　　　　같습니다. 그래서 당신은 보통 수준의 자극에 지나지 않는 것에
　　　　서조차 흥분을 느낍니다.'
환자　'맞는 말입니다. 나는 별로 애쓰지 않고도 즐겁고 명랑할 수 있
　　　　게 되었습니다. 사실 전에도 때때로 그럴 수 있었으나 그것은 언
　　　　제나 연기였습니다. 하지만 주의가 필요하다는 것을 깨닫게 해
　　　　주는 일이 오늘 있었습니다. 아직 해결되지 않은 일 문제와 가정
　　　　문제가 있어서, 나는 기분이 좋을 때도 걱정과 죄책감을 느낍니
　　　　다. 비밀 연애를 하고 있을 때도 물론 그렇고요. 지나치게 흥분
　　　　하는 것은, 말하자면, 장래에 대가를 치러야하는 것이므로 위험
　　　　합니다. 차후 처리하지 않으면 안 될 일을 무시할 수는 없지만,
　　　　그래도 차이는 있습니다. 이제 나는 미래를 기대할 수 있습니다.
　　　　과거에 나는 미래에 대한 전망은커녕 현재에 대한 해결책도 없
　　　　이 어려움을 겪었던 것 같습니다. 정상적인 삶을 영위할 희망이
　　　　전혀 없었습니다. 나의 우울증은 의존을 찾는 것과 관련이 있습
　　　　니다. 그러니까 나는 의존과 우울 안에서 나의 타고난 권리를 요
　　　　구하고 있다고 할 수 있습니다.'
분석가　'그러니까 미래와 현재에 대한 절망은 당신이 몰랐던 과거의 어
　　　　떤 절망인 것으로 드러나는군요. 당신이 찾고 있는 것은 사랑할
　　　　수 있는 능력이고, 자세한 내용을 다 알지는 못하나 삶의 초기의
　　　　어떤 실패가 사랑할 수 있는 당신의 능력을 의심하게 만들었다
　　　　고 할 수 있습니다.'
환자　그는 이 모든 말에 동의한 후, '아직도 여전히 해결해야 할 과제
　　　　가 남아있습니다.'라고 했다.
분석가　나는 그것이 딸에 대한 사랑을 발견한 사실과 연결되고, 영화관
　　　　에서 그가 눈물을 흘린 이후라는 것을 상기시켜주는 상당히 폭

넓은 해석을 해주었다.

환자 '나는 고통과 연결되는 지적 쾌락이라는 개념을 늘 갖고 있었습니다. 나는 같은 방식으로 사랑과 슬픔을 연결시킵니다. 이 이야기를 한번 한 적이 있는데, 성에 관한 어떤 청년 클럽 대담에서였습니다. 나는 그 이야기를 했다가 심하게 비난을 받고 사디스트로 여겨졌습니다.'

분석가 하지만 나는 그가 자신이 옳고 그렇게 말한 사람이 틀렸다고 생각한다는 것을 알아차렸다.

환자 '아마 그 여자(말한 사람)도 알고 있었을 텐데, 그 상황에서 이 점에 동의하는 걸 불편하게 여겼겠지요.'

분석가 '당신의 분석에서 차차 답이 나올 거니까, 내가 애써 그 답을 찾을 필요는 없겠습니다.'

환자 '나는 사디스트가 아니었으니, 이런 비판은 맞지 않습니다.'

분석가 나는 여기서, 어니스트 존스의 옵저버 지 기고문에 나오는 식인 충동이라는 말을 끌어들이면서, 훨씬 더 포괄적인 해석을 하기 시작했다.

환자 그는 애정행위에 있어서 깨무는 것이 중요하다는 것을 알고 있었다면서 내 말을 보충했다.

분석가 나는 이 포괄적인 해석에서 의존 현상들이 본능적 순간이나 생각들과 관련하여 시험될 수 있도록 제 때에 상황을 안아주는 것에 대해 말해주는 한편, 어떤· 점에서는 그가 놓쳐버렸기에 분석에서 내가 제공해주기를 바랐던 이러한 유아기 상황에 대해 말해 주었다. 나는 유아가 보호시설 안에서 하루에 세 명의 보모도

---

10 41 페이지 참조.

만날 수가 있어 보상과 관련한 어려움이 있을 수 있다고 예를 들어가며 설명하였다.[11]

환자   그는 나의 해석에 담겨있는 생각을 즉각 끄집어내어 말하기를, '나의 경우 네 명의 보모가 있는 듯했습니다. 병원, 집, 분석, 여자친구라는 네 가지 생활 영역 때문입니다. 다른 국면에서 일어나고 있는 것을 내가 분석에서 설명할 수 있느냐에 모든 게 달려 있습니다.'라고 했다. 그러고서 그는 '그러나 이와는 반대로 실제로는 전체 상황의 분열이 오히려 내게 더 많은 이야기할 거리를 제공합니다. 네 영역 어디에서나 할 말이 많지만 어떤 말을 하고 나서 더 이상 할 말이 없을 때, 나는 늘 지쳤다고 느낍니다.'라고 말했다.

분석가   나는 먼저 환자는 이 분석에 자신이 기여한다고 느끼고 싶어 하는 욕구가 있고, 이야기할 거리가 없을 때 자주 어색해하거나 결핍을 느낀다고 말했다. 그리고 이렇게 덧붙였다. '우리는 또한 하나의 상황에서 다른 상황에 대해 이야기함으로써 각자가 분열된 경험 자료들을 통합하는 대화의 근원에 대해서도 이야기하고 있는 겁니다. 정신적으로 건강하다면, 거기에 기본적이고 통일된 하나의 패턴이 있습니다.'

    그가 이전에 발견할 수 있었던 것은 자신이 늘 찾았던 근원적 패턴의 다양한 사례들에 불과했다. 그러나 이제 분석에서 그 패턴을 찾아내었기 때문에, 그것을 분리해 낼 수 있으면 그에게 도움이 될 것이다.

잠시 멈춤

---

11 "관심능력의 발달"(The Development of the Capacity for Concern, Winnicott, 1963) 참조

환자   '너무 멀리 갈 위험이 있고 혼동될 수도 있습니다.'

분석가   처음에는 그가 나의 분석이 너무 복잡하다고 말하는 줄 알았다. 하지만 그는 자신이 분석에 끌어들일 수 있는 수많은 이상한 일들에 대해 언급하고 있었다. 그래서 나는 그가 초기 아동기의 어느 시점에서 진지한 이야기밖에 할 줄 모르는 아이로 바뀌기 전까지 말을 지껄여대어 주목을 받았다는 점을 상기시켰다.

환자   그때 그는 아무런 희망도 없이 모든 게 엉망이라는 두려움, 즉 자신이 너무 많이 분열되었다는 두려움에 대해 말했다. 그는 목요일에 X 의사와 함께 하는 병실 회진을 선택해서 이야기했다. 이 회진이 목요일 저녁 분석회기에 늘 영향을 미쳤기 때문이다. 나는 이 이야기를 전에 들어 본 적이 없다. X 의사의 회진은 결코 만만치 않은 것으로 언제나 도전의 연속이다. 그는 아이디어도 많고, 요구사항도 많다. 지금은 그(환자)가 아이디어를 아주 많이 갖고 있고 상사에게 당당해져서 둘 다 서로 만나는 것을 즐거워한다는 점에서 새로운 발전이 있다. 다루기가 상당히 까다로운 외과의사의 문제도 있었다. 그(환자)가 어떤 환자의 병력을 기록했는데, 세밀하고 포괄적인 그의 보고에 감사해하는 유쾌한 편지를 그로부터 받았다. 그 편지는 칭찬이었다. 그것은 그(환자)가 칭찬을 받아들일 기분이었던 바로 그 때 도착했다. 아마도 몇 해만에 처음 있는 일일 것이다. 그도 분명히 그 편지를 반겼을 것이다. 지금 중요한 일이 너무나 많은 것 같다. 자질구레한 일이 너무 많으면, 그는 늘 걱정이 되었다. 그래서 문제를 일반화하고 단순화하는 기술을 개발했다.

분석가   자료의 정리에 대한 대안은 무수히 많은 단편적 생각들에 몰두하는 것이었다. 환자는 여기서 해체 또는 비통합을 견디는 자신

환자	의 능력이 향상되고 있음을 서술했던 것으로 보인다. 그는 이러한 아이디어들이 수많은 생각의 산물들처럼 느껴진다고 말했다.
분석가	분석가로서 내가 할 일은 이러한 산물들을 다루는 것을 도와주고 이들을 분류하여 일종의 질서를 부여하는 것이다. 나는 보상이라는 현상이 이용될 수 있음을 암시해 주는 가학증을 그가 아직 발견하지 못하였을 때, 그의 보상능력이 제대로 기능하지 못했다는 점을 지적해 주었다. 나와 관련된 흥분은 암시만 되었을 뿐 드러나지는 않았다.
환자	그는 그때 흥분해 있는 환자에게 분석상황은 어려운 거라고 설명했다. 분석가들은 잘 보호된다. 그들은 특별한 보호 장치의 도움으로 침해를 피해 간다. 이 사실은 정신병원에서 특히 분명하게 나타난다. 그곳에서 환자와 의사는 직업적으로 말고는 만나지 않는다. 그리고 약속은 간접적으로 잡힌다. 의사들도 분석을 받는다. 그들에게 해를 입히는 것은 실제적인 물리적 폭력을 통해서만 가능하다. 언젠가 몇몇 사람들이 병원으로 밀고 들어가 의사들에게 고의로 무례하게 굴며 괴롭힌 적이 있었는데, 그들은 비난을 받았다. 분석가라면 그런 식으로 되도록 처신해서는 안 된다. 그런데 그들은 왜 그렇게 처신할까? '두 가지 생각이 있을 수 있습니다.' 그가 여기서 말을 덧붙였다. '하나는 분석가들도 말로 인한 손상에 면역된 게 아니라서 내(환자)가 짜증이 난다는 것이고, 또 하나는 그들(분석가들)을 공격할 수가 없어서 내가 짜증이 난다는 것입니다. 분석에 나타나지 않는 것을 통해서만 분석가를 짜증나게 할 수 있는데, 그건 어리석은 일입니다.'

분석가　나는 그가 분석에 나타나지 않는 것에 대해 이야기하는 걸 빠뜨렸다고 말했다. (놀이하는 것에 대해 말해야 했는데, 내가 그것을 빠뜨렸다) 그 이야기는 마치 그가 등장하지 않는 꿈을 내게 말한 것과 같았는데, 우리는 지금 그 꿈의 의미를 들여다볼 수 있다. 우리는 이 꿈이 지금 그의 가학증을 포함하고 있고 그 가학증이 우리를 식인충동에 대한 생각으로 이끈다는 것을 알 수 있다.

　　부가적인 해석으로, 나는 외과의사의 칭찬이 그의 삶의 다른 모든 국면을 하나로 통합하는 요인이었다고 말했다. 나는 지난 시간의 분석 소재에서 외과의사에 비유되었고, 그에게는 그 외과의사를 통해 내가 그를 칭찬한 것을 내가 아는 게 중요했다.

환자　이 해석에 대한 그의 반응은 그가 흥분할 때 나도 흥분을 보일 수 있어야 한다는 것이었다. 그의 성취를 내가 왜 자랑스러워할 수 없단 말인가?

분석가　나는 환자의 이 반응에 대해, 당신이 절망에 빠져있던 기간에 내가 당신만큼 심한 절망에 빠져있지 않았던 것처럼, 당신이 흥분했을 때도 내가 당신만큼 흥분하지는 않았지만 정말이지 나도 꽤 흥분했노라고 응답했다. 나는 사태를 전체로 바라보는 입장이었다.

환자　그는 환자의 진전에 흥분할 수 있는 분석가의 능력이라는 주제에 계속 매달렸고, 나는 그에게 말했다.

분석가　'내가 이 일을 하는 것은 이게 의사가 할 수 있는 가장 신나는 일이고, 나의 관점에서 볼 때, 환자들이 잘못할 때보다 잘할 때 분명 더 좋은 거라고 생각하기 때문이라는 내 말을 당신은 받아들일 수 있을 겁니다.'

2월 14일, 월요일

환자   그는 흥분 상태가 진정되었다고 보고했다. 흥분의 새로움이 사라졌다. 여기에는 세 가지 요인이 있었다. 하나는 그가 지쳤던 것이고, 다른 하나는 흥분이 모든 문제를 해결할 수 없었던 것이다. (나는 의기양양의 단계가 종료되었음을 알아차렸다) 그는 흥분 상태에 있는 동안 아내와의 어려움 등이 저절로 해소되기를 기대했으나, 아직도 어려움이 여전하다는 걸 지금 깨달았다.

분석가   그가 나 역시 흥분하기를 바랐던 지난 분석시간의 마지막 부분을 분석에 끌어들였다. 나는 우리가 의기양양함에 대해 다룬 것과, 내가 그의 흥분에 대해서는 함께 나누었으나 의기양양에 대해서는 함께 나누지 않았던 게 그에게 중요하다는 것을 언급했다.

환자   그는 그 변화가 어느 정도 지속되었다고 말했다. 예를 들어, 연기하려는 욕구가 줄어든 걸 알고 있다는 것이다. 삶의 무게가 가벼워졌고, 의도적인 행동이 줄어들었다. 여전히 어렵긴 하지만, 이야기하는 것이 더 이상 계속되는 문제는 아니었다. 그가 남들처럼 이야기하지 않는 것도 때때로 큰 문제가 아닌 듯이 보였다. *잠시 멈춤.* 흥분 기간 동안 분석에서 말을 많이 했기 때문에, 흥분이 끝나자 불안해진다고 그가 말했다. 이제 그는 다시 아무 할 말이 없다.

분석가   '당신은 할 말이 전혀 없다는 걸 내게 진정으로 알려주고 있습니다.'

환자   '그 말이 모든 것을 다 드러내 보였습니다. 내가 말한 모든 것이 아무 가치 없다는 게 드러났습니다. 나는 속속들이 까발려진 느

	낌입니다.' *잠시 멈춤*. 그는 아무 말도 하고 싶지 않다고 단호하게 말했다.
분석가	여기서 나는 현 단계의 분석(2차 분석)을 그가 통찰을 제대로 얻지 못한 채 전쟁 중에 종결된 1차 분석과 연결시켰던 이전의 해석을 끌어들여 하나의 포괄적인 해석을 내렸다. 나는 만족이 그에게서 대상을 멸절시킨다고 말했다. 그는 지난주에 약간의 만족을 얻었고, 대상으로서의 나는 지금 멸절되었다.
환자	'그 말 때문에 생각을 하게 되는데, 여자친구에게 더 이상 관심이 안 가는 게 나는 신경 쓰였습니다.' 이어서 그는 아내와의 관계를 이 해석에 비추어 언급했다. 그는 어떻게 만족이 늘 대상의 멸절과 관련된 불안으로 인도되는지 알게 되었다.
분석가	나는 내가 멸절된 것으로 보였던 기간에 나의 관심이 지속된 것에 대해 해석을 했다.
환자	그는 나의 관심이 지속되는 것과 대상이 지속되는 것에 대해 지적으로는 이해할 수 있으나, 이것들을 현실로 느끼기 위해서는 노력이 필요했다고 보고했다.
분석가	나는 환자가 만족을 불완전한 것으로 유지하고 대상을 멸절에서 보호하기 위해 욕구불만을 이용하는 것에 주목했다.

잠시 멈춤

환자	'우리가 중요한 일에 착수했다는 걸 이제 느낍니다. 돌이켜보니 이 문제가 현실이라는 걸 깨달을 수 있습니다.' '나는 이런 종류의 반응이 일상적이지 않고 흔치 않은 것인지, 아니면 다른 사람들도 나처럼 반응하는지 궁금합니다.'

분석가 나는 그와 함께 이 문제의 두 가지 측면을 논의했다. 첫째, 그가 보편적인 현상에 대해 이야기하고 있다는 것이며, 둘째, 그가 다른 사람들보다 자기 자신에게 더 중요한 무언가를 다루고 있다는 것이다.

환자 '이 문제는 엄마 젖을 먹는 아기에게 어떤 영향을 미칠까요?' (여기서 그는 1차 분석 시의 핵심적 특징들로 매우 가까이 되돌아가고 있었다)

분석가 나는 그때 그에게 가능한 두 가지 반응, 즉 분열성과 우울증(이 용어들을 사용하지 않고)에 대해 길고 상세하게 설명해주었다. 나는 아이가 잡아 뜯은 외투 단추에 대해 이야기했는데, 그것은 환자의 마음속에 식인충동이라는 말과 관련되어 있었다. 아이가 단추를 손에 쥐게 되면 그에게서 중요한 것은 그가 만족한 것이고, 따라서 단추는 중요하지 않은 것(더 이상 애착의 대상이 아니다)이 된다고 말해주었다. '또 다른 반응이 가능합니다. 내가 이것을 언급하는 것은 당신의 분석 안에 이것이 있지만 당신이 아직 보지 못하기 때문입니다. 이것은 이제 단추 하나가 떨어져 나간 외투와 관련이 있고 또한 그 단추의 운명과도 관련이 있을 것입니다.'

환자 환자는 내가 말하는 것을 분명하게 이해했다. *잠시 멈춤*. 그는 자신의 직업적인 삶의 경로와 관련하여 두 가지 극단적인 대안 중 어느 쪽을 따라야 할지 주말 내내 많이 생각했다고 했다. 한편에는 지식인으로 자처하는 지적 발전 경로가 있는데 여기서 쾌락은 무시된다. 다른 편에는 쾌락이 있다. 쾌락은 그가 가장 중요하게 추구하는 것일 수도 있다. 실제로 첫째 경로는 상사의 충고를 따르고, 환자의 병력을 기록하며, 지적 태도의 기반 위에서

의료 경력을 시작하는 것을 의미했다. 그의 상사는 의학과 지적 영역에서 한평생을 보냈다. 그는 이 스파르타식 체제를 따르는 데 마음이 끌렸으나 그렇게 되면 그 자신과 더 이상 관계없는 삶이 될 거라고 그가 말했다. 그런데 다른 대안 역시 쾌락만을 위해 빈둥거리는 것이어서 만족스럽지 않기는 마찬가지였다. 그는 이 두 극단적인 대안 들 사이에서 표류할 수도 있으나, 표류 또한 만족스럽지 못할 것이다.

분석가 나는 이 사실을 당면한 분석 자료와 결부시켰다. 나는 만일 환자의 분석이 지금보다 더 진전되지 못한다면, 두 가지 반응 중 첫 번째(분열성)에 속한다고 그가 서술했던 바로 그 문제가 남게 된다고 했다. 나는 우리가 그의 미래에 대해 이야기할 수 있으며, 그가 이미 대상에 대해 관심을 가지는 대안적 발달 노선에 들어섰음을 그의 분석이 보여주고 있다고 말했다. 만약 그의 분석이 이 문제까지 책임져 준다면, 그의 직업 경력 관리라는 주된 문제에 대한 새로운 해결책이 저절로 나올 것이다.

환자 그는 전에는 전혀 없었던 어떤 것을 얻을 수 있다는 희망이 지금 이 분석에서 어떻게 가능한지 궁금하다고 했다. '여태까지 존재하지 않았던 것을 얻는다는 게 본질적으로 가능한가요? 전에는 거기에 관심이 전혀 없었는데 어떻게 관심을 갖게 될 수 있는지요? 무에서 유가 창조될 수 있는 건가요? 그게 아니라 뭔가가 묻혀 있어 발견될 수 있는 것 아닐까요?'

분석가 나는 그가 관심 받는 능력을 성취했지만 유아기의 일부 상황에서 겪은 절망 때문에 그 능력을 상실했음을 우리가 어느 정도 알 수 있다고 했다. 그럼에도 불구하고, 전에는 전혀 이루지 못했던 진전을 분석에서 이루어내는 것이 불가능해 보이지는 않는다.

이런 일들은 환자 자신에게만 달려 있는 것이 아니라 그의 분석가와도 관련이 있다.

환자 '물론 그렇지요. 아기는 처음에 어머니와 함께 이런 능력을 획득하고 진전을 이루어 내야 합니다.'

분석가 '지난 몇 분 동안 우리는 지적으로 이야기했고 당신의 분석에 대해 이야기했습니다. 그런데 이것은 분석을 하는 것과는 상당히 다릅니다.'

환자 '하지만 나는 지적으로 이야기하는 것이 긍정적인 가치가 있다고 느낍니다.'

분석가 (나는 이러한 상태를 1차 분석 마지막에 일어났던 상태와 비교해 보지 않을 수 없었다. 그때 이 남자의 성격과 외부 관계에 대단히 큰 변화들이 일어났지만, 통찰은 부족했다)

2월 15일, 화요일

환자 '나는 어제 분석의 마지막 부분을 생각해 보았습니다. 당신은 우리가 주제를 에둘러간다고 했습니다. 이 말이 어떤 이유에서인지 나를 웃게 만들었는데, 참으로 특별한 반응이었습니다. 나는 그 말이 아주 재미있다고 느끼지 않을 수 없었는데, 마치 "우리는 그저 진지한 척 하고 있을 뿐"이라고 말하는 것 같았습니다. 우리는 편안한 마음으로 놀이를 하고 있었습니다. 사태에 대해 진지한 주의를 기울이는 행동을 멈추고 나는 웃었고 매우 흥분되는 것을 느꼈습니다.'

분석가 '방금 당신이 한 "놀이playing"라는 말은 지난 분석시간에 당신이 말했던 "자유로운 상상fancy free"이라는 구절을 둘러싼 아이디어와 연계하여 내가 "놀이하다play"라는 말을 분석에 끌어들였을지 모른다는 생각을 하게 만듭니다. 지난 분석시간 마지막에 당신과 나는 함께 놀이를 했고, 그 주제에 대해 에둘러 말했습니다. 당신은 그걸 즐겼고 보통 때 힘들게 분석했던 것과 대비가 된다고 느꼈습니다.'

환자 '그 이야기는 몰리에르Molière가 했던 말을 상기시킵니다. 누가 어떤 남자에게 그가 평생 지루하게 말한다고 얘기해주었을 때, 그 남자가 놀랐습니다. 그가 그런 사실을 모르고 지내왔기 때문인데, 그 말이 그를 흥분시켰습니다.'

분석가 '나는 우리가 함께 놀이하는데 빠졌다는 느낌이 듭니다.'

환자 '의학 분야에서도 흔히 이런 일이 있습니다. 심각한 주제 한 가운데서 마음을 가볍게 해주는 뭔가가 나타날 때, 그게 얼마나 소중한지 나는 이제 이해할 수 있습니다. 그게 나쁜 취미일 수도 있지만, 심각한 의학적 토론 중에 게임을 조금 하는 것은, 예컨대, 재치 있는 말장난을 하는 것은 때때로 많은 도움이 됩니다. 나는 두 가지 극단적인 경우를 말했습니다. 은둔자나 고행자처럼 아주 진지한 일을 도모해야 하는가? 아니면 쾌락을 추구하고 진지한 것들은 뭐든 피해야 하는가? 이제는 이 둘을 혼합할 수 있다고 봅니다. 이것은 중간을 추구하는 것과는 다릅니다. 혼합이 양극단을 동시에 포함하기 때문이지요.'

분석가 '이것은 엄지손가락과 엄지손가락에 대한 당신의 관심, 그리고 당신이 나를 당신의 엄지손가락이 상징하는 대상으로 삼는다는 주제와 같은 주제입니다.'

잠시 멈춤

환자   '오늘 새로운 주제가 떠올랐는데, 여자친구와 관련된 것입니다. 내가 방금 그녀를 만났는데, 그녀에 대한 나의 태도가 변하고 있습니다. 원래 나는 지적인 면에서만 그녀에게 끌렸습니다. 첫째로는 아내에 대해 일종의 허세를 부린 것이었으나, 둘째로는 신체적 흥분이 있었습니다. 그러나 이게 나를 걱정하게 만들었습니다. 권태와 피로가 나타날 수밖에 없다는 것을 알고 있었기 때문이지요. 그런데 오늘 변화가 생겼습니다. 그녀에게 실제로 따뜻한 감정을 느꼈고, 그녀가 하는 일과 말에 관심을 갖게 된 겁니다. 내가 사랑에 빠지기 시작한 건 아닌지 궁금합니다. 이게 전적으로 새로운 것인지는 판단할 수 없습니다. 전에는 결코 이런 일이 없었습니다. 나는 거기에 이름표를 달고 싶지 않습니다. 오늘 여자친구에게 느끼는 편안함과 계속되는 아내와의 전반적인 어려움이 첨예하게 대비됩니다. 내가 하는 일에 있어서도 마찬가지입니다. 다리 입구에 다다른 것 같습니다. 여자친구는 서로간의 의견에 틈이 생기면, 나의 아내와는 달리, 자기 생각을 고집합니다. 그러나 아내는 더 이상 그렇게 할 수 없습니다. 아마 아내도 전에는 그랬겠지만, 이제는 포기했습니다. 확실한 예를 하나 들자면, 여자친구와 삼십 분이나 통화를 한 겁니다. 이것은 정말이지 완전히 새로운 것이죠. 나는 그 누구와도 삼 분 이상 통화한 적이 없습니다. 업무상의 조정 말고는 할 말이 없었기 때문이지요. 집에서는 긴장이 많이 완화되었는데, 아내와 아내의 남자친구가 더 이상 문제가 되지 않기 때문입니다.'

분석가 나는 그의 아내에 대해, 그리고 아내가 얼마나 많이 이 일을 알고 있는지에 대해 물어보았다.

환자   '아마 아내도 잘 알고 있을 겁니다. 그러나 나는 그 일을 비밀로 하는 게 더 좋습니다. 그 주제에 대해 솔직하게 이야기하는 것은 너무도 냉정한 일일 것입니다. 그 주제를 먼저 시작하는 사람이 약세로 몰리는 거지요.'

(환자는 여자친구와의 이 에피소드가 분석의 일부이지 결혼생활을 파탄 내려는 시도가 아님을 잘 알고 있다는 걸 내게 우연히 보여 주고 있는 셈이다. 그는 건강이 회복되고 결혼생활이 개선되기를 늘 희망한다)

분석가 나는 환자의 삶의 다양한 에피소드들이 전이 안에 다 모여 있다는 것을 보여주려 했다.

환자 그는 계속해서 아내가 의존적인 위치에 있기를 좋아하며 그가 지배적이기를 기대하는 방식에 대해 말했다. 여자친구와의 관계에서는 둘 다 지배적이지 않다. 그와 아내는 아버지와 딸의 관계인데 반해, 여자친구와의 관계는 오누이 관계 같은 거라고 말하고 싶은 생각이 떠올랐다. 그는 여동생과 가끔 이러한 관계를 가졌으나 서로 멀어졌다. 여자친구와 함께 해서 좋은 점은 이런 류의 관계를 가지면서도, 근친상간의 터부가 없다는 것이다. 그들은 서로 도움이 될 수 있다. 그러한 가능성을 발견하면서 흥분이 동반되는 신기로움을 느끼게 되었다. *잠시 멈춤*. 그는 자기가 갇혀있다고 보고했다.

분석가 나는 분석가와 관련된 모든 태도의 종합이라는 주제와 개별적 행동화를 통하여 회피되는 갈등의 경험이라는 주제를 계속해서 분석했다. 이 주제를 다루며 자위행위를 언급했다.

환자 '나는 여자친구와 관계가 시작된 후 자위가 훨씬 덜 강박적이 되었기에, 당신이 이런 여자친구 관계는 자위와 관련이 있는 것이라고 틀림없이 말할 거라 생각하고 있었습니다. 나는 "그(분석

가)가 (나에게) 당신은 환상을 행동화하고 있는 것뿐입니다 라고 말할 것이다."라고 생각했습니다.'

분석가   나는 여태껏 내가 사용하지 않았던 '뿐'이라는 말을 도입하는 게 중요하다고 언급했다.

환자   '그렇습니다, 하지만, 당신은 내 말에 찬물을 끼얹는군요.'

분석가   나는 전에는 발견되지 않았으나, 환자가 여자친구와의 관계에서 발견했고, 특히 나와의 관계에서 나타나고 진전되고 있는 상호작용에서 발견했던 자위 환상의 실상을 다루었다.

2월 18일, 금요일

환자   '내가 마지막으로 여기에 왔던 게 사흘 전이라는 말을 해야겠다는 것이 제일 먼저 내 마음에 떠오른 생각입니다. 매우 긴 시간처럼 느껴집니다. 아침에 꾸었던 꿈의 일부가 생각났습니다. 잠에서 깨어났을 때 나는 여전히 꿈속에 있었으나, 차츰 더 잠에서 깨면서 꿈이 생각났는데, 그때 나는 괴로웠습니다. 왜냐하면 섬뜩한 꿈이라고 느꼈는데도 그 꿈이 아주 자연스럽게 보였기 때문입니다. 내가 나의 딸을 유혹하는 꿈이었습니다. 잠시 동안 내가 이 꿈의 내용을 기억하지 못했으나, 곧 기억이 되살아났습니다.'

분석가   나는 이 꿈이 그가 영화관에서 울고 난 뒤 어린 딸에게 사랑을 느꼈던 것에 이어지는 꿈이라고 말해주고, 딸을 유혹한다는 게 무엇을 의미하는지 물어보았다.

환자   '아마 그 아이와 성교를 했다는 뜻일 겁니다. 최근 그 아이가 내

무릎에 앉았을 때, 무언가를 억제해야 할 것 같은 약간의 성적 흥분을 느꼈던 것이 지금 생각납니다. 이 일은 지난주 내가 흥분했던 시기 동안에, 그리고 내가 여자친구와 예기치 않게 성교를 했던 기간에 일어났습니다. 그것은 모두 다 같은 흥분의 일부였습니다. 이 기간 동안 나는 자위행위를 하지 않았고 원하지도 않았습니다. 또한 나는 성교능력을 갖추기 위해 자위행위를 의식적으로 억제할 수 있었습니다.'

  이 모든 것이 몇 년 전 환자가 집에서 겪었던 아내와의 문제를 상기시켰다. 그는 흥분하는 데 어려움이 있다는 것과 조루에 대해 처음으로 말했다. 당시 그는 긴장을 완화하여 성교행위를 더 잘 통제하려고, 곧잘 자위행위를 하곤 했다.

분석가 나는 그가 아내와의 관계를 아버지-딸 관계에 비유했다는 것과, 그러므로 그 꿈은 아내와의 관계에서 일어나는 무언가를 암시한다는 것을 상기시켰다.

환자 '그 말은 내가 하려했던 말과 연결됩니다. 나는 그 꿈을 꾼 후로도 여자친구와 계속 만나왔고 그녀를 좋아하게 되었는데, 이제 그녀가 냉담해진 것을 알게 되어 우울합니다.'

  그녀의 예전 파트너가 나타난 것이다. 그래서 나의 환자가 밀려나고 있었다. 그녀는 열여섯 살 적에 아버지에게서 성적 유혹을 받았고, 그래서 아버지를 증오했다. 문제는 사회가 아버지와 딸 사이의 성적 유혹에 대해 아들과 어머니 사이의 근친상간보다 관대하게 생각한다는 것이다. 인류학에서 아버지와 딸의 관계는 발전 되어 나가기도 하지만 어머니와 아들의 관계에는 그러한 것이 없다.

  그는 자기가 공감을 잘하기 때문에 몇몇 인간관계에서 여자들이 자기에게 기대려고 하나, 그 관계는 대체로 아버지와 딸의 방식으로 끝나게 된다고 말했다. 그는 이 사실을 자신의 성격상의 결함으로 여긴다. 그는 공격적이지 못하다.

분석가 '당신이 끌어가려는 요점은, 삼각관계에 있는 남자를 당신이 증오할 수 없다는 겁니다.'

환자 '이 증오는 단지 나중에 일어날 뿐으로 동시적인 것이 아닙니다. 이건 이론적인 관점의 증오입니다.'

　　　이미 사태가 벌어졌고, 모든 것이 걷잡을 수 없게 되는 위험이 발생했다. 이 모든 게 어떤 식으로 끝이 날까? 환자는 여자친구를 두고 경쟁하는 상대를 알고 있었다.

분석가 여기서 나는 전이 안에서만 모아지는 네 가지 요소를 포괄적으로 통합했다. 그것은 의존, 본능적 만족, 근친상간의 꿈, 결혼 관계이다.

환자 이 해석이 있은 후, 환자는 몇 년 전 어떤 여자와 성교하는 꿈을 꾸었던 게 이제 막 생각난다고 말했다. 그런데 지금 생각해보니 그 여자는 자신의 어머니일 수도 있다는 것이다. 꿈속의 여자 안에는 환자 어머니의 요소가 일부 있었던 게 확실하다. 이 모든 것이 여자친구와 관련된 실제 딜레마를 더욱 어렵게 만들었다. 만족스럽지 못한 대안들뿐이었다.

1. 그 남자와 경쟁하기
2. 후퇴하기
3. 관계를 종료하기

　　　환자는 세 가지 대안 모두를 불만스럽게 여겼고 화가 났다. 그런 결말들은 단지 편리할 따름이다. 그는 오늘 분석을 받으러 오면서도 계속 생각했다. '근심 걱정을 그런 식으로 피해갈 수 있다 하더라도, 성이 없는 삶은 불만스러울 게 틀림없다. 성에 대해 기대할 것이 없다면 그건 삶이 아닐 것이다.' 그는 웬일인지 일찍부터 성교는 바람직한 것이라는 생각을 하게 되었다고 했다. 성교는 그에게 필요하지 않더라도 그가 원하는 것이라는 것을 그는 알고 있었다.

분석가 나는 그의 꿈속에 아버지가 부재하는 것을 지적해 주었다.

환자 이 대목에서 환자가 그의 경쟁자에 관해 좀 더 이야기했다. 그 경쟁자 역시 기혼 남자로 두 아이가 있다. 환자는 이 경쟁관계에서 두 남자가 서로의 전철을 밟고 있는 것(확인되었다)이 불만이었다.

분석가 그의 딸에 대한 꿈과 여자친구와의 관계는 그의 어머니에 대한 꿈에 나타날 수 있는 강렬한 감정과 갈등을 회피한다고 내가 언급했다.

환자 그는 지난 몇 년간 자기가 아버지에게 아무런 감정을 느끼지 않은 것을 내가 기억해야 한다고 말했다. 분석의 한 단계에서 드러났던 때를 제외하고는 감정은 묻혀 있고 왜곡되어 있었다. (그는 아버지에 대한 감정의 상실을 꿈속에 아버지가 부재하는 것과 연관시켰다)

그는 또 이렇게 말했다. '여자친구와의 관계에서 있었던 일은 연기였다는 걸 기억해야만 합니다. 자연스럽게 느껴졌지만, 그건 연기였고 갑작스레 끝나버렸습니다. 당연히 나는 지금 일시적으로 우울증에 빠져 있습니다. 내 앞길이 음울하게 느껴집니다.'

분석가 '이 연기행위와 관련해서 드러난 것은 당신이 자위행위의 숨은

의미를 아주 잘 알고 있다는 것입니다.'

잠시 멈춤

환자   '우울증의 숨은 의미에 대해서도요.'

　　　환자는 계속해서, 자기는 이 모든 것에 대해 이야기할 수 있는 누군가, 즉 여자친구도 아니고 아내도 아닌 누군가를 원한다고 말했다. 그는 친한 친구가 없었고 여러 해 동안 그랬다. 그리고 그는 분석에서 모든 것을 진지하게 받아들인다. 그에게는 농담하고 게임을 함께 할 누군가가 필요했다. 어떤 남자들은 술을 너무 많이 마셔 여자에게 차였다고 느끼기도 하고, 또 어떤 남자들은 일을 너무 열심히 하거나 누군가에게 빙빙 돌려 말하기도 한다.

분석가   '가까운 친구가 없다고 하는데, 그 말은 친구는 남자여야 한다는 말이지요.'

환자   '예, 아마도요.'

분석가   '또한 그가 당신을 신뢰하는 것도 필요하겠군요.'

환자   '맞습니다, 그렇게 해야지만 한 사람이 다른 사람에게 의존하는 것을 방지할 수 있습니다.

분석가   나는 그가 친구를 가졌던 적이 있는지 물어보았다. 그는 대학 때 친구에 대해 말했다.

환자   실제로 그는 결혼식 때 신랑 들러리를 서줄 친구조차 없었다. 그래서 아내의 친척을 끌어들여야 했던 일을 두고 아내가 두고두고 그를 놀린다고 말했다. 시간이 다 된 같다고 그가 말했다. 그는 이제 돌아가야 한다. 차인다는 뜻이다. 따라서 회기가 끝나갈 무렵에는 새로운 일이 일어나지 않게 하는 것이 중요했다.

분석가	나는 이 '차이다'라는 단어의 의미를 충분히 밝혔는데, 그 말이 그의 여자친구와 나를 아주 밀접하게 연결시켰다. 나는 '여기에 우리 둘만이 있습니다. 만약 내가 당신을 차버리면 당신은 아무에게도 화를 낼 수 없습니다.'라고 말했다.
	그 순간 벨이 울렸고 그가 말하기를,
환자	'확실히는 모르겠지만, 현관에 누가 왔어요.'라고 했다.
	다음 사람을 들어오게 해야 했다. 그는 남자였다. 그런데 내가 환자를 밖으로 나가게 하자, 환자는 자신의 얼굴표정으로 자신이 삼각관계 게임을 즐기고 있으며 자기를 여자한테서 차이게 한 책임이 있는 남자를 미워하고 있다는 것을 암시해 보였다.

2월 22일, 화요일

(오 분 지각)

환자	'정서적 이뇨(利尿)를 인정하는 유뇨증(遺尿症)에 관한 논문이『랜싯』The Lancet 지에 실렸다는 말을 해야겠다는 생각이 떠올랐습니다.' 환자는 내가 한때 이 주제에 대한 나의 무지를 인정했다고 말했다. (이 말은 사실이 아닌 것 같다) 그는 최근 분석이 진전되면서, 자신의 이뇨가 사라진 것을 알게 되었다.
분석가	나는 나의 무지에 대해 말했는데, 환자는 이를 흡족해했다. (나는 나에 대해 굳이 설명하지 않았다)
환자	환자는 자기가 두 가지 태도, 즉 정신분석가에게 대한 승리감과 신체를 다루는 의사의 과시욕 사이에 놓여 있다고 느꼈다. 하지

만 그 논문은 유뇨가 경미한 신체장애에 의해서도 빈번히 유발되는 경향이 있는 것으로 보았다. 따라서 심리적인 것으로 여겨졌던 많은 병들이 어쩌면 신체적인 질병일 수 있다는 것이다.

환자는 자신을 심리치료사로부터 아이들을 구출하는 사람으로 말했다. 그는 이것을 마치 그를 놀라게 한 어떤 꿈을 보고하듯이 전했다. 이렇게 아이들을 구해내는 것은 외과의사의 수술 칼에서 아이들을 구출하는 것과 같은 거라고 했다. 그는 이것을 정신분석보다 더 빠른 접근법에 대한 그의 소망과 비교했다.

환자가 저항 상태에 있다는 것이 이번 회기에서 점차 분명해졌다. 그것은 졸음의 형태로 나타났다.

환자는 심리학에 대한 공격을 기뻐해야 하는지, 아니면 그 반대여야 하는지 딜레마에 빠졌다고 했다. 신경과 전문의들 역시 많은 환자들이 증거도 없이 기능성 질환으로 분류되고 있다고 한다. 어쨌든 이 모든 사실은 수많은 심리적 질환을 다룰 방법이 있을 수 있음을 암시하는 것이다. *잠시 멈춤*. 그는 아무것도 없다는 이상한 느낌이 든다고 했다. 그것은 그(나의 환자)가 자기 환자를 다룰 때 별다른 일이 없어서 다음 환자로 넘어가는 진료시간과 같은 것이었다. 하지만 분석가는 이 분석에 한 시간 동안 묶여있다. 분석가는 다음 분석으로 넘어갈 수 없다. 단지 흥미롭지 않다는 이유로, 힘든 환자들을 그냥 지나쳐 버리는 자신의 나쁜 버릇에 대해 그는 죄책감을 느꼈다. '정신분석의 상황과 같은 상황이 의료행위에서 일어나는 일은 매우 드물지요.'

분석가 나는 '파업에 참여했던' 외과의사를 그에게 상기시켰다.

환자 '당신은 인정하지 않을 수 없을 겁니다. 아무것도 일어나지 않는 이런 종류의 회기에 당신이 분개해야 한다는 게 논리적인 결론입니다.'

분석가 나는 그가 자신의 환자들을 소홀히 다루는 것에 관한 해석을 했다. 그리고 어떤 면에서는 나도 그를 등한시 한다는 것, 즉 회기와 회기 사이에 그렇게 한다는 사실을 끌어들였다.

환자 그는 분석가가 한 시간 동안 환자에 대해 참는다고 했다. 그는 이것을 그의 딸이 그에게 하는 요구와 비교했다. 집에 있는 아버지의 두 시간은 제 마음대로 할 수 있는 시간이라고 그(어린 딸)가 생각하면 정말 안 된다는 것이었다. *잠시 멈춤*. 그는 아이에게 잡혔다고 보고했으며, 지쳤다고 했다.

분석가 (놓쳤음)

환자 '나는 여자친구가 나와는 다른 것에 의해 충격을 받는다는 사실을 발견했습니다.' 동성애에 연관된 어떤 조짐들도 그녀에게 충격을 주는데, 그녀에게 동성애적 경향이 있었던 것으로 보인다. 그녀는 그 때문에 분석과 유사한 것을 받은 적이 있다. '내게 충격을 주는 건 동성애가 아니라 근친상간입니다.' 그는 어릴 적에 어머니가 자기에게 입맞춤하는 것을 두려워했고, 지금도 여전히 싫어한다. 아마 그는 '비정상적인 근친상간 관념'을 갖고 있었을 것이다. 이것이 그를 공포에 떨게 했다.

분석가 그 공포가 무엇과 연결되어 있는지 물어보았다.

환자 '근친상간이 사회적으로 용납되지 않는다고 말하는 것만으로는 충분치 않습니다. 작은 사내아이가 어머니에게 입맞춤할 때 사람들은 눈살을 찌푸리지 않습니다.' 그가 전에도 보고한 적이 있는 일곱 여덟 살 때의 일화를 상기시켜 주었는데, 소풍과 관련된 것이었다. 가족들이 다 있는 자리에서 아버지가 그를 어머니 위로 밀어 넘어뜨렸고, 하나의 장면이 벌어졌다.

잠시 멈춤

분석가	나는 삼각관계 상황에 대해 그가 최근에 어떻게 달라졌는지 보여주는 상당히 근거 있는 해석을 했다. 그가 느끼지 못하는 새 일자리와 관련된 불안을 졸음과 연결시키는 해석이다. 나는 그가 정말 지쳐있는 것을 알고 있다고 말했지만, 내가 이 사실을 전체적인 설명으로 대신하는 것을 그가 좋아하지 않을 것이라고도 했다.

잠시 멈춤

환자	'내 마음이 정처 없이 떠돌아다니는 것 같습니다. 집중하기가 힘들고, 뭘 말하려는 건지 생각하기 어렵습니다.'
분석가	'내가 너무 길게 해석하는 바람에 생각들이 억눌려졌을 겁니다.'
환자	'아닙니다, 오늘은 아무것도 쉽게 끌어낼 수가 없었습니다.'
분석가	나는 자신감의 약화라는 주제를 찾아내어 시의적절한 해석을 했다. 그리고 거기에 거세불안에 해당하는 내용이 나타난다는 것을 보여주었다. 새로운 삼각관계 상황 안에 적어도 이론상으로 아버지가 등장했기 때문이다. 나는 또한 지난 분석회기의 '종료'를 '차버리다'라는 단어와 연결시켰고, 내가 그를 '차버리고' 나서 다음 환자를 받아들였을 때 그가 어떤 남자의 목소리를 들었다는 사실과도 연결시켰다.
환자	그는 지쳤다고 보고했다.
분석가	'내가 말을 너무 많이 했나 봅니다.'
환자	'아닙니다, 나는 단지 졸릴 뿐입니다.'
분석가	(나는 물론 그가 보다 빨리 치료되기를 바라며 이 분석을 시작했다는 사실에 영향을 받을 수밖에 없었다. 분석할 자료가 내게 있는 한, 분석을 계속 진행하는 것을 환자가 더 좋아하리라는 것을 나는 알고 있었다.)

| 환자 | 환자는 나의 '어색한 당혹감'에 대해 걱정했다. 화가 난다고 했다. 마치 자신이 받아들여지지 않는 것 같고, 왠지 거절되는 것 같다는 것이다. 그는 자기가 좀 졸았다고 해서 그런 식으로 쫓겨나서는 안 된다고 느꼈다. 그는 졸음을 극복할 수 있어야 한다. 그는 지쳤으나 졸음에는 뭔가 다른 것이 들어 있었다.
| 분석가 | '그러니까 졸음은 무언가 반대되는 것, 예컨대 공격성이나 증오 혹은 단순한 미지의 두려움 같은 것에 대처하고 있는 것입니다.'
| 환자 | 환자는 자신이 표류하고 있고, 아주 지쳤으며, 졸린다고 보고했다.

2월 23일, 수요일

병원에서 있었던 응급상황으로 인해 환자가 이십 분 정도 늦게 왔다.

| 환자 | 환자는 어제의 일을 말했다. 그의 피곤함은 단지 그 이야기의 일부일 뿐이었다. 나중에 그는 약간 피곤했을 뿐이었는데, 그것은 전혀 다른 문제였다. (그는 피곤함이 저항이었음을 인정했다) '나는 어제 일도 기억 못할 때가 자주 있습니다. 나는 어제의 분석을 기억해낼 수 없는데, 기억해낼 수 있어야 한다고 느낍니다.' 그는 자신의 건망증을 걱정했다. 그는 그 순간에서조차 아무런 생각도 끌어들일 수 없었다.
| 분석가 | 나는 한 가지 해석을 했고 이를 어제의 분석과 연관시켰다. 그리고는 피곤함의 밑바탕에 불안이 놓여있다고 한 암시들을 상기시켰다.

환자 그러자 환자는 전날 밤에 꾼 꿈 한 토막을 보고했다. 그는 '그 꿈은 아마 중요하지 않을 겁니다. 하지만……'라고 했다. 꿈에서 여자친구는 의사면허와 영국 왕립의료원 회원자격을 갖고 있었다. 그녀는 그 자격을 힘들이지 않고 취득했다. 그는 그녀가 그런 과정을 밟고 있었는지 전혀 몰랐다. 이런 일은 정말이지 전혀 그녀답지 않다. 그녀는 지적이거나 학구적이지 않으며, 심지어 무능하다고 여겨진다. 오히려 그녀는 늘 명료하게 사고하지 않으려한다. 여자친구와의 실질적 관계에 서 핵심은 그녀가 도움을 받기 위해 그에게 온다는 것이다. 그는 자신이 자동적으로 그녀 보다 의학적으로 더 뛰어난 게 아니라는 생각에 불안해졌다. 그녀가 그에게 도움을 호소한다. 달리 말해, 그가 다시 아버지상으로 된 것이다.

분석가 '이것은 당신의 여자친구가 동성애를 싫어하는 것과 연결되어 있습니다.'

환자 '그렇지요.'

분석가 '그게 문제입니다. 누가 페니스를 가지고 있는가?'

환자 '여자친구는 X 박사한테서 무자비하게 많은 비판을 받고 있는데, 나는 언제나 그녀를 옹호합니다.'

분석가 '하지만 누구라도 동료를 옹호해야 하는 것 아닌가요? 그런데 이것은 그녀가 남성임을 암시하는 것으로 보입니다.'

환자 '내가 예측할 수 있는 어려움도 있습니다. 우리는 의학적인 주제에 관해 에둘러 이야기하는 정도입니다. 만일 우리에게 이런 대화거리마저 없다면, 우리 사이에는 아무런 대화도 없을 겁니다.'

분석가 '그 꿈이 실마리를 제공해 주는 듯합니다. 당신의 여자친구는 동성애를 두려워하며, 남성적이 되지 않으려는 엄청난 노력에는 무능이라는 요소가 반드시 들어있어야 한다고 인위적으로 가정합니다. 이런 가정은 당신의 욕구에도 어느 정도 부합됩니다. 그 꿈은 전체 상황의 다른 반쪽을 보여줍니다.'

환자 '이런 사실에서 나는 남자들이 여자 동료들에게 느끼는 많은 어려움을 이해할 수 있습니다. 지금까지 여자들은 언제나 나와 동등한 지위에 있었습니다. 정말로 그랬습니다. 첫째, 나는 남자들이 여자들을 무능하다고 하면 그들에게 화가 났고, 둘째, 여자가 남자와 동등한 일을 한다고 생각하면 만족스러웠습니다.'

분석가 나는 환자가 남녀 양성 간의 차이의 문제를 서로 경쟁하는 두 남자나 형제 사이에 더 많이 적용되는 토대 위에서 다루려 하는 것에 대해 해석을 했다.

환자 '나는 처음으로 (내가) 지배한다는 생각을 받아들일 수 있습니다. 이것이 나에 대한 아내의 큰 불평거리 중 하나라는 걸 나는 분명히 기억합니다. 내가 결코 앞장서지 않고 휴가나 다른 어떤 것도 준비하지 않고 결정하지 않으려 한다는 불평 말입니다. 지금도 그렇듯이, 나는 언제나 아내도 나와 똑같이 능력이 있도록 해야 할 필요가 있다고 느껴 왔습니다.'

분석가 이때 내가 해석을 했고, 환자는 이에 대한 의견을 말했다.

환자 '당신이 지금 말한 것은 전에 말했던 걸 단순히 반복하는 것입니다.'

분석가 나는 동의했다.

여자를 남자와 다르다고 생각하면 페니스 상실이라는 환자 특유의 두려움이 야기되기 때문에 그가 여자를 남자와 다르게 생각할 수 없는 것이라는 그의 무능에 대한 추가적인 해석을 내렸다.

환자   '여자친구는 자신이 남성적이 될까봐 걱정을 많이 합니다. 그녀에게서 논리적인 사고는 남성적인 것입니다.'

분석가   우리는 여자친구의 심리와 관련하여 환자가 당면하고 있는 문제만이 아니라, 그녀의 동일시 작용과 그녀의 아버지가 어땠는지 등에 대해서도 다루는 것이라고 해석했다.

환자   ' 그러나 우리는 그녀의 심리에 대해 관심을 가지고 있는 것이 아닙니다. 그녀의 심리가 나의 어려움을 설명하는데 도움이 될 때에만 그녀가 등장하지요.'

분석가   환자의 특별한 자질인 논리 정연한 사고는 여자친구 뿐 만 아니라 그 자신에게도 남성적인 것으로 여겨졌다는 사실을 그에게 상기시켰다.

환자   '나는 분석을 통해 다소 충동적이 되려고 애쓰고 있는데, 이 게 그녀에게 있어서는 남자들에게 바람직하지 않은 여성적 특성이라는 게 골치 아픈 문제입니다.'

분석가   나는 이 주제와 관련하여 내가 여자친구의 견해를 대변하는 것인지 내 개인적 견해를 제시하는 것인지 환자가 즉각 분별할 수는 없을 거라고 말했다. 자발적으로 행동할 수 있게 된다는 주제가 그에게 있어 남녀 모두에게 똑같이 적용된다는 것이 나로서는 확실해 보였다. 나는 그의 환상에 나오는 여자들에 관한 해석을 하면서 '마치 그들의 머리가 당신을 위해 잘려나간 것 같네요.'라고 했다.

환자   '여하튼, 그건 당신의 환상인데, 꽤나 과격하군요.'

분석가   나는 환자가 지닌 사고의 정연함을 그의 아버지의 특별한 성품과 연결 지으려고 했다. 그러나 그는 아버지에게 상당한 정도의 자발적 능력이 있었고, 이것이 그를 남자답지 않게 만든 게 아니

	라는 것을 내게 상기시켰다. 나는 그때 그가 어릴 적에 지녔던 여성적인 것에 대한 생각을 물어보았다.
환자	'그건 알기가 아주 어렵습니다. 전에 내가 당신에게 이것을 얘기한 적이 있다는 것은 생각나지만, 그 내용이 뭔지는 잘 모르겠기 때문입니다. 여하튼 그때 나는 여성이 페니스를 갖고 있다고 생각했었습니다. 　　청소년기에 꾼 여자들에 관한 꿈에서, 나는 그들이 모두 페니스를 가진 걸 보았습니다. 나는 꿈속에서는 당황하지 않았지만 깨어나서는 당황했습니다. 반대로, 백일몽에서는, 물론 기억해 내어야 했지만, 여자들을 실제 있는 그대로 만들어 낼 수 있었습니다.'
분석가	분석시간이 짧아 유감이지만, 이 문제를 피해 갈 수는 없다고 말했다. 시간이 많지 않음에도 불구하고 우리는 페니스를 가진 젊은 여자들이 나오는 그의 청소년기의 꿈에 도달했고, 그리하여 그 꿈이 이끄는 지점에 도착했다. 나는 그에게 십 분을 더 할애하여 회기를 끝냈다.

2월 24일, 목요일

나는 그를 십 분 동안 기다리게 해야 했다.

환자	'첫째, 나는 우리가 무언가 중요한 일을 하고 있었다는 것을 알고 있습니다. 그때 나는 마지못해 분석을 마쳤습니다. 무엇에 관한 거였는지 희미하게 기억할 뿐이지만, 어쩌면 생각해낼 수도

있을 것입니다.

둘째, 나는 치료의 속도라는 문제를 알고 있습니다. 치료가 얼마나 오래 걸릴까요? 치료가 끝났다는 것을 어떻게 아나요? 목표를 가질 수 있다면 치료에 도움이 되겠지요. 예를 들어 여름까지라고 하면 어떨까요? 얼마나 오래 걸릴지 어떻게 아는 겁니까? 치료에는 장애가 따르지 마련이지요. 그래서 치료가 끝나고 어느 정도 시간이 경과하기 전까지는 좋은 효과를 기대하지 않는 거지요. 나의 장래 계획을 정리하는 데 어려움이 있지만, 그 문제를 밀어붙이지는 않겠습니다. 나는 전망이 불확실한 것을 좋아하지 않습니다.'

분석가 (나는 나의 여름휴가에 대해 상세히 말해 주었다)

'나는 당신의 진짜 어려움이 뭔지 알고 있습니다.'

(이 시점에서 나는 어제 했던 분석의 요점을 되풀이해서 말해주었다. 그 분석은 페니스를 가진 여자들에 대한 청소년기의 꿈을 풀이하다가 갑자기 끝이 났다)

'그러므로 여자친구와 당신의 관계는 이 분석의 일부로서 당신의 꿈만큼이나 중요합니다.'

환자 '여자친구는 첫째, 안정되어 있지 않습니다. 그리고 둘째, 지적인 면에서 미래를 위한 동반자가 아닙니다. 나는 이 점에 대해 확신이 없습니다. 대단히 속물적으로 들리겠지만, 우리가 공통으로 가진 것은 다음 사실 뿐입니다.

1. 쾌락을 위한 성교 욕망으로 우리 둘 다 신뢰의 회복을 위해 이것을 이용한다.
2. 의사로서 의학적인 문제를 논의한다.
3. 그녀도 얼마간 분석을 받았다.

그러나 우리 관계에는 미래라는 게 없으며, 그녀 때문에 아내와 헤어지는 것은 정당화 될 수 없다고 생각합니다. 그러나 그 관계는 매우 소중합니다. 나는 그녀 덕분에 긴장하지 않고 쾌락을 즐기는 훨씬 큰 능력을 찾았습니다. 이것은 일부분 분석 덕분입니다. 아내와 즐기기 위해서는 의식적으로 노력해야 하는데 그건 본능이라기보다 일종의 기교 같은 것입니다. 여자친구와의 관계에게서도 로맨스 같은 것은 없지만, 그래도 거기서는 모든 게 아주 자연스럽습니다. 우리는 긴장하지 않고 있는 그대로 생각합니다. 지금 그녀의 삶에 다른 남자들이 있고 앞으로도 그러하겠지만, 나는 그런 종류의 복잡한 문제를 처리해야할 필요가 없습니다. 나는 그녀에게 기댈 마음이 없고 그렇게 하면 위험할 것입니다. 그녀는 내가 마수를 뻗칠 대상으로서 봉사해 왔으니, 그녀가 정숙하지 않거나, 불안정하거나 (그녀의 방식으로는 진지한 것이기도 하다), 퉁명스럽게 굴기 시작한다 해도 그 때문에 문제가 되지는 않습니다. 왜냐하면 나 역시 어색한 죄책감 없이도 퉁명스럽고 뻣뻣할 수 있기 때문이지요. 나는 이 일을 내가 아파서 처음 입원했을 때 만난 어떤 여자와의 사이에서 일어났던 일과 비교해 봅니다. 그녀는 기댈 수 있는 대상으로 나를 원했는데, 만약 내가 그 여자와 계속 만났더라면 그녀를 실망시켰을 것이고, 그녀에게 재앙이 되었을 겁니다.'

분석가 '여기서는 당신이 당신 자신에게 기대는 것이 아니라 내게 의지할 수 있다고 느끼는 게 언제나 중요합니다. 따라서 여기서 유일하게 중요한 것은 당신 자신의 유익입니다.'

환자 '전에 내가 당신을 떠났을 때, 나는 완전히 떠난 거라고 생각했습니다. 그런데 당신이 내게 계속 관심을 갖고 있었다는 것을 알고 놀랐습니다. 그래서 전과 같은 일이 다시 일어날 수 있을지, 내가 분석을 그만 둬도 당신이 나를 기억할 수 있을지, 그리고 내가 다시 돌아오길 당신이 기대할 건지 갑자기 궁금해졌습니다.'

분석가 '물론이지요. 지난번 같다면 나는 그렇게 할 겁니다. 그때 나는 당신이 그만 둘 준비가 안 됐는데 분석을 그만 뒀다는 걸 알고 있었습니다.'

나는 당시 나의 분석에 방해가 되었던 전시 사정 또한 그에게 환기시켜 주었다.

환자 '국내 분규 문제로 또다시 같은 상황이 되었습니다.'
분석가 나는 분석 종결 시기에 관한 주제를 계속 이어 나갔다.

'페니스를 가진 여자에 대한 환상이 아직 남아 있는데 지금 분석을 그만두면, 당신은 그 문제를 회피하는 것이 될 겁니다.'

환자 '그렇습니다, 나는 여자 때문에 다른 남자들을 증오하지는 않습니다. 그들을 생각하면 그냥 짜증이 날 뿐입니다. 여자들에 대해 지금 내가 가지는 태도는 나에게 관심을 보이는 행동을 그들이 하느냐 안 하느냐에 달려있습니다. 따라서 내가 모든 걸 다 주도해야 할 필요는 없습니다. 나의 이런 태도는 아내가 내게 적대감이 있다는 것, 특히 주도하지 못하는 나의 무능력 때문에 적대감이 생겼다는 것을 알게 되면서 부분적으로 영향을 받았습니다. 나는 지금 간청하는 상황에 내몰려 있습니다. 따라서 나는 이런 상황을 다시는 용납하지 않을 것이고, 다른 여자가 내게 꼭 필요한 사람이 되는 것도 바라지 않습니다. 나는 간청하고 비는 내 모습을 다시 보고 싶지 않습니다.' *잠시 멈춤.* '이제 나는 더 이상 아내에게 애원하지 않습니다. 아내를 항상 즐겁게 해주려고 하는 나의 욕구 또한 줄어들었습니다. 그래서 아내도 신물을 냅니다. 어쨌든 아내는 나를 좋아하지 않으며, 지금은 이런 상태를 계속 끌고 가야 할 이유가 어느 때보다 적습니다.' *잠시 멈춤.* '지금은 더 이상 말하기 힘들고 유익할 게 아무것도 없습니다. 그냥 시간만 때우고 이야기하기 위한 이야기일 뿐, 제자리를 잡을 수 없습니다.' *잠시 멈춤.* '나는 기억나는 꿈이 없습니다. 분석 자료가 되었을 텐데 말입니다.' *잠시 멈춤.* '해야 할 일이 있다는 것을 압니다. 내가 어린아이였을 때 어머니가 늘 불안했고, 그래서 완전해지려는 욕구가 있었다고 당신이 말하곤 했던 게 지금 생각납니다. 그것은 지금 내가 느끼는 불안과 비슷합니다. 나는 이런 불안이 다른 환자들의 불안과 대비될 거라고 생각합니다. 아마 그들은 잘 지내려고 하는 의식적 욕구를 나보다 더 적게 가지고 있을 것이고 건강한 만족감을 즐길 수 있을 것입니다. 그들은 "당신은 당신 머릿속에 떠오르는 모든 걸 왜 저 어리석은 노인한테 죄다 얘기하는 거지?"라는 태도를 취할 수도 있습니다.'

분석가 '당신이 바로 그렇게 느낄 수 있지요.'

환자 '생각해보니 그러네요. 하지만 분석을 계속해 나감으로써 다시 자신감을 가지게 해야 합니다.'

분석가 '당신은 간접적인 수단에 의해 당신의 감정을 알아내었습니다.'

환자 '그것은 나의 상사와의 관계에서도 마찬가집니다. 나는 환자를 잘 파악하지 못하는 것에 대한 불안이 있고 비판을 힘들어합니다. 나는 배척당할 것 같은 느낌입니다. 그리고 나는 책임을 져야 합니다. 완전해져야 하는 것은 운명 같습니다.'

분석가 나는 다음 내용을 포함하는 해석을 했다. '당신은 당신 어머니의 완전과 유사한 불안 주도의 완전에 의해서만 당신 어머니의 완전한 돌봄에 부응할 수 있습니다. 불안 주도 완전의 배후에는 사랑할 수도, 사랑받을 수도 없다는 절망이 있습니다. 그리고 그것은, 지금 여기, 나에 대한 당신의 관계에서도 그대로 적용이 됩니다.'

환자 '나는 지금 혐오감과 역겨움을 느낍니다.'

2월 28일, 월요일

환자 '이리로 오면서, 현실과 현실적인 일에 대해 이야기하는 게 실제로 도움이 안 된다고 생각했습니다. 이런 일들이 꿈보다 오히려 덜 현실적인 것으로 보입니다. 나는 실제로 일어난 일들을 생각하고 있었는데, 그것들을 분석에 끌어들일 가치가 있을까요? 그것들은 꿈보다 덜 유용해 보입니다. 나는 오늘 표면상으로는 주로 가정 문제로 하루 종일 우울했습니다. 지금은 집에서 더 힘듭니다. 최근까지 나는 상황을 받아들이고 슬퍼했지만, 한편 분석을 통해 사정이 바뀔 거라 느꼈습니다. 이제 나는 결정을 내려야 하는 상황에 직면해 있습니다. 논리적으로는 여자친구를 포기해야 하지만, 이 관계를 선뜻 포기하고 예전의 상태로 돌아가고 싶지 않습니다.'

분석가 '이것은 현실로 느껴질 것이고, 그게 현실입니다. 당신은 정말로 딜레마에 빠져 있습니다.'

환자 '나는 여자친구에게 가정 문제에 대해 말했습니다. 여자친구에게 자주 찾아가는 게 현실적으로 어려워서, 여름휴가를 함께 보낼 생각을 한 번 해 보았습니다. 그러나 그렇게 하려면 아내에게 사실대로 말해야 하는데, 이것은 문제를 일으킬 겁니다. 아내가 이해할 수도 있고 아니면 파탄을 초래할 수도 있지요. 하지만 내가 아내에게 줄 게 뭐가 있을까요? 고작해야 월급과 약간의 신의뿐이잖아요. 그 정도의 신의마저 없다면 나는 아무 쓸모가 없지요. 나는 악의적이고 싶지 않지만, 그렇다고 아내에게 동정심을 많이 갖고 있지도 않습니다. 그녀가 내 문제는 뒷전이고 자기 남자친구 문제만 의논하려하기 때문입니다. 나와 여자친구에 대해서는 이야기할 여지가 전혀 없습니다. 나는 이게 다 아내의 잘못이라고 말할 수 있으면 좋겠습니다. 아내가 상황을 파국으로 몰고 갈지도 모릅니다. 그러나 내게는 손상을 회복할 능력이 없습니다. 아마 아내는 알면서도 믿지 않거나, 아니면 모르면서 늘 의심하는 것일 수 있습니다. 내가 먼저 말을 꺼내서 아내와 같이 얘기할 수 있는 방법이 있으면 좋겠습니다. 그러나 그렇게 하면 어떤 목적을 달성하기 위해 이야기하는 게 되는데, 나는 그 목적이 뭔지 모릅니다. 그래서 나는 그럴 엄두가 나지 않습니다.

　　　내가 먼저 질문을 해서 이야기를 유도할 수 있습니다. 그러나 아내는 그게 계교인 것을 압니다. 아내에게도 어려운 문제가 있고 여러 가지 복잡한 문제들도 있습니다. 그래서 어젯밤에는 여자친구와 만나는 것을 내가 거절했습니다. 그녀와 너무 자주 만나는 것을 내가 좋아하지 않기 때문입니다. 그러나 내가 다음 사실을 느낀 이후로는 – ' (세부사항을 놓쳤음)

분석가 '당신과 여자친구는 일부 관심이 중복되므로, 두 사람의 관심이 일치될 때 함께 놀이를 할 수 있습니다. 그에 반해 아내하고는 같이 할 놀이가 없습니다.'

환자	'한 미국 작가가 정숙하지 못한 아내를 둔 어떤 남자 이야기를 쓴 게 있습니다. 마침내 남자는 유럽으로 여행을 떠났고, 결국 아내에게 등을 돌렸습니다. 그리고 한 여자를 만났습니다. 그러자 그의 아내는 더 이상 견딜 수가 없었고 정숙하지 못한 삶을 정리했습니다. 그러고는 함께 살기위해 딸에게 가서 매달렸으나 결국 둘의 사이가 나빠졌다는 이야기입니다. 나의 신의 때문에 아내가 나와 함께 지내게 될 위험이 있지만, 만약 내가 아내를 버리고 떠난다면 아내가 남자친구와 함께 지낼 능력마저 잃어버려 그 남자와도 헤어질 수 있습니다. 내가 아내에게 이렇게 할 정도로 아내를 미워하나요? 만일 아내가 행복하게 잘 지내거나 남자친구와 헤어지더라도 내가 참고 견딜 수 있을까요? 아내가 전에 한 번 "나는 절대로 당신을 떠나지 않을 거야."라고 말한 적이 있습니다. 나는 아내가 불명예스러운 것은 견딜 수 없다는 뜻으로 이 말을 했다고 느낍니다. 아내는 다시 이 말을 내 면전에다 내뱉을 겁니다. 처음에 아내는 내가 혹시 자살을 시도하는 건 아닌지 알고 싶어 했습니다. 그런데 지금 생각해보니, 아내는 만일 분석이 성공한다면, 자기가 나를 기다릴 가치가 있는지, 아니면 내가 자기를 떠날 것인지 물어보고 싶었던 건지도 모르겠습니다. 이렇게 기억을 되살리고 보니, 아내의 관심 결여가 그렇게 순수한 것만은 아니라는 생각이 듭니다. 어쩌면 아내는 관심을 거둬들여야만 했고, 달리 그 상황에 직면할 수 없었을 겁니다. 아내의 무관심은 하나의 방어일 수 있습니다. 나는 내가 일에 관심을 덜 가진다는 것을 압니다. 일은 삶을 대신하는 대용품이 아닙니다. X 박사의 압력은 나를 일에 헌신하는 삶으로 이끌 것입니다. 나는 여기서 소리 내어 말로 생각하고 나의 생각들

을 명료화 하는 데 시간을 쓰면서, 시간을 낭비하고 있습니다.'

잠시 멈춤

분석가 이런 현실적인 일들이 눈앞에 아주 중요한 환상이 있고 환상과 연결된 불안이 있다는 사실을 바꿔 놓지 못했다고 내가 말했다. 청소년기의 꿈에 나타났던 페니스를 가진 젊은 여자들에 대한 환상이 있다. 아마도 현실 상황이 환상에 따라 진정되었을 것이다. 그리하여 그의 아내가 페니스를 가지게 되었고, 그 때문에 문제가 제기되었다. 반면 여자친구는 정상적인 여자인 백일몽 속의 여자로 사용되었다.

환자 '분석에는 실제적인 어려움이 있습니다. 여자친구와의 관계에서는 놀이의 영역이 있고, 내게 필요한 것은 현실 상황에서의 놀이입니다. 그런데 여기 분석에서 우리는 전문가적인 관계를 맺고 있습니다. 유일한 놀이는 꿈과 꿈에 대한 분석 작업을 통해 이루어집니다.'

분석가 '그렇습니다, 그게 무슨 뜻으로 하는 말인지 나는 압니다. 전에 다른 분석상황에서 당신이 말했듯이, 당신은 내가 마지못해 놀이를 하고 있는 것으로 여깁니다. 문제는 페니스가 어디에 있느냐 인데, 지금까지 남자 경쟁자가 없었으므로 페니스를 가진 자가 없었습니다. 그래서 당신은 여자가 페니스를 가지고 있다고 기대합니다. 당신은 성교하는 꿈, 어머니도 어느 면에서는 여자였던 그 꿈속에서 한 남자, 곧 아버지에 대한 생각에 가까이 다가갔습니다.'

3월 1일, 화요일

환자 '이 딜레마로 인해 우울증이 계속됐습니다. 나는 아내와 함께 이 문제에 대한 논쟁을 끝장내고 싶었지만, 그렇게 하지 않았습니다. 이 문제를 또다시 보류한 게 한편으로는 만족스럽고 다른 한편으로는 짜증스럽습니다.'

분석가 '결국 당신이 어떤 결과를 바라는지 모른다는 거고, 그래서 그 문제를 보류해 두는 게 더 적절하다고 느끼는 것입니다.'

환자 '어떤 조치가 일 처리에 도움이 될까요? 나는 결정을 유보함으로써 두 가지 이득을 얻기를 기대합니다. 내 마음을 보다 분명하게 알 수 있다는 것과 다른 무엇이 모습을 드러낼지도 모른다는 것입니다. 그건 내 결혼이 실패라는 것, 그리고 그 실패를 내가 지적으로는 이해한다 해도 받아들일 수는 없다는 것으로 요약됩니다. 또 나는 잠시 동안에 불과하였던 흥분 상태 때문에도 우울합니다.'

분석가 '당신은 희망에 차 있을 때, 당신 자신뿐 아니라 아내에게도 변화가 있어야 한다고 느낍니다.'

환자 '나는 변화하려고 노력했으나, 아내는 관심이 없었습니다. 아내에게서 보다는 덜 하지만, 여자친구와의 관계 변화 또한 믿을 수 없는 일이라 나는 우울합니다. 뭔가 팽팽한 긴장감이 있습니다. 내가 진정으로 원하는 것은 가식 없는 관계인데, 비록 내가 많이 변했다고는 해도 이야기하는 것은 여전히 어렵습니다.'

분석가 '당신은 당신 주변에 다른 아무것도 없을 때, 무언가를 붙들기 위해 당신의 방어라는 패턴을 하나의 안정 요인으로 이용하고 있습니다.'

환자 '여자친구 때문에 아내에게 더 냉담해 질 거라고 예상했지만 결과는 아니었습니다. 나는 전과 마찬가지로 아내를 원합니다. 예전 같으면 집에 눌러앉아 우울증에 빠졌겠지만, 여자친구를 만날 생각을 하고 있었기 때문에 오늘 저녁에 집에 없을 거라고 아내에게 말했습니다. 이 말을 하기 전에 우리는 다른 일로 말다툼을 하였고, 나는 짜증이 나 있었습니다. 이때 아내에게 충분히 알려줄 기회가 있었는데 나는 솔직하지 않았습니다. 나는 사과하고 싶지 않았고 강경하게 나가는 게 더 좋을 거라 생각했습니다.' *잠시 멈춤.* '아마 아내도 무슨 일이 일어나고 있다는 걸 감지했을 겁니다. 그렇다는 암시들이 있었습니다. 몇 년 만에 처음으로 아내가 나의 파자마를 따뜻하게 데워 내놓았더라고요. 다른 소소한 일도 더 있었습니다. 이 일은 우리가 말다툼을 하고 난 뒤에, 내가 돌아오지 않을 거라고 말하기 전에 일어났습니다. 나는 이런 기회를 놓치고 싶지 않습니다.'

'이 일이 여자친구와 나의 관계를 혼란스럽게 만들고 있습니다. 아내도 휴가에 대해 이야기했습니다. 이것은 새로운 국면이지요. 아내는 이런 종류의 대화를 항상 비웃었습니다. 이 극적인 순간에 내가 여자친구와 휴가를 갈 계획이라며, 폭탄을 터뜨렸다면 참으로 이상적이겠지만, 나는 그런 부류의 인간이 아닙니다. 나는 잔인함을 즐기지 않습니다. 이 일은 내가 아내를 만나기 전에 어떤 여자친구와 함께 휴가를 보내기로 계획했던 때를 생각나게 합니다. 계획한 날이 오기 전에, 우리는 서로 별로 좋아하지 않는다는 것을 알게 됐고, 여기서 딜레마가 생겼습니다. 취소할 건가, 예정대로 진행할 건가 하는 것이지요. 나는 우유부단하게 그럭저럭 휴가를 즐길 수 있을 거라 생각하고 휴가를 갔습니다. 그러나 그 휴가는 물론 성공작이 아니었습니다. 앞으로도 마찬가지일 텐데, 아내는 일이 그냥 흘러가도록 내버려 두는 나의 나약함을 용납하지 않을 겁니다.'

분석가 '그 나약함은 아내에 대한 두려움을 나타내는 것으로 보입니다. 그것은 당신이 여태까지 이해하지 못하는 두려움이고 두려움으로 느끼지 못하는 두려움입니다.'

환자 '그것은 배가 고프지 않는데 먹는 것과 같습니다. 나약함은 버려지는 위험을 감수하지 못하는 것을 의미하는데, 영웅적인 사람들은 이 위험을 받아들입니다.

　　다이빙하는 것도 이와 유사할 겁니다. 내게는 그것이 어머니에게서 떨어져 나가는 것을 의미했습니다. 나는 어머니의 앞치마 끈에 묶여 있었습니다.'

분석가 '이것은 당신에게는 되돌아갈 사람이 없다는 문제입니다. 그것은 마치 당신이 난생 처음으로 걸음마를 떼는 것과 같은 것으로, 당신이 위험을 무릅쓰고 어머니로부터 떠났을 때 당신이 다가갈 수 있는 아버지가 부재하는 것과 같은 것입니다. 어머니를 떠난다는 것은 아무 갈 곳도 없이 그냥 어머니로부터 떨어져나가는 것을 의미합니다.'

환자 '그 말은 설득력이 있어 보이는데 새로운 주제 같습니다. 내 어린 딸이 갑자기 일어서더니 걸었습니다.'

분석가 '당신의 딸이 당신보다 더 멀리 나갔습니다. 당신의 딸은 그때 이미, 당신이 이제야 도달한 발달 단계를 통과한 것으로 보입니다.'

환자 '내가 자전거 타기를 처음 배웠을 때, 아버지는 내 뒤에서 자전거를 잡아주다가 나 몰래 살짝 손을 놓곤 했습니다. 만일 내가 혼자 타고 있는 걸 알았더라면, 아마 넘어졌겠지요. 수영을 배울 때도 마찬가지였습니다. 나는 먼저 물에 뜰 수 있어야 했습니다. 그러자 움직일 수 있었고, 마침내 수영을 할 수 있었습니다. 중요한 것은 아무도 붙잡아주지 않는다는 생각입니다. 그 느낌은 아무데도 갈 데가 없고, 돌아올 곳도 없다는 느낌이지요. 다이빙 할 때도 마찬가지였는데, 나는 늘 불안을 감추려 했습니다. 나는 두 눈을 꼭 감고 침착하게 다이빙을 했습니다. 그러나 실제로는 계속 너무 불안해서 제대로 다이빙을 할 수 없었습니다. 병원에서 혼자 알아서 일을 할 때, 나는 다소 불안을 느낍니다. 누구나 다 그럴 거라고 말해보지만, 나는 버림받는 게 두렵습니다. 그때 나는 공황 상태에 빠집니다.'

분석가 '철수 순간("매개물medium" 해석) 바로 다음에 당신이 꾸었던 꿈 시리즈 중에, 해외로 휴가를 떠나는 꿈이 있었는데, 배경은 주말이었고 당신은 휴가에서 돌아왔습니다.' (그 꿈이 다음 꿈 시리즈 안에 있었기 때문에 내가 그 꿈을 강조했다 – '매개물', '무릎', 그리고는 다시 돌아올 어느 곳에 대한 생각 등)[12]

환자가 차츰 이 꿈을 기억해 내었다. 그는 이 꿈을 잊고 있었다. 이 꿈에 여자가 한 명 있었는데 의사였다.

환자 '사실 그 꿈속의 여자는 특별한 관계를 맺기 전의 지금의 여자친구입니다. 이것은 분석을 종료하는 것과 같습니다. 분석을 끝마칠 때 무슨 일이 일어나는 건가요? 분석이 그냥 중단되나요? 나는 허우적거릴 거라는 느낌이 듭니다.'

분석가 '당신은 분석이 종료되는 것을 흘러가게 두는 것, 아무데도 갈

---

12 이 책 부록의 "철수와 퇴행"(Withdrawal and Regression) 참조.

곳이 없는 것, 다시 돌아갈 사람이 없는 것으로 느끼고 있습니다. 이러한 느낌은 특히 분석의 종료가 하나의 상처로 남을 때 꼭 들어맞습니다. 우리가 전에도 이러한 문제를 겪은 적이 있지요. 현재의 분석 국면은 분석시간이 끝나거나 분석이 종료될 때 '나(분석가)를 먹어 치우는' 주제에서 멀리 벗어난 게 사실입니다. 당신은 부서진 채로, 당신의 내면에 대해 불안한 채로, 나와 함께 남게 될 겁니다.'

3월 4일, 금요일

환자 '아무 할 말이 없는 것 같아요. 내가 목이 아파서일 수도 있고, 금요일이기 때문일 수도 있습니다. 금요일 전후로 공백이 있다는 의미지요. 금요일의 분석은 일반적인 분석의 흐름과 동떨어져 보입니다.' *잠시 멈춤.* '연속성이 끊어져서 애로사항이 있지요. 나는 그 단절을 우리가 지난 시간에 했던 말로 이어갈 수 있을 것 같습니다. 그것은 흘러가도록 놓아주는 것과 같은 겁니다. 한 아이가 걷는다면, 그건 아이가 가도록 놓아주는 것을 의미합니다. 그러나 아이는 뭔가를 붙잡을 수 있어야 합니다. 다시 출발한다는 것은 다시 가도록 놓아준다는 뜻인데, 여기에 장애물이 있는 것 같습니다……'

분석가 '당신이 서른 살이라고 말했다가 두 살이라고 하고 또 다시 서른 살이라고 말하는 것도 하나의 방법일 수는 있겠지요. 하지만 앞으로 갔다 뒤로 갔다 하는 것은 의존과 독립 사이를 왔다 갔다 하는 거라서 고통스럽습니다. 우리가 회기를 중단하는 것은 내가 당신을 버리는 것을 보여준 것이라 할 수 있어, 내가 당신을 계속 붙든다는 확신을 정당화해 주지 못합니다.'

환자 '나는 분석시간 내내 (잠들지 않고서) 조용히 누워있을 수 있습니다. 오늘은 말할 마음이 별로 없는데, 어쩌면 몸이 좋지 않아 그럴 수도 있습니다.'

분석가 '몸이 아플 때는 적절한 보살핌을 받기가 더 쉽다는 것을 당신은 경험으로 알고 있습니다.'

잠시 멈춤

환자 '방금 주말 계획을 짜고 있었습니다. 내가 여기 와 있다는 걸 잊어버렸습니다. 주말 계획을 세우고 일과 관련된 사소한 것들을 생각하면서 시간을 보내던 중이었습니다. 나는 게으른 사람인가 봅니다. 몸이 안 좋을 때 손에서 일을 놓으면 다른 누군가가 내 일을 대신해주는 것처럼, 누군가가 내 일을 대신해주고 이야기도 대신해줘야 한다고 느낍니다. 나는 그 누군가가 바로 당신이어야 한다고 생각합니다.'

분석가 '사소한 일이란 예를 들면 어떤 거지요?'

잠시 멈춤

환자 '정말 아무 할 말이 없습니다. 나는 시간을 낭비하는 것을 용납할 수 없습니다. 그건 비생산적입니다. 내가 왜 시간을 낭비하러 여기 와야 하나요?' *잠시 멈춤*. '마음에 잡히는 게 하나도 없었습니다. 나는 막 병원 일을 생각하고 있었는데, 그러다가 오늘 저녁에 뭘 할지 생각했습니다.'

분석가 '뭘 할 생각인가요?'

환자 '글쎄요, 아마도 여자친구를 만날 것 같습니다. 그러나 실제로 뭘 하게 될지는 내가 어떻게 느끼느냐에 달렸겠지요. 하지만 그건 내가 원하던 게 아니어요. 나는 가정 문제도 생각했고 병원 일도 생각했습니다. 지난밤은 참으로 이상한 우연의 일치였다는 생각입니다. 분석을 다시 시작하기 전, 내가 아팠던 적이 있었는데 수면제를 입수할 수도 있었으나 나는 수면제를 먹지 않았고, 병원에 입원했을 때도 잠을 못 자 진정제가 많이 필요했는데도 수면제를 먹지 않았기 때문이지요. 그게 벌써 일 년 전입니다. 그 때도 지금처럼 목이 아팠고 밤에 거의 잠을 못 잤습니다. 그러나 첫째, 어제 나는 아주 까다롭고 흔치 않은 환자를 만났는데, 집중해서 기록을 정리하느라 밤 열두시 반까지 안자고 있었습니다. 둘째, 그러고 나니 지금처럼 목이 아프게 됐고, 두 시간 동안 깨어 있다가 약을 먹었습니다.'

분석가 '아마 당신이 말한 그런 우연의 일치는 아닐 겁니다. 당신은 이미 몸 상태가 좋지 않다고 느끼지 않았나요?'

환자 '네, 맞아요. 사실입니다. 오후에 그 환자가 진료실에 들어오기 전에 이미 나는 몸이 좋지 않았고 며칠간 밤잠을 제대로 못 잔 것을 알고 있었습니다. 물론 아플 때 같지는 않았지요. 설령 일찍 잠자리에 든다 해도 깨어있는 상태에서 조금 더 누워있는 것뿐이니, 별로 도움이 안 된다고 느낀 게 다였습니다. 사실 최근 며칠간 전반적으로 안정이 안 되었고 실제로는 일을 아주 잘하고 있는데도 불구하고, 일을 잘해보겠다는 욕구가 생기지 않았습니다. 여기에 역설이 있습니다. 나는 내가 걱정이 없는 게 걱정입니다. 여자친구를 만난 후로 야망도 줄어들었습니다. 아니 아마 일하는 시간이 줄어들었을 겁니다. 그리고 일이냐 삶이냐 하는 딜레마에서 나는 삶을 선택했습니다.'

분석가 '아마 이 시기에 꾼 꿈들이 있을 텐데요?'

환자 '아닙니다, 깨어있는 시간이 더 많습니다.'

분석가 '현재 국면과 해리의 와해 사이에 관련이 있을 수 있습니다. 당신은 여자친구 일로 가정 일에 어려움을 겪지 않았는데, 그 다음에 (지난 회기에 그랬듯이) 두 가지 문제를 동시에 느끼기 시작했고 갈등의 고통을 겪게 되었습니다.'

환자 '그렇습니다.' (여기서 그는 이 해석을 수긍하면서 다시금 그 근거를 검토했다) '그것은 붙들고 있는 것과 같은 것입니다. 믿을 만한 다른 무언가를 내가 붙들고 있다는 것을 알게 될 때까지, 나는 어떤 것도 놓아주고 싶지 않습니다. 어쩌면 지난밤에 나는 오늘 분석을 취소하고 싶었을지도 모릅니다.'

분석가 '그러나 당신은 애써 내게 왔습니다. 그렇게 한 것은 분석시간 취소의 의미가 이야기될 수 있고 내게 그런 정황을 알게 한 결과가 어떨 것일지 당신이 알아낼 수 있다는 뜻입니다.……' (이 때 환자는 마치 강요라도 받은 듯이 '그렇다'라고 말했다. 그리고 나는 그가 잠이 든 것을 보았다. 몇 분 후 나는 실수로 작은 소리를 냈다. 이 소리에 그가 잠을 깼다)

환자 '오늘은 이야기 할 마음이 내키지 않습니다.'

분석가 '내가 이야기 하는 동안 당신은 잠이 들었습니다.'

환자 '내가 마지막으로 이야기를 한 것 같은데요'

분석가 '아닙니다.' (나는 그 해석을 반복했다. 환자는 분석에서 벗어나기 바로 전에 억지로 '그렇다'라고 대답했던 것을 기억해 냈다)

환자 '그렇군요. 비록 내가 이야기를 하지 않더라도 분석을 이해하려면 여기 오는 게 낫겠네요. 만약 분석에 오지 않는다면 모든 걸 헛되게 하는 것이겠지요.'

내가 오지 않으면 분석의 공백이 더 커질 텐데, 이렇게 하는 것도 별로 내키지 않습니다. 분석에 오지 않는 것은 분석을 진지하게 받는 것이 아니고 그런 건 아마추어들이나 하는 행동입니다.'

분석가 '그러나 당신이 찾는 게 충동능력이므로, 당신은 분석에 오지 않음으로써 분석에 오는 것을 더 실제적인 것으로 만들 수 있습니다. 만약 당신이 전문가와 관련된 문제로 온다면, 당신은 충동 이외의 다른 이유로 분석에 오는 것입니다.'

환자 '그렇습니다, 여자친구와 나누는 얘기는 대부분 전문적인 내용들입니다. 내게는 우리 공통의 직업과 무관하게 그녀와 얘기할 수 있을 때가 대단히 중요합니다. 때때로 나는 집에서 언쟁을 벌이는 것이 집에서 편안하게 지내는 시간보다 더 좋다고 느끼는데, 다툴 때는 내가 나 자신에게 의존하게 되기 때문이지요. 여자친구와 이야기할 때는 기술적인 용어들이 많아 약간은 긴장이 됩니다. 하지만 이게 아내와의 관계에서 아주 힘들었던 것 한 가지를 생각나게 합니다. 우리가 꽤 규칙적으로 성교를 하던 때인데, 성교 후에 아내가 말을 하지 않았지요. 아내는 어색해하거나 자고 싶어 했습니다. 내가 긴장으로부터 해방을 느끼는 게 바로 그때입니다. 그리고 여자친구와 내가 전문적인 용어를 쓰지 않고 자연스럽게 얘기하는 때도 바로 그때입니다.'

분석가 '성교 후의 이 시간이 당신에게 대단히 중요합니다. 왜냐하면 적어도 이때만큼은 당신이 자연스럽게 사랑할 수 있는 능력을 갖게 되기 때문이지요. 따라서 아내와의 관계에서 겪는 이 어려움은 당신에게 아주 현실적인 것으로 당신의 여자관계에는 성교 불능에 대한 무의식적인 두려움, 곧 여자가 당신에게 성교를 요구할지도 모른다는 두려움 때문에 항상 어느 정도의 불안이 있다는 걸 암시합니다. 성교 후 잠시 동안 당신은 이 위협에서 해방되고, 그래서 자유롭게 사랑하고 자유롭게 사랑을 받아들입니다. 이것이 바로 당신이 늘 찾고 있는 것이지요.' *잠시 멈춤.* '지난주에는 분석이 두 번 다 짧았다는 게 문제라면 문제입니다. 이것이 당신의 현재 태도에 영향을 미쳤을 수도 있습니다.'

환자 '두 번 다 내가 늦게 온 때문이어서 나는 그렇게 생각지 않습니다. 그리고 또한 내가 분석시간을 한 시간 꽉 차게 쓴다는 걸 알고 있습니다. 사실 통상적인 분석시간은 오십 분이잖아요.'

분석가 '그러나 비논리적인 감정도 과연 그럴까요?'

환자 '아주 우습지요. 생각해 보니, 늦게 와서 분석 시작 때 시간이 손실되는데 대해 내가 더 분개하는 것 같습니다.'

분석가 나는 더 이상 나가지 않았다. 그러나 나는 이런 느낌과 분석가가 제기할 수 있는 요구 간의 관계를 파악하게 되었고, 지각이 분석 자료로 제기된 '분석에 오지 않음not coming'에 대한 하나의 표시이며, 나를 충동적으로 소유하고자 하는 환자의 욕구를 나타낸다는 것도 알 수 있게 되었다. 이 욕구는 내가 하는 요구에 대해 환자가 느끼는 불안의 긍정적인 측면이다.

3월 8일, 화요일

환자 '오늘도 어제처럼 아무것도 못 하는 게 아닌지 모르겠습니다. 금요일은 앞뒤로 쉬는 날이 있어서 딴 날들과 다르다는 결론에 도달했는데 오늘은 뒤로 공백이 없네요. 내가 찾아낸 유일한 말할 거리는 가정 문제에 관한 건데 계속해서 나의 딜레마라는 주제입니다. 여자친구에 대해 아내에게 말해야 하나요? 가정 상황은 회복이 불가능해 보입니다. 논리적으로는, 내가 이 사실을 인정하고 화해하려고 하지 말아야 합니다. 곧 뭔가 결심해야 한다는 것을 나도 이제 압니다. 여자친구는 우리가 같이 살면 좋겠다는 의견을 넌지시 내비치고 있습니다. 간밤에 집에서 설핏 잠이 들었을 때, 내가 아내의 몸에 손을 올려놓았는데, 아내는 금세 내 손을 밀어냈습니다. 내가 잠에서 깼고, 아내는 사납게 굴었습니다. 나는 거절당했다고 느꼈으나, 아무 말 하지 않았고 화가 나서 돌아누웠습니다. 몇 분 후 아내가 나를 포옹하려고 했을 때, 나는 당황했습니다. 아내의 의도가 무엇일까? 이것은 나를 거절한 데 대해 그녀가 걱정한다는 의미여서 아주 어색하게 느껴졌습니다. 게다가 오늘 전화했을 때 아내의 목소리는 오랫동안 그래왔던 것과는 달리 따뜻했습니다.'

분석가 '아내가 거절하는 것을 받아들이기가 조금 쉬워졌는데, 막상 아내가 걱정한다는 게 드러나자 당신이 다시 딜레마에 빠졌고 감정에 갈등이 일어난 겁니다.'

환자 '여자친구는 요즘 아기를 갖고 싶어 하고, 내가 아빠가 되었으면 좋겠다고 합니다. 낙태 이후 불임 기미가 있고, 또 나이도 들고 있어, 아이를 가지려면 빨리 가져야 한다고 느끼는 것 같습니다. 가정 문제에 더욱 절망하는 나의 감정이 그녀를 낙관적으로 만들었을지도 모릅니다. 그러나 아내도 이런 사태를 짐작하고 있을 것이기에 저항을 시작할 겁니다.'

분석가 '근본적인 문제는 여자에 대한 당신의 두 가지 생각입니다. 페니스가 없는 여자로서의 여자친구와 아마도 페니스를 가지고 있

	을 여자로서의 아내에 대한 생각 말입니다.'
환자	'아마 아내에게도 똑같은 일이 일어나고 있을 겁니다. 아내는 늘 자기가 바지를 입는 입장으로 내몰리는 것을 증오했습니다. 하지만 그것은 내가 한 짓입니다. 아내는 언제나 자신이 여자이기를 원합니다.'
분석가	'만일 당신이 여자친구와 결혼한다면 십년 후 그녀가 어떨 것 같은가? 라는 질문이 떠오르네요.'
환자	'그녀는 지배하는 걸 두려워합니다. 예전에 나는 내가 차츰 그녀에게 지배당할 거라고 느꼈지만 이제 그런 일은 없을 것 같습니다. 나는 늘 쉽게 지배당하는 편이었습니다. 지배당하기를 원했다고 생각합니다. 아내와의 관계에서 내가 지배하는 입장이 되기가 대단히 어렵다는 걸 나는 잘 압니다.'
분석가	'다른 누군가가 개입되어 있는 패턴을 바꾼다는 것은 언제나 어렵지요.'
환자	'성질이 좋다는 것이 기꺼이 지배당하는 것과 관련 있다는 사실이 재미있네요. 나는 내가 그렇다고 생각합니다.'
분석가	'당신 누이 둘 다 아니면 하나가 이 모든 사태 어디에서, 당신이 마뜩찮아 하는 페니스를 가진 여자로 당신과 연결됩니다.'
환자	'여기서 두 가지 생각이 떠오릅니다. 하나는 어떻게 해서 당신이 나(환자)나 무언가를 지배하게 되었나 하는 것이고, 다른 하나는 내가 분석을 지배할까 봐 내가 때때로 두렵다는 것입니다.'
분석가	'여기서 나는 페니스가 있기도 하고 없기도 한 여자입니다. 그런데 당신은 당신이 페니스를 가지고 있을 때 내가 페니스 없는 여자가 되고 싶어 할지 궁금해 합니다.'
환자	'맞습니다. 그래서 나는 나를 자기와 사랑을 나누는 남성으로만

	간주하고, 한 인간으로서의 나에게 진지한 관심을 갖지 않는 여자친구를 힘들어 합니다.'
분석가	'당신 말에 따르면, 그녀는 어떤 남자라도 이용할 수 있습니다. 왜냐하면 그녀에게서 남자는 그녀 자신의 양성애를 피하려는 목적으로 그녀가 이용하는 그녀의 남성적 자기를 나타내기 때문입니다. 그녀는 자신의 클리토리스보다 당신의 남성적 오르가즘에 더 많은 관심을 가질 수 있습니다.'
환자	'그렇습니다, 그녀는 특히 나의 오르가즘에 관심이 있습니다. 가끔 생각해 보면 그게 참 이상한데, 그녀가 근본적으로 이기적인 사람이기 때문입니다.'
분석가	'그녀의 동기가 지금 당신에게 특히 중요 할 겁니다. 당신에게 성교능력에 대한 자신감을 되찾게 해줄 필요가 그녀에게 있으니까요'
환자	'내 생각으로는 아기를 갖는 것에 대한 그녀의 지금 현재 관심은 자기 자신을 한 여자로 확증하려는 시도라 여겨집니다.' (첨언: 여성적 오르가즘이 별로 강하지 않음에도 불구하고, 그런 암시를 하고 있음)
분석가	'그러므로 미래라는 문제는 당신과 여자친구가 지금 이 순간 서로에게 유용한 존재라는 것과 별개의 문제입니다.'
환자	'재미있네요. 하지만 나는 불륜의 문제와 상관없이 임신이라는 생각을 좋게 여깁니다. 그것은 세상에 대한 도전이 될 것이고, 아내에게도 도전이 될 겁니다. 물론 사내아이라면 더 좋겠지요. 내가 아들을 바랐다는 걸 이제 알게 됐습니다. 아내가 더 이상 아이를 원치 않아 나는 사내아이를 가질 모든 희망을 잃었습니다.'

분석가	'당신의 여자친구나 아내에게서 아들은 그들에게 페니스를 주는 것과 같습니다. 이것은 페니스에 대한 망상으로부터 당신을 구해줍니다. 가장 중요한 건 둘째 아이가 아들이 아니라서 슬프다는 것을 당신이 알았다는 거지요.'
환자	'아니어요. 나는 둘째 아이가 딸이라서 기뻤습니다. 이 말에는 당신 말을 단순히 부인하는 면도 일부 있으나, 둘째 아이는 아내로부터 떠나는 것을 더 편하게 느끼게 해주었습니다. 그러나 나는 아들을 가질 자격이 없다고 느꼈고, 여자친구가 사생아를 갖더라도 기뻐할 것입니다. 이것은 바른 길을 벗어난 일이겠지요. 그런데 바른 길을 벗어났다는 게 중요합니다. 이 세상을 수용적으로 만드는 유일한 방법은 이 세상에 도전하는 겁니다. 여하튼 그 생각은 못된 거라서 흥미롭고, 그래서 내 마음이 끌립니다.'
분석가	'당신은 전에 당신의 순응적 자기에 대해 말한 적이 있습니다. 그런데 이 자기는 당신의 참 자기를 감추고 있다고 할 수 있습니다. 참 자기는 페니스를 가진 남자아이라는 바로 그 사실 때문에, 그리고 이 페니스로 인해 가족 내에서 중요한 존재라는 것 때문에, 큰 위험에 처해 있습니다. 순응적인 거짓 자기는 예상되는 위험으로부터 참 자기를 숨기고 보호합니다. 하지만, 만일 참 자기가 아주 반사회적이고, 반항적이며, 못됐다면, 참 자기가 모습을 드러낼 수도 있습니다.'
환자	'그런데 다행인 것은 이 반사회적 행동이 비현실적이라는 사실입니다.'
분석가	'그렇습니다, 그러나 그것이 당신의 남성적 참 자기와 아주 가깝습니다.'
환자	'나의 참자기에 대한 그러한 언급은 지금 내가 겪고 있는 괴로운

문제가 시작된 것은 내가 의사 자격을 갖추고 난생 처음으로 책임 있는 위치에서 의사로서 결정을 내려야 한다는 걸 알게 되면서부터 라는 것을 상기시켜 줍니다. 내가 용납할 수 없는 건 바로 이것, 즉 내가 아무 결정도 내리지 않는다는 것입니다. 아내도 똑같은 불만을 털어놓았습니다.'

분석가 '이것은 당신이 유아나 어린 소년이었을 적에 누이들과 가졌던 관계에서도 적용됩니다. 복잡한 문제가 검토되어야 하는데, 바로 당신 어머니의 태도라는 문제입니다. 사내아이로서 당신은 어머니와 성적인 관계를 꿈꾸었을 수 있고, 그래서 아버지를 두려워했을 수 있습니다. 그러나 그것은 당신이 어떻게 표현하느냐의 문제는 아닙니다. 아버지는 이 장면에 아직 등장하지 않습니다. 나는 이런 까닭으로 당신이 성적 흥분을 느끼고 근친상간의 꿈을 꾸는 소년이 되었을 때, 어머니가 당신을 특별한 방식으로 평가하는 걸 알게 되고 그래서 당신이 남성다움을 상실하게 되는 위험에 빠졌다고 생각합니다. 어머니 역시 당신이 그녀 자신의 페니스이기를 원했을 수 있습니다. 당신은 이 단계에서 후퇴했고, 그래서 아버지와 갈등하는 다음 단계에 도달하지 못했습니다.'

환자 '페니스를 가진 소년이라는 걸 내가 의식하고 있었는지 기억나진 않지만, 내가 이 모든 걸 잊어버렸다고 하는 게 아마 논리에 맞을 겁니다. 사내아이로서의 나 자신이 아득히 멀게 느껴지는군요.'

분석가 '당신의 여장(女裝) 역시 당신의 남성성을 부인하는 하나의 방식일 수 있습니다. 당신은 페니스를 갖고 있지 않은 누이들의 곤경을 견딜 수 없었던 것 같습니다. 누이들이 갖고 있는 다른 것을 몰랐기 때문이지요. 나는 당신에게 엄지손가락을 빠는 버릇과, 뭔가를 붙들려하는 욕구가 있다는 것을 상기시켜주고 싶습니다. 당신은 페니스를 움켜잡는 대신 엄지손가락을 빠는 것으로써 페니스가 있느냐 없느냐의 문제를 피해 갔습니다. 그리고 당신이 한 행동은 당신과 누이들 사이에 어떤 차별도 만들어내지 못했습니다.'

3월 9일, 수요일

환자 '오늘 이야기는 나에 관한 것이 아닙니다. 문제를 혼란스럽게 하는 일이 일어났습니다. 사실 엊저녁에 나는 집에 눌러있기로 작정했습니다. 오늘 밤에 여자친구랑 파티에 갈 생각을 하고 있었기 때문입니다. 그 파티는 지금도 꼭 가고 싶은 파티입니다. 그런데 아내가 남자친구에게 갔다가 울면서 일찍 집에 왔습니다. 그 남자가 병에 걸려 눈이 멀게 되었고 발작도 일으켰다고 합니다. 죽어가고 있는 겁니다. (죽음은 조만간 닥칠 불가피한 일로 보인다. 그는 심장 협착증과 심장 내막염을 앓고 있다) 이게 내 문제를 복잡하게 만듭니다. 이런 때 내가 즐긴다는 게 비열해 보이지만, 다른 한편으로 보면, 나는 아내에게 별로 도움이 되지 못합니다. 아내가 나에게 이야기하려하지 않기 때문입니다. 고마워하는 걸 기대할 수 없는데 아내를 위해 나를 희생하는 게 무슨 소용이 있겠습니까? 과거에는 순교라도 하듯이 아내를 위해 희생을 했지만, 이제는 아내를 위한다는 명분으로 나 자신을 기꺼이 헌신하고 싶은 마음이 줄어들었습니다. 그러나 나는 그 소식을 듣고 걱정했습니다. 아내가 왜 걱정하느냐고 물었지만 대답하기 어려웠습니다. 어쩌면 그것은 아내가 이 남자를 걱정하는 것을 내가 보고 있었기 때문일 겁니다. 병 상태가 다르긴 하지만, 내가 아팠을 때 아내가 내 걱정을 조금도 하지 않았기 때문에 나는 화가 났습니다. 한편으로는 이 모든 게 내 삶에 방해가 될 거라 느꼈고, 또 한편으로는 막연히 슬픔을 느끼면서 마음이 흔들렸습니다. 나는 영향을 받지 않을 수 없었는데 이게 가장 설득력 있는 이유일 겁니다.'

분석가 '그렇군요.'

환자 '그 후 나는 앞으로 있을 일과 가능한 결과를 깊이 생각해 보았습니다. 한편으로는 우리 부부관계가 개선될 수 있으나, 다른 한편으로는 더욱 악화될 수도 있습니다. 아내에게는 자신을 채워주고, 행복하게 해줄 게 하나도 없을 겁니다. 그래서 아내는 있을 법하고 그럴싸한 분노를 자신의 행위에 대한 죄책감 안에 숨길 수 있었던 이전과는 달리 이제는 더 격렬하게 나에게 분개할 겁니다. 더 비판적이 될 거고 덜 동정하게 될 겁니다. 내가 왜 이 이야기를 하는 걸까요? 단지 추측일 뿐인데 말입니다.'

분석가 '어떤 변화가 더 좋을지 모르는군요.'

환자 '그것은 전적으로 개선의 정도에 달려있습니다. 만약 우리 부부관계가 많이 개선된다면, 어떤 변화가 좋을지 알게 될 겁니다. 이제 아내에게 남자친구가 없게 될 거니까, 아내의 애정 결핍이 나를 내쫓는 거라고 말할 정도로 내가 내몰릴 겁니다. 이 말은 상당히 논리적이지만 아내에게는 정당화되기 힘들 겁니다. 내가 이 모든 걸 아내와 인간 대 인간으로서, 말하자면, 허심탄회하게 의논할 수 있으면 정말 좋겠지만, 그건 불가능합니다. (이

위기와는 무관하게) 나는 아내가 내게 도전하기를 바랍니다. 그러면 내가 나 자신을 변명할 수 있을 테니까요. 성실하지 않은 나의 태도에 대해 아내가 아무 말도 안하는 것을 보고 있으려니 나도 마음이 많이 불편합니다.' *잠시 멈춤.* '당신이 말을 못하게 내가 방해를 했나요? 당신이 무슨 말을 하려는 것 같았습니다.'

분석가 '내가 무슨 말을 해야 할지 말아야 할지 망설이고 있는 것을 당신이 알아챘나 봅니다. 그건 당신이 이 남자를 알고 있으니까 그의 죽음에 대해 당신이 직접 슬퍼할 수도 있다는 것입니다.'

환자 '그럴 수도 있지만, 나는 그 생각을 떨쳐 버렸습니다. 나는 그 슬픔이 대리적인 성질의 슬픔이라고 생각합니다. 나는 내가 병원에서 환자의 죽음에 대해 슬퍼하지 않는 것을 알고 있습니다. 내가 힘든 것은 가족에게 알리는 겁니다. 아마도 그것은 그들의 반응을 바라보고 있어야 하는 때문이 아닐까요? 한 남자의 죽음이 기술적인 문제에 불과한 것으로 보여도, 그의 어머니나 애인에게 그의 심각한 병에 대해 이야기하는 건 여간 어려운 일이 아니었습니다. 특히 아들의 죽음에 대해 어머니에게 이야기하는 경우는 더 어려웠지요.'

분석가 '당신 아버지의 죽음과 관련하여 갇혀있는 슬픔이 있는데, 죽음에 대한 당신의 간접적 반응은 아마 이 때문이 아닐까 싶습니다.'

환자 '그렇습니다. 아버지가 돌아가셨을 때 내가 슬픔을 느끼지 않았다는 것은 의미가 있는 것이지요. 아마 이 때문에 여태까지 내가 아버지의 죽음에 대해 슬픔을 느끼지 않는 것 같습니다.'

분석가 '그 남자의 병 때문에 두 가지 일이 동시에 일어나고 있습니다. 하나는 당신이 준비 안 된 슬픔에 직면하고 있는 것이고, 다른

	하나는 당신이 이미 말한 대로 당신의 딜레마가 강화되고 있는 것입니다.'
환자	'또 다시 외부 일들이 개입해 들어와 정작 검토되어야 할 표면 아래의 일들을 다 지워버렸습니다. 그 일은 도움이 되지 않으나 피할 수도 없는 거라 검토해볼 수밖에 없습니다.'
분석가	'페니스를 가진 여자에 대한 환상이 남아있습니다. 당신에게 아내는 자기 충족적이고 페니스를 가지고 있는데 반해, 여자친구는 남자를 필요로 하는 것 같이 느껴집니다.'
환자	'여자친구에 대한 의견은 이해하겠으나 아내에 대한 부분은 이해가 안 됩니다.'
분석가	나는 내 해석이 혼란스럽다는 걸 인정했다. 그리고 이 해석을 계속 끌고 갈 만큼 내 생각이 분명하지 않다고 했다.
환자	'지난 한 주일 또는 두 주일 내내 아내와 성교하고 싶은 욕구를 아주 많이 느꼈다는 걸 나는 알게 되었습니다. 생각하는 것과 느끼는 것은 분명히 다른 거지요. 나는 내가 성적 배출구를 가지고 있으므로 아내에게 더 냉담해질 거라고 생각했습니다. 그러나 실제로는 아내와 함께 잠자리에 들 때, 나의 지성이 "아니야, 이제는 이 여자를 성가시게 할 필요가 없어"라고 하는데도 아내에게 욕구를 느낀다는 것을 알게 됩니다. 성교가 받아들여지기 어렵다는 것을 아는 지금 성교를 요구할 하등의 필요가 없기 때문에, 나의 욕망이 덜 지적인 것으로 그리고 더 본능적인 것으로 보입니다. 과거에 나는 늘 섹스를 한다면 그것은 당연히 아내와 하는 거고 그게 논리상 마땅한 일이라고 말해왔고, 그 때문에 섹스를 권리의 문제로 접근했습니다. 그러나 지금은 나의 권리를 무시할 수 있고 대신 새롭고 자연스러운 감정이 일어나는 것을

봅니다. 물론 다르게 설명할 수도 있을 겁니다. 나는 여자친구와 성교하기 전에는 성교불능이라는 느낌을 가지고 있었습니다. 아내를 만족시킬 수 없었기 때문에, 나 자신의 능력을 입증할 수 없었습니다. 아예 불능의 부담을 감수하는 게 현명할지, 아니면 아내를 충분히 만족시킬 수 없다는 것을 감수하는 게 현명할지 의문이었습니다. 그러나 내가 여자친구에게 충분한 만족을 준다고 믿어도 되는 걸 알고부터는 이런 의혹들을 깨끗이 지워버릴 수 있었습니다.'

분석가 '그건 언제나 힘든 시련이었을 텐데, 이제는 보다 자연스러운 행위가 되었군요.'

환자 '또한 나는 더 이상 간청하는 처지가 아닙니다. 내가 능력이 있다는 걸 이제 알기 때문에, 성교를 의무라기보다 좋은 것으로 여깁니다. 이점에서 나는 조금 더 지배적인 위치에 있습니다.'

분석가 '이는 가족 내에서 남성이라는 것과 연결됩니다.'

환자 '맞습니다. 나는 내가 남성인 걸 처음으로 발견하기 시작했고, 다른 모든 것을 다 제쳐둘 정도로 성적 용맹을 과시하고 싶어졌습니다. 지금 여기서 분석이 진전되는 것도 제쳐둘 만큼 그렇습니다.'

분석가 '문제는 당신이 당신을 과시해 보이려고 하는 내가 누구인가? 하는 겁니다. 나는 당신의 누이일 수도 있고, 아버지나 어머니, 형제일 수도 있는데, 지금 당장으로는 당신의 어머니라고 생각합니다.'

환자 '맞습니다. 당신은 나의 어머니입니다. 어린 사내아이였을 때, 나는 걸을 수 있고 읽을 줄 아는 발전된 모습을 어머니에게 증명해 보이고서는 "보세요, 엄마, 내가 이제 이런 것도 할 수 있어요."라고 말하곤 했습니다. 그러면 어머니는 아는 체를 했습니다. 그런데 이런 일이 이제 내가 하는 일에서도 일어나고 있습니다. 호기심을 불러일으키는 까다롭고 특이한 환자를 만나면, 나는 검토를 끝내고 진료기록을 작성하는 대신 동료 하나를 부릅니다. 어떻든 동료에게 그 환자사례를 과시해야하지, 기다릴 수가 없습니다. 그렇게 과시하면 흥분이 됩니다.'

분석가 '어머니한테 과시하는 거지요.'

환자 '그렇습니다, 나는 어머니라고 확신합니다. 한 학생의 이야기를 통해 그걸 간접적으로 알게 됐습니다. 한 소년이 몽정을 하고는 "엄마, 보세요, 나는 손도 안 댔어요."라고 소리 지르며 부모 방으로 뛰어 들어갔다고 합니다. 내가 어머니에 직접 접근하지 못한다는 것을 아시겠죠.'

분석가 '당신은 배변에 대해서도 이야기할 수 있었습니다. 먼저 똥을 누는 것과 관련된 흥분이 있고, 그다음에는 똥을 모으는 것에 따르는 즐거움도 있습니다. 그 결과는 커다란 똥 무더기가 만들어지는 거지요. 만약 배변 훈련이 강제적으로 이루어지게 되면, 아이는 자연적인 진행을 경험해 볼 시간을 갖지 못하게 됩니다. 그래서 똥 누기의 흥분으로 되돌아가려는 욕구가 얼마간 남아있게 됩니다. 나는 돈이나 다른 것에 대해서도 똑같은 말을 할 수 있습니다.'

환자 '그 말이 맞을 수도 있습니다. 그러나 아직도 나는 전체 그림을 다 제시할 수 있을 때까지 기다리지 않고 반쯤만 완성된 그림을 과시하는 것이 비논리적이라고 생각합니다. 나는 사람들에게 어리석게 보일 위험을 감수합니다. 그리고 내가 하는 일에서는 잘못된 진단을 제시하는 위험도 감수합니다. 그런데도 나는 곧장 결론을 내려 하고 다른 모든 걸 거기에 맞추려 합니다.

　　이 이야기는 식사와 관련된 아동기 딜레마가 대부분 다 생각나게 합니다. 맛있는 음식이 있을 때, 내가 그것부터 먹어 버리면 나머지 음식은 맛이 없어 보입니다. 반대로 맛있는 음식을 끝까지 아껴두었다 먹을 수도 있지만, 나는 보통 먼저 먹어 치우는 편이었습니다.'

(참고; 이것은 1차 분석에서 다룬 주제였다)

3월 10일, 목요일

환자　'내가 기억을 잘 못한다는 게 참으로 의외로 여겨집니다. 분석을 처음 시작했을 때, 그러니까 내가 대단히 불안하고 혼란스럽고 말이 많지 않았을 때는 그럴 거라고 예상했습니다. 이제는 내가 분석에서 어디쯤에 와 있는지 알 수 있게 되었다고 생각합니다. 그것은 꿈을 꾸고 있는 동안에는 아주 생생한 꿈과 같은 것입니다.

분석가　'분석이 꿈과 많이 닮은 것은 확실합니다. 분석 때 당신은 어느 정도 철수 상태에 들어갑니다. 분석은 깨어있는 상태보다 꿈꾸는 상태에 가까운 정신 상태에서 이루어진다 할 수 있습니다. 특히 당신이 실제 삶에 대해 이야기하는 것이 아닐 때나, 분석이 시작되고 어느 정도의 시간이 경과한 때에 더욱 그렇습니다.' *잠시 멈춤.* '나는 물론 당신에게 그 점을 상기시켜 줄 수 있습니다.'

환자　'아니 괜찮습니다. 나는 그게 우리가 당면하고 있는 문제의 핵심이 아니라는 걸 알고 있습니다. 지난 시간에 나는 분석이 근본적이지 않다고 느꼈고, 막연한 불만을 품고 떠났습니다. 지배에 관한 이야기가 있었다고 어렴풋이 생각나는데, 만일 내가 지난 시간에 다루었던 일을 잊어버린다면, 새로운 주제를 시작할 수도 있을 것이고 이렇게 되면 당신이 분석하기가 어려워질 수 있지요. 나는 종종 당신에게 아주 힘든 일을 맡기고 있다고 느낍니다. 당신은 처음부터 끝까지 상세하게 기록해둘 수도 있고, 아니면 내가 내 환자들에게 하듯이 할 수도 있겠지요. 내가 하는 방식은 진료가 끝날 때까지 기다렸다가 갖고 있는 자료를 종합한 후 아주 짤막하게 기록해놓는 겁니다.'

(나는 이 시점에서 메모하는 위험을 감수하지 않았다. 그가 그 문제에 대해 들었던 적이 있는가 하는 의문이 분명히 제기되었다)

환자는 계속해서, 내가 메모를 하는 게 자기가 내게 의존하고 있다는 사실을 깊이 의식하게 만든다고 했다.

분석가 나는 그 문제를 이런 식으로 언급했다. '내가 상세하게 기록을 하느냐, 하지 않느냐는 근본적으로 전혀 중요치 않습니다. 실제로 일어나는 사실은 당신이 말하는 모든 것과 일어나는 모든 일을 내가 듣고 받아들여야 하는 것이고, 분석 자료들을 분류하고 통합하는 기술을 내가 갖고 있어야 하는 것이지요. 이건 메모하기와 무관한 진실입니다.'

환자 환자는 언젠가 자기가 그 자신에 관한 분석 자료를 검토할 수 있고, 그래서 변화가 어떻게 일어났는지 알 수 있기를 희망한다고 했다. 그간 그가 많이 좋아졌는데 왜 좋아졌는지 이해가 안 되어서 특히 더 그렇게 느꼈을 것이다.

잠시 멈춤

분석가 나는 지난 시간의 분석 자료를 다시 다루었다. 식사 때 맛있는 음식을 먹는 순서에 관한 의견을 이야기하다가 분석이 끝났다고 말했는데, 환자가 그 내용을 기억하고 있었다. 나는 더 나아가 지난 시간의 그 학생 이야기와 그(환자)가 나를 모든 종류의 발달을 자랑할 수 있는 상대인 그의 어머니로 생각하는 이야기로 돌아갔다. 또 환자가 처음으로 자신을 한 남성으로 느끼기 시작한다고 말한 사실도 상기시켰다.

환자 '우리가 막 결혼했을 때, 나는 아내가 정말 여자라는 걸 열심히 세상에 알렸는데, 이로 인해 많은 어려움을 겪었습니다.'

분석가 '이 이야기는 당신이 페니스를 가진 여자에 대한 환상을 가지고 있다는 것과 맞아 떨어집니다.' (나는 그가 잠들기 시작했고 나의 해석을 들을 것 같지 않다는 걸 알아차렸다)

환자 '이러한 것들은 여기 오기 전에 내가 했던 생각과 연결됩니다. 내가 일에 대해 진정한 관심을 가질 능력이 있다는 느낌을 여자친구에게서 받는다는 생각입니다. 물론 늘 그렇지는 않습니다. 그녀와의 관계는 현실감을 느낄 수 있게 해주고, 일에 더 관심을 갖게 하며, 더욱더 남성적으로 느끼게 해줍니다. 이것은 여자친구가 내가 하는 일과 그 밖의 것에 관심이 있는 의사라는 점과도 연관이 있습니다. 그러니 우리 사이에 완전한 단절은 없는 거지요. 그리고 이미 말했듯이, 이것 모두는 내가 일을 혼자 간직하고 비밀로 하는 것을 싫어한다는 사실과 관련이 있습니다.'

분석가 '그것의 긍정적인 측면은 과시하기에 적합한 사람을 찾아낸다면 당신이 자랑스럽게 과시한다는 겁니다. 그런데 이제는 내게 말

을 해도 될 만한 병원에 관한 이야기를 당신이 참고 있는 건 아닌지 궁금하군요.'

환자 '맞습니다, 사실 그렇습니다. 첫째로 할 얘기는 대단히 흥미로운 환자가 있다는 것이고, 두 번째는 왜 그랬는지 잘 모르겠지만, 여하간 오늘 내가 뭘 할지 전적으로 혼자서 결정한 것으로 스스로 아주 흡족했다는 겁니다. 사실 주치의는 동의하지 않았을 것이나, 그 결정은 잘한 것으로 판명되었습니다. 나는 분비액을 추출하고 폐에 공기를 주입했습니다. 그런데 그렇게 한 게 엑스레이 촬영을 아주 잘 할 수 있게 해주었습니다.'

분석가 '그러니까 진단을 더 잘 내리게 해준 것이네요.'

환자 '그렇습니다. 지금까지는 우리가 자료 없이 진단을 내렸는데, 이제는 보다 정확하게 진단을 내릴 수 있게 되었습니다.'

분석가 '그런데 그 환자는요?'

환자 '그렇지요.' 하고서 그는 분비액이 너무 많이 차서 정확하게 진단할 수는 없었지만, 암으로 추정되었던 어떤 나이든 남자환자에 관해 이야기했다. 암이라는 증거는 없었다. 그가 다시 공기를 주입해, 폐의 윤곽이 엑스레이 상에 처음으로 드러나게 했다. '아무도 방안을 제시하지 않았는데 내가 그렇게 한 겁니다.'

분석가 '당신은 나도 여기서 그와 같은 일을 할 수 있기를 바라고 있습니다.'

환자 '맞습니다, 나는 당신이 사태를 분명하게 밝혀내 줄 기술을 가지고 있기를 바랍니다. 묘기를 써서라도 말입니다.'

분석가 '나와의 동일시가 여기에 있습니다. 당신이 하는 일에서의 당신과 내가 하는 일에서의 내가 같다는 것이지요. 아니면 순서를 바꾸어서 말해야 할까요?'

환자 '당신이 말한 것 일부를 놓쳤습니다. 중요한 사실은 그 환자에 대해 내가 흥분하게 되었다는 겁니다. 결과적으로 그 암이 수술 가능한 암으로 밝혀질 수 있었다는 거지요.'

분석가 '당신 병원에 훌륭한 외과의사가 있습니까?' (환자가 반쯤 꿈꾸고 있는 상태라는 문제를 제기했고, 또 묘기라는 단어를 언급한 점을 감안하여 내가 의도적으로 이 질문을 했다)

환자 '나는 그때 이상한 생각을 했습니다. 나의 일에 관한 당신의 그 같은 질문들 말입니다. 전에도 그랬던 적이 있었는데, 그런 질문들은 언제나 나를 놀라게 합니다. 관심 때문에 그렇게 질문을 하는 건가요? 환자에 대한 관심인가요? 아니면 무엇 때문인가요? 내가 무엇을 빠뜨리고 있다고 당신이 지적하는 건가요? 이 점에 대해 내가 분개하고 있는지도 모르겠습니다. 여하튼 당신이 이렇게 질문하는 것은 나로서는 뜻밖으로 크게 놀랄 일입니다. 나는 그런 일에 어느 정도는 기뻐하고, 어느 정도는 분개합니다. 나는 병원에 관해서 이야기하는 게 잘못된 거라고 느낍니다.'

분석가 '문제는 내가 누구를 나타내느냐 하는 것입니다. 어쩌면 병원 일에 대해 모르는 당신의 아내일 수도 있지 않겠습니까?'

환자 '그렇습니다, 아니 오히려 나의 아버지일 가능성이 더 높습니다. 일종의 검열관이지요.'

분석가 '물론 나도 내가 분석 밖의 것을 언급했다는 것을 압니다. 좋은 분석 기술이 아니지만 당신이 반수면 상태의 문제를 제기했기 때문에 그랬습니다.'

환자 '나는 그런 기술을 진정으로 환영합니다. 정신분석에서 지름길이라고 할 수 있는 거라면 뭐든 진정으로 원합니다.'

분석가 '내가 당신을 깨웠다 게 사실입니다.' (나는 묘기를 원한다는 환

환자	자의 경고에 주의를 기울였으나, 이 경고가 내가 한 분석에 대한 환자의 주요 반응이라고 생각하지는 않았다)

환자 '그렇습니다, 깨우는 건 짜증나는 일입니다. 그것은 내가 자다가 밤중에 깨어나 병원에서 일을 하는 것과 같지요. 그렇게 한다고 잠이 심하게 부족해지는 것은 아니지만, 한 사람의 꿈이라는 영역의 삶을 망가뜨리니까 화가 납니다. 예전의 어떤 중국인의 이야기가 언뜻 생각나네요. 이런 관념을 가르치는 거였습니다. 잠자는 동안은 영혼이 외출하므로 자다가 갑자기 깨면 정말 위험하다는 것이지요. 영혼이 깨어있는 신체에 되돌아올 수 없다는 겁니다.' (이 대목에서 다른 자료가 있었는데 놓쳤다)

분석가 나는 정신분석이 수면상태와 깨어있는 상태의 경계선에서 꿈에 조금 더 가까운 위치에서 이루어지고 있다는 근거를 다시 검토했고, 그가 잠자라는 요청과 깨어있으라는 요청을 동시에 느낄 수 있는 위치에 막 도달한 게 분명하다는 근거도 다시 검토했다. (그는 분석시간이 끝난 것을 알았다)

환자 '그것은 시간이 다 되어 새로운 자료를 낼 수가 없어서 거절을 당했다고 느끼는 것과 같습니다. 새로운 자료가 제시되어도 그걸 다룰 시간이 없다면 하나의 위험 요소가 되는 것이고, 실제로도 위험이 있는 것처럼 느껴집니다.'

분석가 '나는 지난 회기에 당신이 회기가 종료될 것을 예상하고 있지 않다고 느꼈고, 그래서 내가 분석을 중단하면 마치 내가 당신을 갑자기 잠에서 깨우기라도 하듯 정신적 충격을 줄 것이라 느꼈습니다.'

3월 14일, 월요일

환자가 늦게 왔다. 그런데 치과의사와 약속이 있어서 정시에 가야 했다.

환자 '잠시 멈추었다가 분석을 시작해야 할 것 같습니다. 현실적인 문제와 관련하여 할 말이 있는데 내가 곧 바로 이야기를 시작하면, 마치 내가 분석에 열의를 가지고 있는 듯이 잘못 보여 질 수 있기 때문입니다. 현실적인 일들이 벌어지고 있을 때는 꿈 꿀 시간도 없고 꿈에 대해 논의할 시간도 없습니다. 꿈은 여유를 필요로 하지요. 어젯밤 내가 병원에 근무하는 동안 여자친구와 만날 약속을 했다는 점에서 하나의 새로운 발전이 있습니다. 그녀는 밤 열시까지 와서 나와 만나기로 했는데 제 시간에 오지 않았습니다. 나는 불안해하며 이런저런 추측을 하게 됐는데 그러다가 놀랐습니다. 그녀가 내게 정서적으로 별로 중요하지 않고 유용한 존재일 뿐이어서 내가 마음이 많이 상할 거라곤 예상치 못했기 때문입니다. 어쩌면 오고 싶지 않았을 수도 있고, 변덕을 부렸을 수도 있지요. 그녀는 열한시 반에 도착했습니다. 그래서 즉시 사랑을 나누려 했는데, 발기가 되지 않았습니다. 한편으로는 그녀가 열정이 없었던 탓이고, 또 한편으로는 내가 너무 거칠게 접근한 탓이었습니다. 그것은 내가 여기 왔을 때 오자마자 갑자기 분석을 시작하는 것과 같은 거지요. 나는 오늘 분석을 시작할 때 그렇게 할 수 없다고 말했지요. 너무 거친 접근일 겁니다. 나는 불안해지기 시작했습니다. 그녀가 이제 더 이상 유용하지 않게 되는 건가? 그녀가 나의 자신감을 회복시켜 주었기 때문에 그녀와의 교제를 즐겼는데, 이제는 그 자신감이 새로운 것처럼 보입니다. 성교불능이 지속될까요? 성교한 후가 아니면 나는 그녀와 편하게 이야기하기 어렵습니다. 그러므로 이 점에서도 다시 나는 우리 만남의 유용성을 잃어버렸습니다.'

분석가 '당신은 이미 화가 났습니다. 그런데 그게 문제를 더 꼬이게 만들었나요?'

환자 '성교할 때 말고는 여자친구에 대해 걱정하지 않았던 게 생각납니다. 그녀가 언제나 이용 가능한 존재였기 때문이지요. 그러나 이제 나는 그녀가 어떤 특별한 순간에는 그런 여자가 되지 않으려고 할 가능성에 직면해야 합니다. 전에 나는 다른 남자들과 경쟁하는 것을 걱정하지 않았습니다. 만약 그녀가 이용 가능하지 않다면, 그것은 그녀가 다른 데 관심이 있는 것으로 볼 수밖에 없습니다.' *잠시 멈춤*. '여기에 딜레마가 있습니다. 첫째는, 내가 섹스를 정말이지 아주 중요하게 여긴다는 것이고, 둘째는, 다른 일들이 훨씬 더 중요하게 보인다는 겁니다.'

분석가 '당신이 "균형점"(환자가 한 말)에 도달할 수 있기 전에, 당신에게는 당신에게 성적 자신감을 부여해주는 경험이 필요했습니다.' *잠시 멈춤*. '당신이 균형의 문제를 고려할 수 있기 전에, 당신에게는 당신의 성교능력에 대한 자신감이 필요했습니다.' *잠시 멈춤*. '당신이 원하는 해석이 뭔지 몰라서 당신이 원하는 해석을 해 줄 수 없다는 의미에서, 당신은 여기서 (분석에서) 나를 성교불능인 사람으로 만들었습니다.'

환자 '다른 주제로 넘어가 잊어버리기 전에, 나는 이 주제에 대한 분석이 시간 낭비가 아님을 확실히 해두고 싶습니다.'

분석가 '당신은 내가 적절한 순간에 그 주제를 기억해 내어, 다시 다루게 될 거라는 점에 있어 나를 믿어야 합니다.'

환자	'나는 제대로 달구어놓지도 않고, 여자친구를 취하는 거친 남자가 되는 걸 원치 않았습니다.'
분석가	'여기서 당신은 당신의 분석가를 달구어져야 하는 여자친구의 대리물로 만듭니다. 조금 더 적극적으로 말한다면, 당신의 지난 밤 경험은 여자친구를 흥분시키기 위해 당신이 늘 애쓰고 있다는 사실을 보여준 겁니다. 만약 그녀가 처음부터 흥분했다면, 그 흥분은 그녀가 당신에게 오기 전에 이미 했던 흥분 경험에 속하는 것이겠지요.' 잠시 멈춤. '이것이 다른 남자들에 대한 생각을 끌어들입니다.'
환자	'나는 다른 것을 생각하고 있었습니다.' 잠시 멈춤. '이상합니다. 내가 여기 왔을 때, 나는 정말 완전히 깨어있었는데, 갑자기 졸립니다. 당면한 문제들을 이야기한 후 당신이 내게 뭔가 해주기를 기다리고 있었던 것 같습니다.' 오래 멈춤. '다시 시작하고 싶지만 졸립니다. 만약 내가 다른 것에 대해 말하기 시작한다면, 지금까지 내가 말한 것은 헛된 것이 될 겁니다. 내가 말한 것을 먼저 다루어야 합니다. 내가 그걸 다시 시작한다 해도 그것도 다 잊혀 질 겁니다. 당신이 아무 말 하고 싶지 않다는 게 느껴집니다. 마치 당신이 뭔가를 보류하고 있는 것 같습니다.'
분석가	(무엇을 해석해야 할지 전혀 잡히는 게 없었다) '내가 당신 여자친구와 동일시되었기 때문에 이런 질문이 제기되는 겁니다. 여자친구가 무슨 말을 했나요? 아니, 달리 말해, 그녀가 무슨 말을 했을 것 같은가요?'
환자	'나는 여기서 딜레마에 빠집니다. 나는 여자친구가 했을지도 모를 말을 쉽게 말할 수 있습니다. 나는 그녀가 나를 개인적으로 원치 않는 건가 싶어서 불안했습니다. 아무튼 나는 요구라고는

전혀 들어설 자리가 없는 관계를 즐기면서, 여자친구와 마음 편하게 지냈던 것 같습니다. 나는 그녀에게 오지 않아 걱정했다고 말했는데, 이 말이 항의하는 것 같이 들린다고 느꼈습니다. 나는 비참한 느낌이었습니다. 나는 그녀에게 아내에 대해서 말해주었고, 아내 남자친구의 병이 재발된 후로 아내가 지금 현재까지 내게 아무런 반응도 보이지 않는다고도 했습니다. 아내에게는 아무 이야기도 할 수 없습니다. 여자친구가 "당신이 원하는 것은 사랑 받는 거예요."라고 말했습니다. 나는 여자친구가 나의 정서적 요구에 대해, 그리고 이런 점에서 아내가 어머니 상이라는 것에 대해 알기를 원치 않았습니다. 나는 여자친구가 그와 같이 되기를 원하지 않았습니다. 그렇게 되면 여자친구와의 관계가 의존 관계로 퇴보될 테니까요. 만족스러운 관계란 동등하다는 걸 의미합니다.'

분석가 '그렇다면 여자친구와의 관계에 발전이 있어 보입니다. 그것은 이제 생물학적인 만족 이상입니다. 여자친구가 하나의 사람으로 등장했지요. 그리고 당신 또한 당신 여자친구에게 하나의 사람으로 등장했습니다. 그리고 성교불능이 이런 변화를 나타내는 표시가 되었던 거고요.'

환자 '여태껏 내가 여자친구의 욕망 문제를 보류해 두고 있었던 것 같습니다. 사실 그녀도 일시적인 관계에서 벗어나 항구적인 관계를 갖고 싶어 합니다. 그런데 나는 그녀에 대해 확신이 서지 않고, 그녀도 나에 대해 확신이 서지 않기는 마찬가지입니다. 그녀는 내가 자기와 완전히 운명을 함께 하고, 우리의 관계를 항구적인 기초 위에 수립하기를 바라고 있습니다. 그러나 실제로 그렇게 되기는 힘들 겁니다. 나는 휴가나 이런저런 얘기를 하면서 그녀에게 거짓말을 한 거나 다름없습니다. 나는 이것을 그냥 하나의 연극으로 여겼습니다. 지난밤 우리 둘의 관계에서 의존적인 요소를 발견한 것이 그녀가 항구적 관계에 대해 더 많이 걱정하게 만들었습니다. 그녀는 스물여덟 살이고 아이를 갖고 싶어 합니다. 하지만 나는 아내를 그냥 그런 식으로 떠나보낼 수는 없습니다.'

분석가 나는 환자의 성교불능이라는 주제를 그의 관계 확장의 일부분으로 계속 다루었다. 그리고 그의 이전의 성교능력이 그의 제한된 관계 형태와 밀접한 관련이 있는 것으로 다루었다. 수유기와 유아기에 대해서도 똑같은 말을 할 수 있다. 이론적인 면에서 본다면, 처음에 시작할 때는 본능만이 존재하나, 시간이 경과하면서 관계라는 것이 출현하고 그 후로는 본능의 완전한 만족이 불가능해진다.

환자 '나는 내가 하나의 단계에 도달했다는 걸 느낍니다. 이제 나는 더 이상 인위적인 상황을 유지할 수 없고, 그녀가 내게 계속 더 제공할 수 있는지 의문을 갖지 않을 수 없습니다. 그녀는 정말로 피상적인 인격의 소유자입니다. 결론은 더 이상의 관계 발전에 대해 내가 절망감을 느낀다는 것입니다.'

3월 15일, 화요일

환자 '나는 어제 분석이 기억나지 않습니다. 어제 내가 뭔가를 말하고 싶었는데 분석시간이 짧게 끝났다는 생각이 듭니다.'

잠시 멈춤

분석가 '내가 말해주어야 할까요, 말아야 할까요?'

환자 ' 정말 모르겠어요.'

분석가 '당신이 치과에 가야 해서 회기를 일찍 마쳤습니다. 당신은 실제로 일어난 사건들을 보고했고, 그에 대해 내가 해석해주기를 원했습니다.'

환자 '맞습니다, 나는 당신이 해석하는 걸 도우려고 했습니다. 그 보고는 다 예기치 않게 일어난 성교불능의 느낌과 관련된 것이었습니다. 제기된 문제는 이런 정서적 경험이 생산적일 수 있느냐 하는 것이었습니다.'

분석가 '성교불능이 당신과 여자친구의 관계가 확대된 것을 나타내고 있으므로, 당신이 느꼈던 불안은 한 단계가 끝났다는 당신의 느낌과 관련이 있습니다.'

환자 '그런 느낌들은 내가 여기서 떠난 후에도 지속되었습니다. 나는 치과에서 일을 본 후 집으로 갔는데, 아내가 무기력할 거라 생각하니 우울했고, 아무것도 기대할 게 없었습니다. 그때 나는 여자들에 대한 관심이 완전히 없어졌고, 총체적인 성교불능의 느낌을 갖게 됐습니다. 이것은 며칠 전의 흥분과 매우 대조적입니다. 놀랍게도, 아내가 영화를 보러가고 싶어 했는데 (환자는 이 경우 베이비시터 노릇을 했다) 이게 내게 기쁨을 주었습니다. 여하튼 아내의 외출이 집에서나 다른 데서나 나의 긴장을 완화시켜 주기 때문입니다. 아내의 요청에 따라 나는 병원에 전화를 걸었고, 아내의 남자친구가 아내가 생각했던 만큼 많이 아픈 게 아니라는 것을 알게 되었습니다. 그래서 나는 즉시 더 즐거워졌습니다. 딜레마가 유보될 것이기 때문입니다. 아내가 외출에서 돌아온 후 내가 그 사실을 말해주자 아내는 안도했습니다. 그때 나는 다시 전보다 더 심하게 우울해졌습니다. 이 우울함이 여자친구에 대한 갈등을 선명하게 드러내 보여주는 것은 틀림없지만, 왜 더 우울해졌는지는 정말 모르겠습니다. 결정의 단계가 곧 다가올 것 같은데, 그렇다고 내가 여자친구로 인해 엄청나게 행복한 것도 아닙니다. 내가 아내에게 휴가를 따로 보내야 할지도 모른다고 넌지시 말했는데, 아내는 예상 밖으로 선뜻 받아들였습니다. 그래서 나는 다시 딜레마에 빠졌습니다. 나는 내가 여전히 내가 받아들일 수 있는 것보다 더 많이 아내에게 매여 있다는 걸 깨닫습니다. 그래 봤자 다 소용 없는 일이지만요.' *잠시 멈춤.* '어제와 같아 보입니다. 당신이 이 이야기를 분석 주제로 받아들일지 궁금합니다. 당신에게 충분히 이야기하지 못한 것 같은 느낌입니다.'

분석가 '나는 왜 내가 할 말이 없을 거로 여겨지는지 그게 지금 궁금할 따름입니다.' (나는 그때 어제 회기를 검토하기 시작했고, 관계 확장과 상호의존이라는 생각에 얽혀있는 복잡한 문제에 말려들지 않고, 어떻게 여자친구를 계속 이용할 것인가 하는 환자의 딜레마에 대해 말해 주었다)

환자 '다른 것도 있었는데, 그에 대해 당신에게 이야기하는 것을 미뤄 두었습니다. 우리가 어제 했던 분석의 후속편이 있는지 알고 싶어서 그랬습니다. 묻고 싶은 게 생각났습니다. 지금 하고 있는 이 일 다음에 어떤 일을 해야 하나 하는 겁니다. 가을부터 지금 있는 부서에서 전문의 수련의 자리를 맡아보라는 제안이 있었습니다. 장점은 급여가 인상되고 분석 치료를 계속 받을 수 있다는 겁니다. 결심을 해야 되는 문제로, 나는 그 일에 도전할 수 있다고 생각합니다. 이것이 내가 이리로 오면서 생각했던 것입니다. 나는 그 제안에 흥분되었고, 그래서 마음에 담아두고 있습니다.'

분석가 '이 생각은 당신 안에 진정한 변화가 일어났음을 보여줍니다. 특히 당신이 책임을 져야 하는 자리에 있게 되었을 때, 당신 병의 첫 번째 신호가 나타났다는 점에서 그렇습니다.'

환자 '또한 그 일을 맡는다는 것은 더 이상 인턴 의사의 일을 안 해도 된다는 걸 의미하고, 이제는 목표를 더 높게 정해도 안전하다는 의미입니다.'

분석가 '그 새로운 일은 분석의 일부가 될 것이고, 당신은 나도 흥분하기를 기대할 겁니다.'

환자 '이제는 내가 직접 일을 하기 보다는 조언을 하는 게 내게 더 편합니다. 한 이년이 지나면서 일상적인 일이 꽤나 지겨워졌기 때문입니다.'

분석가 '가르치는 일도 하게 되나요?'

환자 '그렇습니다, 문제는 내가 가르칠 만큼 성숙한가 하는 겁니다. 전에 나는 다른 사람에게 무엇을 하라고 말할 만큼 성숙하지도 않았고 자신감도 없었습니다.'

분석가 '그 일은 신입 전문의 수련의의 일인가요?'

환자 '맞습니다, 지금 현재 그 일을 하고 있는 의사는 그 일에 나만큼의 자격을 갖추지 못했고 경험도 나보다 적습니다.'

분석가 '당신은 총체적 성교능력은 특정한 사람에 대한 성교불능에 의해 없어지는 게 아니라고 말하고 있습니다.'

환자 '어제 당신은 남자에 대한 나의 질투심에 대해 말했습니다. 질투심이 전혀 모습을 드러내지 않는다는 말이었습니다. 비록 드러나지는 않지만, 내가 성교불능이었던 날 그저께 밤부터 질투심이 나타나기 시작했습니다. 그러나 나는 질투심을 싫어하고, 남자들끼리 경쟁하는 것을 좋아하지 않습니다.'

분석가 '당신이 우월하다는 것을 알게 되면, 경쟁하는 것도 괜찮아 보일 겁니다.'

환자 '다른 한편, 나는 동등하지 않은 조건에서 경쟁하는 것도 좋아하지 않습니다.'

분석가 '분석 공간에서 당신에게 중요한 것은, 당신이 어머니와 함께 있던 작은 아이였을 때처럼, 우리 둘만이 있다는 것이고, 혹은 그게 아니라 셋이 있더라도 제3의 인물이 제외된다는 겁니다.'

환자 '내가 아내에게서 경쟁상대가 존재할 가능성을 받아들이지 않았다는 걸 이제 알겠습니다. 여자친구에 대해서는, 그녀의 삶에 다른 남자들이 있다는 걸 알면서도 그들을 심각하게 생각하지 않았습니다. 나는 그들에 대한 생각을 즐겼습니다. 경쟁을 놀이로 삼은 거지요. 여기 분석에서 나는 나 외에는 아무도 없다고 가정하는 대단한 자유를 누립니다. 그리고 나의 앞과 뒤에 누가 있다는 걸 인정하지 않습니다. 나는 현관에서 사람들을 만나는 걸 피합니다. 우연히 그들을 볼 뿐, 그들은 추상으로만 존재합니다. 나는 그들의 존재를 부인합니다.'

분석가 (초점에서 벗어나) '당신이 세 사람을 받아들일 수 있을 때, 당신은 제3의 인물이 경쟁적인 페니스를 가질 수 있다는 구원을 받을 수 있습니다. 그렇게 되면 당신은 페니스를 가진 여자에 대해 생각할 필요가 없어집니다.' (상당히 시끄러운 소리를 내면서, 환자가 지금 잠이 든다) '당신은 지난 시간에 분석을 중단한 것 때문에 나에게 화가 났거나, 아니면 우리 사이에 끼어든 것 때문에 치과의사에게 화가 났을 겁니다.' *잠시 멈춤.* (그가 삼사 분 후에 깨어났다) '당신이 잠을 잤다고 생각되는데, 아닌가요?' (그가 동의했다. 나는 해석을 반복했다. 내가 해석하는 것을 이해하기 시작하자, 그는 수면 경향에서 완전히 벗어났다)

환자 '이상합니다. 어제 나는 치과의사가 분석가보다 지위가 낮다고 생각했습니다. 그러나 나는 분석에 올 때보다 치과의사에게 갈 때 시간 지키는 일에 더 신경을 써야 합니다. 치과의사는 무례하게 내가 정확하게 시간을 지키길 기대할 겁니다.'

분석가 '치과에는 가끔 가니까, 치과의사는 제 시간에 오는 것에 민감합니다. 당신이 기다려야 할지언정 그렇습니다.'

환자 '맞습니다.'

분석가 '그러나 핵심사항은 상상 속의 위험인물인 치과의사 때문에 우리의 관계가 중단된다는 것입니다. 그는 깨무는 행동을 벌주고 당신의 식인적인 충동과 생각들을 벌주기 위해, 일종의 거세 행위로서, 당신의 이빨을 뽑아버릴 수 있습니다.'

환자 '맞습니다.'

3월 18일, 금요일

환자 '여기로 오는데, 아무 말도 하고 싶지 않다는 느낌이 들었습니다. 당신이 먼저 질문하면서 시작하는 게 좋겠습니다.'

분석가 '알겠습니다. 하지만 이런 식으로 당신이 감당해야할 모든 책임을 떠맡기니 참으로 뜻밖이네요. 당신은 어제 분석을 있었던 그대로 기억하나요? 그리고 아무 말도 하고 싶지 않다는 생각이 어제 일과 관련 있나요?

환자 '아닙니다, 방금 그런 마음이 들었습니다. 지난 몇 차례 분석에서 나는 생산적이지 못했습니다. 별로 할 말이 없었습니다. 그러므로 만일 당신이 책임을 받아들인다면, 아무것도 일어나지 않는 이유가 오로지 나 때문이라고는 할 수 없을 겁니다. 아마 더 많은 이유가 있겠지요. 분석시간 진행 방식에 대한 책임을 져야 하는 것도 그렇고요, 그러니까 무엇이 당신의 관심을 끌 주제인지 그리고 또 무슨 말을 하지 말아야 할지를 내가 결정해야하는 것도 만만찮은 이유가 될 겁니다. 참으로 많은 것들이 중요하지 않다고 거절당합니다. 어떤 일들은 이야기하고 싶지 않습니다. 전에는 모든 걸 다 이야기해야 한다고 생각했으나, 더 많은 생각들이 떠오르면서 나는 말을 삼가야할 이유를 찾아내야 했습니다. 나는 이 대목에서 흥분을 느낍니다. 그건 "누가 아버지여야 하나?"하는 문제입니다:'

분석가 '정말로!?'

환자 '나는 아버지 역할에 불안을 느끼고 있고, 이에 대해 당신이 어떻게 느낄지 걱정됩니다. 변화가 일어나고 있습니다. 당신은 좀 더 인간적으로 되었고, 좀 덜 철저한 분석가가 되었습니다. 이 변화는 전반적인 차원에서도 일어나고 있습니다. 나는 분석과 무관하게, 내가 사람들에게 하는 말의 효과를 더 많이 알게 됐습니다. 아내와 이야기하는 데에도 여전히 어려움이 있는 게 사실입니다. 나는 아내에게 미칠 효과를 기대하고 어떤 말을 하는 것이 아닌지 염려되어 아내와 이야기할 때 주제를 신중하게 선택합니다.'

분석가 '당신은 이제 무슨 말을 할지 선택하는 게 불안의 일부(저항)가 될 수 있다는 것을 이해하기 시작했습니다.'

환자 '분석을 시작할 때는 억제의 문제가 없었고 할 말이 많았습니다. 그 다음에는 내가 할 말을 잊어버리거나 잠이 들었습니다. 이런 방법은 이제 한계점에 도달했습니다. 그래서 만일 어떤 주제가 불쾌해 보이면 새로운 방법이 필요합니다.'

분석가 '나는 이 점에서 당신의 아내와 밀접하게 연결되어 있습니다.'
(이 시점에서의 해석으로 적합한지 여부는 의심스럽다)

잠시 멈춤

환자 '이야기할 게 하나 더 있습니다. 다른 종류의 이야기 기법인데, 세세한 내용이 많고 하나같이 명확하지만, 너무 사소한 거라 말 꺼내기가 어렵습니다.'

분석가 '그게 뭔지 생각이 납니까?'

환자 '글쎄요. 그냥 스쳐가는 생각인데, 단추를 셈하는 것에 관한 것입니다. 그 생각은 내게 정말 사소해 보였습니다.'

분석가 '이 두 단어와 더불어 연상되는 것들이 있습니까?'

환자 '아닙니다, 여기서는 전혀 없습니다. 나는 아내와 장모와 함께 근위병 제복에 달린 단추가 몇 개인지 얘기하고 있었을 뿐입니다. 나는 근위대마다 제복의 단추 수가 다르다는 걸 몰랐습니다.'

분석가 '그러면 셈한다는 생각은 어디서 온 것인가요?'

환자 '글쎄요, 나의 어린 딸이 이제 막 셈을 배우는데 셈하기 놀이와 물건 세기 놀이를 아주 좋아합니다. 잠이 오지 않을 때 양의 마리 수를 센다는 생각도 있는데, 나는 그걸 한 번도 사용해 본 적이 없습니다.'

분석가 '최근에 분석시간에 단추에 대해 생각한 적이 있는데, 기억하세요?'

환자 '아니요.'

분석가 '당신은 어니스트 존스가 단추에 대해 언급하면서 식인충동[13] 관념과 연결시킨 것에 대해 말한 적이 있습니다.'

환자 '아 맞습니다!'

분석가 '지난 회기 마지막에 치과의사 이야기를 했습니다. 깨무는 것을 벌주려고 이빨을 뽑아버리는 상상 속의 인물과 쉽게 혼동되는 사람이지요. 따라서 단추를 센다는 것은 단추가 고스란히 다 있어서 당신이 안도하는 것일 수도 있고, 아니면 식인의 광란 후에 뱃속에 들어간 단추 숫자를 밝히는 것일 수도 있습니다.'

환자 '아 맞습니다! 그리고 그때 "배꼽"에 대한 생각도 마음속에 있었습니다. 그 말은 옷을 입지 않았다는 뜻이지요. 그 순간 나는 젖꼭지도 생각했습니다. 배꼽보다 젖꼭지에 대한 생각이 먼저 떠올랐습니다.'

분석가 '묻고 싶은 게 있습니다. 두 개의 젖꼭지가 있는 건가요? 아니면 하나의 젖꼭지가 두 번 있는 건가요?'

환자 '여기에 딜레마가 있습니다. 아기는 어느 젖가슴에서부터 젖을 먹기 시작해야 할지 정하기 어렵습니다.' (이 때 환자는 자신의 경험을 실제로 재연해보는 아기와 같아 보였다. 그는 오른손 손가락을 입에 가져갔다. 그의 엄지손가락-빨기는 왼손이었다)

분석가 '여기서부터 셈이 시작되는 게 확실합니다.'

환자 '둘은 어머니와 나를 의미할 수 있지요.'

---

13 41페이지 참조.

분석가 '이런 문제도 있습니다. 때가 되면 아기는 두 개의 젖꼭지를 알아봅니다. 그러나 그때가 오기 전에는 (어느 때이건 상관없이) 하나의 젖꼭지만 있는데, 말하자면, 하나의 젖꼭지가 두 번 되풀이되는 것입니다.'

환자 '딸이 아주 어렸을 적부터 나는 목욕시키고 돌보는 일을 열심히 하였는데, 이렇게 한 건 아버지의 아이디어에서 비롯된 것으로 기억합니다. 아버지는 아버지로서 인정받고 받아들여지기 위해, 또 그렇게 해서 아버지로서의 권리를 확립하기 위해, 가능한 한 일찍부터 자녀들을 돌보는 데 참여했다고 하였습니다. 나는 여러 가지 이유로 둘째 아이를 그렇게 돌보지 못한 것에 죄책감을 느낍니다. 큰아이가 인정하는 것처럼 둘째도 나를 아버지로 인정할지 궁금합니다.' 잠시 멈춤. '나에게는 당신에게 아무 얘기도 하지 않고, 생각도 말하지 않음으로써 당신을 벌주려는 충동이 있습니다.'

분석가 '그렇게 하려면 가장 중요한 건 생각을 억제하는 능력을 기르는 것입니다. 그리고 당신의 생각을 내가 마법처럼 아는 게 아니라는 걸 이해할 필요가 있습니다.'

환자 '정신분석 때, 내가 당신에게 벌을 준다면, 당신은 아프거나 오지 않음으로써 내게 벌을 줄 수 있지요. 당신은 극단적인 처벌 수단을 가지고 있습니다.' (충동에 대한 직접적인 역전)

분석가 '당한 것과 똑같은 보복으로 아주 잔인하게 벌을 줄 수 있는 이 정신분석의 위력은 – 졸리나요?'

환자 '나는 지배받기를 고대합니다. 그래서 처벌을 피하고 억누르는 것을 피하기 위해 내 고집대로 하지 않습니다. 최근 내가 약간 화를 낼 수 있게 된 것은 사실이나, 나는 어떤 누구에게도 벌주

는 걸 원치 않습니다. 화를 낼 수 있다는 것에는 경쟁에 대한 일종의 승인이 들어 있습니다.'

분석가 '당신은 동해복수talion의 개념에서 매를 때리는 아버지라는 인간화된 개념으로 옮겨가는 문제를 다루고 있습니다.'

환자 '맞습니다.… 맞습니다.…' (잠이 들었다가 깨어난다. 아마도 자기가 잠들었던 것을 의식하지 못할 것이다) '처벌은 여러 가지 형태를 취할 수 있습니다. 일반 병동에서는 환자를 오랫동안 한 병동에 두는 것도 한 가지 처벌 방식이 될 수 있습니다. 그건 환자를 형편없이 대하는 것과 같은 거지요.'

분석가 '학교 처벌에 대해 생각해 본 적 있습니까?'

환자 '해보았지요. 하지만 나는 학교에서도 처벌을 피했습니다. 내가 다녔던 학교에서는 처벌이 아주 드문 일이었지요.'

분석가 '당신은 아버지를 어머니 바깥에 별개의 사람으로 존재하는 경쟁자로 보지 못하고, 어머니의 대안적 변형으로 여겼습니다. 그래서 당신은 경쟁상대를 어머니 안에서 찾아야 했습니다. 당신도 그렇게 보듯이, 이는 어머니가 가끔 자기역할을 수행하기를 거부한 겁니다.'

환자 '이 "자기역할 수행거부"라는 말은 아내가 하는 일에 대해 내가 느끼는 감정에 그대로 적용됩니다. 관심과 공감을 거부하는 게 그녀의 태도입니다. 나는 우회적으로 이 생각에 이르게 되었습니다.' (환자는 간접적으로 어떤 생각에 이를 때, 언제나 더 확신을 느낀다) '나는 여자친구의 이름을 부르기가 어렵습니다. 특히 성교할 때 그런데, 그때 나는 그녀의 이름을 잊어버리고 늘 아내의 이름을 생각합니다. 나는 보통은 세례명을 잘 쓰지 않는데, 조금 전 병원에서 이 이름을 써보려고 했습니다. 이런 행태는 친

밀함을 거부하는 거라고 할 수 있지요.'

분석가 '내 생각에 당신은 당신이 어머니를 어떻게 불렀는지 간접적으로 언급하고 있는 것입니다. 아마도 당신은 어머니의 세례명을 사용하지 않았던 것 아닌가요?'

환자 '가끔씩 사용했을 겁니다. 그러나 그건 "마미mummy"라고 말하기가 어려워서 그랬던 것뿐입니다. "마미"라는 말은 소름끼치게 친밀한 말이지요. 그래서 나는 이름을 전혀 사용하지 않음으로써 이런 어려움을 피했습니다. 지금도 나는 이름을 쓰는 걸 회피함으로써 이와 유사한 어려움을 피해 갑니다.'

분석가 '"마미"는 특히나 "수다스런" 단어이지요. 그런데 당신 어머니의 이름이 어떻게 되지요? 그게 그리 중요한가요?'

환자 (그가 이름을 알려주었다) '아닙니다, 아마도 중요하지 않을 겁니다.'

분석가 '아버지가 당신 어머니 이름을 불렀던가요?'

환자 '글쎄요, 아주 간간이요. 보통은 "마미"라고 불렀지요. 아내와 이 삼년 같이 산 후, 나는 아내를 "마미"라고 부르게 되었습니다. 그리고 그러는 데 대해 스스로를 책망했습니다. 아내가 그것에 분개하는 걸 느꼈습니다. 아이들이 같이 있을 때 아내를 어떤 특별한 기능을 표현하는 호칭으로 부르는 것은 그런대로 논리적이나, 아내를 "마미"라 부르는 것은 아내를 아내로 인정하는 게 아니지요. 나는 아내의 세례명을 쓰려고 노력하는데 아내가 이 이름을 더 좋아한다고 느낍니다. 아내가 그렇게 말하지는 않습니다. 그것은 기능이냐 사람이냐의 문제이지요. 어머니를 "마미"라고 부르는 건 괜찮은 것 같은데, 세례명으로 부르면 차갑고 서먹해 보일 겁니다.'

분석가 '당신은 우리가 분석을 어떻게 시작했는지 기억할 겁니다. 나는 분석가인가요 아니면 사람인가요? 당신은 나한테 이야기하면서 한 번도 내 이름을 부른 적이 없습니다.'

환자 '특정하지 않은 칭호를 사용하는 게 더 편합니다.'

분석가 '이 모든 것 뒤에는 당신도 감지하고 있는 위험이 있습니다. 나는 그것을 이런 방식으로 표현하겠습니다. 당신이 당신의 입을 그 젖가슴과 친밀한 접촉이 없는 상태로 유지하지 않을 경우, 당신이 그 젖가슴을 잃으면 당신의 입도 잃을 위험에 처해 집니다.'

환자 '나는 그 말을 이해할 수 없습니다.…'

분석가 '아마도 내가 앞서나가 비약을 한 것 같습니다. 그러나…' (여기서 나는 해석을 반복했고, 그 갈등을 잠으로 모든 문제를 해결하려는 그의 경향성과 연결시켰다)

환자 '여기 오기 전에 나는 "당신이 먼저 이야기하기를 바라는 나의 태도를 변화시킬 수 있다면, 그 변화는 여자친구와의 관계를 통해 이루어진 변화와 같을 거다."라고 생각했습니다. 얼마 전에 당신이 나의 자위 환상 행동화에 대해 말했는데, 나는 그 생각에 공포를 느꼈습니다. 나는 일어나는 일들이 현실이기를 바라지, 연극이기를 바라지 않습니다. 나는 순수한 환상에서 환상에 대해 이야기하는 입장으로 바뀌고 있었습니다. 나는 환상을 행동화하는 단계에 막 도달했습니다. 여전히 비현실적이기는 하나, 그것은 이제 더 이상 그냥 이야기하는 게 아니라 행동하는 것입니다.'

분석가 '입을 사용하는 문제와 관련하여 당신은 이야기하기와 행동하기와 환상이 만날 수 있는 지점에 도착했습니다. 당신의 아버지는 당신 삶 안에 아주 일찍 들어왔던 것으로 보이는데, 당신이 둘을 셀 수 있기 이전이거나, 아니면 막 둘을 셀 수 있었으나, 여전히 입으로 사랑을 하고 젖가슴을 사랑하고 있었을 때였을 겁니다. 만약 그때 아버지가 분리된 별개의 사람이었다면, 그는 당신의 구강 활동과 관련된 노골적 동해보복의 두려움과 연결됩니다. 이는 당신 아버지가 "젖가슴 입"의 상실과 연결되어 있다는 의미입니다. 이는 아주 심각한 위험으로서, 당신은 수면과 다른 수단에 의해 입과 젖가슴 사이의 친밀성을 막아야만 했습니다. 이러한 친밀성의 방지는 이후 단계에서 당신이 아버지를 어머니에 대한 당신의 사랑 안에 일어나는 페니스 발기와 관련된 환상에서 당신에게 벌을 주고 거세하는 자가 될 수 있는 인간 존재로 이용하는 것을 방해했습니다.'

3월 22일, 화요일

환자 '오늘은 저녁나절에 일어났던 일부터 이야기하겠습니다. 나는 여자친구와 만나기로 약속했고 아내에게는 말하고 싶지 않았습니다. 아니 말하고 싶었지만, 그래봤자 소용없다는 걸 알고 있었던 겁니다. 마찰만 불러일으킬 테지요. 나는 오늘 저녁 아내도 외출을 계획하고 있다는 것을 알고 있었습니다. (그렇게 되면 환자가 아기를 돌봐야 한다) 하지만 나는 아내에게 전화를 걸어 내가 저녁에 집에 없을 거라고 말했습니다. 아내는 그 일에 대해 의논하기를 일절 거부하고, 화를 내면서 전화를 끊었습니다. 나는 격노랄까 정신이 나갔거나 한 그런 상태였습니다. 세 시간이

지났는데도 분이 풀리지 않습니다. 나는 지금 현재로서는 전혀 위기를 재촉하고 싶지 않습니다. 대안들이 극단적입니다. 평화는 여자친구를 포기하는 것을 의미하는 거라, 내가 지금 딜레마에 빠집니다. 끝없이 위기를 지속해 나가느냐 아니면 고분고분 집으로 돌아가느냐 하는 거지요. 집에 있어 봤자 냉랭하게 있는 게 전부이겠지만 말입니다. 여자친구와의 관계가 이상적이지는 않습니다. 그러나 지금 현재로는 그런대로 대단히 만족스럽습니다.' *잠시 멈춤.* '이 문제는 전에 있었던 것과 같은 것입니다. 이런 종류의 분석 자료에 대해 당신은 무엇을 할 수 있습니까?'

분석가 '그중 하나는, 지금 당장은 당신이 해낼 수 없는 삶의 두 측면의 통합을 내게 의존하는 거지요. 좋은 것과 나쁜 것의 가능성이 다 있는 아내와의 관계, 그리고 당장은 만족스러운 여자친구와의 관계입니다.'

환자 '지금 이 순간 나는 전에 없이 어쩔 수 없는 결별에 가까이 다가가는 것 같습니다. 그래서 더욱 혼란스럽습니다.' *잠시 멈춤.* '두 가지 대안이 있습니다. 하나는 친구도 없는, 말하자면, 모든 관계에서 단절된 완전한 비현실의 토대 위에서 작동할 뿐인 가정이라는 대안입니다. 다른 하나는 거대한 상상적 요소가 개입되어 있지만, 여자친구와 함께 하는 대안입니다. 그 상상적 요소에 로맨스가 곁들여져 있다는 것을 나는 압니다. 로맨스는 상상적 요소에 더 많은 현실성을 부여합니다. 아내와의 관계가 궁지에 몰려있지만, 나는 그 관계를 모두 포기하고 싶지는 않습니다. 관계가 나아질 거라고 믿진 않지만, 여전히 희망을 간직하고 있습니다. 나는 아내의 관점을 이해할 수 있으나, 감정이 결여된 태도는 받아들일 수 없습니다. 그리고 아내하고는 아무것도 의논할 수 없다는 점도 있습니다. 아내가 그렇게 만들었습니다. 더 말할 것도 없이, 아내가 전화를 끊고 의논하기를 거부하는 바람에, 내가 엄청나게 열을 받은 것입니다.'

(이 이야기가 이번 회기의 삼분의 일 정도를 차지했다)

'내가 더 이상 이야기를 하지 않는 이유가 있습니다. 나는 이 이야기가 이번 분석 내내 계속되기를 바라지 않습니다. 그렇지만 잠깐의 공백도 없이 다른 주제로 넘어갈 수는 없지요. 이 사건은 너무나 큰 그림자를 드리웠습니다.'

분석가 '당신은 당신 아내가 전화를 끊은 것에 대한 당신의 반응에 아직 영향을 받고 있습니다. 아마 격노했다고 말했을 겁니다.'

환자 '그렇습니다, 전화를 끊은 것 때문입니다. 내가 일종의 성교불능 상태로 내던져졌습니다. 할 수 있는 게 아무것도 없었습니다. 나는 중립적이든지 즐겁든지 해야 하는 사람입니다. 그래서 전화를 끊은 것은 아내 잘못이라고 말하지만, 격노는 나 자신에 대한 분노와 관련이 있습니다. 아마 나는 내가 약이 오른 데 대해 화가 났을 겁니다.'

분석가 '당신 아내의 태도와 분석 사이에 적대관계가 있었다는 것을 당신이 기억할 겁니다. 그런데 당신은 이제 이 적대관계가 당신과 여자친구의 관계에 대한 아내의 적대관계라는 형태를 취하는 것으로 느낍니다.'

환자 '그렇습니다, 보다 근본적인 문제들이 방해가 되고 있습니다.' *잠시 멈춤.* '나는 당신이 어떻든 이 문제들을 다루는 방법을 찾아낼 수 있고 해결해줄 수 있기를 기대했으나, 당신은 물론 그렇게 할 수 없습니다.'

분석가 '우리가 여기서 주목해야 할 점은 당신이 다른 남자가 포함되지

않은 삼각관계에 처해 있다는 것입니다. 잠재적인 증오가 두 여자 사이에 존재하고 있습니다.'

환자 '처음에 여자친구는 아내에게 관심이 없었습니다. 우리 둘 사이의 연애는 어떤 결과를 의도한 게 아니었습니다. 하지만 지금은 여자친구가 연애 이상을 바라고 있고, 또다시 실망할까 봐 두려워하고 있습니다. 그러나 우리 두 사람은 영속적 관계에 대해 불안해하고 있습니다.… 나는 그녀의 요구에 흥미를 느끼고, 나에 대한 의존과 노골적인 욕구 표현에도 흥미를 느낍니다. 그래서 우리는 해결책이 없는 막다른 골목 안으로 점점 더 깊이 들어가고 있습니다. 나는 두 막다른 골목 가운데서 하나를 선택해야 하는 기로에 섰습니다.' *잠시 멈춤.* '여자친구와의 관계에서 내가 그녀에게 신경써야할 할 새로운 사실도 있습니다. 그녀에게 다른 남자들이 있는데 그 중 한 명이 특별하다는 것입니다. 나는 그 사실에 흥분을 느끼기 시작했고, 그 남자와 경쟁하고 그를 제거하려 애씁니다. 남자들에 대해 느끼는 이런 감정은 나로서는 확실히 새로운 것입니다. 첫째, 경쟁의식은 새로운 것으로 나의 발전의 한 부분입니다. 둘째, 한 여자를 두고 다른 남자와 싸우는 것이 주는 직접적인 흥분이 있습니다. 전에는 내가 이런 상황에 전혀 대처할 수 없었습니다.'

분석가 '어떤 의미에서 당신은 한 여자에 대한 사랑 때문에 당신이 미워하는 남자를 줄곧 찾은 것입니다. 결국 이 남자는 아버지입니다. 당신이 거의 만나지 못했던 모습의 아버지이지요. 특히 당신 삶의 아주 초기 단계에 의도적으로 개입했고, 당신이 유아일 때 스스로 대안적 어머니로 자리 잡음으로써 당신이 거의 만나지 못했던 새로운 모습의 아버지입니다.' (이 시점에서 환자가 자기의 한쪽 발을 바닥에 내려놓았다)

잠시 멈춤

환자 '내가 여기서 실제로 논의하지 못한 다른 요인이 하나 있는데, 여자친구와의 성관계 측면입니다. 아내와의 관계가 좋을 때조차도 아내와 성관계를 하는 것보다 여자친구와 성관계를 하는 게 훨씬 더 흥분됩니다. 이건 일부분 분석으로 인해 나에게 생긴 변화에 기인합니다. 어려운 것은 다음과 같은 생각이 끼어든다는 거지요. 만일 내가 치료의 성과를 누리게 되면, 아내가 어떻게든 거기에 따라줄 수 있을지 아니면 성과가 다 허사가 되고 말 건지 하는 생각입니다. 처음에 나는 이런 문제에 대비하지 않았습니다. 전에는, 내가 나아지면 아내에게 잘 해줄 수 있을 거라고 생각했습니다. 이제 나는 내게 일어난 변화의 결과로 인해 아내가 우울해질 수도 있다는 느낌에 대처해야 합니다. 어쩌면 아내가 더 나빠질 수도 있습니다. 아내에게서는 직접 탐구될 수 없는 게 너무나 많습니다. 아내가 오르가즘에 대해 기대조차 하지 않으므로, 아내의 관점에서 섹스는 바람직하지 않은 것입니다. 그러나 당혹스러운 건 아내가 이러는 게 내 잘못일 수 있다는 겁니다. 내가 처음부터 서툴렀고 흥분하게 할 능력도 없었기에, 아내가 이에 대처하느라 이런 태도를 발전시켰을 수 있습니다. 누군가가 아내에게 이점에 관해 얘기해주면 좋을 텐데요. 내가 병에서 회복된다 해도 성관계가 가볍게 다루어져야 한다는 생각은 받아들일 수 없습니다. 아내는 내가 자기와의 성적 경험을 즐거운 마음으로 고대하지 않는다고 말했습니다. 그러나 이것은 과거의 성적 경험이 아주 불만족스러웠기 때문입니다. 아내는 감정이 성보다 우월하다는 생각을 넌지시 내비칩니다. 성은 그

129

녀에게 있어 저 아래에 있는 거지요. 나는 아내와 아내 남자친구와의 관계가 아내가 정신적인 것이라고 말하는 어떤 것이라고 봅니다. 나는 아내에게 연민을 느끼지만, 아내는 내가 이제 줄 수 있게 된 쾌락과 흥분을 틀림없이 거부할 겁니다. 내가 병이 나을 때, 일어날 수 있는 일은 아내에게 뭔가 잘못된 게 있다는 걸 알게 되는 것이겠지요. 하지만 아내가 그 생각을 아주 무서워할 것이기에 나는 아무것도 할 수 없습니다. 지금까지 아내의 모든 어려움은 내가 아프다는 사실 뒤에, 그에 앞서 성적 경험이 불만족스러웠다는 사실 뒤에 숨겨져 있었습니다.'

3월 23일, 수요일

(분석시간 재조정)

환자　'그 다음으로 마음에 떠오르는 것은 신기하게도 내 문제의 본질이 바뀌기 시작했다는 겁니다. 처음에는 구체적인 증후를 인식하지 못했습니다. 내 문제의 본질은 일을 할 수 없거나 책임을 질 수 없는 거였지요. 내가 능력의 최대치에 도달했다고 느끼지는 않지만, 이제 일은 어려운 문제가 아닙니다. 아마도 업무의 성격 때문일 겁니다. 문제는 이제 개인적이고 성적인 것을 중심으로 일어나고 있습니다. 아내는 성적이고 개인적인 것들이 왜 그렇게 중요한지 이해하기 힘들 겁니다. 그건 별 의미 없는 문제라 여길 테지요. 그러나 지금 현재로선 매우 중요합니다. 아내의 태도에 대해 언급해야 할 것 같습니다. 이유는 나도 잘 모르겠으나, 아내의 태도가 적절해 보입니다. 여태까지 나는 성 문제를 중심에 두는 걸 거부해왔습니다. 하지만 그 문제는 늘 잠복해 있었을 겁니다. 최근 나는 개인적인 것이야말로 유일한 진짜 문제라는 것을 기꺼이 받아들이게 됐습니다. 책임을 받아들이지 못하는 나의 무능함의 핵심에는 성적 미성숙이 있다는 생각이 듭니다.'

분석가 '분석을 시작했을 때 당신은 성적인 어려움으로 분석에 온 사람이 아니어서 보다 구체적인 증상을 보여줄 수 없었습니다. 당신이 이제 개인적인 증상을 가질 수 있다는 것은 당신이 한 개인으로 나타난다는 일면을 보여주는 것입니다.'

환자 '아내와의 섹스가 한때는 별 문제 없어 보였지만, 지금 나는 실제로 성교를 하는 순간에도 사랑의 감정이 없다는 것을 알고 있습니다. 나는 사정하기 위해 나 자신을 자극하려고 야한 것들을 생각하고 자위 환상에 빠져들곤 했습니다. 여자친구와는 그렇지 않습니다. 성교를 있는 그대로 받아들입니다. 아내도 완전하지 않다는 것을 틀림없이 알고 (아마 무의식적으로) 있을 겁니다. 나는 지금 딜레마에 직면해 있지만, 내게 성교능력이 있다는 걸 알고 있습니다. 지적으로나 사회적으로나 나는 여전히 아내를 원합니다. 그럼에도 불구하고 여자친구와의 섹스는 좋습니다. 그러나 사회적으로는 곤란한 문제들이 있지요.'

분석가 '그렇습니다, 당신은 확실히 큰 문제가 있습니다.'

환자 '아내는 우리가 헤어지는 것을 받아들이지 않을 겁니다. 그렇게는 안 될 겁니다. 여자친구도 헤어지는 것을 흔쾌히 여기지는 않을 겁니다. 그녀는 이 문제에 대해 나 말고 다른 남자와 자는 것으로 반응했습니다만, 만족할 만한 해답으로 여기지는 않습니다.'

분석가 '당신에게 변화가 일어나고 있습니다. 예를 들면, 당신은 이제 막 남자들을 경쟁상대로 여기기 시작했습니다. 페니스와 바기나를 함께 가지고 있는 여자에 대한 환상을 의식하기 시작하는 문제도 있습니다.'

환자 '아내와의 관계가 개선되지 못하거나 여자친구와의 관계가 안정된 방향으로 성숙되지 못하면, 나는 성적으로 난잡해질 것 같습니다.'

분석가 '무자비해서는 안 된다면, 당신이 필요로 하는 것은 첫째 당신의 아내이고, 그 다음이 여자친구이며, 그리고는 항구적인 해결책으로 새로운 여자를 찾아내는 겁니다. 그러나 당신은 두 여자가 상처입고 뒹굴까봐 걱정하고 있습니다.'

환자 '나는 여자친구가 울고 있는 걸 보고, 책임감을 느꼈습니다. 나의 이야기가 자기에게 도움이 되었다고 말했지만 이는 허망한 말일 수 있습니다.'

분석가 '한 여자가 당신을 사랑하고 그래서 당신한테서 상처를 받을 수 있다고 느끼는 건 당신에게 가치 있는 일입니다.'

환자 '그렇습니다, 그래서 아내가 전화를 끊은 것에 대해 내 마음이 착잡합니다. 그건 단순한 짜증이 아니었고 아내에게 질투심을 느꼈던 겁니다. 단지 추측일 뿐이지만, 나는 아내가 나의 여자친구에 대해 알고 있고 상처를 받았을 거라고 생각합니다.'

분석가 '그러니 당신 아내가 당신을 사랑하고 있는 것입니다.'

환자 '나는 집에 늦게 도착해서 문이 잠긴 걸 발견하는 모습을 여러 번 그려보았습니다. 그것은 환상이었습니다. 내가 집에 갔고 아내가 이미 잠들어 있는 것을 발견한 거지요. 그것은 차가운 침묵 같은 것이었습니다. 내가 들어갔을 때 아내가 알았던 게 틀림없으니까요. 나의 허영심을 부추기느라 많은 일들이 일어나는 것 같습니다. 그러니 나는 조심해야 합니다. 나는 언제나 도움을 줄 수 있는 사람, 공감적인 사람으로 알려져 있습니다. 여자친구는 내가 여러 여자와 잠을 자면서도 친절하고 사려 깊은 사람이라고 했고, 자기가 그런 사람을 만난 것은 내가 처음이라고 했습니다. 어쩌면 내가 너무 무르고 너무 배려심이 많은 것 아닐까요? 춤을 출 때 받아들여지지 않으면 화가 나듯이, 거절당하는 것에 내가 증오심을 갖고 있었다는 생각이 문득 듭니다.'

분석가 '당신은 지극한 사랑을 받고 있습니다. 따라서 만약 한 사람을 선택한다면, 틀림없이 당신 마음을 다칠 겁니다. 이것은 당신의 초기 아동기의 모습일 수 있습니다.'

환자 '아니 그 이상입니다. 아무것도 놓치고 싶지 않았기 때문에 아무것도 선택할 수가 없었습니다. 사실 나는 간밤에야 비로소 사소한 결정을 내리는 데 있어 내가 별 어려움을 느끼지 않는다는 생각이 들었습니다. 신경증인 사람들이 그렇다고 알고 있습니다. 여자친구에게 말했듯이, 나는 중요한 결정을 내릴 때만 어려움이 있습니다. 상황이 정말 어려울 때를 말합니다. 그런데 이제 나는 난생 처음으로 내가 미래를 대처해 나갈 수 있을 거라고 느낍니다. 틀림없이 많은 근심 걱정과 고난이 있겠지요. 그러나 헤쳐 나갈 수 있습니다. 나는 이것이 지난 이년 동안 정신분석을 받은 결과라고 봅니다.'

분석가 '당신은 스스로 결정을 내릴 수 있을 것 같다고 합니다. 그러나 이런 결정에는 사람의 마음을 다치게 하는 일이 포함되어 있습니다.'

환자 '내가 남을 다치게 한다면, 그것은 나로서는 나 자신이 다치는

것과 같은 겁니다.'

(환자의 목소리에서 남을 다치게 하는 것보다 자기 자신이 다치는 것을 더 많이 걱정하고 있다는 걸 알 수 있었다)

'나는 나 자신을 다른 사람에게 투사한다고 생각합니다.'

분석가 '당신의 여자친구가 자기를 흥분시키는 남자들이 자기에 대해 무관심하다고 말했을 때, 그들이 그녀와 동일시하지 않는다는 뜻으로 말했을 수 있습니다. 그 남자들이 그녀의 만족을 이끌어 낼 수 있었는지 아니면 주로 자신들의 희열에만 관심이 있었는지 아는 것도 흥미로울 것입니다.'

환자 '그렇습니다, 그들이 그녀의 성적 희열에도 관심을 가졌지만 더 이상은 아니었을 거라 생각합니다.'

분석가 '누군가 한 사람을 선택함으로써 당신이 스스로를 해친다는 게 핵심이지요. 당신이 말했듯이, 다른 것들을 제거함으로써 당신이 무언가를 놓칠 수 있습니다.'

환자 '자위는 이제 사회적인 문제나 그 밖의 다른 곤란한 문제를 일으키지 않으면서 나의 복잡한 성적 욕구를 해결해온 방편이었던 것으로 드러났습니다. 중단하기 어려운 것은 선택을 함으로써 뭔가 놓치고 싶지는 않다는 것과 관련 있습니다.'

분석가 '나는 이것이 더하기와 산수의 시작에 대한 이야기와 연결되어 있다고 봅니다.' (나는 환자의 딸이 더하기를 배우는 것을 요약 설명해 주는 한편, 어머니의 젖가슴이 하나의 젖가슴이 두 번 되풀이 되는 것인지, 두 개의 젖가슴인지, 또는 어머니와 아이를 나타내는 것인지 등에 관한 전체 해석의 요지를 상세하게 설명해 주었다. 이 해석이 그에게 생소한 것이 분명했기 때문이다)

환자 '참 이상하네요! 나는 그것을 깡그리 다 잊어버렸습니다. 사흘

    전만 해도 아주 분명했는데 말입니다. 기억에 남아 있는 게 전혀 없고 완전히 차단된 느낌입니다.'

분석가 '이 모든 이야기에, 당신의 아버지가 당신의 삶에 아주 일찍 개입했던 이야기가 보태질 수 있습니다. 아마 당신도 내게 말했던 것을 기억할 겁니다. 그래서 당신은 여자(당신 어머니)와 동맹을 맺었고, 이것이 결국에는 당신이 아버지를 한 남자로 상대하는 것을 어렵게 만들었습니다.'

잠시 멈춤

환자 '문제를 너무 많이 제기하는 것에 죄책감을 느낀다는 생각이 들었습니다. 그런데 내가 왜 이것을 잘못이라고 느껴야 하는가요? 문제를 제기하는 과정에서 분석에서는 실제사실이 오히려 덜 생산적이라는 것이 자주 관찰됨으로써 내가 고무 되는 것 같습니다. 나는 그게 실제로 맞는 것인지, 꼭 그래야 할 필요가 있는지 궁금합니다.'

분석가 '그게 왜 실제로 그래야 하는지 이유를 모르겠습니다.'

환자 '실제로 일어나는 일들이 (이때 그가 한쪽 발을 바닥에 내려놓았다) 마음속에 있는 것들보다 인격 발달에 더 관계가 있는 한 그럴 수 있겠네요. 그런 일들은 아마 비개인적일 것입니다. 당장 필요한 것들은 꿈과는 달리 비개인적인 장벽을 피해갈 수 없습니다.'

분석가 '당신은 분석에서 나를 여러 가지 상이한 방식으로 사용합니다. 오늘 우리는 내가 당신을 위해서나 기타 사유로 자료를 통합한다는 생각을 하고 있습니다. 그런데 당신이 나를 이용하는 더 특정한 방식이 있습니다. 언젠가 당신은 내가 당신의 아내와 거의 동일시되었던 것을 기억할 것입니다. 그런 다음 나는 당신의 여자친구와 동일시되었지요. 내가 잘못된 해석을 내린 후에 다시 이 해석을 내린 중요한 순간이 있었습니다.' (내가 그에게 상세하게 상기시켰다) '이제 새로운 국면이 시작된 것으로 보입니다. 나는 이제 당신과 여자친구와의 관계에서 당신이 관심을 두고 있는 남자가 되었습니다.'

환자 '그러므로 내가 지금 하고 있는 말은 자랑하는 말이네요. 참 묘합니다. 나는 이 며칠 동안 "내가 그 남자를 만나고 싶어 하는가 보다"고 느꼈습니다. 그 남자는 여자친구의 삶에서 가장 중요한 남자를 말합니다. 내가 그를 이길 수 있을 겁니다. 전에 내가 성에 관한 문제를 잘 몰랐을 때는 무대 뒤에 있는 남자를 만나는 게 별로 중요하지 않았고 내가 얘기를 해야 한다는 것 때문에 그 남자로서의 당신에 대해 이야기하는 것도 원하지 않았습니다. 그러나 지금은 내가 자랑하고 과시할 수 있기 때문에 이 모든 게 의미가 있습니다.'

분석가 '이 분석에서는 극단적일 정도로 부정적 전이가 거의 없었으나 우리가 지금 전이에 도달하고 있습니다. 우리의 분석이 그것을 수용할 수 있어야 합니다. 한 여자를 사랑하는 두 남자 사이에 싸움이 있습니다. 당신은 성공을 과시하면서 의기양양하게 다른 남자와 대적할 수 있는 남자라는 막강한 위치에서 싸움에 임하고 있습니다!'

환자 '오랫동안 나는 이 모든 사실을 막연하게 알고 있었던 것 같습니다. 그러나 당신이 질투할 거라고 느꼈습니다. 질투가 우리 사이에 늘 있었습니다.'

분석가 '이것은 당신이 이런 방식으로 나를 염려했던 것이기도 하고, 입의 흥분과 관련하여, 그리고 직접적인 방식으로 벌을 주는 치과 의사라는 생각과 관련하여 당신이 할 일이 있었다는 것이기도 합니다. 당신은 점진적으로만 나를 한 사람의 경쟁자로 취급할 수 있게 되었습니다. 처음에는 당신이 승리자의 위치에 있는 듯이 보였으나, 이것은 당신의 여자친구와 관련될 때만 그렇습니다. 당신의 아내와 관련하여서는 사정이 그렇지 않습니다. 분석으로 해결될 수 있는 게 아니라, 변화할 수 있고 과거의 일에서 회복할 수 있는 당신 아내의 능력과 관련되어 있는 실제적인 어려움들이 여기에 있다는 것을 나는 압니다. 그럼에도 불구하고, 상상적인 상황에서 여자친구에 대해서는 당신이 내게 승리자이나, 아내에 대해서는 성적 미래가 전혀 없다는 사실을 당신이 받아들였습니다. 달리 말해 당신은 마치 내게 승리라도 부여하듯이 아내와의 섹스에 대해 백퍼센트 금지를 받아들였습니다.'

환자 '그렇습니다. 하지만 여기에는 당신이 나의 호의를 얻기 위해 내 아내와 경쟁하는 상대라는 생각, 그래서 아내의 적대자라는 생각 또한 내포되어 있습니다. 지금 현재 내게 중요해 보이는 우회로가 있습니다. 그것은 아내가 분석 받는 것을 용납하지 않는 데도 불구하고, 내가 분석을 받으러 올 수 있다는 겁니다. 이 경우, 아내의 관점에서 볼 때, 당신은 여자이며 어머니 상입니다.'

분석가 '여기서는 당신 어머니가 당신에 대한 주도권을 장악하고 있어서, 당신 아내에게는 기회가 없는 것입니다.'

환자 '당신이 그렇게 말하니 내가 아파서 입원해 있을 때, 어떤 의사가 내게 내가 아내를 사랑하지 않는다고 말했던 게 생각납니다. 그 말은 마치 "당신은 내 거야"라고 하는 말 같이 들렸습니다. 그 당시 그 생각이 떠올랐던 건 아닙니다. 그때 내가 알고 있었던 전부는 내가 대단히 불편하게 느꼈다는 것, 사실상 모욕을 느꼈다는 겁니다. 그러나 여러 가지 일들이 지금 한꺼번에 나타나는 것처럼 보입니다.'

분석가 '맞습니다, 여러 가지 일들이 모두 한꺼번에 나타고 있습니다. 당신 아내와 당신 그리고 나 사이의 관계는 다른 많은 의미를 내포하고 있습니다. 일종의 복합적인 상황입니다.'

3월 24일, 목요일

환자 '오면서 생각해보니 지금 즉시 다뤄야할 문제는 없는 것 같습니다. 그래서 보다 깊이 있게 논의해야 할 문제들을 다룰 수 있겠습니다. 그러나 간밤에 생각했던 게 있습니다. 그게 지금은 좀 흐릿합니다. 아내의 처지와 관련해서 내가 당신에게 잘못된 생각을 전달했을지도 모릅니다. 여기서 취하는 태도와 집에서의 태도가 다르기 때문에, 내가 잘못된 생각을 전달한 경우가 몇 번 있었지요. 이곳과 직장에서 나는 아내에 대해 집에서와 다르게 느낍니다. 나는 우월감도 느낍니다. 그래서 아내에게 군림할 수 있습니다. 아내가 내게 의존하는 것이지 내가 아내에게 의존하는 게 아닙니다. 나는 아내에게 힘내라고 말할 수도 있습니다. 그러나 집에 있을 때는 모든 게 다르지요. 나는 대결을 시작할 수 없습니다. 집에 들어서자마자 어려움이 시작되고, 나는 마비됩니다. 이 모든 게 내가 처음에 했던 말과 대비 됩니다. 내가 의존적인 상태에 있을 때는 이게 문제가 되지 않았습니다. 나는 집으로 들어가 비참해질 뿐입니다. 이제는 대안이 있으므로 왜 내가 집에 가서 순교자가 되어야 하는지 의문이 듭니다. 아내하고는 아내가 시작하는 이야기에 대해서만 이야기합니다. 반면에 여자친구와는 전혀 다르지요. 전에는 내가 자유롭게 이야기한 적이 전혀 없었습니다. 전화로 한 시간 동안이나 여자친구와 이야기 했습니다.'

분석가 '전에 우리가 말했듯이, 당신과 아내 사이에는 놀이의 영역이 없습니다.'

환자 '경쟁자가 있는 걸 알게 되면, 아마 아내도 자극을 받아 좀 더 신중하게 될 겁니다. 그러나 나는 내가 원하는 것을 아내가 알게 하지 않습니다. 그런데 내가 뭘 원하는지 실은 나도 잘 모릅니다. 변화는 아주 완전하게 이루어 질 때에만 가치가 있는 것이겠지요.' *잠시 멈춤.* '나는 아직 마지막 결전을 받아들일 준비가 되어 있지 않습니다.'

분석가 (나는 지난번 회기를 끝마칠 때 했던 해석을 분석주제로 채택했다) '지난 시간 나는 당신에게 아내와의 성관계를 금지하는 사람으로서의 내 입장에 대해 말했습니다.' *잠시 멈춤.* '졸리나요?' (아마도 그가 잠을 잤을 것이다)

환자 '아닙니다, 나는 그때 여느 때와 달리 긴장이 되는 걸 느꼈습니다. 이런 상태는 내가 집에서 느끼는 어려움과 일부분 관계가 있습니다. 집에서는 지금 곧 내려야 하는 결정을 의도적으로 피하지요. 일종의 확장된 삼각관계, 즉 두 여자와 세 남자로 이루어지는 오각관계가 있습니다. 지금 현재 하고 있는 일은 두 달 후에 끝납니다. 그래서 여자친구 만나는 것을 어떻게 할지 방향을 정해야 합니다. 그리고 휴가문제도 있습니다. 크리스마스 휴가 때처럼 또 집안에 틀어박혀 있기는 싫습니다. 이것이 지금 여기

서 해결해야 할 가장 시급한 문제인 것 같습니다.'
잠시 멈춤

분석가 '당신은 그 문제가 얼마나 긴급한지, 그리고 당신이 결판을 보기 전에 내가 분석에서 할 수 있는 모든 걸 다 해 주기를 얼마나 바라고 있는지 내게 보여주고 있습니다. 중요한 것은 이것입니다. 만일 당신 아내가 지금 겪고 있는 어려움과 당신이 전에 그녀를 다루었던 방식이 미친 영향에서 회복하고 달라질 수 있는 당신 아내의 능력 문제를 도외시한다면, 당신은 당신 아버지에 의해 성교가 금지된 당신 어머니에게 가장 가까이 다가갈 수 있는 수단으로 당신의 아내를 이용하고 있는 것이라고 말할 수 있습니다. 내가 만일 어머니와 성교하는 당신의 청소년기 꿈에 가까이 가거나 당신의 초기 아동기에 접근한다면, 나는 당신에게 "나는 네가 어머니를 사랑하고 성교하기를 바라는 걸 안다. 그러나 내가 그녀를 사랑하므로 나는 그걸 허용하지 않겠다."라고 말해주는 아버지가 필요했다고 말해 줄 수 있습니다. 아버지가 그런 방식으로 했더라면 당신을 자유롭게 놓아주어 당신이 다른 여자들을 사랑할 수 있었을 것입니다. 이 문제가 해소되지 않으면 당신의 어머니가 당신의 여자들 안에서 계속 나타날 것이고, 여자친구와 결혼한다 해도 여전히 어려움이 있을 것입니다. 더구나 당신은 남자들과 경쟁할 기회와 그러한 경쟁과 함께 오는 우정을 놓쳤습니다.'

환자 '우정이 사실이라는 것은 믿을 준비가 되어 있지만, 남자들과의 우정을 놓쳤다는 것은 내게 새로운 생각입니다. 숙련이 필요한 게임은 내게 쓸모없다는 생각이 갑자기 떠올랐습니다. 카드놀이는 나로서는 많은 기술적 훈련을 필요로 하는 것이지요.

축구경기 관람은 나와 상관이 없는 일입니다. 최근, 아니 사실은 이번 주에 이런 생각이 들었습니다. 나는 소설을 읽거나 몇 달 전처럼 영화를 보면서 가끔 흥분을 느끼기는 하지만 성교 이외에 나를 흥분시키는 것은 거의 없다는 생각입니다. 음악에서도 가끔 흥분을 느낍니다. 엘가Elgar와 수수께끼 변주곡Enigma Variations에 관한 대담을 듣고 흥분했던 게 지난주입니다. 두 개의 변주곡이 연주되었지요. 음악이 나를 흥분시킨 것은 참으로 오랜만의 일이었습니다. 변주곡이 엘가의 친구들에 관해 쓴 것이고 그의 우정을 보여주는 것이어서, 더 그랬던 것 같습니다.'

분석가 '그러니까 엘가는 사랑을 할 수 있었고 따뜻한 우정을 나눌 수 있었군요.'

환자 '여자친구는 인간적일 수 있는데도 불구하고, 예컨대 외로울 수 있는데도, 관심이 온통 성적 흥분에 가 있어서 걱정스럽습니다. 나는 그녀의 제한된 관심 영역에서 벗어날 수 있었습니다. 그녀는 음악에서 아무것도 찾아내지 못하고 오로지 의학이나 섹스에만 관심이 있습니다. 여기에 걱정되는 게 하나 있는데, 당신이 내가 아내와 섹스 하는 것을 금지할 수 있고, 여자친구와 더 이상의 관계를 갖는 것도 반대할 수 있다는 것입니다. 당신은 내가 도덕적으로 별 탈 없이 잘 지내도록 보호하는 사람입니다. 그래서 내가 미래에 대한 모든 의견을 당신에게 말하지 않는 겁니다. 그래야 당신이 덜 이론적이 되고 제대로 조언을 할 수 있을 테니까요. 나는 당신의 조언을 좋아하지만, 만약 여자친구와의 관계를 그만두라는 조언을 한다면 좋아할 수 없지요.'

분석가 '그러니 금지하지 않음으로써, 내가 허용하고 있는 것이군요. 당신은 나를 이 입장이나 저 입장 중 하나를 가진 사람으로만 생각

할 수 있습니다.'

환자 '나는 여자친구에게 열정적입니다. 그것은 위험한 물속으로 함부로 뛰어드는 것과 같은 것으로, 전에는 결코 그렇게 할 수 없었습니다. 이것은 어떤 좋은 것, 어떤 성취된 것이 가지는 특성이지요.'

분석가 '당신은 아버지를 미워하는 남자로, 싸우는 경쟁자로, 두려운 사람으로, 만난 적이 없습니다. 그것이 아버지 때문이든, 당신 때문이든, 아니면 둘 다 때문이든, 당신은 그럴 기회를 놓쳤고 그래서 성숙이라는 걸 전혀 느끼지 못했습니다.'

환자 '만일 내가 아버지에게서 금지명령을 전혀 받지 않았다면, 나는 그 금지명령을 나 자신한테서 찾아냈어야 했습니다.'

분석가 '바로 그겁니다. 그게 내가 말하고자하는 것입니다.'

환자 '그것이 결혼생활에서 내가 흥분하는 데 실패한 이유를 설명해 줄 수 있을 것입니다.'

분석가 '그것은 당신이 결혼할 여자를 선택하는 데도 영향을 미쳤을 겁니다.'

환자 '나는 아내가 엄격했기 때문에 결혼했습니다. 그게 마음에 들었던 겁니다. 아내는 여성적이지 않고 몸차림이 단정했으며 시무룩한 얼굴을 하고 있었지요. 아내는 얼굴이 좁고 안경을 쓴 엄격한 분위기의 용모를 지니고 있었습니다. 아내는 잘 나무라고 위세를 부리는 편입니다. 아내의 남자친구도 이런 이유로 나의 아내에게 끌렸던 것 같습니다. 그도 상당히 무책임한 사람이라, 자기를 지배할 능력이 있고 또 실제로 지배할 누군가를 원했던 것입니다. 그는 중요한 결정을 나의 아내에게 맡겼습니다. 자기 아내에게서 떠날 것인지, 그리고 그동안 소홀히 했던 자신의 건강을 돌보기 시작해야 할지 등이지요. 오늘 생각해 보았습니다. 나는 어떤 여자를 매력적으로 보는가? 유순하거나 천사 같은 사람은 확실히 아닐 거고, 엄격하고 군림하는 유형의 여자일 겁니다. 여자친구는 키가 크고, 말랐으며, 화를 잘 냅니다. 상냥하고 점잖은 것과는 정반대지요.' (환자가 이때 한 쪽 발을 바닥에 내렸다)

분석가 '그렇다면 당신 청소년기의 꿈에 나오는 페니스를 가진 여자가 여기에도 있는 것입니다.'

환자 '나도 그 생각을 했습니다. 그리고 걱정했습니다. 내가 한 남자를 찾고 있는 것인지도 모르겠는데, 그건 일종의 동성애일 거고, 내가 여자 같은 유형의 남자라는 걸 암시할 겁니다.'

분석가 '아니, 나는 그렇게 생각하지 않습니다. 사실 당신은 어머니와 성교를 못하게 금지하는 남자로서 아버지를 찾고 있는 것이지요. 당신의 여자친구가 처음으로 나타났던 꿈을 생각해 보세요. 그 꿈은 한 아픈 남자에 대한 꿈이었습니다.'

환자 '이것이 아버지가 돌아가셨을 때 왜 내게 슬픔이나 감정이 없었는지 그 이유를 설명해줄 수 있을 것입니다. 그는 나를 경쟁자로 대하지 않았고, 금지사항을 스스로 만들어야 하는 엄청난 부담을 내게 남겨주었습니다.'

분석가 '그렇습니다. 당신의 아버지는 어머니와의 성교를 금지시킴으로써 성숙을 깨닫게 하는 영예를 당신에게 부여하지 않았고, 경쟁의 즐거움과 남자들 간의 경쟁에서 오는 우정마저 당신에게서 빼앗았습니다. 그래서 당신은 총체적인 억제를 발달시켜야 했고, 당신이 결코 "죽인 적이 없는" 아버지를 애도할 수가 없었습니다.'

3월 29일, 화요일

(월요일 분석은 건너뛰었다. 그가 내게 전화로 알려 왔다)

환자   '글쎄요, 어디서부터 시작해야 할지 모르겠습니다. 첫째, 당면한 문제가 없고, 둘째, 좀 이상하기는 하지만 독감에 걸린 게 방해가 되는 듯합니다. 그게 판단을 흐리게 만듭니다. 자유연상과 긴장완화가 마치 신체훈련 같은 일종의 긴장으로 느껴집니다.'

분석가   '감기 걸려 분석을 받고 싶지 않은 것, 이해합니다. 분석 작업은 정말 긴장되는 일이지요.'

환자   '전에도 그랬던 적이 있습니다. 감기에 걸리면 중요한 문제들이 덮여 버리지요. 몸을 웅크리고 자고 싶어지고, 정신적인 노력을 할 마음이 없어집니다.'

분석가   '당신이 철수한다는 게 더 적절한 표현일 겁니다.'

환자   '여기서는 긴장을 풀어야 하고, 쉽게 풀어야 한다고 느낍니다. 그러나 그게 일처럼 여겨집니다.'

분석가   '그렇습니다, 그러므로 분석시간을 한 시간으로 제한하는 것은 분석가의 편의만을 위한 게 아닙니다.'

환자   '한 회기의 이상적인 시간이 얼마이며 이상적인 회기 간격이 얼마인지 궁금해집니다. 매일 회기를 가진다면 분석을 너무 자주 하는 것이고 오히려 효과가 감소되는 것 아닐까요?'

분석가   '당신은 어제 감기 때문에 못 왔을 겁니다.'

환자   '아닙니다, 그렇지 않습니다. 어제 못 온 것은 내가 꼭 참석해야 하는 특별한 사례가 있어서입니다. 어제는 감기가 시작되지 않았습니다. 우리가 당면 문제에 대해서는 이야기했으나, 더 깊은 문제들로 되돌아가기는 어렵다고 봅니다. 나는 방향을 바꿀 수 없습니다. 이건 어떤 꿈에서 깨었는데 다시 그 꿈으로 돌아가지 못해 짜증을 내는 아이들을 생각나게 합니다.'

분석가 '여기에 당신의 분석과 연결되는 게 있습니다. 그것은 수면으로 향하는 상태에서 이루어지지요. 최근 몇 달 사이에 이런 사태가 서서히 일어나는 것 같습니다. 분석이 꿈의 상태에서 시작했다가 마지막에는 깨어있는 당신과 함께 진행되는 상태, 즉 꿈에서 시작했다가 깨어있는 현실의 한 부분으로 진행되는 사태가 일어나는 것입니다.'

환자 '오늘 일이 있어 어느 병원을 방문했는데, 나는 내가 다른 어느 때보다 더 편하게 얘기 할 수 있고, 심지어는 다른 병원의 처음 보는 레지던트들과도 편하게 얘기하며 대화를 이끌어갈 수 있다는 것을 알게 되었습니다. 내게는 이런 일이 결코 일어나지 않을 거라 여겼습니다. 이것은 이제 내가 내 생각을 밝히기 위해, 더 이상 사람들과 친해질 때까지 기다리지 않아도 된다는 것을 말해 줍니다. 놀라운 변화입니다.' *잠시 멈춤.* '며칠 전 밤에 꿈을 꾸었는데 나는 굳이 기억할 필요가 없다고 느꼈습니다. 일상적인 꿈이었습니다.'

분석가 '그렇습니다, 꿈은 내적 현실과 외부 현실을 연결하는 일상의 다리지요. 그만큼 당신이 건강해졌고 분석이 필요 없어졌다는 것인데, 꿈에서 드러났듯이 당신만의 다리를 가지고 있기 때문입니다.'

환자 '여기에 오지 않겠다는 생각에 이게 포함되어 있군요. 여기로 올 필요성이 줄어들고 있는 것 같습니다.'

분석가 '말하자면, 정신분석이 필요 없다는 거지요. 당신의 주요 증상은 수면 상태와 깨어있는 상태 사이에 해리가 있었던 것인데, 실제로 깨어있는 게 전혀 아닌 상태를 토대로 해서 당신이 이 증상을 어느 정도 해결했기 때문입니다.'

환자 '이쯤에서 지금 하고 있는 이야기를 중단하고 싶습니다. 나는 친구와 내 장래 문제를 의논했습니다. 전문의 분야나 일반의에 관한 다양한 대안들을 의논했지요. 나는 정신과에 대해서도 말했습니다. 이 분야에는 커다란 어려움이 하나 있어서 지금 현재로는 준비가 안 되었다는 생각이 들었습니다. 동일시를 피할 수 있는 능력을 내가 갖추고 있는지 아직 확신이 없기 때문입니다. 나는 조직화된 질병 없이 말만 많은 환자들을 정말 싫어하고 무시합니다. 내가 환자에 대해 인간적으로 관심이 없다는 걸 나도 알고 있으니까, 아마 나는 뭔가 잘못된 것을 찾으려는 기대감으로 환자를 진찰할 겁니다. 그런데 정신과에서는 방금 얘기한 바로 그런 부류의 사람들을 다루어야 합니다. 그들 각각을 그 남자 또는 그 여자의 고유한 가치에 따라 치료해야 하지요.'

분석가 '환자에게 신체적인 질병이 있을 때 당신이 구제를 받는군요.'

환자 '정신과 의사에게는 한 환자에게 내어주는 한 시간의 분석시간이 참기 힘든 부담일 겁니다.'

분석가 '나와 당신 자신에 대해 생각하는 것으로 여겨집니다.'

환자 '글쎄, 그럴 것 같습니다. 나는 때로는 이런 생각을 피했고, 또 생각이 든다 해도 당신이 어떻게 느낄지 염려되어 말하고 싶지 않았습니다.'

분석가 '정신과 의사가 하는 기본적인 치료가 물론 있지요. 그러나 그 안에 사랑과 미움이 있는 겁니다.'

환자 '이상한 일입니다. 나는 방금 두세 가지 일을 생각했습니다. 하나는 오늘 저녁 뭘 할까 하는 것이었고, 다른 하나는 병원의 어떤 환자에 대한 마치 꿈같이 혼란스러운 것이었습니다. 몇 사람이 관련되어 있었습니다. 그 환자는 주말 내내 걱정을 시켰던 환자의 축소판이었습니다. 나는 그 환자의 사례를 다른 사람들과 의논했습니다.'

분석가 '그러므로 정신분석에는 한 사람만 있다는 것, 당신의 경우에는 나 자신만 있다는 것, 그리고 다른 사람과 상의하는 게 없다는 것이 당신에게 중요합니다.'

환자 '그것은 내가 여자친구와 주고받았던 이야기입니다. 정신분석가와 문제를 논의하는 게 안전한지에 관한 얘기였습니다. 그녀는 정신분석가가 모든 걸 다 털어놓고 얘기해도 되는 안전한 사람은 아니지만, 날더러는 털어놓으라고 말했습니다. 유쾌하지 않은 시시콜콜한 이야기는 보류해도 된다는 게 나의 견해입니다. 여자친구는 이게 분석을 망칠 수 있는 거라고 했습니다.'

분석가 (이 순간 메모하기를 중단하는 것이 중요할 것 같았다) 물론 환자가 이 사실을 알고, 자기에게 공개해 주기를 요구할 수 있었다. 하지만 다른 한편으로는 환자가 이 사실을 모를 수도 있어서, 이 생각을 잘못 끌어들여 진행 중인 분석이 방해받는 일이 없도록 하는 게 중요할 것이다. 환자가 지난 회기의 중요 해석에 많은 영향을 받고 있다는 것을 알 수 있었기에, 나는 분석 작업을 손으로 쓰는 것은 삼가야 했다.

　　　　(나는 환자가 여자친구에게서 받은 분석 자료를 내게 주고 있다는 것, 그리고 그 자료는 오로지 간접적으로만 사용할 수 있다는 것을 깨달았다. 또한 나는 그 자료를 낭비해서도 안 된다)

　　　　나는 분석가라면 다 가지고 있는 임상자료를 둘러싼 논의들에 대해 이야기했다.

환자 '정말이지 나는 그냥 가십을 말했을 뿐입니다.'

분석가 나한테는 쓸모없는 가십이 여자친구의 은밀한 사생활을 폭로할 수도 있고 그녀가 아는 사람들에게 알려질 수도 있으므로, 이 문제는 그의 여자친구에게 결정적으로 중요한 것이라고 언급했다.

환자 환자는 자기가 입원해 있던 병원의 의사들 이야기를 했는데, 그들은 그(나의 환자)도 의사니까 안전할 거라 여기고 다른 환자들에 대한 이런저런 가십을 그에게 늘어놓았다. 그러나 그 일이 그를 많이 괴롭혔는데, 왜냐하면 그 역시 한 사람의 환자였고, 그가 대처해야 했던 것은 환자 사례에 관한 의사들 간의 학문적 논의가 아니라 그에게 잡담을 하는 의사들이었기 때문이다.

분석가 정신분석가도 불완전한 인간 존재라, 다른 사람들과 마찬가지로 가십을 나눈다고 내가 말했다. 그러나 정신분석 실제에서 가십을 주고받는 이런 행위는 피해야 할 것으로 인식되고 있다.

환자 환자는 여자친구가 의료과실 문제를 의논해 왔다고 했다. 만약 환자가 반사회적 행위를 보고한다면, 분석가가 그에 따라 행동할 것인가? 그녀는 다른 분석가를 찾아가는 것을 두려워한다. 왜냐하면 그녀가 보기에 분명히 비전문가인 첫 번째 심리치료사의 행동을 두 번째의 분석가에게 말해야 될 것이기 때문이다.

분석가 나는 그의 여자친구가 이것에 대해 자유롭게 말할 수 있어야 하고, 그렇지 않으면 그녀가 새로운 분석을 받지 않을 것이라는데 동의했다.

두 번째 분석가가 그녀의 비난에 따라 행동하지 않을 거라고 가정할 수 있다면, 그녀도 자유롭게 말할 수 있을 거로 느낄 것 같았다.

분석상황 내에서 환자가 자유롭게 말할 수 있어야 한다고 언급했는데, 이는 관찰에 기초를 둔 환자의 발언이 언제나 엄밀하게 객관적인 사실만을 대상으로 하도록 제한을 두어서는 안 된다는 뜻이다. 분석에 들어오는 모든 자료는 단지 하나의 목적, 즉 환자의 분석을 위한 것이므로 망상의 여지가 있어야만 한다. 만약 분석가가 행동을 취한다면, 망상의 여지는 없는 것이다.

나는 환자가 말하고 있는 것이 여자친구에게서 온 것임을 내가 아는 게 중요하다고 말함으로써, 또 다른 해석의 실마리를 풀어나갔다. 그가 언제 다른 때에도 이와 비슷한 말을 하고 싶을지 모르는데, 그때에는 그것도 환자의 분석 자료가 되어야 할 것이다. 시간이 지나면 우리는 뒤를 돌아볼 것이고, 환자가 전날 분석에 오지 않은 이유가 나에 대한 의심과 관계가 있다는 걸 알게 될 것이다. 그러나 지금 현재로서 분명한 문제는 그가 일 때문에 오지 못했다는 것이다.

환자 분석 초기에는 환자가 빠짐없이 참석했다는 의미에서 볼 때 그 말에 일리가 있을 수 있다고 환자가 말했다. 그 말은 분석에 오기 위해 그가 업무를 제쳐놓았다는 뜻일 것이다.

분석가 '그렇다면 초기에 당신은 내가 어떤 사람인지 전혀 모르면서, 오로지 당신이 선량한 존재가 됨으로써만 대응할 수 있었던 나에게 두려움이 있었다고 말할 수 있습니다.'

이제 환자가 나에 대한 두려움에 조금 익숙해져서, 병원 근무를 이유로 대거나 과장하면서 내게 도전할 수 있는 것이라고 말해 주었다.

그때 나는 내가 지난 분석회기 때 근친상간을 금하는 아버지의 역할을 함으로써, 환자가 분석에서 처음으로 나를 의심할 이유가 생긴 것이라고 말해 주었다. 환자는 지난 분석시간에, 내가 그에게 상기시켜 준 아버지, 곧 자신과 아들 간의 미움이라는 중심 문제를 회피한 아버지, 그리하여 아들이 아버지에 대해 아무 두려움이 없게 되는 아버지에 대해 생각했다. 나와 환자의 관계에서 이런 새로운 사실이 나타나자 환자는 여자친구의 경우를 이용하여 나에 대한 의심을 표현할 수 있게 되었다. 환자는 자신이 직접 의심을 제기할 준비가 되어 있지 않았다.

4월 1일, 금요일

이 회기에 대한 기록은 나흘 후에 작성되었다. 기록 작성이 회기 중에 이미 상당한 정도로 진척되어 있었다.

환자 '글쎄요, 나는 뭔가에 계속 밀리고 있습니다. 여자친구 때문에 마음이 많이 상했습니다. 그녀가 병원에 있는 게 틀림없는데도, 다른 남자친구를 불편하게 할까봐 날더러 자기를 찾아오지 못하게 했습니다. 나는 여자친구와 아내에게 화가 많이 납니다. 문제는 그 남자가 나를 아느냐 하는 겁니다. 여자친구가 우리 둘 모두를 원하고 있는 것은 분명하지만, 그녀는 그 남자에게 나에 대해 말할 수 없습니다. 그것은 내 아내도 마찬가지입니다. 아내는 자기 남자친구의 마음을 상하게 하고 싶지 않았습니다. 내가 모든 걸 참고 견뎌주기를 기대했습니다.… 물론 나도 독점적 연애관계를 진심으로 원하는 것은 아닙니다. 나는 이런 생각에 깜짝 놀랍니다.'

분석가 나는 환자가 여자친구의 다른 남자친구에 대해 화를 내는 것이 아니라, 환자를 좌절시키는 여자친구에 대해 화를 내는 상황이 반복되는 데 대해 해석했다.

환자 '만약 내가 다른 여자를 찾아낸다 해도 문제가 되지 않을 것 같으나, 그건 분명 해결책이 아닙니다.'

분석가 '그렇게 한다 해도, 늘 지금 현재와 같은 모습으로 되돌아올 겁니다. 이유는 당신이 항상 어머니를 찾고 있는데, 아버지가 당신과 어머니 사이에 개입해야 하는 아버지의 역할을 수행하지 않았기 때문입니다. 만약 아버지가 아버지 역할을 제대로 수행했다면, 그는 당신에게 좌절을 주는 사람이었을 겁니다. 그랬다면 당신은 아버지와 타협을 하였을 것이고, 아버지는 당신을 해방시켜 당신이 다른 모든 여자들에게 자유롭게 다가갈 수 있게 해주었을 겁니다.'

　　(환자가 잠든다)
　　'잠들었어요?'

환자 '아니요, 아닌 것 같습니다.' (그러나 그가 잠을 잔 것이 분명해졌다) '당장은 어디서부터 앞으로 향해 가야 하는지 잘 모르겠습니다. 최근에 나는 화가 나서 병원 사람들을 힘들게 했습니다. 과거에는 내가 지나치게 관대하고 무르며 누구라도 받아들이는 사람이라고 생각했습니다. 그러나 지금은 화를 잘 내는 사람이라고 생각합니다. 여자친구에게 화를 터뜨리고 싶었지만, 내가 집에서 좋은 의도로 얼마나 화를 낼 수 있었는지 생각해 보았습니다.'

분석가 '당신이 지금 여기서 내게 화를 낸 것, 그리고 상상적 상황 내에서 이긴 하나 내가 당신에게 여자친구를 만나지 말라고 어느 정도 금지하는 사람이라는 것을 당신은 알고 있습니다. 이전 회기에서 당신은 아마도 내가 그녀를 만나지 말라고 할 것 같다고 했습니다.'

환자 '나는 당신이 질투하는지도 모른다고 생각했습니다. 나는 여자친구가 "새끼오리ducky"라고 부르는 걸 좋아하지 않았습니다. 그건 매춘부들이 쓰는 말이고, 인격적이지 않습니다. 그녀는 나보다 그 남자를 먼저 알았으니, 아마도 그 남자하고 더 친밀할 겁니다. 제대로 부른다면, 나는 "달링"이라고 불리는 걸 더 좋아합니다. 그때그때 다르기는 하지만요. 그 표현은 인위적일 수도 있고 순수할 수도 있습니다.… 또한 나는 여자친구와 사랑을 나눌 때 그녀의 이름을 잊어버리는 경향이 있습니다.'

분석가 '당신은 그 순간에 가끔 아내의 이름을 생각한다고 했습니다.'

환자 '아, 예, 맞습니다. 내가 잊고 있었네요. 나는 많은 것을 쉽게 잊어버립니다. 특히 이름을 쉽게 잊어버리지요. 잘 아는 사람들일 경우에는 세례명으로 부를 수도 있습니다.'

분석가 '아버지는 어머니를 어떻게 불렀습니까?'

환자 이 때 환자가 어머니의 세례명을 말해 주었다. '어머니에게 얘기할 때, 아버지가 "마미"라는 말을 사용했을지도 모릅니다.… 여자친구를 부를 때 세례명을 사용해야 할 것 같았지만 그렇게 부를 수 없었고, 세례명도 잊어버렸습니다. 전화상으로는 "이봐, 자기"라고 하면서 호칭 문제를 피해갑니다. 그것은 아내에게도 마찬가지입니다. 어른들이 아이들에 관해 얘기할 때 말고 세례명을 사용하는 것은 작은 애정의 표현이지요. 청소년기 아이들이 부모를 어떻게 불러야 할지 아는 것은 결코 쉬운 문제가 아닙니다. 부모의 세례명인가요? 아니면 "마미"나 "대디"인가요? 의

존적 관계인가요? 아니면 독립적 관계인가요? "어머니mater"같
은 딱딱한 말도 있습니다만 사용하기 어색하지요.'

분석가 '호칭에 대한 이런 생각들에서도 비치고 있듯이, 당신은 청소년기에 부모와의 관계에 많은 어려움이 있었습니다.'

환자 '그렇습니다. 여자아이가 아버지를 "대디"라고 부르는 것은 괜찮은데, 사내아이가 어머니를 "마미"라고 부르는 것은 어딘가 근친상간적인 느낌이 듭니다. 이 사회는 아들과 어머니간의 근친상간이라는 관념보다 딸과 아버지간의 근친상간이라는 관념을 더 쉽게 묵인하는 것으로 보입니다. 인류학도 이런 사태를 지지하는 것 같고요.'

분석가 '관념에 대해 말하는 건가요 아니면 실제 성교에 대해 말하는 건가요?'

환자 '성교를 포함해서 모든 게 다 그런 것 같습니다. 어머니와 아들은 절대 안 되는 것이지요. "달링"이라는 표현은 이런 친밀한 관계에 해당됩니다. 문제는 근친상간이 무엇을 의미하느냐 하는 거지요. 내가 "사랑"이나 정서적 관계를 말했을 수도 있습니다. 여자친구와 성교하는 것은 받아들일 수 있습니다만, 사랑은 어찌 좀 그렇습니다. 오늘 여자친구가 "만일 당신이 화를 내지 않았다면, 나는 당연히 짜증이 났을 거예요."라고 말했습니다.'

분석가 '당신은 당신과 당신의 어머니 사이에 끼어들 남자를 찾아낼 수 없기 때문에, 모자간의 근친상간에 대한 사회의 금지를 이용하고 있습니다. 이 말은 당신의 아버지가 개입이라는 점에서 자신의 역할을 하지 않았기 때문에, 당신에게 남자에 대한 미움이나 두려움이 없는 것이고, 여자에게 좌절을 당하거나 아니면 내적 억제를 발달시켜야 하는 예전의 입장으로 당신이 되돌아와 있

	다는 것을 의미합니다.'
환자	'금지하고 있는 사람은 내 여자친구입니다.'
분석가	'당신은 적절한 순간에 "노"라고 말해 줄 사람을 늘 찾고 있었습니다. 당신이 미워하거나 도전할 수 있는 사람이고, 타협할 수 있는 사람을 말하지요. 당신이 내게 조금 화를 내는 건, 내가 그런 사람의 입장에 있는 것을 당신이 약간이나마 허용한다는 겁니다.'
환자	'오늘 분석시간이 끝났다는 생각이 방금 떠올랐는데, 끝낸다는 건 어떤 면에서 "노"라고 말하는 것(거부하는 것)입니다.'
분석가	마침 분석시간이 다 되었으므로, 내가 말했다. '그 때는 내가 "노"라고 거부하는 것이고, 이 말은 오늘은 분석이 더 이상 없다는 걸 의미합니다. 내가 당신과 분석 사이에 개입하는 것이고 당신을 밖으로 내 보내는 거지요.'

4월 5일, 화요일

환자	'현재의 문제들이 많은 어려움을 끌어들이는 것 같지는 않다는 말을 반복하는 것 외에는 할 말이 없습니다. 그러나 이 말에는 두 가지 사실이 포함되어 있습니다. 하나는 이렇게 함으로써 내가 이야기를 시작하기가 쉬워진다는 거고, 다른 하나는 최근 들어 현재의 문제들이 훨씬 더 유용하게 보인다는 겁니다. 왜 이렇게 됐는지 의아합니다.'
분석가	'나는 그 이유가 당신이 덜 해리되어 있기 때문이라고 생각합니다. 해리라는 단어를 사용해도 괜찮다면 말이지요.'

환자   '맞습니다.'

분석가   '그것은 외적 현상이나 내적 현상으로서의 문제는 아니었습니다. 나는 당신 내부의 변화로 인해 경계선에 서 있을 수 있었고 두 현상 모두에 관해 말할 수 있었습니다.'

환자   '아, 그렇군요. 가끔 나는 가만히 멈추어 서서 현황을 점검하고 싶어 하는 것 같습니다. 나는 전보다 훨씬 더 현실에 발을 딛고 서서 나의 환자들을 관리하고 검토합니다. 일 년 전에는 내가 마치 두 사람인 것처럼 느꼈는데, 지금은 이 두 사람이 서로 맞물려 있는 것으로 보입니다.

우연일 수도 있겠지만, 내가 철수 욕구를 덜 갖게 된 것은 여자친구와 관계를 시작한 후부터입니다. 또 나는 결정하는 것에 대해 대체로 전보다 걱정을 덜 합니다. 또 다른 한 가지는 환자의 문제가 잘 해결될 때 내가 진심으로 자부심을 느낄 수 있는 것입니다. 전에는 그저 내가 운이 좋은 거려니 하면서 그냥 즐거워했을 뿐이었습니다. 이제 나는 무언가를 잘 했을 때, 내가 잘 했다는 걸 알 수 있을 것 같습니다.'

분석가   '이것과 병행하여 나타나는 것이 내가 당신과의 분석을 잘 할 수 있게 하는 당신의 능력일 겁니다.'

환자   '그렇습니다, 당신은 마술사가 아닙니다. 나는 당신이 당연히 직업적으로 완벽하다고 가정해야만 했습니다. 지금 나는 당신을 기술을 적용하는데 최선을 다하는 사람으로 인정할 수 있습니다.' *잠시 멈춤.* '주변으로부터 더 많은 것을 느낄 수 있는 능력이 생긴 것을 알고 있습니다. 간밤에 축음기 레코드를 들으면서 흥분하고 잠시나마 감상적이 되는 내 모습을 보았습니다. 이 레코드를 안지가 오래 됐지만, 음악에 대해 이런 느낌을 가진 적은 한 번도 없었습니다. 다른 한 가지는 이제 내게 이론적이라기보다 정서적으로 질투할 수 있는 진정한 능력이 생겼다는 사실입니다. 나는 여자친구의 삶에 들어와 있는 그 남자를 분명히 질투하고 있습니다. 전에는 마치 질투하는 것처럼 행동했지만, 이제는 내가 진짜로 질투를 하고 있는 것입니다.'

분석가 '질투한다는 게 많이 불편하지만, 이제 당신은 이전의 감정 결핍보다 불편을 더 좋아하고 있습니다.'

환자 '그렇습니다, 과거에는 정서적 반응이 전반적으로 결핍되어 있었습니다.' (환자가 한쪽 발을 마루 위에다 내려놓았다) *잠시 멈춤*. '때때로 나는 내 발을 마루 위에 놓습니다. 그런데 갑자기 이게 중요할 수도 있다는 생각이 듭니다. 마치 두 발을 땅 위에 내딛기 시작하는 것 같았는데, 바로 그 때 부드럽게 항의하는 느낌이 들었습니다. 왜 내가 이 카우치에 머물러 있어야 하나? 카우치는 무언가의 상징이었습니다.'

분석가 '지난 몇 주 동안 당신은 한 쪽 발을 여섯 차례 마루 바닥위에 내려놓았습니다. 나는 그때마다 이 행동이 외부 현실과의 어떤 새로운 관계와 연관되어 있음을 알 수 있었습니다.'

환자 '내가 전에도 이렇게 한 줄은 몰랐습니다. 그것은 전에 내가 벌떡 일어나거나, 뒤로 구르면서 카우치에서 일어섰던 행동과 관계있습니다.'[14]

분석가 '어떤 면에서 그것은 분석을 종료하기 위한 첫 번째 발걸음입니다. 그리고 다른 면에서는 의존과 반대로 나와 대등한 관계를 수립하기 위한 첫 발걸음이기도 합니다.'

---

14 이 책 부록의 "철수와 퇴행(Withdrawal and Regression)" 참조.

잠시 멈춤

환자 '최근 나는 안정이 덜 되고 쉽게 마음이 상합니다. 나는 이것을 분석의 발전으로 느낍니다. 이것은 새로운 국면입니다.'

분석가 (환자가 졸고 있다) 내가 분석시간을 종료하는 것을 분석 자체의 종결이라는 생각과 연결시키는 해석을 했다.

환자 '그때 내가 졸았습니다. 무슨 생각인지 이해하기 힘듭니다. 나는 꿈꾸는 것 같은 상태에서는 어떤 생각들을 이해할 수 있으나, 꿈에서 깨기 시작하면 그 생각들이 맞지 않아 보입니다. 어떤 경우든 환상은 말로 설명하기 힘들지요. 그것은 일종의 행동에 가깝습니다. 내가 헤매고 있는 듯합니다.'

분석가 '졸음에는 두 가지 측면이 있을 수 있습니다. 한편으로는 당신이 지적인 노력으로는 얻지 못할 생각을 찾고 있는 것이고, 다른 한편으로는 무엇에 대한 것인지도 모르는 불안 앞에서 자신을 방어하고 있는 것입니다.'

환자 '내가 잠들어 있을 때 진행되는 일들은 완전한 사실들이 아닙니다. 그 일들을 일관성 있게 정리해 보고하기는 어렵습니다. 병원 얘기를 하는 건 생각을 얘기하는 것보다 덜 힘듭니다.' (이 시점에서 환자의 정신이 딴 데 가 있었다. 그는 단지 그렇군요 라고 말할 수 있을 뿐이었다. 그는 하품을 했다) '문제는 일어나는 일을 말하기 위해서는 내가 깨어있어야 한다는 겁니다.'

분석가 '지금 당신의 졸음 뒤에는 나에 대한 두려움이 있는 듯합니다. 그 두려움은 내가 분석시간을 종료하곤 했기 때문에 생긴 나에 대한 미움의 한 부분입니다.'

환자 '나는 내가 더 놀라야 한다고 느낍니다. 놀라는 게 더 많은 것을 가져다줍니다. 그것은 무서운 상황에 대해 생각만 하는 것보다 더 핵심에 가까운 것입니다. 최근에 나는 대처할 수 있다고 느끼면서도, 놀라도 된다는 나의 자신감에 놀랐습니다. 사실 결정적인 해답을 당신에게서 얻을 수는 없습니다. 아파서 입원해 있었을 때, 나는 무슨 일이 일어나고 있는지 전혀 몰랐습니다. 그래서 나는 놀랄 수가 없었습니다.'

분석가   나는 회기를 종료함으로써, 그에게 '노'라고 거부하는 말을 하는 것이고, 환자와 분석 사이 그리고 나에 대한 환자의 분노와 두려움 사이에 개입하는 것이라는 해석을 했다.

환자   '그때 나는 잠이 들었고, 들은 걸 잊어버렸습니다. 이 자리에서 잠이 드는 데는 뭔가 이유가 있습니다. 한편으로 나는 이때 긴장을 풀 수 있고, 다른 한편으로 잠들어 있는 동안 일을 처리할 수 있습니다.'

짧은 수면

'방금 어떤 생각이 떠올랐습니다. 내가 당신에게 어느 환자에 관해 말한 적이 있는데, 누군가가 그 일을 두고 나를 비난했습니다.'

분석가   '그 말을 들으니 최근에 내가 당신에 관해 말한 것일 수도 있는 아이디어를 표현했던 게 생각납니다.'

잠시 멈춤

환자   '꿈을 꾸는 동안은 꿈에서 깨어날 걸 알았지만, 꿈에서 깨기 전에는 꿈에서 깨어나는 게 급한 일이 아니라고 느꼈습니다. 이 환자에 대한 치료가 더 중요합니다. 실제로 (그가 이제 깨어있었다) 내가 주말에 여느 때보다 더 심하게 아내와 말다툼을 벌였는데도, 오늘 지금 상황으로서는 논의할 게 아무것도 없다고 당신에게 말했던 게 참으로 이상하다는 생각이 듭니다. 난리가 났었고 딸에게도 영향을 미쳤습니다. 나는 엄청나게 놀랐습니다. 문제는 내가 딸을 보호해야 된다는 것을 아내가 알고 있기 때문에, 아내가 이 상황을 이용할 수 있고, 또 실제로 이용한다는 겁니다. 아내는 우리 둘만이 있는 일이 절대로 일어나지 않게 했고, 밤에는 대화를 거부했습니다. 그래서 당면 문제에 대해 해결할 수 있는 게 아무 것도 없었고, 나는 그저 시근덕거리고만 있었습니다. 이번에는 내가 분노에 지쳐 맥이 빠졌지만, 아내가 싸움을 걸어오기를 내가 바랐다는 것을 알 수 있습니다. 그러나 내가 반드시 기억해 두어야 할 것은 아내와 할 수 있는 말이 아무 것도 없다는 사실입니다.'

분석가 '상상 속에는 내가 어떤 식으로든 있습니다. - ' (그 말다툼의 전이적 의미를 분명하게 이해하지 못한 걸 알았으므로, 나는 이 해석을 철회했다)

환자 '아내와 나에게는 공통의 언어가 없습니다.'

분석가 '당신들이 공통으로 가진 게 있습니다. 당신에게는 금지하는 아버지의 부재와 관련된 어려움이 있고, 당신 아내에게는 자신의 부모들과 관련된 어려움, 그리고 와해되고 있는 것처럼 보이는 독립을 쟁취하려고 하는 시도와 관련된 어려움이 있습니다.'

환자 '아내가 정말로 성교를 원치 않는다는 걸 인식할 때 나는 우울해집니다. 아내는 성교에 대한 생각 자체를 혐오하고 성교를 제안하는 나를 혐오합니다. 그러나 아내가 이런 입장을 갖게 만든 책임이 처음에 아내와의 관계를 제대로 하지 못했던 나에게 있다는 것을 나는 늘 기억해야 합니다. 아내와 말다툼할 때 어려운 점은 무엇에 대해 말다툼하고 있는지 내가 모른다는 겁니다. 아내와 성교하기를 원하는 걸까요? 그렇습니다, 하지만 그것은 아내가 원할 때 만입니다. 아내가 굴복하도록 강요해야 한다면 그건 내게 아무런 가치도 없을 것입니다. 그리고 나는 아내가 성교를 원하게 만들 수 없다는 것을 압니다. 이 점에서 아내는 그녀의 어머니와 똑같습니다.'

4월 6일, 수요일

환자   '어제 회기 마지막에 일어났던 어떤 일에 내가 흥분했던 게 생각납니다. 그런데 그게 뭐였는지는 기억나지 않습니다.'

분석가 (중요한 사항을 알아내기 위해 넌지시 떠본 후) '당신 아내와 아내의 어머니 사이의 관계였습니다.'

환자   '아 맞습니다, 그겁니다. 나는 아내가 남자친구와 마찬가지로 섹스를 혐오하고 성교를 경멸하기 때문에 아내에게 심한 분노를 느꼈는데, 아내의 이런 태도는 바로 그녀 어머니의 태도입니다. 나는 성교가 억압된 삶을 받아들일 준비가 되어있지 않기 때문에, 이런 태도는 나를 딜레마에 빠트립니다.'

분석가 '당신이 묘사하는 아내의 태도는 자신과 어머니를 동일시하는 것으로, 말하자면, 아이가 어른과 동일시하는 것으로, 실제로 성교가 거절되는 희생을 치러야 합니다.'

환자   '내가 아내에게서 성교를 박탈했거나 아니면 아내를 만족시키지 못해서 아내가 성교를 비난하고 경멸하는 것입니다.'

분석가 '만일 당신 아내가 자기 어머니로부터 독립적이 되고, 어머니를 무시한다는 생각에 신경 쓰지 않을 수 있으려면, 당신 아내에게 성교가 가치 있는 일이었어야 했는데, 당신은 그렇게 해주질 못했습니다. 그래서 당신 아내는 어머니에 대한 의존과 더불어 일종의 동일시 상태로 되돌아간 것입니다. 이는 당신에게 경쟁과 도전 대상으로서의 아버지와의 관계가 결여된 것에 비교됩니다. 이러한 관계 결여는 일부분 당신 아버지의 태도에 기인하는 것으로 보입니다.'

환자 '이 때문에 생기는 새로운 난제가 있습니다. 아내는 성교를 원치 않으며, 그래서 질투할 줄도 모릅니다. 아내는 내가 늦게 온다고 비난했습니다. 그래서 내가 이렇게 말했지요. "내가 당신 수준으로 떨어지면 당신이 불평하지 못할걸." 그러자 아내가 (질투하는 대신에) 받아서 말했습니다. "그래요, 당신은 절대로 내 수준에 도달할 수가 없을 거예요." (아마도 높은 수준의 목가적인 사랑을 의미할 것이다) 사실 나는 여자친구에게 진정 깊은 감정이 없습니다. 얼마 안 있어 그녀에게 권태를 느낄 수도 있습니다.'

분석가 '당신은 여자친구가 가정을 꾸밀 능력이 있는지 의심하고 있습니다.'

환자 '아내는 이런 태도들, 즉 성교를 경멸하거나 성교에 반대하는 로맨스의 비교를 이해하지 못합니다. 그것은 이론상으로는 문제가 없으나, 실제로는 불행을 가져옵니다. 실제로 내가 진정으로 원하는 건 한 여자에게 충실하고 신의를 지키는 것입니다.' *잠시 멈춤. 다시 멈춤.* '나는 오늘 아침에 꾸었던 꿈을 생각해내려 애쓰는 중입니다. 나는 그 꿈을 기억하고 있었는데, 꿈 자체로서는 중요하지 않다고 느꼈지만 그런 꿈을 꾸었다는 게 중요했습니다. 어머니가 꿈에 나타났고 자기 차로 나를 태워다 주었습니다. 아내도 거기에 있었습니다. 그리고는 생각이 나지 않습니다.'

분석가 '당신의 어머니는 어떤 종류의 차를 갖고 있습니까?' (나는 꿈속

의 차에 대하여는 일부러 묻지 않았다)

환자 '아, 힐만이라는 차입니다. 그러나 꿈에 나온 차는 어머니의 차와 꼭 같지 않았습니다. 더 오래된 차였고 더 터덜거렸습니다. 그건 핵심이 아니었습니다. 핵심은 그 차가 위험했다는 겁니다. 나는 그 차가 똑바로 갈 수 있도록 계속 콘트롤해야 했습니다. 사실 어머니는 운전을 잘 못합니다. 그렇다고 어머니가 운전을 잘 할 수 있을 거라 기대하는 것도 아닙니다. 아내는 운전을 못합니다. 과거에 나는 아내가 운전을 하면 좋겠다고 생각했습니다. 그러나 이제는 그런 생각 자체가 싫습니다. 나는 아내가 나보다 운전을 더 잘 할 수 있다는 생각을 싫어합니다. 나는 아내보다 우월하고 싶습니다. 처음에 나는 아내가 완전하다고 생각했습니다. 그런데 이제 나는 아내가 무언가를 할 수 없을 때가 좋습니다.'

분석가 '이 말은 페니스를 가진 여자라는 생각을 상기시킵니다.'

환자 '아내도 페니스를 가지고 시작했는데, 이제는 페니스가 제거당하는 과정에 있습니다. 처음에 나는 아내가 나와 동등하기를 원했습니다. 그러나 이제 나는 그녀를 지배하고 싶어 합니다. 나는 그녀를 질투하게 만들고 싶습니다.' (이러한 맥락을 따라 상호작용에 대한 얼마간의 서술이 있었다)

분석가 '이 모든 상호작용 안에 당신 둘 사이의 일종의 성적 유희가 들어 있다는 건가요?'

환자 '그렇습니다, 그러나 아내는 섹스를 이토록 경멸하고 있습니다. 아내도 질투할 수 있지요. 그러나 숨기고 있습니다.'

잠시 멈춤

분석가 '당신이 여자친구와 같이 있을 때 당신 아내가 남자로서의 당신

에게 질투할 수도 있고 아닐 수도 있어서, 나는 당신 말이 정확하게 무슨 뜻인지 모르겠습니다.'

환자 '아, 무슨 말인지 알겠습니다. 나는 그 생각을 해보지 못했습니다. 내가 병으로 입원해 있던 일 년 반전에 일어났던 일과 대비되는 것이 하나 있습니다. 당시 내가 아내에게 연애문제 같이 진행되는 어떤 일에 대해 말하자, 아내는 "여하튼 당신에게 좋은 일이고, 당신 문제를 해결하는 데 도움이 될 수 있겠네요."라고 했는데, 지금은 아내가 짜증만 냅니다. 자기 남자친구가 병에 걸리자, 아내가 더 이상 품위 같은 것에는 신경을 쓰지 않는 것 같습니다.' - 갑작스러운 중지 - 잠시 멈춤 - 수면. '어제 저녁에 보러 갔던 영화가 그런 내용이었는데, 주제와 잘 어울렸습니다. 바보 취급 받는 걸 몹시 싫어한 한 남자가 나옵니다. 나도 바보 취급을 당하고 싶지 않습니다.'

분석가 '항상 그 문제지요. 당신들 둘 사이에 개입해 들어올 남자가 없기 때문에, 당신이 어머니(아내)에게서 좌절을 당하거나 아니면 내적인 억제를 발전시켜야 하는 문제입니다.'

환자 '최근에 회기가 중단된 적이 있습니다.'

분석가 '오늘 회기가 부활절 휴가를 앞둔 마지막 회기니까, 오늘은 그 이상의 것이 있습니다. 시간이 다 됐다고 말함으로써, 내가 곧 당신과 분석 사이에 개입할 겁니다.'

환자 '네, 당신으로부터의 휴가라고 생각하니 정말 기분이 좋지만, 동시에 짜증도 납니다.'

분석가 '두 가지 감정을 한꺼번에 느낄 여유가 있는 것입니다.'

환자 '정신분석의 어려운 점은 여지가 너무 많다는 것입니다.'

분석가 '그래서 당신이 분석을 받고 있는 동안, 나도 사실상 부모상으로 남아있습니다.'

잠시 멈춤

환자 '나는 여자친구와 이야기했습니다. 그녀도 얼마동안 정신분석을 받은 적이 있는데 (그녀가 누구와 분석하였는지 나는 모른다), 분석을 다시 시작할 것인지에 대해 막연하게 생각하고 있었습니다. 다시 시작하라고 말해야 되는데도, 나는 그렇게 조언할 수가 없었습니다. 정신분석은 생활에 방해가 되고 일과 조화시키기 어렵습니다. 그리고 분석은 그녀가 내게 유용하다는 점에도 방해가 되지요. 나는 아내의 태도에서 아내가 정신분석을 시시하게 여긴다는 걸 느꼈습니다.'

분석가 '상상적 상황에서 나는 당신 여자친구가 찾아갈 분석가이고, 바로 그 점에서 당신과 나는 경쟁자입니다. 그리고 당신은 여자친구가 내게 오는 걸 막고 있습니다.'

환자 '그렇습니다. 그녀가 당신에게 가지 않았고, 당신에게 오지 않을 것이라는 것을 알면서도 막고 있는 것입니다. 분석과정에서 의존에서 벗어나게 되면서, 그녀가 나를 덜 원하게 될 수 있기 때문에 내가 질투를 느끼는 것입니다.'

부활절 휴가

5월 3일, 화요일
삼주간의 중단 이후

환자 '첫째로 말하고 싶은 것은 쉬는 기간이 삼주일보다 훨씬 길게 느껴졌다는 겁니다. 정말 정신적으로 쉬는 휴가였습니다. 나는 분석을 종료한다는 게 어떤 건지 처음으로 알게 된 느낌입니다. 일주일 동안은 여기 오지 않는 것 때문에 우울했습니다. 그러고 나서는 그런 생각들을 다 떨쳐냈습니다. 지금 떠오른 문제는 내가 분석을 그만두어야 할지, 아니면 분석에 오는 횟수를 줄여야 할지에 대한 것입니다. 치료결과가 완전하다고 할 수는 없지만, 그래도 내가 일을 해나갈 만한 상태까지 왔습니다. 일에 대해서는 이제 확실하게 대처할 수 있을 것 같습니다. 지금은 내가 분석을 받기를 원하는가가 문제입니다. 나는 유급휴가를 받으면 한 달 간의 휴가를 꼭 가려고 계획하는 내 모습을 그려 봅니다. 분석을 받을 수 있는 시간에 휴가 계획을 세운다는 것은 전에는 꿈도 꾸지 못했습니다. 가정생활에서는 아내와 서로 양해를 하는 상태입니다. 상대적으로 교착상태에 빠져 있습니다. 나는 우리의 결혼생활에 미래가 없다는 사실을 받아들이게 됐습니다. 그래서 내가 그에 맞춰 계획을 수립하는데, 실은 별로 기대할 게 없습니다.'

분석가 '당신이 이 말을 하면서 당신 아내의 어려움뿐 아니라 당신과 아내 사이의 여러 가지 어려웠던 일들에 대해서도 고려하고 있다는 것을 내가 압니다.'

환자 '그렇습니다, 우리가 결혼한 게 잘못이라는 걸 이제 알겠습니다. 우리 결혼은 처음부터 실패하도록 예정되어 있었고, 우리는 전혀 맞지 않았다는 느낌입니다. 분석을 받으러 여기 오는데 대해 나는 지금 분노를 느낍니다. 그건 비논리적이지요. 당신이 나를 나의 의지에 거슬리게 하고 있다고 생각합니다. 나는 당신이 나더러 "당신은 떠날 수 없어요."라고 말할 거라 예상하고 있습니다. 그래서 나는 떠날 수 있는 나의 권리를 위해 싸울 겁니다.'

분석가 '내가 이런 식으로 단호한 태도를 취한다면, 어쨌든 거기에는 뭔가 도전할 게 있다는 것입니다.'

환자 '그렇습니다, 그렇다면 그 결정은 전적으로 나만의 결정은 아닙니다.' (말하자면, 그 결정은 추상적 사고가 아니라, 감정과 반응에 기초해 있다) '나는 욕구에 기초한 분별없는 삶을 살기 위해, 나 자신의 건강을 지나치게 걱정한다고 느낍니다. 나는 건강이 안 좋다는 것으로 변명할 수밖에 없습니다.'

분석가 '욕구하는 것에서 원하는 것으로 전환이 있는 것처럼 보이고, 원하는 것과 원치 않는 것이 공존하는 상태가 됩니다.'

환자 '그래서 나는 사태를 가늠할 수 있는 위치에 도달했습니다.'

분석가 '이런 변화에 따라, 나는 한 치료자에서 한 사람으로 변해가는 중입니다. 여기에 당신 아버지의 죽음이라는 사실이 개입되고 내가 살아있으며 한 인간이라는 사실도 개입이 됩니다. 아버지의 전반적인 태도와 더불어 아버지의 병과 죽음이 당신이 동일시할 수 있고 맞설 수 있는 아버지가 필요했을 때, 당신이 직접 결정을 내려야 하는 부담을 당신에게 안겨주었던 방식에 대해 말해왔습니다.'

환자 '그렇습니다, 그리고 여자친구가 무대에 등장하고 나서 나의 태도가 전반적으로 어떻게 달라졌는지 상기해보는 것도 중요합니다. 다소 과장된 말 같기는 하지만, 여자친구의 등장이 나의 삶에 목적을 부여했던 것입니다. 나는 물론 여자친구와의 관계가 단절되면 어떤 일이 일어날지 상당히 불안합니다. 분석을 받으러 슬그머니 다시 기어들어오게 될까요? 어떤 점에서는 여자친구가 당신의 자리를 차지하고 있습니다. 왜냐하면 더 이상 분석 받으러 오지 않는 것과 여자친구와 관계를 계속 갖는 것, 양자 모두에 허세가 있기 때문입니다. 나는 삶이 얼마만큼 진실 된 것인지 궁금합니다.'

분석가   '당신과 여자친구의 관계는 분석과 연결되어 있고, 당신이 존재하기 시작하고 그래서 현실감을 느낄 수 있는 능력을 갖게 되면서 가능해졌습니다.'

환자   '그렇습니다. 예를 들면, 오늘 여기 오는 길에 그림을 보려고 왕립 미술관에 갔습니다. 내가 그런 경험을 즐겨 본 것은 처음이라 해도 과언이 아닙니다. 확실히 나는 지난 이년 간 이런 경험을 해볼 수가 없었습니다. 나는 언제나 그러한 경험을 즐기는 척 했으나, 그건 기만이요 시간 낭비였을 겁니다. 나는 현실이라는 느낌을 미친 듯이 찾지 않으면서도 그림을 즐겼습니다. 나는 무슨 말을 할지 생각해 내느라 늘 애를 먹었습니다. 서로 공감하는 사람들이 있는 영화관이나 극장에는 그럭저럭 가 볼 수 있었으나 그림 전시회를 보러 갈 수는 없었습니다. 그림은 훨씬 더 큰 개인적 안정과 독립을 요구합니다.'

분석가   '그림이 당신을 맞이하러 나오는 경우는 흔치 않고 당신이 그림 속에다 뭔가를 집어넣어야 하는 거지요.'

환자   '이런 모든 게 생각을 하게 만듭니다. 앞으로 더 나아질 수 있는데 여기서 분석을 그만두면 어리석은 짓이 아닐까 하고요. 분석에서 얼마나 큰 진전이 이루어졌는지 내가 아니까요. 문제는 분석을 중단한다는 결정이 자의적일 수 있다는 겁니다. 전쟁 중에 내가 당신에게 처음 왔을 때 그것은 자의적인 결정이었고, 나는 단지 불편하다는 이유로 분석을 그만두었습니다. 이게 만족스럽지 않았습니다. 이번에 내가 당신에게 왔을 때에는 분명한 이유가 있었습니다. 병들어 있었고 분석이 필요했습니다. 분석이 내게 더 이상 필요하지 않아 하나의 게임처럼 되었고 과연 분석이 필요한 것인지 계속 의아해 한다는 의미에서, 이제 나는 처음

상태로 돌아간 겁니다.'

분석가 '만약 당신이 이런 식으로 놀이를 할 수 있다면, 이것 또한 분석을 통해 성취한 변화입니다.'

환자 '그렇습니다, 나는 놀이를 하는 게 아주 어려웠습니다. 놀이를 할 때면, 언제나 "해도 되는 놀이인가? 너무 천박한 것은 아닌가? 놀이를 해도 되나?"라고 자문하면서 미심쩍어했습니다. 나는 진지하지 않을 때마다 일부러라도 책임감을 느껴야 했습니다. 진지하지 않은 것은 늘 그저 노는 것처럼 보였는데, 그 말뜻은 더 진지한 뭔가가 있어야 한다는 것입니다. 내가 받은 교육이 너무 진지했던 반면, 놀이는 너무 적은 역할이 주어졌던 것 같습니다. 놀이가 건설적이어야 하느냐에 대해 누군가와 토론한 적이 있습니다. 나는 놀이에 건설적인 요소가 지나치게 분명하면 안 된다고 했는데, 내가 그랬던 것은 분석에서 알게 된 것들의 영향 때문인 듯합니다. 몬테소리Montessori 원리는 놀이의 가치에 대한 생각을 망칠 수 있습니다. 그것은 마치 누군가가 놀이는 못된 것이거나 부도덕한 거라는 생각을 주입하는 것과 같습니다. 나는 놀이에 고유한 가치가 있는 것을 알고 있고, 아동기 내내 내가 뭔가를 놓쳤다는 것도 알고 있습니다. 나는 부모님이 반대해도 몰래 놀이를 했는데, 놀이를 할 때는 늘 혼자였고 외로웠습니다. 아내와는 어떤 놀이를 한다 해도 항상 진지합니다. 반면에 여자친구와 함께 하는 놀이는 자발적이고, 그 자체를 즐길 수 있습니다.'

분석가 '당신은 그림도 나름대로 가치가 있지만, 외부 현실이나 일과 같은 직접적인 것을 다루는 분야는 아니라고 말하는 것 같군요.'

환자 '집에 가서 아내에게 그림에 대해 말하고 싶습니다. 그러나 아내에게 말한다는 자체가 그것을 뭔가 의도적인 걸로 바꿔놓을 겁니다. 내가 어디에 갔는지 아내에게 보여주려고 말하는 게 되지요. 그림에 대한 얘기는 그게 아주 자연스러울 경우에만 가치가 있을 겁니다.'

분석가 '당신이 아내를 어떻게 느끼고 있는지 확신이 가지 않습니다. 당신 아내가 원래는 놀이를 할 수 있었으나, 당신과 결혼함으로써 진지하게 바뀌었다고 여기는지 잘 모르겠습니다.'

환자 '아내는 나와 같은 태도를 취하는데, 이게 나와 아주 잘 맞습니다. 아마 아내는 자발적으로 놀이할 수 있는 사람이었을 겁니다. 틀림없이 아내는 놀이도 할 줄 모르는 나를 매우 따분한 사람으로 여겼을 겁니다. 나는 며칠 내로 해결해야 하는 긴급한 문제를 사실상 방치하고 있습니다. 새 일자리 문제가 해결되어야 합니다. 나의 일을 정신분석에 맞춰서 계획해야 하나요? 아니면 지금 나름대로 미래와 전공분야를 생각할 여력이 있으니 정신분석을 이런 계획에 맞춰서 해야 하나요? 이것은 분석에 오는 횟수를 줄이는 것과 당분간 분석을 중단하는 것까지 포함하는 문제지요. 아내와 이 일을 의논하자 아내가 충고를 했는데 내 일자리에 대해 "지나치게 걱정하는 것 아니에요?"라고 했습니다. 나는 단연코 더 이상 일 때문에 걱정하지는 않을 겁니다. 나는 내가 일에 대처할 수 있다는 것을 압니다. 내가 붕괴되어 있었을 때 병원 일과 관련해서 힘들었던 점 한 가지는 다음에 뭘 해야 할지 내가 알 수 없었다는 것입니다.'

분석가 '당신은 어떤 진로로 이끌린다고 느낀 적이 있습니까?'

환자 '그 답은 아마 아니라는 쪽일 겁니다. 나는 일반의도 고려해 보았지만 이 길로 결정하고 나면 나의 삶 전체가 정해질 거라고 느겼습니다. 나는 응급전문의가 될 수도 있습니다. 이전 같으면 불안하게 느낄 수 있는 일이지만, 이제는 흥미가 있습니다. 그러나 현실적인 사항들을 고려하면 전망이 흐려집니다. 나는 병리학과와 마취과도 고려해 보았습니다. 하지만 이런 전공을 선택하면 분명 좁은 활동 영역 안에 갇히게 될 겁니다. 이제 나는 더 이상 영역을 한정해 놓고 안전하게 지내야 할 필요가 없는 것 같습니다.'

5월 4일, 수요일

환자 '나는 어제 분석을 하나의 도전으로 느꼈습니다. 나는 당신의 의견을 정말 듣고 싶었지만 듣지 못했습니다.' (이어서 현실에 기초해서 전반적인 상황, 일, 사생활, 그리고 분석에 대해 길게 논의했다)

분석가 나는 이 논의에 불안에 대한 하나의 방어수단으로 분석을 그만두겠다는 생각과 관련된 해석을 포함시켰다. 그리고 결합된 존재로서의 남녀 상과 대비되는 남성과 여성의 주제에 대해 그가 좀 더 분명하게 알아야 할 필요가 있다고 말했다. (내가 말하는 동안 환자는 한쪽 발을 마루 위에 내려놓고 있었다) 그러고서 나는 환자가 정신분석을 전공으로 선택하는 생각을 끌어들였는데, 전에도 이 생각이 논의되었지만 환자가 마음에 두고 있는지는 환자에게서 확실하게 확인된 바 없다고 분명하게 밝혔다. 그럼에도 불구하고 전공 선택과 관련된 주제는 여태까지 분석에서 제외되어 있었다.

| 환자 | 환자는 정신의학이나 정신분석은 별로 고려하지 않는다고 했다. 환자의 어머니나 몇몇 사람들은 그가 정신의학을 전공함으로써 자신에게 정신분석이 유용했던 점을 잘 활용할 수 있을 거라고 했다. 환자는 이 제안에 대해 세 가지 이유로 반대했다. 첫째, 정신분석은 어려운 전공분야이다. 둘째, 너무 많이 앉아 있어야 하고 많이 말해야 하는 데 비해 활동은 적다는 단점이 있다. 셋째, 오랜 시간에 걸쳐 해내야 하는 일의 양에 비해 성과가 상대적으로 작다. 또한 환자는 정신의학에 대해 분명한 적대감을 가지고 있었는데, 자신이 이 의학 분야에 늘 서투르고, 잘 이해하지 못하며, 기본적인 용어도 제대로 모른다는 것을 알고 있었다. 그는 오늘에야 처음으로, 정신의학이 필요하고 정신과적 질병을 가진 것으로 분류되어야 하는 환자를 만났다고 했다. '나는 어떻게 접근해야 하는지 몰랐습니다. 내가 "조증"이라는 단어를 사용했지만, 이는 담당직원들에게 인상을 남기기 위한 것에 불과합니다. 임상적으로 그런 실체가 실제로 있다는 데는 의문이 없습니다. 솔직히 말해서 나는 "미쳤다"라고 썼어야 했습니다. 하지만 이렇게 썼어도, 정신의료를 담당하는 공무원에게 별다른 인상을 남기지 않았을 겁니다. 심리학적 의학을 전혀 이해하려 들지 않는 저항감이 광범위하게 퍼져있다는 사실을 덧붙여 말하고 싶습니다. 나의 모든 동료들에게서도 이런 저항감이 나타납니다. 더 나아가서, 이제 나는 나의 진로를 결정함에 있어 사회적인 측면에 어느 정도의 비중을 둘지 고려해야 합니다. 의학 분야 중에는 극도로 불만족스러운 가정환경을 가진 사람의 경우 전공하는 게 옳지 않은 분야가 있는 듯합니다.' *잠시 멈춤.* '보다 분명한 목표를 가져야 한다는 것을 어느 정도 느끼고

있습니다만, 아무것도 떠오르지 않습니다. 나는 어떤 일자리가 나타나기를 기다리고 있는 것 같습니다. 나는 이것이 나약함의 표시라고 여깁니다.'

분석가 '당신이 엔지니어에서 의사라는 직업으로 전환한 사실을 되돌아 보는 것도 도움이 될 수 있습니다.'

환자 '그런데, 그 전환은 다음 사실에서 나온 것이지요. 첫째, 나는 공학도들을 좋아하지 않았습니다. 둘째, 나는 공학 자체를 잘 하지 못했습니다. 그리고 셋째, 나는 사무실 근무를 혐오했습니다. 나는 사람을 상대해야 한다고 느꼈습니다. 그게 더 만족을 주고, 시야를 더 넓혀 줄 것입니다. 나는 하루 종일 생명 없는 대상들을 다루는 공장 일이 절망스러웠습니다. 의학을 선택한 것이 나를 이 음울한 전망에서 구출해 주었습니다. 다른 정황들도 물론 있습니다. 예컨대 아버지가 병이 있었다는 사실과 아버지로부터 물려받은 정치적인 성향 등입니다. 나는 이 세상 어딘가에 사명의식이 존재하는데 그것을 가치 있는 직업에서 구해야 한다고 생각합니다. 이런 식으로 나는 공학을 떠나는 데서 큰 위안을 받았습니다. 나는 이 분야에서 마침내 처음으로 기쁜 마음으로 장래를 기대할 수 있겠다고 느꼈습니다. 아버지는 엔지니어가 되고 싶어 하지 않았다는 것이 지금 생각납니다. 전에도 이런 생각을 했던 것 같지는 않습니다. 아버지는 대학에 자리를 잡고 싶어 했습니다. 그런데 할아버지가 돌아가시는 바람에 사업을 맡아 운영해야 했습니다. 아버지는 자신이 엔지니어인 게 늘 불만이었습니다. 변호사나 선생님이 될 수도 있었을 겁니다. 아버지의 전공과목은 수학입니다. 불행하게도 아버지는 글씨가 엉망이고 철자법에 서툴렀지요. 나도 이런 점을 물려받은 것 같습니다. 아버지는 공학에서 요구되는 것보다 더 박학한 지식이 요구되는 직업을 갈망했습니다. 아버지는 교수가 되었어야 했습니다. 처음에 나는 내 주장을 정당화해줄 뭔가가 필요해서 의학을 선택했습니다. 그러나 이제 이 동기는 사라져버렸고, 나 자신의 행복을 찾으려 한다는 게 더욱 느껴집니다. 내가 편협하고 틀에 박힌 일에 매이지 않겠다는 것도 이 생각과 관련이 있습니다. 지금 나는 어떤 의학 분야라도 괜찮을 것 같은 느낌입니다. 만약 누군가가 어떤 길을 설득력 있게 이야기해 준다면, 아마도 나는 그 말에 끌려갈 겁니다. 그러나 비즈니스나 공학은 아니고요.'

분석가 '누구나 다 그렇겠지만, 그때그때 일어나는 일에 어느 정도 영향을 받습니다.'

환자 '맞습니다, 하지만 나는 그렇게 생각하고 싶지 않습니다.' *잠시 멈춤.* '지금 나는 아내 문제와 전문분야 선택과 관련하여 사회적인 요인들을 고려해야만 하는 이런 딜레마를 만들어낸 아내의 책임 문제로 돌아가고 싶습니다. 가정생활에서 그런 요인들이 만족스럽지 못하기 때문이지요. 그런데 과연 내가 아내에게 많은 책임을 지울 수 있겠습니까? 아내를 비난하는 건 아마 잘못된 일일 겁니다. 어느 정도 내 잘못인 게 확실합니다. 아내를 비난할 수 없다는 것은 알지만, 나는 결혼 생활에서 아무것도 이루어 낼 수 없습니다.' (한 발을 마루 위에 놓는다) '무언가를 성취해 내는 게 가능할까요. 아니면 언제나 불완전함만이 존재할까요? 나는 결혼생활에서 아무런 노력도 하지 않고 우정을 찾으려 했지만 불가능했습니다. 이 힘겨운 투쟁을 계속해야 하나요? 아니면 괴로운 일도 없고, 친구도 없고, 섹스도 없는 삶에 안주해야 하나요? 아내가 모든 것을 내 잘못으로 보이게 만드는 것 같이 느껴집니다. 그래서 내가 반발하는 것이고, 그래서 내가 내 잘못을 아내의 잘못으로 돌리는 것입니다.' *잠시 멈춤*. (회기를 마칠 시간이었다. 하지만 내가 회기를 늦게 시작했다) '더 이상 말하고 싶지 않습니다. 말을 너무 많이 한 것 같고 시간이 지났을지도 모릅니다. 내가 마지막으로 한 말이 아무런 반응을 불러일으키지 않았습니다. 내 말이 잘 받아들여지지 않은 것 같습니다.'

분석가 '첫째, 현실의 토대 위에서 당신이 이런저런 일들에 대해 의논할 수 있는 살아 있는 사람의 역할을 내가 하고 있기에, 당신이 나를 당신의 아버지 위치에 둡니다. 둘째, 어제 회기에서 미루어졌던 것인데, 당신은 내가 당신이 떠나기를 바라는 게 아니라 붙잡으려 한다는 느낌을 가지고 있습니다. 내 생각에는 당신이 나를 분석에 끌어들이고 싶은 게 핵심입니다. 당신은 그렇게 되기를 계속 기다려 왔는데, 그게 안 되어서 불만이었습니다. 이런 생각을 함으로써 당신은 내가 붙잡아 주었으면 하는 소망을 표현했던 것입니다. 당신은 이런 입장에서 벗어날 수 있었지만, 당신을 안아주지 않을 사람에게서는 벗어날 수가 없습니다. 당신이 안기려 하지 않고 의존을 허용하지 않는 누군가로부터 당신이 벗어나는 것이 불가능하기 때문입니다.'

5월 5일, 목요일

(이 기록은 시간이 좀 지난 후에 작성되었다)

환자 '먼저 하고 싶은 말은, 지난 회기 이후로 분석거리를 더 내놓기가 힘들다는 겁니다. 분석의 종결을 가져올 수도 있는 새로운 휴가까지 한 달밖에 남아 있지 않는데, 새로운 소재들을 내놓는 게 무슨 의미가 있을까요? 나는 부활절 휴가 전에 겪었던 어려움과 비교해 보고 있습니다. 너무나 강력한 장벽인 것 같습니다. 나는 더 이상은 생각할 필요가 없다는 느낌입니다. 분석을 종결한다는 생각은 아마 현재 상태에 대한 비현실적인 평가에서 나온 걸 겁니다. 전에 나는 장래에는 어려움을 극복할 수 있는 능력을 갖게 되기를 고대했습니다.' *잠시 멈춤.* '지난 두 회기에서 우리가 실제적인 세부사항들을 논의하는 데 많은 시간을 보냈던 게 생각납니다. 보다 개인적인 특성을 지닌 현실적인 분석 자료는 거의 없었습니다.'

분석가 '실제적인 일들이 분석에서 중요하지 않아 보인다고 당신이 가끔씩 불평했던 것을 기억할 텐데, 지금 당신은 그것들을 다른 종류의 분석 자료와 비교하고 있습니다.'

환자 '때로는 더 깊이 있는 분석 자료가 그다지 생산적이지 않아 보입니다. 그런 자료들은 너무 사소하거나, 너무 의식적인 것으로 간주될 수 있습니다. 나는 제대로 된 분석 자료를 내놓으려고 노력하고 있습니다. 나는 가끔 시간을 낭비하고 있다거나 애써 아무 의미도 없는 방식으로 분석 자료를 날조하고 있다는 죄책감을 느낍니다.'

분석가 '언제나 당신을 안아주는 내가 있습니다. 더욱이 안아주는 방법이 다양하지요. 한편으로는 분석을 전반적으로 관리하고, 다른 한편으로는 분석 자료를 해석합니다.'

환자 '나는 아버지를 생각하는 중입니다.' *잠시 멈춤.* '어머니가 나를 제지했던 반면, 아버지는 나를 상대하려 하지 않았던 것으로 보입니다. 나는 어머니가 나를 제지한다는 생각, 말하자면 아버지 대신 어머니가 나를 제지한다는 데 적대감을 느낍니다.' *잠시 멈춤.* '내가 유아나 아이였을 때 아버지는 나의 기대를 저버렸을 가능성이 충분합니다. 그러나 그게 어떤 것인지 분명하지 않습니다. 몇 년 전에 떠올랐던 생각인데 아버지를 찾고 있는 아이가 있는데 그 아이가 낙담하는 그런 것이었습니다. 하지만 나한테 이런 일이 실제로 일어났었다고는 생각하지 않습니다.'

분석가 '내가 당신 어머니에게서 듣고 전에 당신에게 말해 주었던 것 중 일부가 지금 여기에 끼어 들어오는 것 같습니다. 내가 당신을 첫 번째 치료에서 만나기 전, 당신 어머니는 당신 아버지에 대해 처음으로 말하면서 아버지가 완전했다고 했습니다. 어머니는 분명 당신 아버지를 우상화했습니다. 나는 당신 어머니가 그 후 자신의 분석을 통해 우상화에서 회복되었다고 봅니다. 당신은 이것에 대한 당신의 느낌을 설명하려고 노력하는 것 같습니다.'

환자 '그렇습니다, 여기에 뭔가가 있습니다. 돌이켜 생각해 보니 아버지가 점점 더 덜 완전하게 되어가는 것으로 보였던 게 사실입니다. 아동교육에 대한 아버지의 태도는 너무 이론적이었지요. 또한 아버지의 불완전함과 부적절함을 발견하는 경험은 다른 면에서 항상 충격적인 것이었습니다. 아버지의 완전함에 대해 새롭게 드는 생각은 이것입니다. 아버지의 완전함은 아버지에 대한 어머니의 생각이었고, 나에게는 자명한 진리로 받아들여졌다는 거지요. 나는 아동기에 아버지의 불완전함을 발견하고서 놀랐습니다. 학교에서 부자 대항 크리켓 시합을 했던 때를 예로 들 수 있습니다. 아버지의 몸놀림은 다른 아버지들에 비해 둔했습니다. 나는 한편으로는 완전함을 마치 사실인 것처럼 받아들였지만, 불완전함을 발견하고서는 완전이 무척 어렵다는 것을 알게 되었습니다. 다른 한편으로는 완전함에 대한 이런 생각에서 비롯되는 어려움도 있었습니다. 대체로 나는 내가 간파한 불완전한 것들을 억누르는 편이었습니다.'

분석가 '중요한 것은 어머니가 가진 아버지가 완전하다는 생각이 어머니가 아버지를 사랑하지 않았다는 것을 의미할 수 있다는 겁니다. 실재하는 한 사람에 대한 진정한 관심 없이, 어머니는 완전성을 강조했습니다. 나는 당신이 모든 것을 어머니와 아버지 사이의 애정의 부재로 느꼈다고 생각합니다.'

환자 '나와 아내 사이가 정확하게 이렇습니다. 나는 아내가 완전하다고 생각했고 그런 생각이 비논리적이라는 걸 알면서도 아내를 그런 쪽으로 몰아갔습니다. 아내가 나를 원치 않는다는 것을 알아차렸을 때는 이미 전체구조가 와해되어 있었고 아무 것도 소용이 없었습니다.'

분석가 '나에 대해서도 이와 비슷한 게 있습니다.'

환자 '아, 맞습니다, 처음에 나는 당신이 완전하다고 여겼습니다. 그리고는 다시 불완전함을 드러내는 사소한 증거들은 다 무시해 버렸습니다. 이런 입장에서는 누구든 그래야 한다고 생각합니다. 만약 당신이 불완전하다면 전문가가 아니라고 생각해야 하는 겁니다. 분석상황에서 당신이 완전하지 않다면 내가 직접 분석을 해야 하는 거지요. 동등한 토대 위에서 우리가 사태를 논의하는 상황을 가정해 봅니다. 예를 들면 농담을 하는 때지요. 나는 흥분하고 즐거워하는 내 모습을 봅니다. 당신은 실망하거나 짜증을 낼 것 같군요. 완전함이라는 생각은 불만족스러운 겁니다.'

분석가	'내가 완전하다는 생각은 느낌과 갖가지 상상적 산물들이 존재하는 관계에서 당신이 불안을 느낄 때 하나의 방어물로 사용될 수 있었습니다.'
환자	'동등에 관한 놀라운 사실은 그때 우리 두 사람 모두 아이라는 것인데, 그러면 문제는 아버지가 어디에 있느냐는 것이지요. 우리 둘 중 하나가 아버지라면, 우리는 우리가 어디에 있는지 압니다.'
분석가	'당신은 여기서 어머니하고만 관계를 맺는다는 생각과 삼각관계로 아버지와 어머니와 관계를 맺는다는 생각 사이를 맴돌고 있습니다. 만약 아버지가 완전하다면 당신 또한 완전해지는 것 외에는 할 수 있는 게 없으며, 그 때 당신과 아버지는 서로 동일시됩니다. 충돌은 없습니다. 이와는 달리 당신들(당신과 당신 아버지)이 당신 어머니를 좋아하는 두 인간 존재라면 충돌이 있습니다. 당신이 딸만 둘 있는 게 아니라면 당신 가족 내에서도 이런 충돌이 나타났을 겁니다. 사내아이였다면 어머니를 두고 그와 아버지 사이에 이런 경쟁 상태를 만들어냈을 겁니다.'
환자	'당신이 큰 문제를 끌어들이는 것 같습니다. 나는 한 번도 인간이 되어본 적이 없습니다. 그럴 기회를 놓쳤습니다.'
분석가	'지금 당장은 당신이 완전해질 수 없을 것이기 때문에, 당신이 정신의학이나 정신분석을 전공분야로 고려하지 않는다고 한 말이 생각납니다.'
환자	'나는 무언가를 잘하지 못하는 것을 정말이지 받아들인 적이 없습니다.'
분석가	'당신의 삶은 병으로 나타나고 병으로 진행될 수밖에 없었던 완전함-불완전함이라는 토대 위에 세워져 있었습니다.'

환자 '내게 있어 불완전하다는 것은 거부당하는 것을 의미합니다.'
분석가 '당신이 당신 아내에 관해 말한 것을 생각해 보니, 당신 아내의 완전함과 불완전함 외에는 그녀에 대해 내가 아는 게 아무 것도 없다는 느낌이 드는군요. 나에게는 여자로서의 당신 아내에 대한 그림이 없습니다. 이것이 나의 잘못이라고는 생각하지 않습니다.'
환자 '내가 아내를 말로 서술할 수 있을지 잘 모르겠습니다. 나는 당신이 내 아내가 여자인 점에 대해서는 관심이 없다고 생각하려 했습니다. 또한 나는 사람을 말로 서술하는 게 언제나 어렵습니다. 나는 사람의 성격이나 머리 색깔 그리고 그런 종류의 모든 것들을 전혀 묘사할 수 없습니다. 아마 다른 환자들도 분석에서 사람들에 관해 서술할 거라는 생각이 듭니다. 그래서 이게 곧바로 당신도 나에 대해 비판할 것이라고 느끼게 만듭니다. 나는 늘 세례명을 사용하는 것을 탐탁지 않게 여깁니다. 그런데 그저께 내가 아내의 세례명처럼 들리는 남자 이름을 사용한 걸 알아챘습니다. 이 실수의 이면에는 내게는 남성적 특성을 지니고 있는 나의 아내에 관한 인상기술서가 있습니다.'

5월 9일, 월요일

환자 '지난 시간에 나는 불능이라는 느낌을 가진 채 이곳을 떠났습니다. 성적불능을 말입니다. 정확하게 무슨 일이 일어났는지는 생각나지 않습니다. 여기 오기 전과 비교하면, 나의 상태에 무언가 확실한 변화가 있었습니다. 그 변화는 분명 지난 회기와 관련이 있습니다. 나는 여자친구를 만날 계획을 했는데, 그녀도 자신의 계획이 있었습니다. 나는 심란했습니다. 문제는 복잡하고 그녀의 행동이 달라졌습니다. 그녀는 냉담해져 가고 이전 남자친구에게서 더 많은 것을 얻고 있습니다. 그 남자가 나보다 더 많이 그녀를 흥분시키고, 나는 성가신 존재가 되고 있습니다. 이것이 싸울 것인가, 아니면 그만둘 것인가 하는 딜레마를 만들어냅니다. 하지만 그만둔다는 것은 내게 아무것도 남지 않는 것을 의미합니다. 그렇다고 그게 그녀에게 매달릴 만한 이유는 아니지요. 나는 그녀에게 제2 바이올린 노릇을 좋아하지 않는다고 말했습니다. 그러나 그 모든 게 얼마나 진심이었는지는 나도 모릅니다. 여기로 오는데, 어쩌면 내가 분석을 더 받아야 하고, 내가 분석을 종결하는 데 너무 낙관적이었다는 생각이 떠올랐습니다. 다른 한편 여기에 오는 것을 어려운 상황에서 벗어나기 위한 직접적 도움으로 이용하는 것도 분명 잘못된 일입니다. 바로 이런 이유 때문에 아내는 내가 분석을 받으러 가는 것을 비난합니다. 그리고 그것은 정신분석에 대한 전반적인 비판이기도 합니다. 어려움을 모면하기 위한 게으른 방편이라는 것이지요.'

분석가 '이러한 사실에서 당신은 여기서 이 주제를 다루는 분석가로서의 내 역할이 두 가지임을 확인할 수 있습니다. 한 역할에서 나는 마치 당신의 아버지나 삼촌이 살아난 것 같아서, 당신에게 의논할 사람이 생긴 겁니다. 이 역할이 매우 중요한 것이기는 하나 나의 주된 기능은 아닙니다. 다른 하나는 당면문제를 현실적으로 해결하는 데는 관심이 없지만, 당신에게 더 전반적으로 영향을 미치는 변화들이 당신 자신에게 일어나게 하는 정신분석가로서의 역할입니다.'

환자   '당신을 첫 번째 방식으로 이용하는 것은 잘못이라고 느낍니다. 낭비하는 것이지요.'

분석가   '하나의 역할이 다른 역할을 배제하는 것은 아닙니다. 내가 하나의 역할이나 다른 역할에 엄격하게 고정되지 않는다는 것을 당신이 깨닫는 게 중요합니다.'

환자   '마치 아침 일찍 잠에서 깨는 것처럼, 오래된 어려움들이 다시 찾아왔습니다. 분석의 효용이 사라져버린 걸까요? 지난 회기에 무슨 일이 있었지요? 내가 알기로 그것은 내 부모님과 관계된 거였습니다.' *잠시 멈춤.* '아버지를 우상화하는 어머니와 관련된 어떤 것이어서 나는 경쟁할 수가 없었습니다. 왜 이것이 성적불능을 가져왔을까요?'

분석가   '우리가 고려해야할 첫째 사항은 내가 한 말이 옳았는가 하는 겁니다.'

환자   '글쎄요, 그 말이 맞지 않다 하더라도 합리적이긴 했습니다. 그리고 당신이 한 말이 어떤 반응을 일으켰다고 내가 느끼는데, 그건 아마도 그 말이 옳았다는 것을 의미할 겁니다. 당신이 뭘 잘못 말했을 때, 그에 대한 테스트는 보통 그 말에 아무런 결과가 따라오지 않는다는 거지요. 나는 옳든 그르든 아버지를 완전함의 상징으로 바라보는 어머니를 발견하고 보니 걱정이 됩니다.' *잠시 멈춤.* '나는 늘 다른 사람들도 나를 같은 식으로 바라볼 거라고 기대하는 경향이 있었습니다. 그리고 나는 완전하다고 여겨질 희망이 없었습니다. 내가 이류라고 하는 비판이나 증거가 조금이라도 드러나면, 나는 이내 우울해지거나 지나치게 낙심합니다. 무언가를 성취하는 단 하나의 길이 있으니, 그것은 완전함에 의한 것입니다.'

분석가 '당신은 사랑받을 희망이 전혀 없다고 늘 말합니다.'

환자 '그렇습니다. 사람들과의 관계, 특히 여자들과의 관계에서 완전함의 가능성이 있는 초기에는 아무런 문제가 없습니다. 그러다가 불완전하다는 게 차츰 분명해지면서 사태가 걷잡을 수 없게 되고, 나는 자신감을 잃어버립니다. 이번 여자친구의 경우, 나는 처음으로 이에 맞서 싸웠고 좀 더 정상적인 관계를 이뤄냈습니다. 어쨌든 나는 성적으로 완전하게 보였습니다. 그러나 지난 번 이후로 나는 더 이상 대처할 수 없을 거라 느끼고 있습니다. 그녀는 나를 이상적인 애인으로 여긴 게 아니라 만족스러운 애인 정도로 여겼습니다. 환상은 깨지고 나는 다른 사람들과 경쟁하는 평범한 입장, 곧 내가 전혀 좋아하지 않는 입장으로 돌아갑니다. 이류인 것으로 드러나면, 나는 달아납니다.'

분석가 '남자들을 제3의 인물에 대한 사랑 때문에 자리싸움을 하는 존재로 생각하는 데서 어려움이 생기는 것으로 보입니다. 남자들은 그런 자리에서 "제3의 인물이 그만한 가치가 있는지" 고려해 보아야 합니다.'

환자 '나는 이긴다는 걸 확신할 때만 싸우는 것 같습니다.'

분석가 '당신은 여자를 위해 싸우는 게 아니라 누가 완전한 자신인지 확인하기 위해 싸웁니다.'

환자 '지난 회기부터 하나의 중요한 단어가 계속해서 나타나고 있습니다. 거부라는 단어이지요. 불완전함은 거부당하는 것을 의미합니다.'

분석가 '당신은 분석을 종료하는 근거가 분석이 완전해지거나 당신이 완전함의 단계에 도달하는 것이라고 말했습니다.'

환자 '여기서 거부가 분석에 다시 등장합니다. 내가 완전함을 향해 전진하다가 이 목표에 분명하게 도달하면 분석을 중지해야 하나요, 아니면 완전함이 중요하지 않은 토대 위에서 분석 작업을 해야 하나요? 후자의 경우 나는 어느 시점에서 거부당하든가, 아니면 내가 원해서 더 이상 오지 않기로 결정하는 거지요. 이 경우 거부당하는 걸 모면하기 위해 분석에 오지 않겠다는 생각을 택할 위험성이 있습니다.' *잠시 멈춤.* '바로 그때 나는 분석에 대해 생각하는 걸 그만 두었습니다. 더 사소한 일들을 생각했습니다. 오늘 저녁에 목욕을 할까? 머리를 감을까? 하는 것들이지요. 모든 핵심은 내가 여기에 없었다는 겁니다.'

분석가 '내가 보기에 당신은 나에게서 떠나는 데 성공했습니다. 우리가 줄곧 말해 왔던 것 때문에 당신은 분석을 그만두고 나갔고, 그만둔다고 내게 말할 수 있었습니다.'

환자 '전혀 새로운 생각이 떠오릅니다. 만약 내가 분석을 그만둔다면, 당신이 이 결정을 받아들이겠는가, 아닌가하는 것입니다. 그만두고 나가더라도, 나는 돌아서서 돌아와야 합니다. 당신에게 그 사실에 대해 알린다는 의미입니다. 모든 문제는 결국 어떤 누가 그만두었을 때 누군가 당황할 것인가? 그가 돌아오기를 누군가 원할 것인가? 하는 것이지요. 그만두고 가는데도 다시 돌아오라는 요청을 받지 못하면 아주 기분이 안 좋을 겁니다. 이는 아동 교육의 차이점들을 생각하게 만듭니다. 아이가 버릇이 없을 때 당신은 어떻게 합니까? 내가 나의 아버지를 정확하게 설명하는 거라면, 아버지는 예컨대 아이가 성질부릴 때 무시해버리는 것으로 해결했습니다. 아니 나의 아버지만 특히 그런 것은 아니지요. 그 방법은 효과가 있다고 합니다. 아이는 자기가 무시당하고 있는 걸 알게 되면 하던 짓을 멈춥니다. 아이의 관점에서 볼 때

이것이 모욕이라는 걸 나는 알 수 있습니다.'

분석가 '이는 그 아이에게 떠나면 버려진다는 생각을 남겨줍니다.'

환자 '사실 내가 기억하기로 아버지는 그 반대였습니다. 자기 아이들이 버릇없이 굴면 아버지는 "얘들이 즐겁지 않구나, 아이들에게는 공감이 필요하지"라고 했고 그 원칙에 따라 행동했습니다.' (주; 분석가는 1차 분석에서 이에 대한 이야기를 들었던 것을 기억하고 있다). '그는 꾸짖지도 않았고 무시하지도 않았습니다.'

분석가 '이렇게 하면, 흔히 있는 경쟁관계에서 틀림없이 일종의 마비상태를 야기할 겁니다. 성질부리는 아이에게 즐겁지 않다고 말함으로써 얻을 유용성은 이해되나, 당신의 아버지가 부자관계에 따르는 일상적인 충돌을 피해갔다고 생각합니다.'

환자 '나는 아버지가 나와 같았다고 생각합니다. 아버지는 이길 것을 알 때만 충돌을 허용했습니다. 이런 싸움이라는 맥락에서는, 질 걸 알면서도 싸우는 건 분별없어 보입니다. 나는 옛날의 결투에서 어떻게 죽임을 당함으로써 명예가 지켜질 수 있었는지 이해할 수 없습니다. 온당하지 않은 것 같습니다.'

분석가 '당신의 관점에서 볼 때, 그 주제는 실제 싸움에 관해서만 이야기 할 수 있는 주제입니다. 지금 시점에서 당신은 환상이나 놀이를 사용할 수 없으며, 결투하는 자들이 날카롭게 공격해오는 상대방의 멋진 묘기에 내가졌군touché! 하면서 인정하는데서 볼 수 있는 상황의 완화 또한 활용할 수 없습니다. 만일 당신과 아버지가 싸워야 한다면, 당신은 지금 이 순간 둘 중 하나가 실제로 죽는 싸움만 생각할 수 있습니다. 따라서 그에 대한 포상이 그럴만한 가치가 있는지 분명히 해야 합니다.'

환자 '이 말은 회기가 끝날 때가 다 된 게 아닌가하는 나의 궁금증과 연결되어 있습니다. 이것은 동일한 사태의 일부이지요. 내가 계속 말을 하면 나는 저지당할 거고, 그것은 지거나 내던져지는 것을 의미합니다. 내가 카우치에 누워있지만, 분석을 마칠 시간이 되면, 당신은 내게 나가라! 고 명령할 것 같습니다.' (회기 종료 칠 분 전에 이 일이 있었다) '우리는 절충안을 모색하고 있습니다. 내가 서서히 말을 마쳐가고 더 이상 할 말이 남아있지 않을 때, 당신이 시간이 다 됐다고 말하는 것이지요. 나는 이미 준비가 되어 있습니다. 하지만, 그럼에도 불구하고, 유쾌하지 않은 당혹감을 느낍니다.'

분석가 '당신이 이런 문제를 분석시간 종료 몇 분 전에 다루는 것은 흔치 않은 일입니다.'

환자 '나는 평소 그 문제에 대해 침묵했습니다. 그러나 불편하게 느꼈습니다. 도중에 제지당하는 건 대단히 힘듭니다.'

분석가 '"도중에 제지당하다"는 말은 일종의 은유적 표현이지만 거세라는 개념에 가장 가까이 다가간 당신의 표현입니다. 그것은 마치 당신이 소변을 보고 있는데 도중에 제지당하는 것과 같은 것으로, 세 단계의 경쟁을 상기시킨다 하겠습니다. 첫째는 완전함이 있는 단계로 당신이 할 수 있는 유일한 일은 당신도 완전해지는 겁니다. 둘째는 당신과 당신의 경쟁자가 서로 죽이는 겁니다. 그리고 셋째는, 방금 든 생각인데, 둘 중 하나가 불구가 되는 겁니다.'

환자 '나는 여기서 소변을 보는 도중에 제지당한다는 생각을 인정 합니다. 그건 마치 성교 중에 제지당하는 것과 아주 흡사하지요.'

분석가 '이렇게 해서 우리는 당신이 어제 회기 종료 후의 느낌을 서술하면서 성교불능이라는 말을 사용했던 문제로 돌아왔습니다. 나는 성교 중에 저지를 당한다는 당신의 생각을 부모가 함께 있을 때 훼방을 놓으려 하는 아이로서의 당신 자신의 충동과 연결시키고 싶습니다.'

5월 10일, 화요일

환자 　'간밤에 마음이 진정되지 않았습니다. 몇 가지 이유가 있는 걸로 생각합니다. 그 중 하나는 여자친구와의 관계가 악화된 건데, 그로 인해 집에서의 생활이 더욱 견딜 수 없게 되었습니다. 분석에서 있었던 일도 이유 중 하나입니다. 왜 그런지는 잘 모르겠습니다. 그게 사실인지 아니면 단지 소망적인 사고에 불과한 건지 모르겠으나, 분석 회기 때문에 마음이 동요된다고 느끼고 싶어 하는 요소가 있는 게 확실합니다. 나는 그 요소가 무언가가 일어나고 있다고 내가 생각하는 것에 대한 유일한 증거라고 느낍니다. 나는 마음에 장애가 없으면 크게 실망합니다. 장애가 없다는 것은 내게서는 진전이 없다는 걸 의미합니다. 이런 견지에서 볼 때, 지난 두 회기 때 겪었던 고통은 만족스러웠습니다.'

분석가 　'무슨 일이 일어나고 있었는지 말해 줄까요?'

환자 　'글쎄요, 말해주시지요.' (망설이는 듯하다) '좋은 생각 같습니다.'

분석가 　'당신이 그토록 도달하기 어려웠던 남자와의 경쟁이라는 생각이 나하고의 관계에서 나타난 것으로 보입니다. 당신은 지지난 회기 후에 성교불능의 느낌을 가졌습니다. 그리고 지난 회기에는 도중에 잘려나간다는 생각으로 다시 돌아왔습니다. 그리하여 당신의 환상 안에 두 남자에 대한 생각이 들어왔고, 그 중 한 남

	자가 다른 남자를 불구로 만듭니다. 전에는 오직 살인만 있었지요. 그것은 경쟁상황은 받아들일 가치가 없다는 의미였습니다.'
환자	'나는 내가 왜 여자들에게 아첨하는 걸 특히 힘들어하는지 이유를 제대로 설명할 수 없습니다. 그건 결국 구애 기술의 일부일 텐데요. 그게 비현실적으로 느껴집니다. 나는 여자들을 칭찬하는 말을 지어낼 수 없는 것 같습니다. 이게 근거 없는 억측인가요? 여기에 경쟁의 회피와 이어지는 하나의 연결고리가 있어 보입니다.'
분석가	'하나의 고리가 될 수 있는 것은 당신 마음이 끌리지 않더라도 여자들이 먼저 당신을 요구해야 한다는 것입니다.'
환자	'맞습니다, 경험상 그렇습니다. 여자들이 내게 와야 하고 나를 흥분시켜야 하지요.'
분석가	'당신은 구애 과정의 경쟁에 대해 말하고 있는 겁니다.'
환자	'한 여자에 대한 구애를 두고 경쟁해야하는 것은 나로서는 참을 수 없는 일로 보입니다.'
분석가	'그 여자가 당신을 선택하지 않으면, 당신은 버려졌다고 느낍니다.'
환자	'그런 일이 아내에게서도 일어났고 여자친구에게서도 일어났습니다. 내가 성가신 존재가 되었기 때문에 여자친구가 나를 딱하게 여길 뿐이지요.'
분석가	'당신이 부모에게 있어서는 어린 아이이나, 어머니의 애정을 얻는 것과 관련해서는 아버지와 경쟁관계라고 말할 수 있는 그런 종류의 일들이 있습니다.'

잠시 멈춤

환자	'그런 종류의 일들과 연결될 거라고는 생각하지 않습니다.'

분석가 '어쩌면 당신은 다른 어떤 것을 마음에 두었을 겁니다.'

환자 '그렇습니다, 나는 앞으로 뭘 할 것인지 생각하고 있었습니다. 여자친구는 자기가 근무하는 병원에 응급의사 자리가 하나 비어있으니 나더러 한번 지원해보라고 제안했습니다. 나는 그때까지 그 일을 생각해본 적이 없었습니다. 지금 "X" 병원에, 비-거주 응급의사 자리가 하나 비어있는데, 지원해야 될지 어떨지 잘 모르겠습니다. 그 자리는 나름대로 장점이 있습니다. 예를 들어, 저녁시간이 이용가능하면 여기에 올 수 있고 분석도 계속할 수 있습니다. 그 외에 실리적인 문제들도 있습니다. 주거비를 지불할 필요가 없어지면, 일주일에 일 파운드를 절약할 수 있습니다. 열심히 일을 해야 하는 고된 자리일 겁니다. 아침에 일찍 일어나야 한다는 뜻이지요. 또한 집에 더 오래 있게 될 것이므로 집에서 벌어지는 힘든 문제들과 부딪혀야 할 겁니다. 하지만 나는 이 아이디어에 마음이 끌립니다. 응급의사 일자리가 의사로서의 내 경력에 곧장 연결되지는 않을 테니, 그 자리는 결정을 미루는 만족스러운 방편이 될 수 있습니다.'

분석가 '이 모든 이야기에는 분석을 계속하기 바라는 생각이 내포되어 있습니다.'

환자 '그렇습니다, 정신분석은 자유 시간을 빼앗아가고 우정을 나눌 시간을 내기 어렵게 만들지요. 그래도 나는 분석을 계속 받고 싶습니다.'

분석가 '분석이 당신 여자친구와의 관계에 얼마나 방해가 될 것 같나요?'

환자 '그게 이제는 중요하지 않게 되었습니다. 여자친구와의 관계는 끝났습니다. 나는 그 관계를 다른 요인들만큼 중요하게 고려할 수 없습니다.'

분석가 '만약 당신이 지원한다면 전망은 어떻습니까?'
환자 '이미 나는 현직 응급의사에게 전화를 걸어 그 일에 대해 상의했습니다. 내가 수술 경험이 없다는 것 외에는 전망이 괜찮아 보입니다. 여하튼 나는 지원할 수 있고 결과를 기다려볼 수 있습니다. 이는 정신분석을 일 년 더 받을 수 있다는 걸 의미합니다.'
분석가 '이 일은 당신에게 최종 목표를 향한 당신 자신의 길로 돌아오게 해줄 시간을 주는군요.'
환자 '그렇습니다.' (주제가 발전했다) '그 일자리는 직무수당도 있습니다. 매우 흥미로운 게 하나 더 있는데, 지리적으로도 내 마음에 들었다는 것입니다. 그 병원은 런던의 다른 지역에 있는데, 나는 병원 관계 일로해서, "X" 병원에 대해서 물론 알고 있습니다. 어쩌면 이것은 크게 중요하지 않을 수도 있습니다. 그래도 지리적 요인이 이 일자리를 더욱 마음에 끌리게 합니다. 그 병원은 아마 여기와 더 가까울 겁니다.'

잠시 멈춤

분석가 '무언가가 일어났습니다. 당신이 떠났는데도 내가 당신을 버리지 않는 걸 당신이 발견했습니다. 당신은 분석을 그만두겠다는 생각을 확실하게 고찰하는 한편, 몇 달 전, 여기 이 방에서 진행되는 일과 분명하게 일치되지 않는 생각들을 하게 되면서 분석에서 떠났습니다.[15]'

잠시 멈춤

환자 '나는 전체적으로 어느 정도 흥분을 느낍니다. 이는 일부분 새로운 일에 대한 생각 때문인데, 분석을 그만두는 것과 관련된 어려

---

15 이 책 부록의 "철수와 퇴행(Withdrawal and Regression)" 참조.

운 문제들을 해소할 방법을 제공해줍니다. 그러나 이런 흥분은 내가 지금 다른 어떤 일에 차분하게 착수하는 걸 어렵게 만듭니다. 어떤 이가 어떤 흥미진진한 일에 끌린다면, 그가 누구일지라도 일정 기간 동안은 다른 주제에 착수하기 어려운 게 오히려 흔한 일 아닌가요? 지금 나는 일어서고 싶고 즉시 행동하고 싶습니다. 나는 마치 내가 묶여있는 것처럼 팽팽한 긴장감을 느낍니다. 나는 그 긴장감을 다루고 싶습니다.'

분석가 '무슨 일이 일어나기를 기다려야 하는 이 정신분석이라는 일보다 당신이 능동적으로 처리할 수 있는 일을 하는 것이 훨씬 더 마음 편할 겁니다.'

환자 '나는 지난 이년 간 내가 일자리를 얻었던 방식에 대해 죄책감을 느낍니다. 영국의사협회를 한 번 방문한 것 외에는 아무런 적극적인 조처를 한 것이 없는데도 일자리가 주어졌습니다. 그 밖의 다른 일들은 그냥 따라왔습니다. 나는 더 이상 표류하고 싶지 않습니다. 그건 수치스러운 일입니다. 부끄럽습니다. 나는 나약하고 조수에 떠밀려가는 느낌입니다. 어떤 경우에서든 나는 나의 진로를 스스로 결정하지 않았습니다. 여자친구를 사귀는 일에서조차 나는 먼저 이끌지 못하고 그냥 끌려갑니다. 고등학교를 마치고 대학에 진학했을 때에도 내가 대학에 응시했다기보다 대학에 흘러들어갔던 것이고, 의학을 공부하기로 한 것조차 어느 정도는 어머니의 결정이었습니다. 어머니가 나를 의학으로 슬쩍 밀어붙였지요. 나는 아내에게 아주 많이 공감합니다. 그런 아내는 내가 쇼핑할 때 아무것도 결정하지 못한다고 불평합니다. 나는 선물을 고르지 못합니다. 아내는 나를 무시합니다. 그래서 지금 나는 내게 온 것을 가져와야 한다는 생각에 흥분하고 있습니다. 아내는 나와 함께 외출할 때 어디로 가야할지 자기가 선택해야 한다는 것에 대해서도 내게 흠을 잡습니다.'

(이전 회기와 비교해 볼 때, 이번 회기에서 중요한 것은 전반적인 무드의 변화에서 드러나는 절망상태로부터의 회복이었다)

5월 13일, 금요일

(평소와 달리 환자가 십 분 늦게 도착했다. 이것은 회기 마지막에 불가피하게 '도중에 잘려나간다'라는 느낌이 있을 수 있다는 것을 의미한다)

환자 '내가 조금씩 나아진다고 계속 느끼는 것 말고는 정말 아무 할 말이 없습니다. 긴장과 불안이 사라진 것으로 보입니다. 이것은 여자친구와 관계를 끝낸 것과 일부분 관련이 있습니다. 관계의 종료가 안도감을 가져다주었습니다. 전체적으로 많은 가식이 있었다는 것을 나는 알고 있습니다.'

분석가 '당신은 지적으로 이 종료에 대해 줄곧 대비해 왔습니다. 그러나 이것은 정서적으로 느끼고 겪는 경험의 문제입니다. 슬프지요?'

환자 '그렇게 많이 슬픈 정도는 아닙니다. 그건 쓸쓸함이나 절망감 같은 겁니다. "다시는 없다"라는 느낌입니다. 돌이켜보니, 내가 하나의 게임을 하고 있었고, 그게 착각을 유지하는 게임이라는 걸 나도 알고 있었던 것 같습니다. 전에는 내가 놀이를 할 수 없었다는 점을 감안하면, 게임을 했다는 사실 그 자체가 내게는 긍정적인 일입니다.'

분석가 '즐겁게 하는 놀이였군요.'

환자 '그렇습니다.' *잠시 멈춤.* '지난 몇 개월 사이에 무언가 일어났습니다. 나는 가벼운 장난이나 명랑하게 지내는 데 있어 확실히 더 많은 능력을 갖게 됐습니다. 그것에 대해 아직도 의식을 하고 있지만 말입니다. 게임은 경박한 것인데, 나는 놀이하는 동안에도 경박함을 줄곧 부인해 왔던 것 같습니다. 나는 짐짓 명랑한 척 했습니다. 이 다른 사람인 명랑한 나를 꾸며내기가 너무 힘들어 지치고 우울해질 때도 있고 다시 긴장할 때도 있습니다. 그러니까 내가 정말 진정으로 자발적으로 명랑한 것은 아닙니다.'

잠시 멈춤

분석가 '여기서 나하고 같이 있을 때는 어떻습니까?'

환자 '글쎄요, 그것은 다른 문제지요. 여기서는 인위적으로 자기를 꾸미거나 경박할 필요가 없습니다. 나는 여기서 그런 것을 다 버릴 수 있고 나의 고유한 자기로 있을 수 있습니다. 때때로 나는 더 깊은 곳으로 들어가기 위해 여기에서 흘러나가야 합니다. 그러면 나는 마치 내 몸을 떠나 마음 안에서 방황하는 것처럼 다른 어느 곳에 가 있습니다.' *잠시 멈춤.* '이런 표류는 말로 표현하기 힘듭니다.' (이전의 철수와 비교하라) '나의 일부는 그것에 대해 말하고 싶어 하지만 다른 일부는 "안 돼, 너는 그럴 수 없어"라고 말하는 심상(心象)을 내가 가지고 있습니다. 그 결과는 침묵입니다. 말해야 되는 절박한 것이 아무것도 없기 때문에, 지금 내가 이와 같은 기분이고 잠이 들려는 위험에 처해 있습니다. 그래서 나는 방황하고 여기에 있다는 걸 잊어버립니다.' *잠시 멈춤.* '기이한 비유가 하나 머리에 떠오릅니다. 페인트공의 작업 그네를 타고 맞은편 벽을 청소하는 사람들의 비유입니다. 나도 마치 페인트공의 그네를 탄 것처럼 느릿느릿 여기로 들어왔다 나갔다 하면서 같은 짓을 하는 내 모습을 그려 보았습니다. 말하고 싶은 것이 있지만, 그걸 말하기가 두렵다는 것을 나는 느끼지 않을 수 없습니다. 지난 시간에는 긴장에 대한 불안감으로 인해 만족스럽게 느껴졌습니다. 하지만 지금 나는 더 만족스럽게 느끼고 있고 새로운 위험을 감수하고 싶지 않습니다. 또한, 이상한 생각이긴 하나 지금 나는 여기에서 다른 누군가에게 조언하는 것을 돕는 조력자라고 느낍니다.'

분석가 '어떤 면에서 그 말은 사실입니다. 당신이 당신 자신을 데려온다고 말할 수 있는 경우도 자주 있기 때문입니다. 한때는 우리가 당신에 대해 말했었지요. 그러니까 당신 스스로가 이리로 왔던 건 결코 아닙니다.'

'당신은 현재 겪고 있는 어려움이 최근에 나타난 경쟁이라는 개념과 연결된 방식을 당신이 알 수 있게 내가 도와주길 바라고 있습니다. 처음에 당신은 한 명의 남자 또는 두 명의 남자가 죽임을 당하는 경쟁관계가 있을 수 있다는 인식에 도달했는데, 그 때 싸움은 당신에게 가치가 없었습니다. 그 다음 당신은 두 남자가 충돌한다는 생각 비슷한 걸 느꼈습니다. 그 때는 한 남자가 불구가 되나, 살아남을 수 있었습니다. 그러고서는 당신이 버려진다는 다른 주제가 등장합니다.'

환자 '나는 그것에 대해 이렇게 말할 수 있습니다. 만약 내가 나 자신을 데리고 온다면, 따라와야 되는 부분은 마지못해 오는 것입니다. 나는 그것을 계속 다시 데려다 주어야 합니다.'

분석가 '나의 이 자기는 버려질 수 있다는 생각을 견뎌낼 수 없습니다.'

환자 '그렇습니다.' (확신이 없다) 즉시 잠이 든다.

분석가 '당신은 방금 잠이 들었습니다.'

환자 '피곤하지도 않은데 왜 그랬는지 모르겠습니다.'

분석가 '나와 관련된 아주 위험한 것이 있습니다. 그것은 당신이 사용했던 성교불능이라는 단어입니다. 당신은 나로 인해 당신에게 생긴 상태를 설명하려고 이걸 며칠 전에 사용하려 했습니다. 그와 동시에 당신과 여자친구의 연애관계가 끝났습니다. 나는 그날 저녁의 결별이 여기에서의 상황 때문에 초래되었다기보다 당신 여자친구의 변화로 인해 초래된 게 아닐까 하고 생각합니다.'

환자 '맞습니다.' 순간적으로 잠깐 잠이 듦. '내게는 잠을 피해야 하는 어려운 과제가 있습니다. 깨어있으려면 생각을 억눌러야합니다. 통제를 풀면 나는 잠이 듭니다.'

분석가 '그러니까 전체적으로 보아 두 대안 중에 수면이 더 생산적이군요.'

환자 '몇 주 만에 처음으로 당면한 문제나 혼란스러운 일이 없다는 느낌이어서, 분석에 마음이 내키지 않는 게 드러납니다. 나는 내가 두려워하는 게 뭔지 알고 싶습니다.'

분석가 '그것은 당신 자신이 여기에 와서 나를 만나면 당신이 불구가 될 거라는 것이지요.'

환자 '누가 불구가 되나요? 나인가요, 아니면 다른 사람인가요?'

분석가 '당신입니다.' 순간적으로 잠이 든다.

환자 '여자친구를 떠나는 것과 여기를 떠나는 것 사이에는 유사점이 있습니다. 나는 여기로 오려고 노력하지만 불구가 된다는 생각으로부터는 달아납니다.'

분석가 '곧 회기가 종료될 것입니다. 그리고 그때 나는 문자 그대로 당신을 불구로 만드는 어떤 사람의 자리에 있게 될 겁니다. 나는 이 말을 당신이 아직 여기 있는 동안, 분석을 중단하는 순간에 앞서 말하고 있습니다. 내 생각에 당신은 부활절 휴가를 내가 당신을 심각한 불구로 만드는 것으로 경험했습니다.'

환자 '이 잠이 드는 문제와 관련하여 오늘은 특별한 날입니다. 이 문제는 아버지가 완전하다는 것과 나는 아버지와 경쟁할 수 없다는 것, 그리고 이 둘 다와 관련이 있는 게 틀림없습니다.' (환자는 매번 잠들기 전에 그렇다고 대답을 할 수 있었음에도 불구하고, 나의 해석을 정말로 못 들은 척 했다)

분석가 '그렇습니다, 경쟁관계인 당신 아버지와 당신이 위험을 초래하고 있습니다. 특히 당신이 적극적인 애정행위를 포함시킬 때 더욱 그렇습니다. 나는 당신이 아버지가 애정행위를 할 수 있다고 느끼는지 잘 모르겠습니다.'

잠시 멈춤

환자 '나는 더 보탤 말이 없습니다. 같은 내용을 달리 말할 뿐이지요. 여자의 관심을 다른 데로 돌리는 데 익숙해지려면 많은 노력이 필요합니다. "나는 아직 그럴 준비가 안 되었다."라는 어구가 떠오릅니다. 참 모호한 말이지요.'

분석가 '당신이 모든 애정행각을 포기하고 적극적으로 주의를 환기함으로써 페니스와 육체적인 성교능력을 유지해 온 부분이 있는 듯합니다.'

환자 '나는 여기에다 마음이 편치 않다거나 유쾌하지 않다는 것 같은 부정적인 것들을 덧붙이려 합니다. 엄청난 노력을 들여도 내 마음이 쉽게 편해지지 않고 무거운 게 참 이상하기 때문입니다.'

분석가 '다음 두 가지 대안이 있는 것으로 보입니다. 만일 지금 당신이 수동적으로 선택되는 대신 능동적으로 구애 행위를 할 수 있게

되면, 당신은 새로운 두려움, 즉 성교불능의 두려움을 발견하게 될 겁니다.'

환자 '나는 그때 이상한 생각을 했습니다. 아버지가 죽었기 때문에 이 모든 게 헛되어 보인다는 생각이지요. 전에는 내가 이런 문제에 부딪힌 적이 결코 없었습니다. 만약 그게 경쟁의 문제라면 그 문제는 이론적인 겁니다. 아버지가 죽었기 때문이지요. 나는 아버지의 죽음이 두 가지 방법으로 영향을 미친다고 생각합니다. 하나는 아버지가 죽은 걸 내가 인식하는 것이고, 다른 하나는 지금껏 그 문제가 속속들이 논의된 그대로입니다.'

분석가 '재미있는 이야깃거리 같으나, 지금 이 순간 당신은 내가 실제로 살아있다는 사실을 잊고 있다는 생각이 듭니다. 그런데 이제 시간이 다 됐습니다.'

5월 17일, 화요일

환자 '오늘은 할 말이 많지만, 지난 분석시간에 당신이 했던 말에서부터 시작하겠습니다. 당신은 당신이 살아있다고 했습니다. 지난 회기에 당신은 내게 아무런 도움이 되지 않는다는 인상을 주었습니다. 도움이 안 된다는 것은 지금 내게 당신이 살아있지 않다는 것을 상징하는 듯합니다. 살아있다는 건 당신이 뭔가를 하고 영향을 미치는 것과 같은 것이지요. 당신에 대해 느끼는 게 전혀 없고 감탄이나 사랑뿐 아니라 미움마저도 없다는 생각이 들었습니다. 그것은 당신이 살아있지 않다고 느끼는 것과 같은 겁니다.'

분석가 '그래서 내가 살아있다고 말했을 때 별 효과가 없었군요.'

환자 '아닙니다, 그런 뜻으로 말하는 게 아닙니다. 왜냐하면 그 말이 주제를 전면으로 끌어냈기 때문이지요. 그 말은 내가 아내와 나눈 대화중에 나온 어떤 말을 선명하게 부각시켜 주었습니다. 나는 아내에게 이야기하게 하고 아내가 받아들이도록 강요했습니다. 아내가 당신을 만나지 않기로 결심했던 분석 초기에, 나는 아내에게 당신을 만나보는 것에 대해 말을 하게 했습니다. 아내는 왜 만나지 않기로 결심했는지 그 이유에 대해 말하기를 늘 거부해 왔습니다. 심지어 아내는 "나는 절대 말하지 않을 거예요"라고도 했습니다. 그때 나는 아내가 나를 두고 떠나면 내가 자살할 수 있다고 생각하는 거라고 추측했습니다. 아내는 나를 두고 떠나면 결과가 어떻게 될지 당신에게 묻고 싶은 마음이 있었다는 걸 이제 시인합니다. 아내는 남자친구가 있는데도 자기 나름의 이유로 나를 떠나지 않기로 결심했기에 그 문제를 덮어두었습니다. 또한 얼마 전에 당신은 내 아내가 어떤 사람인지 모른다고 했습니다. 내가 한 번도 아내를 한 인간으로서 서술하지 않았기 때문이지요. 나는 당신이 내 아내를 만나고 싶었지만 일부러 만나지 않는 거라는 암시를 하는 것으로 느꼈습니다. 동시에 나는 당신이 나 모르게 아내와 연락하고 있었을 것이라는 생각도 하고 있었습니다.'

분석가 '만약 내가 당신 아내와 연락을 주고받은 걸 알게 되면, 어떤 느낌일 것 같습니까?'

환자 '놀랄 겁니다. 그런데 전에 나는 어머니가 나 모르게 당신과 이야기한다는 생각에 전혀 신경 쓰지 않았습니다. 그게 합리적이었으니까요. 나는 내 문제를 처리할 수 없었습니다. 그러나 지금 같으면 굉장히 화가 날 겁니다. 아내는 내게 입원하지도 말고, 일을 포기하지도 말고, 정신분석을 받으러 가지도 말라고 설득하려 했습니다. 아내는 내가 병원에 입원하기를 바라지 않는 새로운 이유를 제시했습니다. 아내는 남자친구 때문에 나를 버리고 떠나는 유혹에 저항할 수 없게 될까봐 두려워했습니다. 당시 나는 무기력했습니다. 정신분석을 받지 말라는 아내의 적대감은 일정 부분 내가 늘 정신분석에 반대한다고 아내에게 말해왔다는 사실에 기초를 두고 있습니다. 아내가 나의 나약함에 크게 반감을 가졌던 겁니다. 아내는 정신분석을 돈이 많이 드는 돌팔이 치료로 생각합니다. 이 때문에 여기서 실제로 얼마나 많은 진전이 이루어졌느냐가 문제가 됩니다. 만약 내가 여기에 아예 오지 않았다면, 그 정도의 진전을 내가 이루어내지 못하였을까요? 아내의 관점에 내가 어느 정도 공감하는 게 확실입니다. 나는 지금 일주일에 세 번씩 내게 나 자신의 병에 대해 꾸준하게 상기시키고 있습니다. 이것은 아내가 하는 말이지요. 그 말이 암시하는 것은 내가 분석에 가지 않는 게 더 좋을 거고 정상적으로 생활을 영위해 나가는 게 더 좋을 거라는 것입니다. 나는 당신이 답을 줄 수 없다고 생각합니다. 당신은 당연히 "그렇습니다. 나는 돌팔이 의사지요"라고 말하지 않을 것입니다. 당신이 정직하다면 당신 생각에 도움이 되지 않는 치료는 그만두었을 겁니다. 만약 아내가 나에게 내가 분석을 그만두더라도 내 곁을 지키겠다는 약속을 했더라면, 더 이상 분석을 받으러 오지 않으려 했을지도 모릅니다. 아내는 그 약속을 하지 않았습니다. 그런데, 만일 아내가 약속을 한다면, 그 약속을 지킬 수 있을까요? 나는 여기서 무엇이 이루어졌는지 궁금합니다. 나는 항상 다른 사람들이

나 대신 결정을 내리도록 강요하는데 그게 문제지요. 나는 당신이 무슨 말을 해주기를 바랍니다. 그러나 다른 한편, 만일 당신이 결정을 내린다면, 나는 나를 유치하게 여길 겁니다.'

분석가 '내 생각에 당신은 이런 문제들을 이야기하면서 무의식적 협력이라는 문제 전체를 도외시하고 있습니다. 당신이 여기로 분석을 받으러 오는데 내가 당신의 기대에 부응하지 못했다면, 당신은 이 시점이 오기 전에 이미 분석을 그만두는 반응을 보였을 겁니다.'

환자 '비록 분석할 게 남아 있긴 하지만, 우리는 당신이 할 수 있는 모든 것을 다하였다라고 당신이 말해주는 단계에 도달하기를 나는 늘 기대하고 있습니다.'

분석가 '그렇습니다, 그건 가능합니다.'

환자 '지난 시간에 나는 "위니캇이 과연 해낼 수 있을까?"라는 의혹을 분명히 갖고 있었습니다.'

분석가 '이것을 바라보는 두 가지 방식이 있습니다. 하나는 이성적인 것으로, 이는 당신이 이야기해 왔습니다. 거대한 불안이 곧 들이닥칠 게 확실하다는 사실 또한 있습니다. 이러한 불안은 남자들 사이에 경쟁이 있을 수 있고, 나아가 두 남자 사이의 충돌에서 한 남자가 죽지 않고 불구가 될 수도 있다는 인식에 따르는 새로운 상황의 발전과 관련이 있습니다. 덧붙여 말하면, 지난 시간에 당신이 늦게 왔습니다. 이는 보통 때와 다르지요. 이 사실은 회기의 종료가 당신에게는 도중에 잘려나가는 것처럼 느껴지리라는 것을 내가 회기 내내 알고 있었다는 것을 의미합니다.'

환자 '최근 나는 분석시간에 제때 도착하는 것에 전보다 신경을 훨씬 덜 쓴다는 걸 알게 됐습니다. 오늘은 화요일입니다. 당신은 화요일에 종종 나를 기다리게 합니다. 전 같았으면 내가 위험을 무릅쓰고 제시간에 도착했겠지만 오늘은 몇 분 늦었습니다. 내 잘못이었습니다. 그건 중요시하는 점이 달라졌다는 문제지요.'

분석가 '제시간에 도착하는 것과 관련된 두려움이 확실히 줄어든 것으로 보입니다.'

환자 '나는 내가 분석에 아주 늦게 올 수 있을 정도까지 발전했다고 느낍니다. 내가 오늘 몇 분 늦은 것은 정말 엄청나게 늦었다는 걸 상징합니다. 그건 말 없는 항의였습니다. 전에는 내가 이 문제를 다루지 않았던 것 같습니다. 나는 회기 동안에는 정확한 시간을 알려고 하지 않습니다. 나는 시계를 쳐다보지 않습니다. 보면 안 된다고 느낍니다. 시계가 보이지 않는다는 사실은 긴장완화를 유도하는 기법임에 틀림없습니다. 최근 어쩌다가 내 시계를 슬쩍 본 적이 있는데, 예의에 벗어난다고 느꼈습니다. 그 이유는 모르겠습니다.'

분석가 '부수적이긴 하나, 이렇게 함으로써 당신은 지불한 돈만큼 얻어가는지 확인하기 위해 나를 살피는 일을 피해 갑니다.'

환자 '그런데, 나는 가끔 규정시간을 넘어 초과시간을 갖지요. 그때 나는 당신이 내게 선물을 준거라 느낍니다. 만약 내가 시계를 쳐다본다면, 나는 당신에게 시간이 다 되었다는 걸 알려야 한다고 느낄 겁니다.'

분석가 '당신은 이와 같이 다양한 방식으로, 나와 함께 상징적 형태의 경쟁상황에 참여하고 있습니다.'

환자 '나는 아내에 관한 주제로 돌아가고 싶습니다. 나는 내가 무엇을 원하는지, 내가 무엇을 원해야 하는지 잘 모릅니다. 아내의 결심을 뒤엎게 하고 아내와 협상을 추진하는 것은 비현실적으로 보

입니다. 그럴 만한 가치가 없을 겁니다.'

잠시 멈춤

분석가 '당신 아내가 지금도 정신분석에 반대하나요?'

환자 '아마도 그럴 겁니다. 그러나 공개적으로 반대하지는 않습니다. 만약 그렇게 하려면, 다른 무엇을 교환거리로 제시해야 합니다. 아내가 할 말은 내가 내 두 발로 서 있는 것을 자기가 좋아한다는 것일 겁니다. 문제는 내가 병에 걸렸다거나, 도움을 필요로 한다는 것을 아내가 전혀 믿지 않는 것이고, 그 결과 지금 일어나고 있는 모든 것은 그녀의 관점에서 볼 때 정신분석 치료의 잘못인 겁니다. 또한 나는 이제 막 전문의 수련의 일자리를 제안 받았습니다. 이 제안은 나를 무척 흥분시켰습니다. 그것은 지위도 오르고 봉급도 인상된다는 의미지요. 그러나 그러다가 나는 곧 그 제안이 아주 위험한 것이라는 것을 깨닫게 됐습니다. 문제는 내가 그 일을 해낼 수 있는가 하는 것이고 또 타고 갈 배를 태워버림으로써 불가피하게 학구적인 경로를 따라가게 만들고 있는 것이 아닌가 하는 것입니다.'

분석가 '그 일을 맡는다는 것은 외과적인 일은 당연히 전혀 하지 않는다는 의미일 겁니다.'

환자 '물론 하지 않습니다. 그건 중요하지 않습니다. 중요한 것은 이 일자리가 수련 부족이 될 수 있는 기회를 내게 너무 많이 제공해준다는 것입니다. 현재 하고 있는 일에서는 내가 환자에 맞추어야 하고 환자의 요구에 따라가야 합니다. 전문의 수련의로서 나는 해이해질 수 있습니다. 나는 여러 가지 방식으로 자기 수련의 부족을 나 스스로에게 드러냅니다. 예를 들면, 담배를 피우지 않기로 결심하고도 다시 피우는 겁니다. 이것은 일부분 나의 나약

	함 때문이고, 또한 내가 못되어 먹었다는 것이지요. 나는 나 자신의 규율을 무시하기 위해 담배를 피워야 합니다.'
분석가	'내부로부터 당신을 통제하는 힘이 너무 강합니다. 그래서 당신은 그 힘에 의해 무기력해지기 쉽다고 느낍니다. 자유를 계속 지키기 위해서는 그 힘에 도전해야만 합니다.'
환자	'나는 때때로 여유 시간이 있을 때, 일에 몰두 할 수가 없습니다. 그렇지 않으면, 이 내적 욕동이 나를 비인간적인 존재로 만들 것입니다. 나에게는 무언가를 놓치고 싶지 않다는 느낌이 항상 있습니다. 그런데 내부로부터 나를 규율하는 것의 힘에 끌려 들어가면, 내가 모든 걸 놓칠 수 있습니다.'
분석가	'그것이 무엇이든지 그걸 실제로 하고 싶을 때까지 기다릴 수 있을 때, 당신은 보다 좋은 입장에서 그것에 대해 느낄 수 있습니다.'
환자	'하지만 나는 아주 많은 것을 원합니다. 예컨대, 순간적인 욕망도 있지만 선한 사람이 되고 싶은 욕구도 있습니다. 원시적인 욕망은 주된 것이 아닙니다. 두려움에 기초한 선하고자 하는 욕구도 있습니다. 또한 나는 두려움 때문에 선해지는 것도 바라지 않습니다. 이것이 나를 더욱 외롭게 만들기 때문이지요. 전문의 수련의의 일을 내가 잘 해낼 경우 다른 사람들로부터 멀어지게 될 것이고, 전망은 끔찍스럽습니다. 일과를 마치면 그냥 집에 갈 것이고 삶은 중지 될 겁니다. 나는 내가 아내와 단 둘이만 있고 싶지 않는다는 것을 알고 있습니다. 아내와 둘이 있으면 잘려나가는 느낌이 들기 때문이지요. 그런데 사실은 아내에게도 친구가 없습니다. 어떤 점에서 이것은 성장하는 것, 부모가 되는 것에 대한 거부이지요. 만일 우리가 아이들이라면, 우리는 다 같이 아

이들로 있는 거지요. 그러나 부모는 외롭습니다. 사람들과 이야기하는 것에 대해서 내가 느끼는 어려움도 또한 이와 같습니다. 나는 내가 위에서 그들을 지배할까 봐 두렵습니다. 그래서 일종의 속임수로 아무 말도 하지 않습니다. 그러면 그들이 대화를 시작하고 나는 그들 가운데 끼어듭니다. 그리고 이렇게 해서 외로움을 피합니다.'

5월 18일, 수요일

(이날 나는 개인적으로 많이 피곤했고, 분석을 진행하기가 무척 힘들었다. 이것에 대한 증거는 분명하다. 이번 분석에서 환자가 졸지 않았던 것이다)

환자 '어제 우리가 어떤 이야기를 하던 도중에 분석을 그만두었습니다. 그게 뭐였는지 생각이 안 납니다. 내가 내 시계를 쳐다보는 것과 방해받는 것을 피하는 기법에 대해 말을 했던 것 같습니다.'

분석가 '지난 회기 마지막 부분에 무슨 일이 있었는지 지금 말할 수 없지만, 생각나면 알려주겠습니다.'

환자 '그게 뭐였는지 기억할 수가 없습니다. 나는 나의 망각이 무언가에 대한 분명한 항거라고 느낍니다. 아내의 태도에 관한 얘기가 있었고 당신은 협력의 무의식적 형태들에 대해 말했습니다.' *잠시 멈춤.* '오늘은 손에 잡히는 게 없어 보입니다.'

분석가 '지난 회기 마지막에, 만일 당신이 부모의 자리에 있으면 외로울 것이고 아이의 자리에 있으면 다른 아이들과 함께 있는 것이라는 당신의 느낌을 우리가 이야기했던 게 지금 생각납니다.'

환자 '아 맞습니다, 이것은 내가 유치하고 이야기하면서 불평을 한다는 아내의 비판과 맞아떨어집니다. 나도 내가 그렇다는 것을 부지불식간에 느낍니다. 말하자면, 나는 일부러 그렇게 합니다.'

분석가 '이것은 일종의 놀이입니다. 당신 마음에는 부모의 자리에 있는 것과 아이의 자리에 있는 것 사이에 뚜렷한 구별이 있어 보입니다. 마치 그 둘이 서로 배타적인 것 같습니다.'

환자 '거리낌 없이 다 이야기하는 것도 두렵습니다. 문제는 내가 말하는 게 잘 받아들여질 것인가 하는 겁니다. 내 이야기가 인위적이고 과장된 것 같습니다.'

분석가 '당신은 말하고 지시하든지 아니면 듣고 있든지 양 극단에 있습니다.'

환자 '아닙니다, 그 말은 다른 사람들이 내게 의지할 거라는 느낌을 더 많이 줍니다. 그것은 똑같은 말이 아닙니다. 같은 생각을 다른 방식으로 말한 겁니다. 새로운 일에 대한 불안이 깊은 무의식으로부터만 나오는 게 아니라는 걸 말해야겠습니다. 그 불안은 내게 과연 그럴 능력이 있는지 하는 의구심이기도 합니다. 그 순간 무언가가 마치 그림처럼 나타났습니다. 누군가 집 외부에서 집 안으로 들어왔습니다. 외부에는 미지의 요인들이 있지만, 내부에서 불안이 다루어집니다. 그래서 나는 외부 요인들이 방해하는 걸 막으려고 문을 닫습니다.' *잠시 멈춤.* '내가 떠나는 것처럼 보입니다. 나는 어젯밤에 본 영화를 예로 들어 생각해보았습니다. 내가 달아나기로 결심하고 있는 것 같습니다. 내가 생각을 제시한다면, 그것은 일을 하는 것인데, 여기서 내게 요구되는 것인 긴장완화는 정반대의 것이니, 내게 아무런 생각도 떠오르지 않는다거나 내가 길을 잃는다는 의견을 제시 할 수 있을 것입니다.'

분석가 '떠난다는 생각을 어디에서부터 하게 됐습니까? 어느 영화에서 인가요?'

환자 '글쎄요, 나는 카르멘 존스Carmen Jones를 보았습니다.'

분석가 나도 그 영화를 보았다고 말했다.

환자 '카르멘에 대한 풍자 영화이지요. 이 영화는 흑인 간호사들이 차츰 백인 간호사들을 대체하고 있는 병원 문제와도 관련이 있습니다. 이 영화는 배우들을 모두 흑인들로 배역했습니다. 그것만으로도 예외적이지요. 미국에서조차 흑인들만 나오는 영화를 찾아볼 수 없습니다. 현실과 달랐기 때문에 그 영화는 낯설었습니다. 그리하여 흑인들과 흑인 간호사들은 우정이라는 역할을 제대로 소화해 내지 못했습니다.'

분석가 '당신은 함께 놀이할 아이들을 찾을 것을 기대하고 떠났는데, 마땅한 형제자매들이 없었군요.'

잠시 멈춤

환자 '여기에 하나의 사태가 개입해 들어옵니다. 나는 여자친구와 그 영화를 보러 갔습니다. 그런데 그녀는 자기가 이집트 남자를 하나의 실험대상으로 삼은 적이 있다고 말했습니다. 그래서 나도 또 하나의 실험대상일 뿐인가 하는 생각이 들었습니다. 그것은 대단히 비인간적입니다. 나도 흑인 여성과 실험을 해 볼 수 있을까? 남자친구가 있는데도 여전히 부정을 두려워한다는 점에서 나의 아내는 그녀와 대비됩니다. 아내는 부정에 대해 추상적으로도 논의하지 않습니다. 동시에 두 남자가 있다는 생각을 자기 마음에 받아들일 수 없기 때문에, 아내는 자신의 남자친구를 무척 불편해합니다. 절대적 순결이라는 생각은 내게 너무 추상적이라서 중요하지 않아 보입니다. 관념적으로 신의가 있다면 나의 부정은 문제가 되지 않습니다. 아내가 부정이라는 생각을 견딜 수 없어 했으므로, 나는 이것이 아내가 나를 떠나려는 이유 중의 하나라고 생각합니다.' (이 부분의 메모가 분명하지 않다) *잠시 멈춤.* '나는 왜 내가 잠시나마 아이들 문제까지 무시해 가면서, 아내와 관련하여 희망 없는 상황에 집착하고 있는지 알 수 없습니다. 한 가지 이유는 아마도 내가 아내를 부모로 보고 있다는 것일 겁니다. 그것은 내가 어머니 상에 집착하고 있는 것과 같습니다.' *잠시 멈춤.* '나는 꼼짝 못하고 갇힌 것 같습니다.'

분석가 '당신은 어머니와의 관계에서 아이가 될 수 있는 것으로 보입니다. 그러나 만약 당신이 아이가 된다면, 다른 아이들은 없습니다.'

환자 '그것에 대해서는 네 가지를 말할 수 있습니다. 첫째, 아내에게 매달린다는 점에서 나는 외동아이입니다. 둘째, 자기 아내에게 이런 식으로 매달린다는 것은 비정상적입니다. 설령 아내가 받아들인다 해도 사회가 용납하지 않습니다. 아내도 분명 받아들이지 않습니다. 셋째, 나는 아내가 이런 태도를 경멸한다는 것을 알고 있습니다. 넷째, 나 자신이 그것을 멸시합니다. 그래서 나는 여기로 오는 것에 대한 결정을 아내에게 떠넘깁니다. 내가 아팠을 때는 그것이 문제가 되지 않았습니다. 당시 나는 아내의 판단을 무시할 수 있었습니다. 그러나 지금은 아내의 생각이 진정한 도전을 제공한다고 느낍니다. 여기로 옴으로써 나는 스스로를 비하합니다. 내가 아내의 눈을 통해서 보면, 아내는 그토록 많은 분석을 받았던 어머니와 누이가 아직 정상이 아니고 실제로 분석을 더 받고 있다는 사실을 알 수 있습니다. 어머니는 여전히 극도로 변덕스럽습니다. 그리고 이것이 정신분석이 돌팔이 치료라는 생각을 역설하고 있습니다.'

분석가 여기서 나는 분석을 그만둔다는 생각의 두 측면을 제시하려고 했다. 하나는 합리적인 면으로, 이에 대해서는 환자가 분명하게 서술했다. 다른 하나는 분석에서 삼각관계 상황과 경쟁과 거세가 발달하는 것에 대한 그의 불안이다. 나는 분명한 해석을 제시하지 못했는데, 한편으로는 내가 몹시 피곤했고, 다른 한편으로는 필요로 하는 해석이 정확히 무엇인지 해석을 시작하기 전에 확신 할 수 없었기 때문이다.

환자 '나는 다시 깜빡하고 병원 일을 생각했습니다.' (이 때 나 자신이 주의를 집중하기 힘들다는 것을 깨달았다)

분석가 (이 해석은 다른 이유에서보다 나 자신의 주의를 유지하기 위한 것이었다) '당신과 내가 경쟁한다고 생각하게 될 때, 당신은 힘들다고 느낍니다. 예컨대, 당신은 우리 관계를 당신이 나를 고용했다는 의미에서 언급한 적이 한 번도 없습니다.'

환자 '아내는 나를 경멸하고, 나는 그녀의 감정에 동조합니다. 만일 내가 늘 하던 대로 결정을 당신과 아내에게 의존한다면, 분석을 계속하느냐 중단하느냐 하는 문제를 나 혼자 결정할 수 없습니다. 이틀 밤 전에 아내는 남자친구와 관련해서 자신에게 중요한 것은 그가 그의 아내를 떠날 결심을 하는 거라고 했습니다. 아내가 이 사실을 분명하게 밝힌 것은 그때가 처음이었습니다. 그 때 아내는 남자친구를 어떻게 할지 결정해야 하는 입장이었습니다. 만일 아내가 그와 함께 살겠다고 하면 그도 자기 아내를 떠나겠다고 하는 말을, 그가 내 아내에게 하지 않은 게 확실합니다. 그 입장이라면 나도 그랬을 겁니다. 그 남자는 자기 자신을 위한 결정을 먼저 내렸습니다. 아내가 나의 정신분석에 대해 결정을 내린다는 것은 아내에게 내가 필요하다는 것인데, 아내는 자기가 내 곁에 남기로 결정한다면 내가 분석을 그만 둬야 한다면서 거래하려고 하진 않을 겁니다.'

5월 19일, 목요일

환자 '어제 무슨 일이 있었는지 또 잊어버렸습니다. 나는 늘 잘 잊는 편이지만 지난 두 번의 분석에서 특히 더 그랬습니다. 그리고 피곤할 까닭이 전혀 없는데, 다시 졸립니다.'

분석가 '오늘은 내가 당신에게 기억을 되살려 주기보다 되어가는 대로 그냥 두는 게 최상일 것 같습니다. 하지만 어제는 내가 몹시 피곤했고, 이게 당신에게 영향을 미쳤을 수도 있었다는 걸 말해주고 싶습니다. 회기 끝 부분에 내가 맞은편 집에 페인트칠을 하고 있다고 언급하자, 이 주위에는 흰색이 너무 많다는 주제에 대해 당신이 비평했다는 사실을 말해주고 싶습니다.'

환자 '나는 그 언급의 끝부분을 말하고 싶습니다. 나는 맞은편 집의 노란색을 정말로 좋아했고, 그게 천연 그대로의 석재 색깔이라고 생각했습니다. 그런데 이제 그게 칠이라는 걸 알게 됐습니다. 문제의 핵심은 분위기가 중립적이 되도록 모든 걸 무채색으로 꾸미는 사려 깊은 방침이 당신에게 있다는 것을 내가 느낀다는 겁니다.'

분석가 '맞습니다, 그 말 속에 일말의 진실이 있을 수 있습니다. 예컨대 나의 그림들은 그렇게 강렬하지 않습니다.'

환자 '문제는 그게 하나의 방침인지, 아니면 위니캇이 정말 그런 걸 좋아하는지 입니다. 그것이 당신의 안목인가요? 예컨대, 당신은 때때로 꽃 한 송이만 꽂혀 있는 작은 화병을 놓아둡니다. 내게는 그게 마치 당신이 생산력이 없는 것처럼, 마치 불모인 것처럼, 인색하고 무력하게 보입니다. 나는 분석을 종료했을 때 불모의 전망을 가진 채로 남게 될까봐 두렵습니다. 예를 들어, 내 방에는 사진이 하나도 없습니다. 가족사진조차 없습니다. 나는 영원히 그러고 싶지 않습니다. 소설을 하나 읽었는데 그 소설의 중요 부분은 선상 간호사가 아무런 감정도 갖고 있지 않다는 것이었습니다. 그녀가 메마른 사람이라는 사실을 전달하기 위해 그녀의 선실에 아무 장식물이나 사진도 없다고 했습니다. 나는 그게 바로 내 모습이라는 것을 알고 싶지 않습니다.'

분석가 '만약 내가 그런 사람이라면, 분석이 당신을 지금 그대로의 당신으로 남게 할 위험이 있습니다.'

환자 '그렇습니다, 어떤 의미에서는 비인간화 되는 거지요. 내가 스위스에 있었을 때, 스위스가 아주 깨끗하지만 특색이 없다는 걸 알아차렸습니다. 스위스 사람들은 내게 재미없는 부류의 사람들로 보입니다. 그곳에는 위대한 문명의 증거가 없습니다. 동일한 주제의 또 다른 양상이 있을 뿐입니다. 내가 최근의 이태리 다큐멘터리에서 본 것입니다. 그 영화는 전기기차를 보여주었지요. 숯 검댕이나 먼지가 없었고 효율적이었습니다. 하지만 강력한 엔진이 없었습니다. 엔진은 낭만의 상징이지요. 만약 증기 엔진이 없어진다면 극적인 것도 상실될 겁니다.'

분석가 '이 말은 지난 회기에 일어났던 무언가를 생각나게 합니다. 그건 "내가 살아있다"고 말한 것과 관계있는 거였습니다.'

환자 '그것은 지지난 회기 때였습니다. 또한 나는 당신에게서 완전한 분석가라는 개념에서 벗어나는 점들을 발견하고 있습니다. 나는 늘 정신분석가를 침착하고 자신을 완전하게 통제하는 사람으로 생각해 왔습니다. 당신이 피곤할 때도 분석을 진행할 수 있는지 궁금합니다. 내가 당신을 지치게 할 게 틀림없고 그 같은 짓을 뭐든 다 할 텐데 말입니다.'

분석가 '당신 자신을 지치게 하는 사람이라고 생각한다는 바로 그 점에서, 당신은 나의 피로를 당신 자신에게서 오는 무엇으로 되돌려 놓고 나도 개인적인 생활이 있다는 생각으로부터 벗어나게 해 줍니다.'

환자 '나는 지금 여기에서 처음으로 당신이 다른 사람을 쳐다보고 있다는 질투심을 느낍니다.'

분석가 '이 말은 만일 당신 아내가 어머니의 역할을 하는 것이라면 당신은 자신을 외동아이로 생각할 거라고 했던 말을 생각나게 합니다. 지난 회기에 당신 아내가 협상을 하려 하지 않는 남자친구의 태도를 이야기했다고 하면서 아내에 대한 당신의 감정을 이야기 했었지요.'

환자 '아, 맞습니다. 다 생각납니다. 확실히 조심해야겠네요. 내가 어떤 걸 포기하기 전에 그래도 내가 도움 받을 수 있는 게 분명히 있는 것 같습니다.' *잠시 멈춤.* '나는 여기에서 막히는 것 같습니다.' *잠시 멈춤.* '지난주 언제인가, 나는 내 발로 설 수 없다고 했고, 당신은 내가 너무 일찍부터 나의 두 발로 서야 했다고 말했던 게 기억납니다. 이 말은 내가 무엇을 놓아주기 전에 거기에

	뭔가 있다는 걸 내가 확신해야 한다는 생각과 일치하는 것처럼 보입니다.'
분석가	'"혼자서 선다"라는 말은 당신이 언젠가 보여주었던 사진을 떠올리게 합니다. 그 사진에서 아기인 당신이 어머니 무릎 위에 서 있는데, 당신은 혼자 서려고 잔뜩 힘을 주고 있습니다. 아마 종아리가 아팠을 겁니다.'
환자	'그 사진은 무엇을 단단히 붙잡고 걷는 아이의 사진 중 하나인 게 확실합니다.'
분석가	'누군가 초기 단계에서 아이를 안아주지 못하면, 아이는 스스로 자신을 떠받쳐야 합니다.'
환자	'지난 회기 이후 나는 자위가 성관계를 갖지 않는 것에 대한 일종의 완충장치로 적합하다고 생각했습니다. 자위는 계속 붙잡고 있는 어떤 대상이지요. 나는 성관계를 하지 않는다는 생각을 견딜 수 없습니다. 이 어려움을 극복하는 방법 중 하나는 성관계가 필요 없다고 가장하는 겁니다. 그런데 그것은 말 그대로 어떤 것을 계속 붙들고 있는 행위이기도 합니다.'
분석가	'당신은 엄지손가락-빨기에 대해서도 말할 수 있을 것입니다.' (나는 이 시점에서 환자와 내가 방향 없이 의사를 소통하고 있다는 것을 알아차렸고, 분석가로서의 내가 단순히 즉각적으로 제기된 문제들만 다루면서 허둥댄다는 것을 거의 처음으로 느꼈다. 그리고 나는 어느 시점인지는 정확하지 않지만 내가 방해한 것으로 느꼈던 환자 자신의 과정으로 어떻게 되돌아갈 수 있을지 알고 싶었다) '당신은 자위행위를 다시 시작했다고 말하고 있는 겁니다.'
환자	'맞습니다, 자위가 완전히 끝난 게 결코 아니었습니다. 여하튼

나는 그것을 진전의 척도로 사용했습니다. 자위로부터 벗어나는 데 실패한 것은 완료되지 않은 진전의 상징으로 느껴집니다. 여자친구와의 관계가 자위를 필요 없게 할 거라 생각했지만 그렇지 않았습니다. 그리고 실제로 그렇게 되어서도 안 됩니다. 이런 생각은 단지 자위로부터 벗어나는 게 여자친구와의 관계의 핵심이라는 것으로, 이 관계에는 뭔가 긍정적인 게 전혀 없다는 뜻이니까요. 여하튼 나는 자위를 무해한 중독이라고 여깁니다.'

분석가 (나는 이 시점에서 자위와 거세불안 간의 관계가 발견될 수도 있겠다는 것, 그리고 자위행위가 다시 시작된 것을 내게 말했다는 사실이 중요하다는 점에 유념했다. 나는 이 시점에서 그것에 대해 해석하는 것이 적절치 않다고 생각했다)

잠시 멈춤

환자 '나는 여기에 모순이 있다는 걸 인정합니다. 나는 독립을 성취하려고 노력합니다. 그런데도 여기 오는 것으로 인해 더욱 의존적이 됩니다. 아내는 이 점을 이해하지 못합니다. 그런데 실은 나도 이해하지 못합니다.'

분석가 (나는 지금이 모든 것을 결합하는 시도를 할 때라고 생각했다. 그래서 긴 해석을 내렸는데 그가 아주 많이 각성되어 있었기 때문에 그게 가능했다)

　지금 두 사람 간의 관계 유형, 곧 유아로서의 환자와 그의 어머니 간의 관계 유형으로의 복귀가 일어났는데, 이 유형은 매개물이라는 단어와 더불어 시작하고 제3의 인물이 출현할 때까지 줄곧 지속되는 그런 유형이라고 말해 주었다.

환자 '아내가 정신분석을 비판하는 것은 의존과 관련이 있습니다.'

분석가 '특히 당신의 건강이 좋아지고 있기 때문에, 의존한다는 것은 당신 자신에게 아주 고통스러운 일입니다. 당신은 유기(遺棄)될 위험을 감수하고 있습니다. 어쨌든 당신이 일상의 생활에서 자립적인 이때, 오직 이 분석시간 때문에 의존을 발달시켜야 하는 것은 당신에게 매우 부담스러운 일이지요.'

환자 '내가 무슨 말을 하고 난 뒤 당신이 아무 말도 하지 않을 때 나는 확실히 유기된 느낌이 듭니다.'

분석가 '당신 여자친구의 태도 또한 고려되어야 합니다. 그녀의 태도는 당신이 그녀뿐 아니라 내게서도 거부당하는 것으로 느끼게 하는 게 틀림없습니다. 그녀가 나의 일부 측면을 대리하고 있기 때문입니다. 지난 회기에 피곤하다는 말을 했는데, 그렇게 말한 것은, 당신이 태도에 민감하므로 당신이 거부당하는 것으로 여길 수 있겠다고 느꼈기 때문입니다.'

환자 '사실 나는 당신이 피곤한 것을 알아채지 못했습니다. 나는 거기에 개의치 않았습니다.'

분석가 '그렇군요. 나도 당신이 알아채지 못할 수 있다고 생각했지만, 사실이 어떤지는 알 수 없었지요. 그리고 영화와 병원에서 흑인들과 관련된 문제와 실험 문제 등도 있었습니다. 분석이 하나의 실험인가 하는 문제가 대두되었고, 정신분석 분위기의 중립성은 흑인들과 관계를 맺을 수 없다는 당신의 느낌과 연관된 것으로 보입니다.'

환자 '정신분석이 성공을 보장해줄 수 없다는 사실을 나는 알고 있습니다. 처음에 나는 내가 지적으로는 분석가의 실패를 인정하지만, 그것이 나의 분석가의 경우에는 적용되지 않을 거라고 가정해야 했습니다. 나는 커다란 진전이 꼭 이루어질 거라는 이러한 가정이 큰 도박이라는 것을 알게 되었습니다.'

분석가 '당신이 내게 왔을 때 내가 당신을 찾아야 했고 따라서 내가 모든 책임을 져야만 했다는 게 핵심이라고 생각합니다. 당신은 병들어 있었고 그래서 분석을 쉽게 받아들였습니다. 그러나 비교적 건강해진 지금 당신은 계속해서 내게 올 것인지를 결정해야 하고 모든 위험을 감수해야 한다는 것을 깨닫습니다. 그런데 이게 매우 고통스러운 것이지요.'

환자 '그건 결정하기 어려운 문제입니다. 언제 놓아버리기를 시도하는 것이 안전할까요? 시도해볼 때까지 나는 알 수 없습니다. 그것은 스케이트를 배우는 것과 같습니다. 울타리를 잡고 있는 한 스케이트를 배울 수 없습니다. 어느 날 나는 그것이 서서히 배워가는 것이 아니라 갑작스러운 돌파를 통해 배운다는 걸 알게 되었습니다. 극적인 결정을 내가 내려야만 합니다. 그렇지 않으면 당신이 갑자기 내게 그만 오라고 할 수도 있습니다. 수영이나 자전거를 배우는 것도 마찬가지였습니다. 아버지가 취했던 태도는 넘어지지 않게 잡아주다가 갑자기 놓아버리는 거였습니다. 나는 아버지가 나를 붙잡고 있다고 생각했는데, 실은 그게 아닌 걸 알게 됐습니다. 그 방법은 효과가 있었지요. 그런데 여기서는 그 방법이 두렵습니다. 당신이 갑자기 "자, 이제 당신 일은 당신이 알아서 해야 합니다."라고 말할 수도 있기 때문입니다. 놓아버리기가 자전거 타는 법을 배우는 데는 통했지만, 여기 있는 내게는 충격일 것입니다.'

분석가 나는 제3의 인물 출현 이후로 어려운 일들이 있어왔고, 분석과정은 경쟁에 관련된 불안으로부터 후퇴함으로써 영향을 받았다고 했다. 덧붙여 말하면, 삼각관계에서 후퇴했기 때문에 그 상황이 주는 위안을 환자가 얻을 수 없었다는 것이다. 따라서 당시의 문제는 의존과 독립이었다. 달리 말해, 유기되는 데 대한 두려움의 문제였다.

'만약 지금 이 순간에 분석을 그만 둔다면, 당신은 독립을 확보하거나, 유기를 피할 수 있겠지요. 그러나 이렇게 되면 두-사람 관계가 중단될 것이며, 당신의 경우, 삼각관계 상황에 포함되어 있는 새로운 특징들을 회피하는 게 될 겁니다. 삼각관계 상황에서 당신은 아버지와 결투하는 꿈에서 이기거나 질 기회를 갖게 되고, 두려움은 거절당하는 두려움에서 죽임을 당하거나 불구가 되는 두려움으로 바뀔 겁니다. 중요한 회기는 당신이 성적 불능을 느끼며 떠나게 만든 회기였습니다. 그건 마치 내가 당신의 성교능력을 해치고, 여자친구와의 관계를 끝내게 한 것과 같았습니다.'

5월 23일, 월요일

환자 '지난 시간 이후, 분석에 오면 얻을 게 더 있다는 걸 알면서도, 여기 오지 않고도 잘 해 나갈 수 있을 거라 느끼는 마음 상태에 더 많이 머물러 있었습니다. 이것 말고는 분명하게 생각나는 게 다시 아무것도 없습니다. 이 말은 내가 내 문제를 처리할 수 있다는 의미지요. 이러한 처리 능력은 일부분 외부적 요인에 달려있습니다. 그러나 나는 이런 외부적 어려움이 재발할 때 무슨 일이 일어날 수 있는지 고려해야 합니다. 하지만 나는 역경을 헤쳐 나가는 커다란 능력을 갖고 있습니다. 역경의 중심에는 외로움이 있는데 나는 외로움을 전보다 덜 걱정합니다. 외로움에 대해 말하자면, 쓸모 있는 사람들이 가장 적을 때 가장 외로워집니다. 그런데 지금 나는 쓸 수 있는 사람이 점차 많아지고 있다고 느낍니다.'

분석가 '외로움을 견딜 수 있다면, 당신은 사람들과 교제하는데 있어 더 좋은 위치에 있게 됩니다. 당신이 외로움을 두려워한다면, 교제에 임하는 방식 때문에 모든 교제가 시작부터 망쳐지니까요.'

환자 '사람들은 당신이 그들과의 만남 여부에 특별한 관심을 두지 않을 때에만 당신과의 교제를 즐깁니다. 이제 나는 다른 사람들에게 요구를 덜 하고 긴장도 훨씬 덜 하는 편입니다. 사람들과 이야기하는 것은 결코 쉬운 일이 아닙니다. 노력이 필요합니다. 그리고 나는 줄곧 내가 그들을 지치게 한다고 느낍니다.' 잠시 멈춤. '오늘 회기를 시작했을 때, 내가 먼저 이야기하지 않는 것에 관해 내가 생각했던 게 있습니다. 그것은 여기서 일어나는 일입니다. 나는 뭔가 흥미로운 것을 내놔야 한다는 생각에 거의 강박적으로 사로잡혀 있습니다. 퀸 앤 가(街) 시절(첫 번째 치료 시절)에 내가 계속해서 이렇게 말했던 게 기억납니다. "내게는 말할만한 가치가 있는 게 아무것도 없습니다." 만약 내가 일상적인 것을 말하면 어리석고 경박한 짓이겠지만, 나는 여기서 그런 말을 하지 않습니다. 왜냐하면 말할 가치가 없다고 느끼기 때문입니다. 밖에서 나는 사람들이 사소한 것에 대해 이야기하는 걸 봅니다. 그러니 나는 그게 정상이라고 생각해야 합니다. 그래서 나도 수다 떠는 법을 배우려고 노력합니다. 여기서는 내가 남의 이목을 의식하지 않는다고 느낍니다. 어쩌면 나도 내가 보는 것이나 이상한 것에 대해 얘기할 수 있을 겁니다. 만약 당신이 이런 것들을 진지하게 받아들인다면, 그것은 마치 당신이 정신없이 날뛰며 횡설수설하는 아이를 "그래, 그래, 그래도 괜찮아. 우리 귀염둥이"라는 말로 다루면서 그 아이를 깔보는 것과 같습니다. 겉으로만 진지하게 대하는 거지요. 정신분석 상황에는 고유한 어려움이 있습니다. 당신은 딱딱한 분위기를 조성하고 진지한 척 합니다. 아마 당신은 웃는 것도 피할 겁니다. 나는 내가 지껄이는 모든 것이 무한히 소중하다고 느끼지만, 당신은 그것에 대해 비웃을 지도 모릅니다. 만약 당신이 어떤 것을 시시한 생각이라고 말한다면, 나는 깔아뭉개진 느낌이 들 겁니다.'

분석가 '그렇다면 당신의 이야기에는 두 가지 요소가 있는 겁니다. 지껄이는 요소와 내용이라는 요소이지요. 이야기와 무관한 아기의 옹알이에서 나오는 지껄임이 있습니다. 옹알이는 어린 아이가 자기가 살아있다는 역할을 해 보이는 겁니다.'

환자 '분석가들이 진지하지 않은 것도 받아들인다는 사실을 내가 이론적으로는 완벽하게 잘 알고 있다 해도, 나는 뭐랄까 나 스스로도 그 사실을 확신할 필요가 있다고 느낍니다. 내게 남은 유일한 방법은 억지로 경박해지도록 해놓고서는, 그것을 재빨리 부인하는 겁니다. 특히 그게 불발이 되면 더 그렇게 합니다.' *잠시 멈춤*. '내가 어디서 말을 시작할지 출발 지점을 물색하고 있는 것처럼 보입니다. 어떻게 하면 지껄이기나 가볍게 이야기하는 것에 대해 내가 갖고 있는 어려움을 표현할 수 있을까요? 나는 갑자기 말을 중단할 수 있습니다. 더 이상 말이 없는 거지요. 그건 어색한 상황입니다. 중단한다는 것은 내가 부끄러워하고 있음을 보여준다는 뜻이지요.' *잠시 멈춤*. '다시 나는 다른 사람들이 먼저 말하기를 바라면서 기다린다는 생각을 하고 있습니다. 그것은 책임을 회피하는 한 가지 방법이지요. 다른 사람이 이야기

　　　　　를 시작하더라도 누가 이의를 제기할 수 없습니다. 여하튼 웃음
　　　　　거리가 되는 것을 우리는 이런 식으로 피할 수 있습니다.'
분석가　'한때 당신이 한 차례 아니 어쩌면 여러 차례 마구 지껄이다가
　　　　　웃음거리가 된 적이 있고, 이게 트라우마가 되어 "다시는 안 한
　　　　　다"고 당신 마음에 새겨 두었을 가능성이 있습니다.'
환자　　'물론 구체적인 경우가 있을 수도 있겠지요. 구체적인 경우를 찾
　　　　　지 못한다는 건 여기서는 성취가 없다는 것과 같습니다. 다시 말
　　　　　해 그 성취에 극적인 요소가 없다는 것이지요.'
분석가　'이 경우 하나의 구체적인 요점이 있을 수 있습니다. 이것은 당
　　　　　신이 사랑을 받았느냐 또는 어떤 조건 하에서 당신이 사랑을 받
　　　　　았느냐 하는 문제와 연결됩니다. 후자는 전자가 유지될 때만 당
　　　　　신에게 의미가 있습니다. "도중에 잘려나간다"라는 말도 생각납
　　　　　니다. 이 말은 당신이 손상을 입었다는 뜻입니다.'
환자　　'누군가에게 이야기 하려는데, 거기에 사람들이 없고 허공에 대
　　　　　고 이야기하는 것은 견딜 수 없다는 생각이 떠올랐습니다.'
분석가　'당신이 이야기하는 내용을 받아들여야 할지, 아니면 당신이 이
　　　　　야기를 한다는 사실에 신경을 써야 할지 하는 문제가 항상 내게
　　　　　있습니다.'
환자　　'문제는 당신이 들으려고 하느냐, 않느냐 하는 것입니다.'
분석가　'두 가지 가능성이 있습니다. 하나는 다른 사람이 실제로 가버
　　　　　리는 것이고, 다른 하나는 그 사람이 다른 생각에 몰두하는 것
　　　　　입니다.'
환자　　'나는 그 중 두 번째 뜻으로 말했습니다.'
분석가　'당신이 지껄이면 다른 사람이 가버리지만, 재미있게 말하면 그
　　　　　들이 가지 않고 남는 때가 흔히 있을 수 있습니다.'

환자	'아동기에게는 그런 일이 아주 흔하게 일어났습니다.'
분석가	우리가 관심을 두는 건 '아마 아동기에서 그런 일이 처음으로 일어났던 때일 겁니다. 당신에게 몰두하던 누군가가 갑자기 다른 어떤 것에 몰두했던 때 말입니다. 지금도 당신이 거듭 다른 어떤 것에 몰두하는 게 이에 대한 반증으로 제시 될 수 있을 겁니다. 그게 지금은 내게서 떠난다는 거지요.'
환자	'아마 나는 어머니의 관심에 대해 공격attack을 시도했을 겁니다. 아니 어머니의 관심을 끄려는attract 시도를 한 거지요. 그러나 나는 냉대를 받았고 무시당한다는 느낌이었습니다. 그래서 나는 더 이상 무시당할 기회를 제공하지 않기로 결심했을 겁니다.'
분석가	'아마도 당신은 나를 떠남으로써 나를 무시했다고 느꼈을 것입니다.'
환자	'아닙니다, 그런 식으로 느꼈던 것은 아니라는 생각이 듭니다. 분석에 복귀할 때는 나는 거기에 관심을 두지 않습니다. 분석을 계속하기 위해 나는 분석에 올 수 있습니다. 가끔은 힘들게 일할 필요 없이 여기서 사소한 얘기를 할 수 있는 것도 좋습니다.'
분석가	'당신은 내가 당신을 어린애 같이 여길 수 있고 그것을 여전히 받아줄 수 있다는 것을 믿지 않습니다. 그리고 실제 당신은 여기서 전혀 어린애 같이 굴 수 없었습니다.'
환자	'병원에서 한 환자가 그의 분석가와 가졌던 면담에 대해 말했습니다. 그는 할 말이 전혀 없어서 오페라 이야기를 했다고 합니다. 그게 옳다고 여기지는 않았지만, 분석가를 경멸해서 그렇게 했던 겁니다. 그는 "당신은 유능한 사람이 아니다. 그래서 나도 당신을 있는 그대로 받아들이겠다."라고 했습니다. 그러나 그는 자신이 한 말이 진지하게 받아들여지고 그것으로부터 무언가가

　　　　도출되는 것을 보고 깜짝 놀랐습니다.'

분석가　'당신 자신을 분석에 내놓은 이상 당신이 마냥 지껄일 거라고는 기대할 수 없습니다. 당신이 하는 그대로 보고하더라도, "이야기의 다른 측면에 있는" 내용을 보고할 수 있기 때문이지요.'

환자　'어떤 의미에서 그것은 일종의 부조리(不條理) 상태라 하겠습니다. 내가 할 수 없는 그 일을 내가 할 수 있으려고 내가 여기에 오는 것이기 때문입니다. 당신은 내가 그 일을 해내길 어느 정도 기대하고 있습니다.'

분석가　'유아를 돌보는 일을 내게 넘겨주면 당신이 유아가 될 수도 있는데, 그렇게 할 수 없는 당신의 무능에 대해 이야기하고 있습니다.'

잠시 멈춤

환자　'앞으로 나아가기가 상당히 힘듭니다. 나는 부조리 상황이라도 이용해야 합니다. 그게 유일한 방법이니까요. 나는 자발적이 되려고 노력했다고 느끼지만 그 노력은 실패했습니다.'

분석가　'나는 당신이 앞에서 끌다는 단어 대신에 공격이라는 단어를 썼을 때 했던 실수를 상기시켜주고 싶습니다.'

환자　'아, 맞습니다, 기억하고 있습니다.'

분석가　'"공격"이라는 이 한마디 말이 어쩌면 이번 회기에서 유일하게 중요한 말일 수 있습니다.'

환자　'그렇습니다, 또한 나는 만일 내가 자발적인 것같이 보이면 받아들여지지 않을 것이라고 느낍니다. 그래서 상황을 돌이키려고 공격을 하는 겁니다. 이 말이 암시하고 있는 것은 노기에 찬 나의 공격이 내가 지껄이는 말을 들으려 하지 않는 어머니에 대한 파괴적 충동을 나타낸다는 생각입니다.'

분석가 '당신은 매우 높은 단계의 분노를 말하는 것일 수도 있습니다.'

환자 '게다가 이 회기가 이 대목에서 종료될 위험도 있습니다. 이런 사태는 어머니나 다른 누군가가 내 이야기를 더 이상 들으려하지 않는 그러한 상황을 다시 만들어 냅니다.'

분석가 '일어날 수 있는 일을 미리 숙고해 둠으로써, 당신은 견디기 힘든 상황으로부터 당신 자신을 보호합니다. 그 상황이 격노를 일으키기 때문에 견딜 수 없게 되는 면도 있습니다.'

환자 '격노를 일으키는 것은 물에 뛰어드는 것과 같습니다. 사람들이 내 말을 듣지 않는다면, 그것은 괜히 물에 뛰어들어 익사하는 것과 같은 거지요. 누가 나를 잡아주지 않으면 스스로 통제할 필요가 있습니다.'

분석가 '그 말은 마치 당신이 이런 말을 하는 것과 같습니다. 당신이 누군가의 몸 위로 진짜로 몸을 던지는데 그가 다른 누군가를 생각하는 중이라 당신을 받아들일 준비가 되지 않은 것을 당신이 발견하게 되는 것 말입니다. 만약 아버지가 당신이 자전거 타기를 배우는 것을 도우려는 의도에서가 아니라 다른 누군가에 몰두했기 때문에 자전거를 놓아버리는 것이라면 그것은 옳지 않은 일입니다.'

환자 '이건 나에게 숨바꼭질 놀이를 상기시킵니다. 아이였을 때 나는 숨바꼭질이 대단히 위험하다는 걸 발견했습니다. 아이가 발견되지 않으면 사람들은 걱정에 휩싸이지요. 버려진다고 느낄 때의 심정은 견디기 힘듭니다.'

5월 24일, 화요일

환자 '다시 머릿속이 텅 비었습니다. 한 시간 내내 아무 생각도 나지 않을 수 있습니다. 만약 내가 사소한 것들만 얘기한다면, 그건 아무 말도 안하는 거나 마찬가지일 겁니다. 당신이 어제 회기 전체에서 중요한 단어가 아마 하나 있을 거라고 했던 게 생각납니다. 그러므로 그 외의 다른 모든 것들은 말을 안 한 것과 같을지 모릅니다.'

분석가 '내용을 중심으로 다루면서 지껄인다는 요소를 한동안 등한시함으로써, 어떤 의미에서 내가 여기서 나 자신의 덫에 걸려들었습니다.'

환자 '가치 있는 일들이 머릿속에 떠오르는 건 매우 드문 경우지요. 그것들은 몇 시간의 토론보다 더 중요합니다. 꿈과 실수한 일들은 잘 떠오르지 않습니다.'

분석가 '실수는 당신과 보고하는 당신이 별개로 존재한다는 증거였습니다. 그것은 당신의 내부에 갈등이 있다는 것, 어딘가에 접촉이 있다는 증거였습니다.'

환자 '나는 검열을 피하려고 노력해야 한다고 느끼지만 너무 어렵습니다.'

분석가 '우리가 알고 있는 것 중 하나는 당신이 웃음거리가 되는 것과 도중에 잘려나가는 것을 극도로 두려워한다는 것이고, 그래서 당신이 이런 위험들로부터 자신을 보호한다는 것입니다. 내가 주목하는 것은 당신이 당신의 어머니나 당신에게 좌절을 줄 수 있는 다른 한 사람과 가졌던 직접적인 관계를 우리가 다시 이야기하고 있다는 것입니다. 어디에선가 당신은 아버지에 의해

	당신과 어머니와의 관계가 중단된다는 생각에 다가가게 되었습니다.'
환자	'그러고 보니, 아버지는 짓궂게 괴롭히는 버릇이 있었던 게 기억납니다. 아버지는 나를 대단히 기분 언짢게 만들곤 했는데, 그 때문에 파괴적인 소망이 내 마음에 생겨난 것 같습니다. 나는 아버지를 죽이고 싶었습니다. 아버지가 계속 짓궂게 괴롭혀서 너무 짜증스러웠습니다.'
분석가	'우리는 여기서 당신과의 직접적인 충돌을 피했던 당신 아버지의 내부에 들어있던 것을 다루어야 합니다. 그런데 아버지의 적대감은 짓궂게 괴롭힌다는 간접적인 형태로 표현되었습니다. 짓궂게 괴롭힌다는 것 안에는 그 말의 의미를 뛰어넘는 효과가 있는 마법이 있습니다.'
환자	'내게 크게 와 닿는 것이 여기에 있습니다. 그건 비꼼이나 빈정거림과 같은 것으로, 나는 짓궂게 괴롭히는 걸 맞받아치기 위해 그런 태도를 사용합니다. 비꼼이나 빈정거림은 사람의 기를 죽이는 효과를 발휘할 수 있습니다. 강력한 무기지요. 직접적인 공격보다 비꼬는 게 훨씬 더 내 마음에 와 닿습니다. 나는 짜증이 나면, 빈정거림을 통해 나를 표현합니다. 그건 포착하기가 매우 어려울 수 있고, 그 희생자마저도 알 필요가 없는 거지요.'
분석가	'따라서 당신은 빈정거림과 비꼼을 통해 적대자를 위축시킬 힘을 갖습니다. 그런데 내가 빈정거리지 않으리란 걸 당신이 당연시하는 게 당신에게 아주 중요합니다.'
환자	'당신이 효과적으로 하고 있는지, 활기가 별로 없는 것은 아닌지 알고 싶은 때가 있는데, 이렇게 할 수 있는 것은 당신이 결코 화를 내지 않기 때문이라는 생각이 듭니다. 당신은 절대 나를

짓궂게 괴롭히지 않습니다. 당신은 결코 빈정거리지 않고, 결코 독단적이지 않습니다. 오히려 당신은 미안해할 수 있고, 기꺼이 물러서며, 허리 굽혀 넉넉히 사과할 것입니다. 활기가 있으면, 당신은 더 많은 지배력을 발휘할 것입니다. 당신은 대체로 해석을 내리기 전에 기다립니다. 활기가 있으면 기다리지 않을 것입니다. 또한 당신은 내게 지시를 하지도 않습니다. 모든 게 소극적이지요.'

분석가 '이것은 내가 죽었다는 것을 의미합니다.'

환자 '이것은 나의 아버지와 완벽하게 대비됩니다. 아버지는 살아있을 때, 내가 말한 이 모든 걸 다 했습니다. 강경노선을 택했던 거지요. 그러므로 당신은 늘 빈정거리지도, 강경하지도 않은 사람인 내 어머니입니다.'

분석가 '그래서 당신이 여기서 어머니와 관계를 가지기가 쉬운 겁니다.'

환자 '이런 생각이 떠오릅니다. 당신이 내 어머니가 되려고 해도, 내가 어머니를 소유하고 있기 때문에 소용이 없다는 생각입니다. 내가 소유하지 못한 건 내 아버지입니다.'

분석가 '나는 언제나 당신 아버지이거나 어머니입니다. 당신은 우리 두 사람 외에 결코 사람이 더 있을 수 없다는 것을 알게 될 겁니다. 당신은 무언가에 몰두하게 되어 당신을 버렸다고 느끼는 어머니에게 관심을 두든가, 아니면 죽은 아버지에게 관심을 둡니다. 당신의 내면 어딘가에 살아서 활동하며 당신이 지껄이지 못하게 막는 아버지를 우리가 염두에 두지 않는다면, 당신과 어머니 사이를 방해하는 아버지라는 생각이 떠오르지 않을 겁니다.'

환자 '맞습니다, 아버지는 검열관의 역할을 수행합니다. 나는 내가 하는 말이 내게서 나오는 게 아닌 척하는 게임에서만 검열을 통과

합니다.' *잠시 멈춤.* '빈정거림과 비꼼에 있어 중요한 사실 하나는 다른 사람이 모르는 이중적인 의미가 있을 수 있다는 겁니다. 나는 사람들이 다치는 것을 마음속에 그려봅니다. 빈정거림에 의해 실제로 상처를 받는 사람들이지요. 그것은 직접적인 공격보다 더 효과적입니다. 그래서 나는 그런 식으로 상처를 입히려고 합니다.'

분석가 '그런 공격이 모두 은밀하게 이루어질 수 있다는 게 중요합니다.'

잠시 멈춤

환자 '말로 표현하기 힘든 것 중 하나는 사랑하기 때문에 칭찬해주고 싶어도 에둘러 칭찬하는 방법을 찾아내기가 무척 어렵다는 겁니다. 나는 비꼼과 마찬가지인 것을 찾을 수가 없습니다. 내가 선물을 할 수 없는 이유는 선물을 구하러 가게에 가야할 때 내가 가지 않기 때문입니다. 만약 드러나지 않는 방식으로 선물을 구할 수 있다면, 나도 선물을 할 수 있을 겁니다. 예컨대, 내가 아내에게 꽃을 사주고 싶어 한다면, 그것은 어떤 면에서 내가 몰래 애정을 보여주고 싶다는 걸 의미합니다. 그러나 웃음거리가 될 위험 소지도 있습니다. 구애가 거절될 수도 있습니다. 웬일인지 자기 어머니에게 똥을 자랑스럽게 선물하는 작은 사내아이의 모습이 내게 그려집니다. 하지만 그 선물은 무시당하고 아이는 엄청난 타격을 받습니다. 이 상황은 정신분석이 무엇을 예상하고 무엇을 말하는지 생각해보게 하는 하나의 아이디어로 내 마음에 다가옵니다. 아이는 자기 어머니에게 똥을 선물하고 대단히 자랑스러워합니다. 그런데 무시당하고 경멸당하고 혐오를 받습니다. 이것이 정신분석 용어로 표현한 나의 해석입니다.'

분석가 '나는 옹알거리기, 지껄이기, 쓸데없는 얘기하기 등이 말의 표현은 다르나, 결국 같은 선물을 의미하며 마찬가지로 중요하다는 점을 놓치고 싶지 않습니다. 아마 오줌 누기도 마찬가지일겁니다.'

환자 '현재의 맥락에서, 오줌 누기는 내게 별 느낌이 없습니다. 내가 말하고 있는 모든 것은 "게으르다"라는 단어로 표현될 수 있을 겁니다. 정신분석에서는 게으름을 그 자체로서 존재하는 걸로 보지 않고, 숨은 반대를 표현하는 걸로 여긴다는 것을 알고 있습니다. 하지만 내가 가진 어려움의 많은 부분은 피상적 차원에서 게으름으로 설명할 수 있습니다. 예를 들면, 그저께 테니스를 했는데 나는 잘 못 쳤습니다. 한 가지 이유는 게을렀다는 거지요. 나는 볼이 날아오리라 예상되는 곳으로 뛰어가지 않았습니다. 뛰는 대신 가 있어야 할 자리에 가 있다고 생각하는 걸로 대체했습니다. 하지만 그때 나는 행동을 해야지 아는 것만으로는 안 된다는 걸 실감했습니다.'

분석가 '어떻든 간에, 이것은 실패의 위험을 피해가는군요.'

환자 '나는 이렇게 생각해 보았습니다. "내가 달려가 볼을 치는데, 성공하면 아주 좋은 것이나 실패하면 어리석은 짓이 된다. 왼쪽으로 조금 더 가야 한다고 생각하지만 움직이지 않으면 실패를 설명할 수 있게 된다." 볼 가까이 갔는데 볼을 치지 못하면 결국 우스꽝스러워집니다. 그러나 나는 이런 식으로 좀 더 포착하기 어려운 위험을 피해가고 나 자신에 대한 일부 비난도 피해갑니다. 나는 서브를 할 때 공을 잘못 던져 올린 걸 알면서도 공을 칩니다. 결국에는 문제가 없을 겁니다. 그렇게 하지 않으면 나는 공을 던져 올리는 것조차 못한다는 걸 보여줄 것이기 때문입니다.'

분석가 '당신은 이 모든 것을 이야기하기에 의해 설명할 수 있을 것입니

다. 아닌가요? 그리하여 "공격"이라는 단어의 사용 같은 말실수를 교묘히 피해갑니다.'

환자 '결국은 같은 문제로 되돌아옵니다. 나는 놓아주고 싶지 않습니다. 나는 공이 올 곳으로 움직이고 싶지 않습니다. 움직임은 가도록 놓아주는 것을 의미하지요. 움직인다는 생각을 가지고 정지해 있는 게 안전합니다. 움직이는 것은 내가 있던 곳을 놓아주는 것이고, 자유롭게 이야기한다는 것은 위험을 감수한다는 의미입니다. 모든 게 통제 불능입니다.' (이때 그는 고무 밴드를 가지고 놀고 있었다. 그리고는 가볍게 튕기기 시작했는데 소리가 났다. 회기 동안 이와 같은 행동을 하는 것은 극히 이례적이다)

분석가 '당신을 지배하고, 당신이 자발적으로 행동하는 어린아이가 되는 것을 막는 살아있는 아버지가 있는 것 같습니다.'

환자 '아버지를 짊어지고 다닌다는 생각이 맞는 걸로 보입니다. 내가 잘못 행동하거나 경솔한 짓을 하면 아버지는 언제라도 즉시 참견할 준비가 되어있습니다.'

분석가 '그 말은 당신이 당신의 진정한 자기가 될 수 없다는 것을 의미합니다.'

환자 '이상하네요. 마치 내가 나의 초자아 대신 아버지를 짊어지고 있는 것 같습니다. 아니 어쩌면 아버지는 나의 초자아가 의미하는 것일 수도 있습니다.'

분석가 '글쎄요, 병리적인 초자아가 있을 수 있습니다.'

환자 '때때로 나는 아버지를 짊어지고 다닌다는 것을 자각하고 있다는 느낌입니다. 나 자신에게 화가 난다고 말할 때, 나는 이 아버지가 내게 화를 내고 있다는 뜻으로 말하는 것이고, 내가 무엇을 나 자신과 의논한다고 할 때, 의논하고 있는 사람들은 아버지와

나입니다. 때때로 내가 거의 아버지인 것처럼 느껴집니다.'

분석가 '그 어려움은 당신이 기억하는 아버지가 당신의 세계 안으로 들어올 수 없는 것은 물론이려니와, 그 세계에 대해 반대하는 것조차 할 수 없다고 당신이 생각하는 것입니다.'

환자 '나의 비판은 아버지에 대한 타당한 비판입니다. 아버지는 그 누구의 세계 안으로도 들어갈 수 없었습니다. 사람들이 그의 세계 안으로 들어가야만 했습니다.'

5월 27일, 금요일

환자 '문제는 어디서 출발하느냐 하는 겁니다. 의식적으로 노력한다고 해서 내가 얼마나 멀리 갈 수 있겠습니까? 처음에는 여기서 하는 분석에 희망이 있었습니다. 그러나 이제는 분석에서 일어나는 일이 너무나 적습니다.'

분석가 '당신은 여기에 있는 동안에도 당신이 일어나서 돌아다닐 수 있을지 알고 싶어 하는 것 같습니다.'

환자 '그렇게 하면 여기서 일어나는 일이 덜 중요해집니다. 주제가 섹스에 관한 것일 때, 때때로 나는 그 문제로 시달리고 싶지 않은 심정입니다. 이상적인 것은 모든 논의를 그만두는 것이지요. 그러나 보류한다고 문제가 해결되는 것은 아닙니다.' *잠시 멈춤.* '그것은 근원적인 해결 방법이 아닙니다. 내가 추상적인 아이디어나 목표에 대해 얘기하는 것인지도 모릅니다. 그러나 그렇게 하는 건 생산적이지 않지요. 집에서 특히 힘든 것은 내가 이야기하는데 아내가 대답을 안 해서 화가 날 때입니다.'

분석가 '이런저런 이야기를 하는 것과 문제를 논의하는 것은 뚜렷한 차이가 있습니다.'

환자 '어딘가에 장벽이 있습니다. 장벽을 무너뜨릴 방법이 내게 있어야 합니다. 휴가 이후 장벽이 더 커 보입니다.'

분석가 '내 생각에, 당신은 지난 회기 마지막에 실망했습니다. 당신은 무언가가 갑자기 일어나기를 기대했습니다. 우리는 장벽이 생긴 이유를 찾는 중입니다.'

잠시 멈춤

환자 '그때 내가 어떤 생각을 했습니다. 나는 꿈의 세계 안에 있었고, 서면으로 된 요약문이나 보고서 같은 걸 발표하고 있었습니다. 모든 걸 다 기록해야 했다면, 너무 벅찼을 겁니다. 그와 같은 일을 좋아하지 않으니까요. 나는 보고서를 당신 책상 위에 갖다 놓기로 되어있었습니다. 그 보고서는 읽기가 어려웠습니다. 나는 여기서 딜레마에 빠집니다. 이야기하지 않으면 분석 치료에서 좌절감을 느낄 터인데 그것은 격노할 일입니다. 완벽한 성관계는 나의 세계 안으로 들어오는 다른 누군가에 달려있다는 추상적인 생각이 떠오릅니다. 그러면 나는 이야기할 필요도 없고 깨어있을 필요도 없습니다. 그것은 여기서도 마찬가지입니다. 당신은 내 마음 속에 있는 것과 내가 느끼고 있는 것을 알아야 합니다.' (아마 잠이 들었을 것이다) *잠시 멈춤*. '내가 아무 말도 하지 않을 때 당신이 얼마나 멀리 갈 수 있는지 알아보려고, 나는 잠이라는 아이디어를 가지고 놀고 있습니다. 이것은 사실 어리석은 짓입니다.' (자료가 기록되어 있지 않다)

분석가 '나는 여기서 당신의 상상 세계 안으로 들어갈 수 없었던 당신 아버지의 무능력을 상기시켜주고 있습니다.'

환자 '아, 그렇군요. 내가 잊고 있었네요. 아버지는 말을 아주 많이 했습니다. 그것은 그가 좋아하는 취미였습니다.'

분석가 '이것은 당신이 전적으로 듣기만 했다는 걸 의미합니다.'

환자 '나는 아버지의 지적인 접근 방식으로부터 벗어나려고 애쓰고 있습니다. 나의 이상은 놀이를 할 수 있게 되는 겁니다. 이 이상은 내게 있어 여전히 도달하기가 불가능한 것입니다. 내게 있어서 긴장은 놀이에 관한 지적 이야기에서 벗어나려는 노력의 일부입니다. 노력을 더 할수록, 나는 놀이를 덜 하게 됩니다. 놀이하는 대신 말하기 때문에 내가 사람들을 지치게 한다는 것을 나는 알고 있습니다. 내게는 실물 대신으로 대체물을 사용하는 능력이 없습니다. 당시 나는 당신을 때리는 것에 대해 말을 하는 것이 당신을 때리는 것과 같다고 생각했습니다. 그런데 내가 무엇 때문에 당신을 때리는지 나도 잘 모릅니다.'

분석가 '이것은 당신이 두려워하는 갑작스러운 행동 유형을 보여주는 사례입니다.'

환자 '마치 당신이 장애물인 것 같습니다. 당신은 장벽을 치우지 않습니다. 당신을 때린다는 것은 당신이 무엇을 하도록 강요하는 것일 겁니다.'

분석가 '그 경우, 당신은 아버지를 갑자기 때릴까 봐 두려웠던 것입니다.'

환자 '내가 실제로 그렇게 했는지 기억이 나지 않습니다. 나는 분명히 그렇게 하고 싶었을 겁니다. 아버지는 아무런 저항을 하지 않았기 때문에 때리기가 어려웠습니다.'

분석가 '당신의 아버지는 반대라는 생각을 반대했습니다.'

환자 '만약 당신이 아버지를 때린다면, 그는 무너질 것이고 그냥 그

	자리에 없을 겁니다. 그러나 공격성이 개입해 들어올 수도 있는 놀이에서는 사정이 다릅니다.'
분석가	'당신은 나와 하는 놀이를 우리가 아무 목표 없이 서로 치고받는 것으로 묘사하고 있습니다.'
환자	'나는 공격성을 표현하는 방법을 발견함으로써 긴장을 완화한다는, 병원에서 있었던 토론을 상기하고 싶습니다. 그러나 그것은 소용이 없습니다. 거기에 공격성이 없기 때문입니다.'
분석가	'내 생각에, 그것은 당신 아버지에 관한 이야기입니다.'
환자	'그렇습니다, 아버지는 정말로 평화주의자였습니다.'
분석가	'그리고 당신에게는 서로 사랑하고 미워하며 괴롭힐 형제 또한 없었습니다.'
환자	'괴롭히고 또 괴롭히는 것이 내가 지금 당신에게 하고 있는 짓이라는 생각이 듭니다. 하지만 당신은 지독하게 평화스러우며, 마치 이불솜처럼 부드럽게 느껴집니다. 전혀 딱딱하지 않습니다. 만약 내가 당신을 때린다면, 내 팔이 거기에 남아, 되돌아오지 않을 겁니다. 그러나 나는 아버지가 가진 힘을 존경했습니다. 당신에게 있어 때린다는 것은 어울리지 않습니다.'
분석가	'당신은 당신과 힘을 겨룰 사람을 결코 발견할 수 없을 것으로 보입니다.'

5월 31일, 화요일

환자	'두 가지 생각이 떠오릅니다. 첫 번째 생각은 나의 참 자기가 아직 나타나지 않아 내가 말하기 전에 모든 걸 검열한다고 하는

당신의 말뜻을 내가 더 많이 깨닫고 있다는 것입니다. 검열 때문에 내가 하는 모든 말은 비인간적이 됩니다. 거기에는 흥분도, 분노도, 의기양양함도 없습니다. 나는 일어나서 당신을 때리고 싶지 않습니다. 그것은 우리가 이야기하는 대상일 뿐 느껴지지도 않고 드러나지도 않습니다. 다른 사람들은 인간적이고 화를 내기도 하지만 뭔가에 지나치게 흥분하는 것은 피합니다. 이런 것은 결점일 수 있으나 그렇다고 조종할 수 있는 것도 아니지요. 두 번째 생각은 어젯밤의 꿈에 대한 것인데, 글쎄요, 이야기할 가치가 있을는지요. 상황에 더 보태주는 것은 없고 현재의 상태를 재생하는 것뿐입니다. 그것은 아내와 아내의 남자친구와 관계있는 것입니다. 꿈에서는 모든 것이 장모 탓이었습니다. 나는 장모와 만나기를 거부했습니다. 나는 가끔 그러고 싶은 때가 있습니다. 꿈에서 장모는 냉랭하고 냉담했습니다. 나는 장모에게 그렇게 싫어하는 감정은 없고, 그저 성가신 존재로 여기는 정도입니다.'

분석가 '꿈에서 당신과 당신의 장모가 충돌했군요. 당신이 아버지에게 쉽게 부여할 수 없었던 역할을 수행하면서 현실로 존재하는 외부사람이 여기 있습니다.'

환자 '나는 여기에서의 내 느낌을 생각해 봅니다. 유일한 정서적 표현은 수면으로 보이는데, 이것은 떠나는 겁니다. 부정적인 표현이지요.'

분석가 '당신이 한때 나를 스치듯이 지나가서 뛰쳐나간다는 생각을 했던 게 기억날 겁니다.'

환자 '당시 나의 태도는 아내의 태도와 같았습니다. 나는 말려들고 싶지 않습니다. 지금은 내가 여기에 매달려 있고, 와야 할 필요가

있는 것을 압니다.'

분석가 '당신의 한 부분이 당신의 참 자기와 나 사이에 있습니다.'

환자 '나는 가끔 극적인 응답을 얻기 위해 내가 정신분석에 뭔가 보탤 수 있기를 바랍니다. 감정의 결핍이라는 장벽을 돌파한다는 아이디어입니다. 장모는 나와 친하게 지내려고 애씁니다. 그런데 이게 나를 몸서리치게 하고, 나는 장모를 멀리합니다. 장모는 나를 짜증나게 합니다. 나는 장벽을 허무는 아이디어를 계속 마음속에 그려봅니다. 그건 댐을 허무는 것과 같습니다. 댐에 물이 잔뜩 갇혀 있습니다. 홍수가 나겠지요. 분석에 처음 복귀했을 때, 나는 울부짖을 수 있으면 좋겠다는 말을 했습니다. 그건 다 장벽 허물기의 일부입니다. 장벽을 허물려면 밖에 있는 무엇이 필요합니다. 내게는 자진해서 장벽을 허물 용기가 없습니다. 그렇게 하려면 역동이 있어야 하고, 정서적인 상황이 필요하고, 울부짖어야 합니다. 그러나 울부짖음 이따금씩 일어나고, 그것도 언제나 여기서 멀리 떨어진 곳에서 일어날 뿐입니다. 우리는 장벽을 허물 계획을 세워야 합니다. 나는 힘을 쏟아내게 하는 일을 꺼려하거나, 아니면 그렇게 할 능력이 없는 당신의 모습을 상상해 봅니다.' *잠시 멈춤*. '나는 여전히 똑같은 생각을 하고 있습니다. 주변을 살펴보며 장벽 위를 걷는 것과 같지요.'

분석가 '당신은 늘 전이라는 개념을 싫어한다고 말했습니다.'

환자 '그 말이 얼마나 진정성이 있었는지 잘 모르겠습니다. 한 때지나가는 말일 수도 있지 않을까요? 그 말을 했을 당시 여자친구가 내게 상당한 영향력을 갖고 있었습니다. 그녀는 동성애를 경멸했습니다. 따라서 전이에 대한 적대감은 내가 남자에 대한 적극적 전이가 필요 없는 사람인 것을 그녀에게 보여주려는 욕구에

서 나왔습니다. 당신도 알다시피, 나는 그녀의 관점을 고려해야 했습니다.'

잠시 멈춤

분석가 '당신은 수많은 억눌린 감정에 대해 서술했고, 그리고 그 댐 뒤에 비탄의 눈물이 갇혀 있다고 했습니다.'

환자 '나는 사랑에 대해서도 말했습니다. 아내는 도와줄 수 없을 겁니다. 아내는 물이 새는 벽을 겨우 때울 수 있을 뿐입니다. 아내는 장벽을 허문다고 하는 생각에 반대할 겁니다. 얻기 힘든 건 차라리 묻고 지나가라고 할 겁니다. 아내는 묻힌 것을 끄집어내는 데는 관심이 없습니다. 문제는 장벽을 허무는 일이 일어날 것인가, 그리고 그게 필요한가 하는 겁니다.'

분석가 '장벽은 당신과 나 사이에 있습니다. 그 장벽이 막으려고 하는 것 중 하나는 내가 당신을 사랑한다는 생각입니다.'

환자 (졸고 있다) '말로 표현하기 힘든 이상한 단편적인 생각들 뿐입니다. 특징적인 건 통제가 약해졌고, 그래서 사태가 아주 빠르게 진행되었다는 겁니다.'

분석가 '통제가 약해지면 침 흘리기나, 오줌 싸기, 그리고 울부짖기 등이 발생한다는 사실을 받아들여야 합니다.'

환자 '말을 느리게 하는 것도 통제에 해당합니다. 이것이 내가 모든 사람을 지치게 하는 이유를 설명해 줍니다.'

분석가 '통제를 하면 말하는 속도가 일정해집니다. 아무런 자극이 들어오지 않기 때문이지요.'

잠시 멈춤 (아마 잠들었을 것이다)

환자 '완전히 놓쳐버린 생각이 있습니다. 무언가가 극화되었습니다. 쓸데없는 얘기를 늘어놓는 태도는 아이들의 옹알거림과 관계가 있다는 내용이었습니다. 이런 통제된 사고와 관련하여, 장모는 나와 정반대입니다. 장모는 무슨 말을 하는지 개의치 않고 늘 빨리 말합니다. 장모가 하는 이야기는 대부분 말이 안 되는 거지요. 장모는 머리에 가장 먼저 떠오르는 것을 말하는데, 나는 그게 싫습니다. 그런 장모가 부럽기 때문입니다. 장모의 말이 터무니없는데도 사람들은 멈춰 서서 듣는 반면, 내가 하는 말은 따분해합니다.'

분석가 '당신의 장모가 하는 말이 당신이 당신 어린 시절의 특징으로 설명했던 지껄이기처럼 그녀 자신으로부터 곧바로 나오는 것 같습니다.'

환자 '나는 마치 내가 돌파해야 할 뭔가가 있기나 한 것처럼 들떠있습니다. 아니 내가 들떠있고 싶은 걸까요? 그도 아니면 들떠있고 싶다는 생각을 하는 것일 뿐일까요?'

분석가 '여태까지는 모든 것이 감정이 섞여있지 않은 비인간적인 것이었습니다. 이것이 당신 삶의 특징적인 모습이었습니다.' (여기서 내가 워즈워스의 '어린 시절의 회상에서 오는 불멸의 암시에 관한 송가(頌歌)'에서 '감옥의 그림자'[16] 구절을 언급했다. 놀랍게도 그는 알지 못했다)

환자 '오늘 나는 어린 딸과 놀았습니다. 아이는 쉽게 자발성을 갖지요. 처음에 나는 자기 자신을 믿을 수 있는 딸의 능력을 부러워했습니다. 그러니까 나의 장모도 어릴 때의 어떤 모습을 여태 간직하고 있는 겁니다.'

분석가 '어른이 어릴 때의 모습을 간직하고 있으면 그것은 짜증나는 일

---

16 감옥의 그림자가 다가온다. 한창 자라나는 소년 위로……

이 될 수도 있습니다.'

환자 '아버지는 모든 말을 혼자 다 했고, 아무에게도 말할 여지를 남겨주지 않았습니다. 나는 꽉 막혀있다는 느낌이었습니다. 아무도 내게 말할 시간을 주지 않았지요. 차라리 아무 말도 하지 않는 게 상책이었습니다.'

분석가 '마냥 지껄일 게 아니라 먼저 생각할 필요가 있다는 식으로 당신이 바뀐 것을 내가 상기시켜 주고 있습니다. 그래야 사람들이 당신이 말한 내용을 알아듣게 되고 당신을 조롱하지 않고 그리하여 당신이 부끄러움을 느끼지 않았을 겁니다. 사람들의 관심을 끌었던 것은 오히려 당신의 의도적인 말투인 말더듬기였습니다.'

환자 '아직도 숨은 흥분이 있는 듯합니다. 불확실합니다. 장벽이 돌파될까요? 언제 내가 다른 사람들의 시선으로부터 안전할까요?' (여기서 환자가 한쪽 발을 마루에 내려놓았다)

분석가 '당신이 한쪽 발을 마루 위에 내려놓았습니다. 당신은 이 순간 행동할 수 있다고, 예컨대, 걸어 나갈 수 있다고 느낀 듯합니다. 그게 당신의 참 자기를 표현한 것입니다.'

환자 '그렇습니다, 그건 들떠있음의 일부입니다. 이 순간은 지극히 중대한 순간이고, 일생일대의 기회이지요. 그런데 놓쳤습니다.'

분석가 '카우치에 눕는 것은 당신의 태도와 관계있습니다.'

환자 '그렇습니다, 눕는다는 것은 통제되는 것을 상징합니다. 그것은 평화로운 것이지요. 그런데 그것은 내가 원하는 것이 아닙니다. 나는 일어나서 게임을 해야 한다는 당신 제안을 마음에 그려 봅니다.'

6월 1일, 수요일

환자 '처음으로 내가 나 자신으로서 여기에 있다고 느낍니다. 이 말은 지난 회기 마지막에 내가 시간을 의식하지 못했다는 걸 의미합니다. 나는 도취되어 있었습니다.'

분석가 '당신의 참 자기는 시계와 나란히 가는 당신의 거짓 자기와 대비되는 자기만의 시간을 가지고 있습니다.'

환자 '딸이 잠에서 깰 때, 나는 아이에게 시간관념이 없다는 걸 알아차립니다. 아이는 한밤중에 깨서는 낮이라고 상상합니다. 나도 최근에는 좀 더 불규칙적으로 잠에서 깹니다. 평소에 나는 시간이 몇 시 인지 정확하게 압니다. 오늘은 시간에 대해서 아무 생각이 없었는데, 우연히 소음 때문에 깼습니다. 어제 여기를 떠난 후, 나는 흥분을 느꼈습니다. 장벽이 거의 허물어졌습니다. 이야기하며 시간을 때우는 문제가 여전히 있지만, 더 이상 전과 같이 압박감을 느끼진 않습니다. 열차 안에서 읽을거리가 없었기 때문에, 잠을 자지 않으면 뭘 해야 할지 몰랐습니다. 그러나 대부분 사람들은 이런 일에 걱정하지 않는다는 것, 그리고 아무 문제 없이 시간을 보내면서 한 시간 이상을 기꺼이 앉아있다는 것을 알게 됐습니다. 시간에 대해 내가 걱정을 덜 한다는 면에서 분석이 어느 정도 진전이 있습니다. 병원에 입원해 있을 때 시간을 채우는 게 어려웠습니다. 하지만 나는 어쩐지 누구라도 혼자 살아갈 수 있을 것이라는 생각이 들었습니다. 이 시간이라는 문제에 어떻게 대처해 나가야 할까요? 한가로이 담소를 나눌 수도 있는 거지요. 하기야 대부분의 사람들은 그것만으로도 충분합니다.'

분석가	'당신은 처음으로 혼자 있을 수 있을 것 같다고 하는군요. 혼자 있을 수 있다는 것은 관계를 형성하는데 있어서 유일하게 만족스러운 토대입니다.'

잠시 멈춤

환자	'어제 모든 게 충만하게 진행되고 있을 때 회기를 종료하게 되어 아쉬웠습니다. 문제는 어떻게 돌아가느냐 하는 겁니다.' (이때 환자가 담배 파이프를 손에 쥐고 만지작거렸다) '방어 장벽을 돌파하는 데 시간이 얼마나 걸릴지 궁금합니다. 시간이 많이 걸리는 게 당신 탓인가요, 내 탓인가요? 그리고 치료는 이제 막 시작된 건가요, 아니면 곧 끝나는 건가요? 어떻게 알 수 있나요? 나는 모르겠습니다.'
분석가	'장벽과 장벽의 제거라는 문제는 지금 갑자기 생겨난 게 아닙니다. 당신을 현재 위치까지 이끌어온 분석과정에서 점진적으로 발달해온 것입니다.'

잠시 멈춤

환자	'잠시 멈춘 사이에 혼란스러운 생각을 했습니다. 추상적인 생각이었습니다. 그래서 다시 기억해내는 게 불가능합니다.'
분석가	'당신이 기술하고 있는 이런 비통합 상태가 여하튼 당신의 참 자기입니다.'
환자	'이 혼란스러운 생각 안에 극도의 불쾌감, 공격성, 병상에 누워 있는 어떤 사람 등이 있습니다. 나는 그가 누군지 모릅니다. 오늘 내게 알리지도 않고 병원에 입원한 한 환자로 인해 그 생각이 났습니다. 나는 그 장면을 극화하고 있었습니다. 화를 내며 병동으로 들어가 환자의 옷을 벗겨 침대 밖으로 끌어내고 환자를 쫓아내는 상상을 했습니다. 나는 그 행위가 여기 있는 카우치

와 관련이 있을 수 있다는 걸 알 수 있었습니다. 내가 엉뚱한 시간에 여기 나타나면, 당신은 짜증이 나서 나를 내쫓을 겁니다. 어떤 면에서 그것은 어제 분석을 마칠 때 당신이 했던 일이기도 합니다. 나는 쫓겨났습니다. 내가 밤늦게 귀가해 아내가 이미 잠든 걸 발견했을 때 느끼는 불쾌감과 일치하는 게 여기에도 있습니다. 나는 물론 전혀 불평하지 않습니다. 그래도 어쨌든 아내가 기다려야 한다는 느낌입니다.'

분석가 '이 모든 것의 중심에는 당신 자신이 막 드러나던 바로 그때 지난 회기가 끝이 났고, 그 순간 당신이 내던져지는 것에 대해 보였던 반응이 있습니다. 당신은 그때 상처받기 쉬운 상태였습니다.'

환자 '이것과 맞아떨어지는 일이 있습니다. 오늘 아침 나는 딸을 침대에서 일어나게 해야 했습니다. 아내는 내가 두 번 부를 때까지 절대 일어나지 않습니다. 여하튼 내가 깨어있긴 하지만, 이게 나를 짜증나게 만듭니다. 나는 늘 아내가 가끔씩이라도 일어나 아침을 차려주길 바랍니다. 그러나 소란을 피워 봤자 소용없습니다. 아내는 꿈쩍하지 않습니다. 오늘 아침 병원에서 나는 환자들을 내쫓고 싶은 기분이었습니다. 나는 그들이 침대를 차지하고 있는 것에 짜증이 났습니다. 당시는 그 기분이 꽤 합리적인 것 같았는데, 이제 보니 그건 내가 여기서 쫓겨났다는 느낌과 관련된 게 분명합니다.'

분석가 '치료의 종료와 이에 대한 당신의 감정이라는 문제도 있습니다.'
환자 '환자의 퇴원과 관련된 전반적인 문제 또한 있습니다. 그들을 내보내는 근거가 무엇일까요? 나를 위한 걸까요? 아니면 환자들을 위한 걸까요? 그들이 가능한 한 빨리 건강해지고 자립하기를 원할까요? 아니면 우리가 그들에게서 벗어나기를 원할까요?' 잠시 멈춤. '내가 극적으로 바뀌면, 사람들이 이 사실을 알아챌 건지에 대한 궁금증도 있습니다. 과연 효과가 있을까요? 내가 달라지면 다른 사람들이 영향을 받을 게 틀림없습니다. 사람들에게 내가 얼마나 달라져 보일까요? 병원에 입원해 있었을 때 사람들이 물었습니다. "어디가 안 좋아요? 왜 정신분석을 받으려 하나요?" 나는 전혀 설명할 수 없었습니다. 이야기 하는 걸 내가 좀 더 편하게 받아들이면, 사람들은 내가 긴장이 완화됐다는 것을 알아챌까요? 결정적인 테스트는 아내가 알아채는 겁니다. 아내는 아마 모를 겁니다. 아내는 내가 자기에게 아무 소용이 없는 존재라는 생각을 굳혔습니다. 나는 아내가 변하기를 기대할 수 없습니다. 너무 늦었습니다.'

분석가 '당신 딸이 변화를 알아차릴 수 있는 한 사람일 겁니다.'

환자 '딸에 관해서라면, 그 아이가 놀이를 시작할 때까지 내가 기다렸어야 했다고 느낍니다. 그런데 아이를 따라 하기가 힘들었습니다. "놀아주고 싶지도 않고, 책을 읽어주고 싶지도 않다."라는 느낌이 계속 들었고 화가 났습니다. 그러나 이제 나는 압박감을 덜 느끼고, 놀이를 즐길 수도 있습니다. 아이가 알아챘는지 모르겠습니다.'

분석가 '만일 당신이 놀이를 조금이라도 즐긴다면, 아이가 틀림없이 알아차릴 겁니다.'

환자 '마침내 이제 내가 작은 딸로 인해 즐거워 할 수 있다는 걸 알게 됐습니다. 전에는 그 아이를 마음에 두지 않았습니다. 아이의 존재는 단지 이론적으로만 중요했습니다. 나는 그 아이를 내 아이라고 전혀 느끼지 못했습니다. 어떤 면에서는 만일 그 아이가 내

아이가 아닌 걸로 드러났다면, 내가 정말 기뻐했을 수도 있습니다. 그럼에도 불구하고, 나는 지금 여기에서 어떤 변화를 기대할 수 있다고 느낍니다. 이 변화를 정신분석 덕분이라고 해야 할지는 잘 모르겠습니다. 변화는 하나의 지적 과정일 수 있습니다. 나는 딸을 받아주겠다고 결정하고 싶지 않습니다. 딸과 나의 관계에서 변화는 정서적으로 일어나야 합니다.'

분석가 '그 아이를 받아주기로 결정하는 것은 지적인 것으로부터 오는 작용일 것입니다. 지적인 것은 당신에게 있어 거짓 자기입니다.'

환자 '이 말은 모든 관계에 다 적용됩니다. 그것은 결정과 관련된 문제지만, 결정된 다음에는 아무런 쓸모가 없습니다. 이 말이 또 다른 사람을 생각나게 합니다. 나의 어머니지요. 최근 어머니에게 소홀했던 것에 죄책감을 느낍니다. 사실 나는 어머니를 생각하지 않았습니다. 왜 내가 그래야 합니까? 하기야 어머니가 돈을 대기는 하지요. 어머니는 나의 후원자이고, 그런 한에서 나는 어머니를 배제할 수 없습니다. 오랫동안 어머니는 내게서 어머니 상으로 보이지 않았습니다. 나는 어머니라는 생각을 지워버렸고, 어머니라고 부르고 싶지도 않았습니다. 나는 어머니를 어떻게 불러야 할지 모릅니다. 그리고 이런 생각은 어머니가 내게 있어 어머니 상이 아니라는 생각과 맞아떨어집니다.'

분석가 '분석의 어느 시점 이후로, 당신에게 있어 어머니 상은 당신의 분석가였습니다.'

환자 '나는 언제 어머니가 어머니 상으로 나타나기 멈췄는지 알고 싶습니다. 도와주시겠습니까?'

분석가 나는 여러 가지 사례를 끄집어내었다. 예를 들면, 환자가 어머니에게 다가가 아기인 여동생이 어머니의 무릎에 있는 것을 보았던 때, 그가 제 힘으로 서려고 힘을 준 때, 그리고 또 어느 시점에선가 환자의 지껄이기가 더 이상 받아들여지지 않은 때 등이었다.

환자 '이 말은 나의 아버지가 놀이를 할 줄 몰랐고, 모든 것을 너무 진지하게 다루는 바람에 나는 어른이 되려고 할 수밖에 없었다는 것을 암시합니다. 나는 종종 고아들에 대해 추측해 봅니다. 양친 부모가 없는데 그들도 똑같은 어려움을 겪나요? 이건 이론적인 관점입니다.'

분석가 '당신이 당신 내면에 받아들일 수 있는 부모가 있다면, 그들의 완고함의 정도나 융통성에 따라 참으로 많은 것이 달라집니다. 만일 그들이 완고하게만 여겨진다면, 당신은 초기 돌봄에서 일부 인간적 측면이 결핍된 고아들의 처지에 있는 것과 다를 게 없습니다. 당신은 분석에서 나를 여러 차례 당신의 어머니나 아버지 대신으로 이용하고 있습니다.'

6월 2일, 목요일

(환자가 십오 분 늦었다)

환자 '나는 진퇴양난에 빠졌습니다. 나는 다른 방식으로 시작할 수 있어야 합니다. 왜냐하면 이틀 전에 새로운 분석방법을 찾은 것 같거든요. 나는 아무 할 말이 없다고 하거나, 공식적인 말로 분석을 시작하는 이전 방식으로 돌아가고 싶지 않습니다. 내가 직접 시작해야 합니다. 이게 현실적인 느낌이 아니라는 것을 압니다.

나는 장벽 문제를 돌파하고 가장 빠른 길을 찾는 게 중요하다는 생각을 했습니다. 당신은 보다 공식적인 접근이 자연히 소기의 성취를 이루어 낸다고 했습니다. 그렇지만 그런 접근은 틀림없이 더 느립니다. 오늘 아침에 내가 주목하게 된 것 하나는 내가 꿈꾼 내용에 대해 더 많이 알고 있다는 사실입니다. 잠에서 깨어난 후 꿈을 곧 잊었지만 즉각은 아니었습니다. 나는 꿈속에서 많은 일들이 일어났다는 걸 의식했습니다. 나는 "이게 더 정상적인 것 같다"고 느꼈습니다.'

분석가 '당신은 잠자는 동안 당신 안에서 진행되는 삶이 있다고 느꼈습니다. 그러므로 우리가 며칠 전에 말한 해리는 완전한 것이 아니었습니다. 따라서 꿈꾸기의 일부 기능, 즉 내면세계와 깨어있는 삶 사이의 다리를 형성하는 기능이 성취된 것입니다.'

환자 '나는 예컨대 꿈을 더듬어가며, 기록을 해 놓을 수도 있었다고 생각합니다. 그러나 이야기하는 것 이외의 어떤 형태의 조력도 배제하는 것이 정신분석 기법의 한 부분인 것 같습니다. 다른 방법으로 수행된 작업이 신뢰하기 더 쉬울 텐데 말입니다. 말하기는 아버지가 다른 무엇보다 능숙했다고 할 수 있는 것으로, 나는 특히 신뢰하지 않습니다. 최근에 있었던 논의에서 내가 정신분석가가 되는 생각을 거절했던 게 기억납니다. 거기에는 말하기에 대한 반감도 많이 작용했습니다.'

분석가 '분석가를 도우려고 의식적으로 노력하면, 새로운 방어수단이 나올 수도 있을 것 같습니다. 의식적으로 노력할 여지가 전혀 없는 것은 아닙니다.'

환자 '나는 다른 방법을 찾아내고 싶습니다. 예컨대 무슨 일이 일어나고 있는지 당신이 안다는 것을 확인하는 방법 말입니다. 이것은

내가 생각나는 것들을 기록해 두었다가 다시 말하는 것보다 덜 수고스러운 방법입니다.'

분석가 '다리는 양방향의 교통을 허락해야 합니다. 최근 회기에서 사용된 언어로 말하자면, 나는 지금 당신의 참 자기에게 이야기하고 있는지, 거짓 자기에게 이야기하고 있는지 잘 모르겠습니다.'

환자 '그것은 거짓 자기입니다. 사람들은 두 가지 다른 방식으로 이야기를 듣습니다. 즉 인격의 두 측면인 지적 측면과 정서적 측면에서 이야기를 듣습니다. 마음이 혼란스러워도 동시에 이야기를 듣는 것이 가능합니다. 한 부분은 동일한 문장의 정서적 측면을 취하고, 다른 부분은 지적 측면을 취합니다. 일이 순조로울 때는 양 측면이 함께 상황을 인식하고, 서로 협력합니다. 나는 어떤 면에서 정서결핍에 대한 염려가 단지 지적인 것일 수 있다고 느낍니다.'

분석가 '당신이 처음 말을 시작했을 때, 내가 말했듯이, 말을 한다는 게 내용과 무관하게 그 자체로서 중요했습니다. 당신이 살아 있고, 깨어 있고, 열망한다는 의미에서 말입니다.'

잠시 멈춤

환자 '바로 그 때, 나는 불안을 느꼈습니다. 한 가지 어려움은 장벽이 돌파되면 너무 많은 것이 풀려나게 되므로, 정서적 측면이 출현할 때마다 내가 변하게 되어 끊임없이 이야기를 하게 되고, 이 때문에 당신이 하는 말을 알아들을 시간이 없게 된다는 것입니다. 나는 모든 이야기를 혼자 다 하지 않도록 조심하려 합니다. 내 말을 들으려고 애쓰는 괴로움을 당신에게서 덜어주기 위해서지요.'

분석가 '그러면 무슨 일이 일어날까요? 당신이 모든 이야기를 다 하도

|환자| '만약 아무런 제지 없이 이야기를 하게 되면, 여기에 오는 게 아무 도움이 안 될 겁니다. 이야기는 나 혼자서도 할 수 있습니다. 나는 아내와 이야기하기 힘들었던 어젯밤 일을 생각해 보았습니다. 그 생각이란 만약 내가 아무런 제지 없이 계속 이야기하고, 같은 것을 이야기하며, 생각을 발전시키지 않는다면 분석을 중단해야 할 이유가 없다는 것입니다. 분석을 중단해도 아무 도움이 되지 않을 것이고, 나도 만족을 얻을 수 없을 겁니다. 분석을 중단하는 것에 아무런 감동이 없습니다.'

|분석가| '나는 이쯤에서 당신이 오늘 늦게 왔다는 것, 그리고 이 사실이 분석의 중단이라는 오늘 주제에 어떤 의미를 갖는지 잘 모르겠다는 것을 알려주고자 합니다. 당신이 늦게 왔다는 사실이 당신이 하는 이야기보다 당신 자신과 더 긴밀하게 연결되어 있을 수 있습니다.'

|환자| '아닙니다, 나는 지각이 중요하지 않다고 생각합니다. 아니 그건 그냥 무례한 짓이라고 생각합니다. 내가 몇 분을 아낄 수 있었다는 것을 나도 압니다. 그러나 중요한 것은 지각에 대해 내가 좀 더 신경을 쓸 수 있었다는 거지요. 그렇게 됐습니다. 나는 여기 오면서 "위니캇이 화가 났지 않을까?"라는 느낌이 들었습니다. 이것은 새로운 출발입니다. 전에는 벌을 받는다는 생각에만 관심이 있었습니다. 하지만 이번에는 이 생각의 영향이 내게는 적어졌고, 당신에게는 많아졌습니다. 당신은 오늘 화가 났지요? 그러므로 오늘은 사과하는 게 의미가 있습니다. 전에는 내가 사과했다 해도, 그것은 일어난 일을 숨기려는 것일 뿐이었습니다.'

|분석가| '당신이 덜 강박적인 것 같습니다.'

환자 '나의 감정은 사과가 단지 지적인 것에 불과했던 이년 전보다 덜 서먹합니다. 전에는 늦는 것에 대해 걱정해야 되다고 생각했습니다. 지금은 그 점에 대해 생각하지 않지만, 내가 늦을 때면 당신을 짜증나게 할까 봐 걱정이 됩니다.' *잠시 멈춤.* '그때 나는 지난 며칠 사이 내게 일어난 변화를 다른 사람들이 알아볼 수 있을지 궁금하다고 생각했습니다.'

분석가 '당신은 변화를 좋아하고 있습니다. 변화가 더욱 현실같이 느껴질 겁니다.'

환자 '특히 아내가 변화를 알아본다면, 그건 진전에 대한 아주 엄밀한 테스트라 할 수 있습니다. 아내는 정신분석의 유용성을 인정하지 않으려 합니다.' *잠시 멈춤.* (오른손가락을 입으로 가져간다) '나는 그때 다른 사람들의 감정에 관심을 갖는 것은 위험하다는 걸 깨닫는 느낌이었습니다. 이전에 내가 지적인 것에 더 관심이 있었을 때, 나는 다른 사람들의 생각을 무시할 수 있었습니다. 나는 어느 누구에게라도 "내가 알게 뭐야"라고 말할 수 있었습니다. 그러나 내가 다른 사람들과 함께 지내려면, 나는 더 관심을 가져야하고 나의 불완전함이 드러날 걸 예상해야 합니다. 나는 이 모든 것을 내가 아프다는 말로 일축하곤 했습니다. 그러나 지금은 내가 더 이상 아프지 않으므로, 그 불완전한 존재가 설령 나일지라도 나는 불완전함에 직면해야 합니다.'

분석가 '사용하지 않았거나 경험하지 않았기 때문에 당신이 완전한 것으로서 당신 안에 간직하고 싶은 것이 있습니다. 만일 당신이 아프지 않다면, 당신은 이 완전을 지키는 데 실패한 것으로 드러나게 될까봐 두려울 겁니다.' (이 시점에서의 이 해석은 잘못되었던 것이 거의 확실하다)

환자 '나는 지금 이 순간 완전한 어떤 것을 파괴한다는 생각에는 관심이 없는 것 같습니다. 지금 당장은 그 생각을 사용할 수 없다는 뜻입니다. 나는 다른 무엇을 생각하고 있었고, 당신이 말하는 동안 절반만 듣고 있었습니다. 오늘 오후에 18세기 미국에 관한 책을 읽기 시작했는데, 나는 그걸 떠올리고 있었습니다. 책 속 주인공들은 당시 유행하는 복장을 하고 있었습니다. 병원에서 이 책을 가져오는 걸 잊었다는 생각이 났습니다. 그러니 오늘 밤에는 내게 그 책이 없는 거지요. 그러므로 중요한 문제는 무엇을 읽을지 계획을 세워야 한다는 겁니다. 이건 하나의 작은 재앙입니다. 그 책은 하버드에서 공부한 키 크고 마른 남자의 이야기입니다. 그는 군인으로 징집되는데, 군대 생활은 그의 전 생애를 바꾸어 놓습니다. 내가 하고 있는 일이 곧 끝납니다. 나의 삶의 변화가 나의 통제 밖에 있는 힘의 작용을 통해 일어나고 있습니다. 갑작스러운 변화와 관련하여 나는 여기서도 가끔 같은 어려움을 겪습니다.' (오른쪽 검지를 입에 가져간다) '또한 나는 중요한 건 도피라는 걸 잊고 있었습니다. 독서는 나에게 하나의 도피처가 되는데, 지금 현재가 특히 더 그렇습니다. 내가 나의 주변 환경으로부터 도피해야하기 때문입니다.'

분석가 '만일 오늘 저녁에 당신 기분이 괜찮고 아내가 반응을 보인다면, 어떤 일이 일어날까요?'

환자 '첫째, 나는 더 편하게 이야기할 겁니다. 둘째, 아내는 나의 병원 일에 더 관심을 가질 겁니다. 셋째, 나는 그녀의 행동에 더 관심을 가질 겁니다. 대화가 이루어지고 우리는 행복할 겁니다. 우리는 앉아서 한 두 시간 동안 담소를 나눌 겁니다. 그러나 실제로는 우리가 팽팽한 긴장감 속에서 이야기하거나 침묵하면서 긴장하게 될 겁니다. 나는 침묵을 말하기에 대한 적극적인 거부 같은 것으로 느낍니다. 침묵은 고의적인 행위지요. 만일 내가 아내를 나무란다면, 아내는 아무 말도 하지 않을 겁니다. 침묵은 말하고 싶지 않다는 걸 의미합니다. 내가 떠나고 없다는 의미이지요.'

잠시 멈춤

분석가 '당신은 분석을 마칠 시간이 다 되어간다고 생각하고 새로운 주제에 착수하고 싶어 하지 않는군요.'

환자 '그렇습니다, 만약 아내가 내게 일어난 변화를 보게 된다면 그 변화가 아내에게 얼마나 중요할지 생각하고 있었습니다.'

분석가 '그러나, 당신이 암시한 대로, 여기는 연기를 할 수 없는 유일한 장소입니다. 이 말은 당신이 할 수 없는 유일한 것은 연기가 아니라는 것을 연기하는 것이라는 뜻입니다.'

6월 6일, 월요일

분석가 회기 마지막 무렵에 내가 십 분간 외출해야 된다는 것을 분석을 시작할 때, 미리 알려주었다.

환자 '나는 십 분 전에 오고 싶지 않다고 말할 수 있었습니다. 여기에 오는 것은 성가신 일입니다. 그리고 그건 당신이 요구 때문에 오는 것이지, 더 이상 내가 필요해서 오는 것이 아닙니다. 분석을 받는 것이 덜 절박하게 되었으므로, 이제는 분석이 종결되지 않아 오는 것일 뿐입니다. 동기가 줄어들었습니다. 그리고 시간문제를 생각해 보았는데, 열흘 지나면 지금 하고 있는 일이 끝나므로 분석시간을 변경해야 합니다. 그런데 시간이 참 빨리 지나간 다는 생각이 갑자기 들었습니다. 시간을 바꾸는 게 아니라 내가 분석을 중단할 수 있으면 편할 겁니다. 지금 당장은 그러한 문제들을 논의할 준비가 안 되어 있다고 느낍니다. 지난 시간에는 흥분의 물길이 말라버린 것처럼 보였습니다. 그래서 지금 나는 변화의 가장자리에 서 있는 것인지 아닌지 잘 모르겠습니다. 이것은 분석이 계속 진행되기를 내가 바라야할 이유가 됩니다. 일어나고 있는 일에 내가 무의식적으로 놀랐고, 그래서 내가 무의식적으로 입을 다물게 되었다고 생각합니다. 이틀 전 밤에 있었던 일은 가야 할 길이 아직 멀다는 것을 내게 보여준 좋은 사례입니다. 병원에서 가든 축제가 열렸는데, 나는 그 장소에 어울리지 않는다고 느꼈습니다. 하지만 모든 사람들이 즐거워하고 있다는 것을 알 수 있었습니다. 두세 명이 있는 작은 방으로 돌아왔을 때 나는 다시 안도감을 느꼈습니다. 내가 다시 말라붙어 가고 있는 것 같습니다. 카우치에 누워서 떠오르는 말을 찾고 있는 내 모습이 있는 것 같았는데, 실제로는 아무 일도 일어나지 않았습니다. 오늘은 온통 이곳에서 해방되고 싶은 마음뿐입니다. 그런데 문제는 내가 그 자유를 즐길 수 있겠는가 하는 것입니다.'

분석가 '분석에서의 자유라는 문제는 지금 현재로서는 제기되고 있지 않습니다.'

환자 '종결한다는 것에 대한 인식이 내게 있는 것 같습니다.'

분석가 '그 인식 안으로 한 가지 중요한 사실이 들어옵니다. 그것은 시간의 작용이 당신에게 충격이 된다는 겁니다. 당신의 참 자기가 나타날 때 당신이 견뎌낼 수 있는 유일한 시간의 의미는 당신이 직접 무엇을 시작하고 마칠 때에만 있는 것으로서, 이는 당신의 참 자기가 시계에 따라가는 나의 시간에 영향을 받을 위험에 처했다는 것, 그리고 이 위험이 아주 실제적이라는 것을 당신이 깨닫는 순간, 분석과정의 또 다른 장애가 된다는 것을 말해줍니다.'

환자 '그 말은 내게 다소 위안을 줍니다. 내가 입원 환자였을 당시 분석시간이 끝나 방을 나가야 했을 때 내가 큰 영향을 받았다는 것을 이제 알겠습니다. 당시 나는 이 사실을 몰랐습니다. 분석이 중지되는 데 대해 내가 격분했다는 것을 이제 깨닫습니다. 그것은 극단적인 불쾌감이었는데, 회기가 주 세 번에서 두 번으로 줄었을 때도 그런 느낌을 받았습니다.'

분석가 '그렇다면 당신은 그때마다 격노가 계속 일어나고 있었지만 겉으로 드러내지 않았다는 말을 하는 거군요.'

환자 '이 말은 아버지가 내게 놀이 시간표를 짜주었던 상황을 생각나게 합니다. 시간표는 소용이 없었습니다. 나는 아버지가 이제 놀이할 시간이라고 했을 때 놀이를 시작할 수 없었고, 이제 놀이를 그만둘 시간이라고 했을 때 그만둘 수 없었습니다. 아버지는 때때로 "너는 이제 놀 수 없어"라고 말하곤 했습니다.'

잠시 멈춤

분석가 '지난 시간에 마무리 못한 소재가 하나 있는데 중요한 것인지는 잘 모르겠습니다. 어떤 시점에서 당신은 오른쪽 손가락을 입으로 가져갔습니다. 그 동작이 언제 나타나는지는 확실하지 않지만, 중요한 동작일 수 있습니다. 당신이 빨았던 손가락이 왼쪽 손가락이었던 걸로 기억합니다.'

환자 '아닙니다, 내 생각에는 오른쪽 손가락이었습니다. 그 손가락에 흉터가 있어서 압니다. 내가 손가락을 베인 적이 있는데, 붕대를

감아 놓으면 빨기 힘드니까 붕대를 감아서 손가락을 못 빨게 했던 기억이 납니다.'

분석가 '당신이 왜 손가락을 다쳤는지 나는 물론 모르지요. 그러나 그만 빨지 않으면 손가락이 상할 수도 있다는 위협에 대항한 것으로 보이는 당신의 행동을 설명하는 겁니다.'

환자 '나는 그 사고를 기억하지 못합니다. 그러나 그 사고는 지금 내가 지난 일주일 동안 담배를 덜 피우고 있다는 사실과 맥이 닿습니다. 나는 가끔씩 담배를 줄이려 했지만 성공한 적이 없습니다. 담배를 피우지 않으려고 마음먹을 때마다 다른 어떤 것이 "왜 담배를 안 피우려고 해?"라고 내게 말했습니다. 그러나 지난 며칠 동안은 사정이 달랐습니다. 담배를 안 피우는 게 훨씬 쉬워졌습니다. 나는 담배가 떨어져도 개의치 않았고 괴로워하지 않았습니다. 그러자 그 이후로 흡연을 조절할 수 있었습니다. 흡연과 손가락 빨기 사이에는 논리적인 연관성이 있어 보입니다. 둘 다 스트레스에 대한 반응입니다. 당신이 분석을 십 분 동안 중단하겠다고 했을 때, 처음에 나는 "좋지, 처음 있는 일이네. 이제 내가 담배를 한 대 피울 수 있겠군"이라고 생각했습니다. 지금 생각이 떠오르는데, 나의 첫 번째 반응은, 당신이 한 말에 내가 놀란 걸 부인하는 것이었다는 겁니다. 당신이 방을 나간다는 사실은 내가 뭘 해야 하나 하는 문제를 남겼습니다.'

분석가 '담배는 나를 절반 정도 상징하는 것이라 할 수 있습니다. 내 대신 사용될 수 있는 어떤 거지요. 그러니 담배의 절반은 스트레스를 나타내는 것이고 강박적으로 사용된 겁니다. 따라서 당신이 손가락으로 한 행위가 중요했을 수 있습니다. 비록 당신이 아주 쉽게 받아들이는 것 같아 보였어도, 당신의 관점에서는 내가 분석시간을 침범하는 게 좋게 받아들여지지 않을 수 있습니다. 이 행위는 긴장을 처리하는 방식을 당신이 살펴보게 만듭니다.' (이때 그는 새끼손가락을 서로 부딪치는 놀이를 하고 있었다)

잠시 멈춤

환자 '당신 휴가가 언제 시작되는지 생각이 안 납니다. 문제는 내가 일을 새로 시작하는 시점에 뭔가를 조정하고 새로운 약속을 할 필요가 있나 하는 것입니다. 이런 조정이나 약속이 잠시만 적용될 거라서 수고를 할 만한 가치가 없을 수도 있으니까요. 당신이 휴가에서 돌아오는 9월까지는 내가 항구적인 일자리를 가지게 될지 알 수 있을 겁니다. 내 느낌인데 앞으로 사주간은 회기를 갖지 않는 게 좋을 듯합니다. 내가 분석을 받으러 오기를 바라는지 여부를 알 수 있도록 좀 길게 쉬는 기간을 가졌으면 하는 마음입니다. 문제는 이 느낌이 정직한가 하는 겁니다. 긴 시간을 비우는 게 이런 종류의 결정을 내리는 데 정말로 도움이 될까요? 당신이 언젠가 했던 말이 생각납니다. 당신은 두 차례 치료 사이의 여러 해 동안 내가 나의 발달을 정지 상태로 두었기 때문에, 치료의 관점에서 볼 때 그 기간은 낭비된 거라고 했습니다. 분석을 받는다는 것은 사생활을 끊임없이 들여다본다는 의미도 있습니다.'

분석가 '이 모든 논의에 내포된 생각은 당신 스스로 이 문제를 실제로 결론지을 수 있을 거라는 겁니다.'

환자 '그렇습니다. 그런데 내가 단지 분석을 받으러 오고 싶지 않은 것인지, 아니면 무엇을 피하려고 하는 것인지 잘 모르겠습니다.'

분석가 '우리가 계속 이야기해온 게 하나 있는데 아마 당신은 그걸 피하려고 했을 수도 있습니다. 그건 당신 내부에서 일어나고 있지만

정작 필요한 순간에는 느껴지지 않는 당신의 격분과 관련이 있습니다.'

잠시 멈춤

환자 '나도 나만의 사고를 할 수 있다는 생각이 났습니다. 그 생각을 설명하는 데는 시간이 걸릴 것입니다. 나 혼자서도 뭔가를 할 수 있을 것입니다. 꼭 위니캇을 끌어들여야 하는 것은 아닙니다. 이것은 모두 다 분석에 오지 않으려는 의사표시의 일부입니다.'

분석가 '분석에 오지 않는 것은 무엇을 비밀로 할 권리를 당신이 확신할 수 없다는 것을 은연중에 나타낸다고 볼 수 있습니다.'

환자 '진작부터 나는 항상 이야기 했고, 모든 걸 다 말하려 했습니다. 말하기를 원치 않았던 적은 한 번도 없었습니다. 그러므로 비밀스러운 사고를 가진다는 건 새로운 생각입니다. 여자관계 문제에서도 모든 세세한 것들이 다 분석의 대상으로 되었습니다. 그 모든 것이 위니캇에 속하는 것으로 느껴졌습니다. 이제 나는 나 혼자 힘으로 무엇을 하길 바라는 것 같습니다. 이런저런 일들을 여기서 이야기 하는 것은 외적 자유를 방해하는 겁니다.'

분석가 '그러니까 당신이 분석에 오지 않으려는 것은 바로 이 외적 자유 때문입니다. 이것은 당신이 누구인지 알고 싶어 하는 당신 소망의 일부입니다.'

환자 '전에는 모든 걸 다 이야기했고, 사적인 비밀에 대한 욕구가 없었습니다.'

분석가 '나는 그 말의 요점이 당신이 어디에도 비밀을 숨길 데가 없었다는 것이라고 생각합니다.'

환자 '지적인 영역은 논의를 위한 영역일 뿐이었습니다. 아무 것도 숨길 수 없는 장소였습니다.'

분석가 '당신이 모습을 드러냈는데, 당신에게는 안도 있고 바깥도 있어 보입니다.'

환자 '만일 분석가를 바꾼다면 모든 게 낭비될 거라고 나는 늘 느껴 왔습니다. 그러나 그것은 나의 지적 자기와 관련된 것입니다. 내가 숨어야 했던 유일한 장소는 나의 비밀을 털어놓을 수 있는 다른 누군가의 내부였습니다. 내가 준비가 되어 있었는데도 당신이 방을 나갔을 때 그게 하나의 충격으로 다가 왔던 게 생각납니다. 나는 당황했습니다. 내가 당신에게 담배 한 개비를 내놓고 가라고 억지를 썼던 행위에 주목함으로써, 나는 그 상황을 합리화했습니다. 이 행위가 보여준 상실과 박탈의 방식으로 인해 나는 즐거웠습니다.'

분석가 '내가 건넨 담배가 당신이 격분을 일으키는 데 정말 방해가 되었군요.'

환자 '맞습니다, 나는 분노의 표시로 담배를 거절할 뻔했습니다.' 잠시 멈춤. '다음에 무슨 말을 해야 할지 결정하기 어렵습니다. 분석 중단의 메카니즘을 여태 다루었으므로, 이제는 중단 자체를 다루어야 하는데 이게 더 어렵습니다. 나는 전부 다시 시작해야 합니다. 말을 하도록 강요받는다는 생각에 내가 분개할 수 있습니다.'

분석가 '말을 하도록 강요받는다는 생각에는 당신이 자발적으로 하는 말은 제외되는 것으로 보입니다. 당신이 원해서 하는 것이기 때문입니다.'

환자 '내가 분석을 그만두기를 원하는지 아닌지 여부도 제외될 겁니다. 중요한 건 내가 분석이 필요한 상황이라는 걸 발견할 수 있느냐 하는 것입니다. 시간과 관계있는 것 아닐까요? 여기 오느

분석가	라 시간 여유가 없어 나는 정말이지 전혀 즐기지 못합니다.'
분석가	'분석에 오지 않겠다는 게 당신 자신에 대한 발견과 비밀을 간직할 수 있는 당신의 능력에 대한 발견과 관계있다는 것이 더욱 분명해집니다. 그리고 당신이 분석에 오지 않아야만, 분석에 오고 싶어 하는 당신의 자발적 소망을 발견할 수 있습니다.'
환자	'그 말이 맞는 것 같지만, 지금 당장으로서는 현실적이지 않습니다. 분석에 오기를 내가 정말 원할 수도 있다는 생각을 나는 인정할 수 없습니다. 내게는 아직 생소한 것입니다.'

6월 7일, 화요일

환자 '아무 생각도 떠오르지 않습니다. 다르게 이야기할 수 있는 가능성을 발견하였으니 다르게 시작했어야 하는데 실망스럽습니다.'
(이때 환자가 오른쪽 손가락을 입에 갖다 대었다)

분석가 '당신이 당신 자신에게 시간적 여유를 허용하지 않는 것이라고 느껴집니다. 만일 당신이 지적 자기로 의사소통을 하고 있는 거라면 기다릴 필요가 없는 게 당연하고 도착하자마자 즉시 분석에 참여하는 게 자연스러울 겁니다. 하지만 만일 여기 있는 게 당신의 정서적 자기라면 나를 이용할 수 있는 바로 그 순간에 당신이 말하려는 충동을 느낄 것 같지는 않습니다.'

환자 '그렇습니다, 오히려 그것은 일주일에 세 번의 회기만 있다는 데 대한 일종의 항의입니다. 만일 내가 정서적으로 움직인다면, 내가 원할 때 분석에 올 수 있는 권리를 갖고 있어야 합니다. 따라서 즉각적으로 회기를 시작할 것으로 기대한다는 것은 불만스러운 시간표에 따라가려는 일종의 적응방식인 것입니다. 내가 회기 내내 아무 말도 하지 않는 것으로 항의할까 봐 두렵습니다.'

분석가 '그것은 당신이 여기를 떠나고 싶은 그걸 내게 알려주려고 온다고 하는 것과 같습니다.'

환자 '내가 이야기를 시작하지 않으면 분석을 시작할 수 없을 거라는 두려움이 분명 내게 있습니다. 일초 일초가 더 힘들어지고, 시간을 낭비하는 것이 참기 힘들어서 내가 또 이야기를 하는 것입니다. 하기야 시시한 이야기들도 당연히 낭비지요. 이것은 대인관계에서도 적용됩니다. 몇 시간 동안 아무 말도 하고 싶지 않을 수 있는데, 나는 뭔가 말할 거리를 찾으려 합니다. 나는 말을 할 필요가 없거나 말이 온통 뒤죽박죽이라 말을 해보았자 아무 소용없는 그런 관계를 좋아합니다. 이것은 아내와의 관계에서도 마찬가지입니다. 나는 떠오르는 대로 말하려 하고 자연스러워지려 하지만, 하나같이 쓰레기 같은 생각들뿐입니다. 이건 그럴듯하게 꾸미는 말 같습니다. 나는 마음을 편하게 가지려 하면서 말이 많아집니다. 그 결과는 혼란입니다. 이게 사람들이 내게 흥미를 잃는 이유입니다. 그런 일이 여기서도 때때로 일어날 수 있습니다. 그런데 내가 하는 말이 너무 혼란스러워서 당신이 이해하지 못할 수도 있습니다. 그래서 나는 모든 말을 편집합니다.'

분석가 '그러나 편집은 당신을 불쾌하게 만듭니다.'

환자 '나는 정말 아이같이 말하고 싶습니다. 예컨대 내 딸과 같이 말이지요. 때때로 그 아이 말을 따라가기가 힘듭니다. 하기야 그 나이 또래의 아이들은 다 그렇지요.'

분석가 '당신이 아이였을 적에, 당신의 대화를 따라가기 힘든 게 당연하

	다고 인정해준 사람들이 과연 있었는지 모르겠습니다.'
환자	'아마 나는 말도 안 되는 소리를 한다고 꾸중을 들었을 겁니다. 아버지가 그랬을 것 같은데, 아버지는 내게 말이 길다고 했습니다. 아홉 살이나 열 살 때가 특히 그런 시기였습니다. 아니면 더 일찍 그랬을 수도 있고요.'
분석가	'당신이 아이처럼 말해야 하는 거라면, 당신이 나의 태도에 얼마나 신경을 쓰는지 알겠군요. 어른들의 대화에서는 내용이 더 중요한데 반해, 어린아이가 하는 말은 정말이지 연기나 행동에 더 가깝습니다.'

잠시 멈춤

환자	'지금 나는 전에 하던 지적 접근이라는 장벽에서 벗어나려 하는데, 그렇게 하다가 잠이 드는 위험에 빠집니다. 만약 내가 계속 깨어 있으면 이런 지적 강박을 무시할 수 있을지 확신이 없습니다.'
분석가	'하지만, 잠이 드는 사람은 당신 자신입니다.'
환자	'그러나 잠은 모든 것을 지워버립니다. 만약 내가 회기 내내 잠을 잔다면 – '
분석가	'그것마저도 의미가 있겠지요. 당신은 아무데서나 잠들지 않을 겁니다. 여기에 와 있기 때문에 잠드는 것입니다.'
환자	'어쩌면 나도 아무 데서나 잠을 잘 겁니다. 나는 어머니 집이나 장모님 집에서 내게 그런 성향이 있다는 걸 알게 됐습니다. 하지만 여기서는 깨어 있어야 한다는 사회적 요구가 있습니다. 나는 애써 사근사근하게 되고 싶지는 않습니다. 나는 그런 식으로 잠들곤 했는데, 그게 아내를 짜증나게 했습니다. 아내는 그것을 나쁜 매너라고 합니다.' *잠시 멈춤.* '잠과 관련된 어려운 점의 하나

는 내가 시간낭비도 감수하고, 당신을 실망시키는 데 대한 죄책감도 감수한다는 겁니다. 그래서 당신을 위해 어느 정도는 깨어 있을 수 있습니다.'

분석가 '그러나, 당신의 지적능력이 활성화 되어 있지 않으면, 당신은 내가 여기에 있는 것을 당연하게 여길 수 없습니다.' (이때 환자가 잠들었고 코를 골았다. 그러다 갑자기 깨었다)

환자 '죄책감 때문만은 아닌 걸로 보입니다. 당신에게 경멸을 표현하는, 당신에 대한 하나의 도전으로도 보입니다.'

분석가 '그게 당신이고, 그게 사실입니다.' (환자가 다시 잠들었다)

환자 '마치 당신이 내게 잠들고 싶으면 잠들라고 부추기고 잠을 허락하는 것 같습니다. 그러나 잠은 우리를 어디로도 이끌어가지 않습니다. 이야기하는 게 진전의 수단입니다.'

분석가 '그 말은 당신 아버지를 생각나게 합니다.'

환자 '그렇습니다. - 음- 음-' *잠시 멈춤*. (아마 잠들었을 것이다) '내가 병원 일을 계속 생각하고, 여기 와 있는 짧은 시간을 잠으로 낭비하고 있어서 매우 당황스럽습니다.' *잠시 멈춤*. '때때로 나는 다른 어떤 것을 피해가기 위해 병원 문제를 생각합니다. 왜냐하면 병원 문제에 대해서는 당신과 의논할 필요가 없다고 말할 수 있기 때문이지요. 그러나 그 다른 것이 일에 관한 게 아니면 당신에게 말해야 한다고 느낍니다.'

분석가 '당신은 편집자로서 무엇이 여기서 발표하기에 적합한지에 관한 확고한 견해를 갖고 있습니다.'

환자 '어제 같은 경우 여기 오고 싶지 않다고 했고, 그 말에 죄책감을 느낀다고 했습니다. 그 말이 미묘할 수는 있으나 여기에 오는 게 무가치하다는 것과 같은 뜻은 아닙니다.'

분석가 '당신의 지적 자기에는 편집자가 있습니다. 나는 그가 어떤 부류의 편집자인지, 그가 무엇을 중요하게 여기는지에 관심이 있습니다.'

잠시 멈춤 (환자가 순간적으로 잠을 잤다)

환자 '방금 꿈을 꾸었는데, 아무 말도 하지 않은 게 아니라 너무 많은 말을 했고 사람들은 내가 마음대로 떠드는 것에 짜증을 냈습니다. 그들이 들어줄 거라고 기대하면서 계속 말을 해댔기 때문이지요.'

분석가 '그러니까 당신은 예컨대 도벽 같이 억누르기 힘든 충동을 억제하는 것에 대해 이야기하고 있는 것입니다.' (아마 잠들었을 것이다) '당신은 내가 당신 말을 듣도록 요구할 권리가 있고 나의 시간을 요구할 권리도 있습니다.' *잠시 멈춤*. '덧붙여 말해, 당신은 나의 시간을 소비할 권리가 있습니다. 이는 하나의 증상으로서 의미가 있으며, 당신이 이런 방식으로 박탈감을 느껴왔다는 것을 보여줍니다.'[17]

환자 '이 모든 것에도 불구하고 교착상태에 빠져 있는 게 있습니다. 그것은 병원 문제이거나 수면 문제입니다. 내가 관심이 있는 것은 현재이고 내가 묻고 있는 문제는 수면이 어떻게 지금 현재와 연결되어 있느냐 하는 것입니다.' (이때는 그가 완전히 깨어있었다)

분석가 '이 시점에서 당신에게 상기시켜 줄 수 있는 것은, 당신도 알고 있듯이, 당신 내부에 격분이 존재하나 표현되지 않고 수면 증상 아래에 잠재해 있을 가능성이 많다는 것입니다.'

---

17 "성격장애의 심리치료"(Psychotherapy of Character Disorders, Winnicott, 1963c) 참조.

환자	'우습네요. 방금 나는 나의 감정 폭발로부터 당신을 보호하고 있다고 생각했습니다. 나는 여기에서 나의 기질을 거의 드러내지 않는다고 생각했습니다. 지금 내가 극단적 격분이라고 알고 있는 감정이 절반은 숨겨진 채로 줄곧 있어왔습니다. 나는 격렬한 분노를 터트리는 게 두렵습니다. 어쩌면 일찍이 아버지에게 표현했어야 했던 엄청난 분노를 표현하는 자신을 보게 될 수도 있으니까요. 어떻든 나는 기회를 놓쳤습니다.'
분석가	'당신과 어머니 사이에 서 있는 아버지에 대해 지금 다시 말해 줄 수 있습니다. 베인 손가락에 대한 기억을 상기시켜 주겠는데, 그 손가락은 사고로 베였고 당신은 그 손가락을 손가락 빨기를 끊는 방편으로 이용했습니다. 이것은 당신이 실제로 위협을 느꼈음에도 불구하고, 두 사람 사이에 들어와 당신을 위협하는 아버지와 싸울 수 없었기 때문이지요. 당신 아버지는 당신과 어머니 사이에 개입하는 힘센 사람, 어머니를 상징하는 것과 당신 사이에 개입하는 힘센 사람이 될 기회를 놓쳤습니다.'
환자	'비록 아버지가 우리 둘 사이에 개입해 들어왔더라도, 그것은 당시로는 알아챌 수 없는 방식이었을 겁니다. 나는 지금 들떠있는 느낌입니다. 나는 정말이지 반듯하게 눕고 싶지 않습니다. 그것은 잠이 드는 걸 의미합니다. 나는 정말 얼굴을 바닥에 대고 돌아눕고 싶습니다.'
분석가	'당신은 얼굴을 바닥에 대고 돌아눕는 것(우리가 몇 해 동안 이루어 내려고 애쓰고 있는 것이 이것이다)을 내가 금지한다고 생각했던 게 분명합니다.'
환자	'열두 살에서 열네 살 무렵, 등을 바닥에 붙이고 눕는 것은 내게 죽음을 의미했다는 게 생각납니다. 학교에서였습니다. 그것은

관 속에 누워있어서 도움을 받을 수 없다는 의미로 보였습니다. 집 밖의 나무 아래에 깨어서 누워 있는 것이라면 문제가 없지요. 그러나 침대에 누워 있는 것은 위험했습니다.'

분석가 '혹시 그게 성교 때의 여성의 자세와 관련이 있습니까?'

환자 '아닙니다, 전혀 그렇지 않다고 생각합니다.'

분석가 '그렇다면 다른 것들을 살펴봐야겠네요. 앞에서도 그랬던 것처럼, 당신에게 상기시켜주고 싶은 게 있습니다. 1차 분석 당시, 당신에게는 반듯이 누워 있지 못하는 매우 중요한 증상이 있었습니다. 그런데 당신이 반듯이 누워 있을 수 있고 그것과 관련된 불안을 참을 수 있게 됐을 때 그 분석 국면이 종료되었다는 것입니다. 당시의 불안은 유아로서 완전한 어머니에 의해 만족을 얻었다는 것과 관련이 있었고, 그 만족은 대상의 멸절을 야기하는 만족이었습니다. 달리 말해, 당신이 기다리면 욕망이 되살아나고 그래서 욕망의 대상이 되살아난다는 사실을 분석 때까지 당신이 몰랐던 것입니다.' (환자에게 이 사실을 상기시켜주었던 이전 경우들에서 그는 희미하게 이 사실을 기억해낼 수 있었다. 그러나 그 기억이 새로운 분석 자료를 이끌어낸 것은 아니었다)

환자 '그러한 사실에 대해 내가 몰랐다는 사실은 당시 특별한 의미가 있었습니다. 왜냐하면 그 사실이 열두 살 무렵부터 분석 때까지 내가 반듯이 눕는 것을 실제로 두려워했던 것과 아주 밀접한 관계가 있기 때문입니다.'

분석가 '열두 살부터 열네 살 사이에 있었던 일에 대해 내게 말을 해줄 수 있을지 궁금합니다.'

환자 '그 무렵부터 아버지가 아프기 시작했습니다. 그러나 아버지는 몰랐습니다. 처음 시작은 어떤 축제 때였는데 누군가가 아버지를 재빠르게 스케치하고 있었습니다. 나는 갑자기 아버지가 늙고 초라해 보인다는 걸 깨달았습니다. 내가 완전히 충격에 빠졌던 것을 기억합니다. 아버지는 안 좋아 보였고, 살아있는 걸 더 이상 당연시할 수 없다는 것을 나는 깨달았습니다. 얼마 안 있어 아버지가 병에 걸렸는데 폐암이었고 오랫동안 병고에 시달렸습니다. 따라서 그 축제 때 처음으로 아버지가 죽지 않는다는 것에 대해 의심할 이유가 있었는데, 내가 그때 잠재의식적으로 받아들이지 않았다는 것을 지금 이해할 수 있습니다. 당시 나로서는 왜 무슨 이유로 그래야 하는 것인지 설명할 길이 전혀 없었습니다. 이 말이 모두 다 틀릴 수도 있습니다. 그러나 이것이 내가 오늘 그 시절을 기억하는 방식입니다.'

분석가 '그러니까 당신은 그때부터 줄곧 아버지를 당신의 격분으로부터 보호해야 했습니다. 아버지에게 도전하는 것이 어쩌면 아주 당연하고 성장 과정의 일부였던 나이에 아버지를 보호했어야 했던 것입니다. 당신의 청소년기에 대해 말하자면, 초기 아동기 때의 당신과 어머니 관계에서는 아버지가 승리자였지만, 당신과 어머니 대리자들과의 관계를 조사할 때의 아버지는 당신이 무시할 수 있는 사람으로 되어 버렸다고 할 수 있습니다. 이런 사실이 당시 당신으로 하여금 동성애적 측면을 과장하게 했다고 할 수 있습니다. 그렇다고 이 측면이 다른 어떤 것으로 발전해 나간 건 아니었습니다.'

환자 '나는 그런 기억이 없습니다.'

분석가 '글쎄요, 내게 처음 왔을 때 당신은 나를 떠날 때 선택했던 스타일과 전혀 다르게 옷을 입었습니다. 예를 들면 핑크빛 넥타이를 매고 있었지요.'

환자   '맞습니다, 그 현란한 넥타이 생각납니다. 그러나 그것은 일종의 도발이기도 했습니다. 사실 넥타이를 매는 게 편치 않았고, 자신도 없었습니다. 아버지가 무슨 말을 할 지 나는 늘 두려웠습니다.'

분석가 '억압된 것의 귀환이라는 용어를 들어본 적이 있을 겁니다. 격노와 아버지에 대한 도전은 당신이 이용할 수 없었던 것인데, 이런 식으로 나타났습니다.'

환자   '당신에게 내가 처음 왔을 때 아버지가 이미 돌아가신 것을 기억할 겁니다.'

분석가 '그렇습니다, 나도 압니다. 그러나 당신은 아버지의 죽음을 받아들이지 않았습니다. 당신이 그 사실을 받아들인 것은 정말이지 대략 일 년 전 이번 분석 국면에서였습니다.'

환자   '사실 나는 이제야 겨우 그걸 받아들이기 시작했습니다.'

분석가 '아버지를 살해하는 꿈속에서 당신이 아버지에 대한 당신의 분노와 아버지의 죽음을 포용하지 못하면, 당신은 아버지의 죽음을 받아들일 수 없습니다. 아팠기 때문에 아버지가 보호를 받아야만 했고 당신의 보호가 지금껏 그를 살아있게 한 것입니다.'

6월 10일, 금요일

환자   '딸의 학교 개방 일에 수업을 참관했는데, 무척 당혹스러웠습니다. 흥미를 가지려고 노력해야 했음에도, 한 시간이 지나자 동요되기 시작했습니다. 거기서는 정상적으로 있기가 불가능합니다. 이것은 내가 병원에서 느끼는 것과 뚜렷하게 대조됩니다. 교실에서 나는 무얼 봐야 할지 몰랐고 얌전하게 다른 사람들이 하는 대로 따라했습니다. 열광해야 한다고 느꼈으나 감동이 오지 않아 불편했습니다. 오히려 학교 건물이 더 흥미를 끌었습니다. 그 건물이 내가 한때 학교 선생이 될 뻔했던 일을 생각나게 했고, 나는 그 생각에 전율했습니다.

이와는 대조적으로 대여섯 살짜리 아이들이 참으로 많은 것을 사고할 능력이 있다는 것, 그리고 읽고 쓰고 다양한 기술을 배우는 등 추상적 개념들을 다루는 것을 보고 나는 흥분하였고 열광까지 했습니다. 성인들이 당연시 하는 것을 내가 이제야 처음으로 발견하고 있는 것 같았습니다. 비록 내가 어른으로서 참여할 수 없었으나, 한 아이로서 학교에 있는 내 모습을 그려볼 수 있었습니다.'

분석가 '어제 당신이 청소년기에 아버지가 죽었을 때 시작된 어려움에 대해 말을 했다는 것을 환기시켜 주고 싶습니다.'

환자 '아버지의 죽음을 내가 받아들인 게 최근이라고 당신이 말한 것, 그래서 내가 "그건 이미 일어난 일인가요, 아니면 지금 일어나고 있는 일인가요?"라고 말했던 게 생각납니다. 지금은 내가 그 사실을 받아들이는 것 같습니다. 그런데 그 일이 나를 아버지가 죽었던 당시의 내 나이 때 보다 앞선 어느 때로, 그러니까 모든 게 처음으로 비현실적으로 보였던 시기로 끌고 갔습니다. 아마도 읽기를 배우던 즈음일 겁니다. 지금 나의 큰딸의 나이와 같은 나이 때지요.'

분석가 '그러니까 아이였을 적에 당신은 학교에서 읽기를 배우는 것 따위를 비현실적인 것으로 느꼈던 겁니다.'

환자 '아이들과 같이 공부하는 게 어려웠습니다. 그때 아이들과 같이 놀지 못한 아쉬움이 남아 있으나, 다른 사람들이 하는 일에 맞추는 것은 지금도 여전히 어렵습니다. 나도 사람들과 쉽게 잘 어울리고 싶지만 방해되는 게 있어서 잘 안 됩니다. 이것은 대여섯 살 때의 일과 관계있는데, 내가 혼자 행동하기 시작했던 때지요. 나는 다시는 아이들과 어울리지 않았습니다. 오늘 나는 아이의 학교에 가겠다고 먼저 원했어야 했는데 그렇게 하지 못했습니다.'

분석가 '대여섯 살 때의 기억은 어떤 게 있나요? 예컨대, 학교에 처음 갔던 날 생각나는 게 있나요?'

환자 '희미할 따름입니다. 그때 나는 일곱 살이었습니다. 당신도 기억하듯이 당시 어머니가 학교를 운영하고 있었고, 내가 예비학교에 입학한 것은 일곱 살이나 여덟 살 이후였습니다. 나는 다섯 살 때, 두 누이와 이웃 아이들과 함께 어머니가 운영하는 학교에 다녔습니다.'

분석가 '그러니까 어머니가 운영하는 학교에 다녔던 다른 아이들은 당신 가정의 침입자들이었군요.'

환자 '나는 사실 오랫동안 다른 아이들이 하는 일에 참여하기를 거부했습니다. 유일한 동기는 분한 마음이었는데, 이 분한 마음은 나에게 있어 새로운 생각입니다. 다른 아이들이 나의 가족 안으로 이사 들어왔다는 데 대한 분한 마음이지요. 아주 간단하게 말해, 내가 이사 나갔습니다.'

분석가 '아기였던 여동생이 어머니 무릎에 있는 걸 보았던 날 당신이 철수했던 것을 기억할 겁니다.'

잠시 멈춤

환자 '나는 지금 상황을 직면하고 장래를 생각해보지만, 받아들이지 않을 것 같은 기분입니다. 이것은 내가 잠이 드는 것과 관련이 있습니다. 그것은 학교에 가지 않은 것과 마찬가지고, 네다섯 살 때의 철수와 같은 것입니다.' *잠시 멈춤*. (아마 잠들었을 것이다) '나는 여기서 계속 깨어있기 힘듭니다. 그건 학교에서 달아나는 것과 같습니다. 나는 결코 딜레마에 빠지지 않고 달아날 뿐입니다.'

분석가 '당신은 모든 사람을 당신의 격노로부터 보호하고 있습니다. 그렇게 세계를 구합니다. 만약 당신이 떠나지 않으면, 모든 사람이 죽을 겁니다.'

환자 '왜 그렇습니까?'

분석가 '우리가 이야기했던 당신의 격노 때문이지요.'

환자 '때때로 나는 당시 어머니의 학교에 오는 다른 아이들을 없애버리고 싶은 느낌을 가졌는지 궁금합니다.'

분석가 '철수함으로써 당신은 두 가지 일을 수행합니다. 당신의 전능함을 유지하는 한편 아이들의 목숨을 구합니다.'

잠시 멈춤

환자 '지금 나는 장애가 너무 커서 극복할 수 없을 것이라는 느낌입니다.'

분석가 '우리가 알게 된 것은 이런 사실입니다. 청소년기에 당신이 아버지를 당신의 격분으로부터 보호해야 했으나, 당신이 네다섯 살이었을 때 아버지가 강력한 아버지의 역할을 회피했기 때문에, 어떤 의미에서는 어려움을 수습해 줄 아버지가 당신에게 없었다는 것입니다.' (이 해석을 하는 사이 환자가 바로 잠이 들었다)

환자 '오늘은 내가 여러 번 잠이 드는 것 같습니다. 이것은 분명히 중요한 일입니다.'

분석가 '내 생각에 당신은 내가 한 말을 못 들은 것 같습니다. 아버지가 아팠기 때문에 당신이 아버지를 보호해야만 했다고 내가 말했습니다.' (나는 그 해석을 반복했다)

환자 '친목 모임 같은 데서는 내가 원치 않으면 굳이 이야기를 할 필요가 없으나, 여기에서는 그와 같은 일상적인 철수가 있을 수 없습니다. 그게 여기서 겪는 어려운 점입니다. 하지만 이것은 다소 추상적이고 막연한 의견일지도 모릅니다. 여기서 나는 하나의 상황으로부터 도피하기 위해 앞으로 나아가야 합니다. 이야기하지 않는 상황이 너무나 잘 이해됩니다.'

분석가 '이야기하지 않는 것은 죽이는 것과 같습니다.'

환자 '침묵의 일면은 어떤 감정들이 여기 들어오지 못하게 막으려는 욕구입니다. 나는 말하지 않을 권리를 갖고 있지만 깊은 감정들은 모릅니다. 그저 격분이란 말을 당연하게 여길 수 있을 따름입니다.'

분석가 '그렇습니다, 우리가 아직 확실하게는 모릅니다.'

잠시 멈춤

환자 '또한 진정한 정서적 자기를 느낄 수 없었기 때문에, 나는 어렸을 적부터 그러니까 네댓 살이나 대여섯 살 적부터, 지적 자기로 정서적 자기를 대체했던 것 같습니다.'

분석가 '그래서 결과적으로 진정한 정서적 자기를 경험하지 못한 것이군요.'

환자 '오늘은 집중해서 깨어 있기가 더욱 힘듭니다. 특별히 위험한 뭔가가 있다는 의미일까요? 이것은 일자리가 바뀌면 내가 평상시에 얼마나 오래 올 수 있을지 확신할 수 없다는 사실과 부분적으로 관계있습니다. 물론 여기로 올 필요가 있으면 당연히 올 수 있는 것인데도 불구하고 그렇습니다.' *잠시 멈춤.* '침묵에 대한 또 다른 생각이 있습니다. 그것은 침묵이 비생산적이라는 겁니다. 당신은 침묵이 유용할 수도 있다고 했습니다. 오늘은 내가 당신에게 도전하고 있는 것 같습니다. 그래서 좋습니다. 당신은 침묵이 유용하다고 합니다. 내가 말을 하지 않으면 무슨 일이 일어날지 알아봅시다. 당신이 직접 입증해 주시지요. 나의 침묵을 이용할 수 있다고 했던 생각과 관련하여 아마도 일말의 불안감이 있을 겁니다. 나의 제안이 거부된다면, 분석에 오지 않는 것으로부터의 도피처는 없습니다. 오지 않는 것을 데려올 방법이 없기 때문입니다.'

분석가 '여기에서 나는 당신의 어머니이고, 당신은 네댓 살 된 아이라고 생각합니다.'

환자 '내가 어머니에게 어떤 말을 하지 않아 어머니가 내 감정을 몰랐다는 사실이 대단히 중요합니다. 어머니의 파멸을 초래할 수도 있는 것이어서 감히 그 말을 할 수 없었습니다.' *잠시 멈춤.* '당시 나의 유일한 희망은 빨리 어른이 되는 거였고, 그래서 많은 불쾌한 일들을 피하는 거였습니다. 나는 다섯 살 적부터 어른이 되려고 노력했습니다. 나는 초기 아동기와 성인기 사이의 중간 단계 없이 사람들과 쉽게 어울리는 사람이 되고 싶었습니다. 그것이 내게 가능한 단 하나의 안전한 방법이었습니다.'

분석가 '사람들이 잠재기라고 부르는 전 시기가 다 지워지고 없는 것처럼 보입니다. 몇 해 뒤에 겪었던 당신 아버지의 죽음은 그 기간 동안의 당신 잠재기에 대한 하나의 변형 같습니다.' (이 대목에서 환자의 반응이 없는 것을 보고, 나는 나의 해석이 아마도 맞지 않는 것이라고 느꼈다. 그가 거의 잠이 들었다)

환자　'지금 한 가지 생각이 떠오릅니다. 내가 이주일 전에 갑자기 자유롭게 이야기할 수 있었고, 시간을 의식하지 않았는데, 이것은 어느 정도 인위적인 것으로 일종의 속임수였습니다. 핵심은 그런 행동이 전혀 이야기하지 않는다는 생각을 숨겼다는 겁니다. 나는 이 이야기하지 않는 것의 배후에 무엇이 있는지 과거에서 찾기 시작했습니다. 당신이 이야기하지 않는 것이 잠재적으로 아주 중요하다고 했음에도 불구하고, 나는 늘 이 증상을 단지 성가신 것 정도로만 생각해왔습니다. 나는 그것이 무엇을 숨기고 있었던 거라고 믿습니다. 지금에서야 내 말뜻을 밝히는데 침묵 그 자체가 중요하다는 겁니다.'

6월 14일, 화요일

환자　'지난 회기에는 내가 잠을 많이 잤습니다. 내가 내 마음대로 하게 내버려 둔다면, 회기 내내 잠을 잘 겁니다. 어쩌면 위험한 뭔가가 다가오고 있었을지 모르므로 무의식적으로라도 이를 회피하는 게 아주 중요했을 수 있다는 느낌입니다. 두 가지가 생각납니다. 첫째는 오늘 내가 더 많이 피곤하다는 것이고, 둘째는 정말 피곤하면 위험한 일에 빠져들 것 같지 않기에 오히려 잠들 위험성이 더 적다는 것입니다. 이것은 흥미로운 견해입니다. 겉보기에는 최근에 내게 진전이 있었던 것 같지 않습니다. 말하자면 내가 나아진 것 같지 않습니다. 그럼에도 불구하고 나는 여기서 이루어진 분석이 결실을 맺을 걸 기대해도 되는지, 결실을 맺는다면 언제 거둘 수 있는지 궁금합니다. 만일 내가 분석을 중단하면, 최근에 이루어진 모든 분석 작업이 허사가 되나요? 아니면 오히려 더 공고해질 수도 있나요? 내가 알기로 정신분석은 진행 중에도 장애가 일어나는 영역이 있을 수 있는 것이어서, 여기 온다고 해서 상태가 반드시 좋아질 것으로 기대할 수는 없습니다.'

분석가 '지난 회기에 우리는 침묵과 침묵의 적극적인 의미라는 주제를 분석했습니다. 생각납니까?'

환자 '희미하게 기억합니다. 아내가 나와 논쟁하려 하지도 않고 싸우려 하지도 않기 때문에 나는 아내와 이야기를 하지 않습니다. 우리는 사소한 것들만 이야기합니다. 나는 이야기하려고 시도하는 것을 포기했습니다. 지금 꼭 필요하지도 않거니와 경험상으로 볼 때도 무익합니다. 시도할 가치가 없습니다. 아내는 의도적으로 내게 이야기를 하지 않고, 나도 똑같이 행동하도록 강요합니다. 이야기하지 않는 것은 적극적인 행동입니다.'

분석가 이 시점에서 나는 우리가 침묵에 대해 최근에 했던 분석 작업을 모두 종합해서 말해주었다.

환자 '참으로 기이합니다. 우리가 이야기했던 모든 게 사라져버렸습니다. 우리가 이야기했던 게 여전히 멀리 있는 것 같습니다.'

분석가 '그러니까 우리가 서로의 의견에 동의할 때조차도 당신은 내가 모든 걸 기억해 주기 바라는 당신의 욕구에 대해 말하고 있는 것입니다.'

환자 '동의에 관해서라면, 나는 쉽게 동의한다는 느낌입니다. 전적으로 거부하는 것이 아니라면 나는 대체로 받아들이는 편입니다. 나는 기꺼이 수용하며 의견이 완전히 다른 경우는 거의 없습니다. 나는 논쟁을 거의 하지 않습니다.'

분석가 '당신이 한 말을 상기시켜 주겠는데, 내가 마치 이불솜 같아서

당신이 나를 치면 당신의 팔이 곧장 그 안으로 들어가 길을 잃을 거라고 했습니다.'

환자 '그때 나는 마음속에 그림이 있었습니다. 당신과 싸우는 그림이었는데, 당신과 일정거리를 떼어놓고 있었습니다. 복싱 시합에서처럼 당신이 계속 공격하지 않으면서도 공세적인 상태에 있다면 이상적이겠지만 당신을 치고 빠져나오는 공격들도 있을 겁니다. 이 그림에는 당신에 대한 혐오감도 어느 정도 내포되어 있습니다. 당신은 완벽하게 적응하고 소극적인 분위기를 만들어내지요. 이런 행동은 나의 아버지의 행동과 너무나 많이 닮았습니다. 나는 완전해지려고 지나치게 애를 쓰면서 너무 쉽게 적응하는 한 어머니에 대한 관념적인 그림을 가지고 있습니다.'

(이 말은 환자의 유아기 시절의 환자 어머니의 모습을 환자의 어머니가 직접 정확하게 기술한 것으로, 1차 분석을 시작하기 전에 내가 알게 되었다)

'그 노력의 결과는 미약하고 불쾌합니다.' *잠시 멈춤.* '나는 지난 시간에 우리가 다루었던 침묵하려는 욕망과 수다에서 벗어나려는 욕망 사이에 현저한 차이가 있다는 것을 기억합니다. 수다에는 제약이 있지요. 비록 별 의미가 없더라도 수다에는 모난 데가 있습니다. 나는 수다라는 생각을 좋아합니다. 그러나 순수한 수다에는 모난 데가 없고 의도하는 바도 없습니다. 수다는 아무에게도 이야기 하는 게 아닙니다. 수다의 효과는 일시적인 즐거움일 뿐입니다.' *잠시 멈춤.* '나는 당시 침묵했습니다. 때로는 이야기하지 않는 것 그 자체가 유익하다는 걸 깨달았기 때문입니다. 이야기하기 위한 이야기는 하지 말라는 거지요. 과거 나는 모든 것을 다 말하기 위해 너무 많은 노력을 기울였습니다.' *잠시*

멈춤. '만약 내가 말하지 않으면, 한 마디도 하지 않고 잠이 들 위험이 있을 것 같습니다. 나는 침묵을 신뢰할 수 없습니다.'

분석가   '당신이 잠시 멈춘 그때, 잠을 잔건가요?'

환자   '아닙니다, 전혀 그렇지 않습니다.'

분석가   '여기 당신의 침묵 안에 진실한 무언가가 있습니다. 그것이 당신 자신입니다. 반면 말하기 위해서 말을 하는 것은 당신이나 내가 존재하는 것을 당신이 확신하지 못한다는 의미입니다.'

환자   '내가 말을 하지 않거나 말하기를 원치 않는다 해도, 이 사실이 해석을 필요로 한다는 점이 힘듭니다. 나는 대체로 말하기를 좋아하지 않습니다.' *잠시 멈춤.* '피곤함은 말하지 않는 것과 어느 정도 관계가 있습니다. 그것은 하나의 핑계거리를 제공합니다. 그러므로 내가 피곤할 때는 말을 하지 않아도 되고, 이유를 설명할 필요도 없습니다.' (환자가 하품을 한다)

분석가   '당신은 내게 해석을 요구하고 있습니다. 그런데 나는 당신이 내게 권리를 주장하고 있다고 말하겠습니다.' (환자가 잠이 들었다) '내 생각에 당신은 내 해석을 듣고자 했지만 그 해석이 두려워서 잠이 들었습니다. 아마도 당신은 올바른 해석이 두려울 겁니다.'

환자   '일단 해석이 내려지면, 나는 그 해석을 옳다고 받아들입니다. 두려움은 내가 진실이라고 여길 수 있는 것에 대한 두려움입니다. 나는 당신이 틀린 해석을 할 가능성은 생각해 본 적이 없습니다. (그렇다면 틀린 해석은 하나의 의견으로 될 뿐이다. 틀린 해석을 해석으로 받아들이지 않음으로써 나는 그것을 하나의 의견으로 받아들인다) 따라서 내가 두려워하는 것은 해석이 아니라, 마치 내가 머리를 얻어맞기라도 하듯 무언가를 발견하는

것입니다.'

분석가 '당신은 최근에 침묵은 때리는 것일 수도 있다고 말했습니다.'

환자 '나는 그 때 기이한 생각, 그러니까 누군가가 마치 생각을 먹는 것처럼, 무엇을 먹고 있다는 생각을 했습니다. 그러므로 당신이 무엇(하나의 해석)을 생산해 낸다면, 당신은 토해내는 겁니다. 따라서 당신에게서 어떤 생각을 받아들이는 것은 불쾌한 일입니다. 절반 정도 먹을 때까지 이런 생각을 깨닫지 못하다가, 뒤늦게 내가 깨닫고 토해낼 위험이 있습니다. 나는 잠시 동안 이 모든 것에 관한 아주 명료한 그림을 가지고 있었습니다. 당신이 식탁에서 음식 접시를 앞에 두고 있는 그림이었습니다. 그런데 당신이 먹는 동안 음식이 불어나는 겁니다. 이것은 당신이 음식을 천천히 다 토해내고 있다는 걸 의미합니다.' 잠시 멈춤. '말을 하지 않는 것은 매우 힘든 일로 보입니다. 아주 위험한 짓이고, 아무 것도 일어나지 않습니다. 당신도 그걸 이용할 수 있나요? 그냥 아무 이야기도 안 하는 것은 너무 쉬운 일입니다. 어제 여기를 떠나면서 만일 말을 하지 않는 게 삶이라면, 삶이란 과연 영위할 가치가 있는지 궁금해 했던 것이 생각납니다.'

분석가 '이 생각은 제재와 더불어 사랑을 받는다는 생각이나, 당신의 존재 자체가 존중받는다는 의미로서 사랑받는다는 생각과 연결되어 있습니다.'

환자 '나는 그 말을 들으면서, 내가 사랑받는다는 것을 믿고 받아들이는 시도를 해볼 수 있다고 느끼지만, 그게 사실이 아니면 어떻게 될까요? 그것은 수영도 할 줄 모르는데, 아무 도와줄 사람 없이, 내가 물속에 있는 것과 다름없습니다.'

분석가 '그것이 바로 당신에게 일어난 일이라고 당신이 말했습니다.'

환자   '커다란 차이가 있습니다. 나는 직접 일을 하지 말아야 하고(비록 그게 불가능할지라도), 다른 사람들이 일을 하게 해야 합니다. 그것도 그들이 실제로 일을 하는 게 아니라, 관념적으로 일을 하게 해야 합니다. 그건 모순입니다. 그건 마법으로만 일어날 수 있는 일입니다.'

분석가   '당신이 놓치고 있는 것은 당신의 어머니가 당신을, 자기의 아기를 자기와 동일시한다는 사실입니다.'

잠시 멈춤

환자   '수면은 순전히 부정적인 것도 아니고 회피적인 것도 아닙니다. 수면은 당신에게 앞으로 나아갈 기회를 주는 요소의 하나를 제공합니다.'

분석가   '그렇습니다, 나의 유일한 기회입니다.'

6월 15일, 수요일

환자   '어제 여기를 떠난 후, 나는 우리의 결말에 대해 생각해 보았습니다. 나는 오랫동안 내가 하는 일이나 성취 때문이 아니라 있는 그대로의 나 자신으로 사랑을 받고 원함을 받는 문제에 직면해 왔습니다. 그러나 절망적인 전망을 발견할 뿐입니다. 전에 우리가 완전이라는 주제를 분석하던 때에도 내가 이 문제에 대해 의견을 냈지요. 나는 나 자신으로 원해지거나 존중을 받을 가능성을 인정하지 않았습니다. 그러므로 내게는 완전만이 유일한 대안이었고, 이에 못 미치는 것은 완벽한 실패를 뜻했습니다. 그래서 내가 아프다고 처음 호소했을 때, 나는 그 딜레마에 직면하여 충격을 받았습니다. 내가 완전과는 너무 거리가 멀다고 느꼈고, 이는 절대적인 실패를 뜻했기 때문입니다. 그전에는 내 안으로 후퇴함으로써 직접적인 공격을 피했고, 그렇게 해서 내가 원해지는 것, 사랑을 받는 것, 완전해지는 것 등의 문제를 피해갔습니다. 나는 내가 사랑받는다는 것을 믿지 않았습니다. 그래서 이야기하는 데 어려움이 생겼습니다. 사랑받기를 요구하지도 않으면서, 사랑을 얻는데 필요한 이야기하기를 요구하는 게 말이 되지 않았기 때문입니다.'

'사정이 이렇다는 걸 알게 되자, 나는 다음으로 취할 조치가 무엇이며 무엇이 문제를 해결해 줄 수 있는지 알고 싶었습니다. 내가 사실상 아무런 행동도 취할 수 없었으므로, 어떤 실행 조치도 도움이 되지 않았습니다. 이 딜레마에서, 내가 오랫동안 중요한 것을 놓쳤다는 사실, 즉 사랑이 바로 곁에 있는데도 사랑받고 있다는 것을 깨닫지 못했다는 사실이 과연 극복될 수 있을까요? 만일 어머니가 자기 자신으로서 사랑받을 수 있다는 희망을 갖지 못했다면, 그래서 어쩌면 완전을 바라는 욕망을 가진 것이라면, 어머니도 같은 장애로 인해 고통을 받았을지 모른다는 생각이 들었습니다.'

'그렇다면 아버지는 어떤 역할을 했을까요? 나는 아버지를 같은 범주에서 그려낼 수가 없습니다. 그에게는 문제가 없어보였습니다.' *잠시 멈춤.* '회기를 시작할 때 나는 어제의 이야기를 할까 말까 망설였습니다. 지적으로 이야기하지 않으면서 무엇을 이야기한다는 게 힘듭니다.'

분석가 '그게 이해된다면 여기가 바로 침묵이 들어오는 곳입니다.'

환자 '그러나 내가 어떻게 침묵하면서 침묵이 얼마나 중요한지를 보여줄 수 있겠습니까? 또한 나는 어제 회기 마지막에 내가 발견한 내용에 감명을 받았습니다. 아마 발견한 내용의 진실성에 의해서라기보다 발견의 드라마에 의해 더 감명을 받았을 겁니다. 말하자면, 발견한 주제보다 발견의 명확성에 의해서지요. 그것은 매우 중요해 보였지만 너무 단순해서 모든 것을 다 설명할 수는 없었습니다.' *잠시 멈춤.* ' 모든 사람을 다 즐겁게 하려는 욕구에 내가 억눌려온 것 같습니다. (내가 오랫동안 인식하고 있던 것이다) 이러한 욕구는 모두 다 완전을 성취하려는 욕구의 일부이며, 사랑과 존중을 받으려는 충동의 일부입니다. 나는 사람들과의 관계에서 관계의 적극적인 측면보다 다른 사람을 화나지 않게 하는데 더 관심이 많았습니다. 뭔가를 분명하게 말할 때면, 혹시 이게 받아들여지지 않으면 어쩌나하고 노심초사했습니다. 한 예로, 오늘 한 환자에 대해 일반의와 전화로 논의한 일이 있었습니다. 그 의사는 한 아이에 대한 조언을 요청했는데, 내 말을 당연하게 받아들이는 게 아니라 나와 논쟁을 하자는 거였습니다. 그래서 나는 화가 많이 났습니다. 풍진으로 판단되는 석달 된 아기 환자의 사례였는데, 그 일반의는 나의 진단에 비판적이었습니다. 나는 그의 목소리에 내가 눌린다고 느꼈습니다. 그가 나보다 더 확고했습니다. 나는 내 생각이 틀릴 수도 있고, 불확실하다고 느꼈습니다. 그러다가 짜증이 났습니다. 내가 더 단호할 수 있었는데 말입니다.'

분석가 '어제, 내가 간단하게 해석했을 때, 거기에는 내가 말한 내용만 있었던 게 아니라 나의 태도와 말의 단호함 또한 포함되어 있었습니다. 당신은 나의 해석 방식에 드러난 나의 감정에 영향을 받았습니다.'

환자 '나는 당신 진술의 단언적 성질을 즐겼는데, 그것은 내가 그렇게 할 수 없기 때문입니다. 당신은 종종 조심스럽고, 자기 입장을 내세우지 않습니다. 당신은 합리적이고 자신이 틀렸을 때에는 시인을 합니다. 그러나 나는 그게 오히려 불만입니다. 모호하게 옳은 것보다 영광스럽게 틀리는 게 당신에게 더 좋을 겁니다.'

분석가 '글쎄 그런데, 내가 확고해서 그게 만족스러웠군요. 이제 우리는 내가 과연 영광스럽게 틀렸는지 살펴봐야 합니다.'

환자 '논의된 내용이 잘 생각나진 않지만, 당신이 말한 것은 내가 마음에 두었던 것과 잘 맞았습니다. 의미는 모호하지만 뭔가 명확하고 결정적인 것에 대한 기억입니다. 내가 유난히도 단호하지 못한 것은 틀리는 것에 대한 두려움 때문만은 아닙니다. 그것은 환자 병력을 청취하는 데서도 나타나고, 사람 이름을 잘 기억하지 못하는 데서도 나타납니다. 내가 모호한 것에 대한 나름의 변명인데, 거기에는 확실한 이유가 있습니다. 단호한 사람은 아버지라는 분명한 생각이 이것과 관련 있습니다. 내가 단호함을 불신하는 것은 일면 내가 아버지와 동일시되기를 원치 않는다는 것을 보여줍니다. 내가 아버지와 너무 많이 닮았는데, 사람들에게서 사랑을 받는다면, 그것은 아버지를 닮아서 사랑을 받는 것이지 나 자신으로 사랑 받는 게 아닙니다.'

분석가 '어머니의 어린 시절에 관해 아는 것이 있습니까? 어머니가 아동기에 어려움을 겪었나요?'

환자 '외할머니에 대해서는 내가 그분을 알았을 때 이미 나이가 지긋하셨지만 까다로운 분이였던 것으로 기억하고 있습니다. 그렇다고 이 사실이 어머니가 아동기에 어떠했는지에 대해 보여주는 것은 아닙니다. 어머니가 말한 것도 있지만, 그건 어디까지나

277

어머니의 주관적인 설명이지요. 내가 이제 나의 어려움을 외할머니 탓으로 돌린다고 생각할 수 있습니다. 그러나 어머니는 일종의 불안 충동이 있었습니다. 지금에 와서 나 자신의 어려움을 살펴보니, 그건 어머니가 아버지보다 더 강한 성격을 가졌다는 사실에서 비롯되는 것 같습니다. 나는 아버지가 지나치게 완전했다고 알고 있는데, 진짜 같이 들리지 않습니다. 비록 내가 단호한 것을 싫어했지만, 아버지가 단호했을 때 나는 행복했습니다. 나는 아버지의 단호함을 존경했습니다. 만일 지금 어머니가 단호하게 나온다면, 나는 분개할 겁니다. 단호함이 어머니로부터 나오는 것은 옳지 않습니다. 어머니에 관해서라면 내가 지금 현재의 감정을 말할 수 있지만, 아버지에 관해서는 모든 것이 여기서 발견한 문제들을 내가 의식하기 전이었던 시기로 거슬러 올라갑니다.' *잠시 멈춤.* '여기서 아버지에 대한 생각이 났습니다. 그의 단호함이 내게 한 가지 불이익을 주었다는 생각입니다. 내게 놀이할 여지를 남겨주지 않았습니다.'

분석가 '그래서요 – '

환자 '나는 아버지에게서 허점을 찾아내려 합니다. 그의 갑옷에 있는 갈라진 틈을 발견하려는 거지요.'

분석가 '나중에는 아버지의 좋았던 점들이 당신의 유아시절의 관점에서는 나쁜 점이었을 수도 있습니다. 당신 말대로, 아주 어린 시절부터 아버지가 당신에게 어머니 같은 관심을 가져서 특히 더 그랬을 수 있습니다. 하지만 결국에는 완전의 개념에 바탕을 둔 어머니의 규칙보다 아버지의 인간적 결정들이 당신에게 더 좋았을 것입니다. 당신은 아버지에게 도전할 수 있었지만, 규칙에 대해서는 아무것도 할 수 없습니다.'

환자	'피해야 할 게 하나 있다는 느낌이 듭니다. 어떤 것도 너무 쉽게 받아들이지 않는 것이지요. 그러면 할 수 있는 게 별로 없기 때문입니다.'
분석가	'당신은 당신과 나 사이, 나와 당신 사이, 양방향의 적극적인 관계 또한 피합니다.' *잠시 멈춤*. '내 생각에 당신이 잠을 잔 것 같은데요?'
환자	'그렇습니다, 오늘은 처음입니다. 잠이 온다는 걸 내가 알고 있었습니다. 상황을 직면하기가 힘듭니다. 당신이 내린 해석의 내용을 직면하기가 힘들다는 말이지요.' (말하자면, 해석 내용이 그가 단호하다고 느끼는 나의 해석 방식과 대립된다는 것이다) '나는 여전히 "나도 피하려고 노력하고 있다."라는 느낌입니다. 나는 말하기-원치-않음을 하나의 적극적인 행위로 접근할 수 없습니다.'
분석가	'잠을 잘 때 당신은 나를 버립니다. 당신은 어머니를 소유한 적이 한 번도 없었습니다. 그래서 어머니를 버릴 수 없었습니다.' (환자가 잠을 자는 건가?)
환자	'나는 순간적으로 내 마음 안에 일어나는 것이 우리가 이야기하고 있는 것과 거리가 멀다고 느껴집니다. 파악하기가 어려운 모호한 백일몽인데 아이들의 놀이에 관한 겁니다.'
분석가	'당신의 아버지는 놀이할 여지를 주지 않았습니다.'
환자	'그리고 어머니는 놀이하는 방법을 몰랐습니다. 그래서 어머니는 할 수가 없었습니다.'
분석가	'그러니까 내가 단호함으로써 당신을 핵심으로 몰아가지 않는 게 대단히 중요하군요.'
환자	'또한 나는 일자리가 바뀌는 문제 때문에 어쩌면 다음 주 이후부

터는 여기 올 수 없을지 모른다는 생각을 하고 있었습니다. 당신이 내가 찾아내고 싶어 하지 않는 것을 찾아내는 불쾌한 사람이 되었기 때문에 내가 오고 싶지 않을지도 모릅니다. 그래서 내가 잠이 들고, 내가 동의하지 않는다는 것을 표현하는 겁니다. 이런 식으로 말하는 것은 유치한 짓이지요. 그러나 당신이 아이들 놀이에 나오는 사람 잡아먹는 괴물이 되어버린 게 중요합니다.'

분석가 '그래서 당신이 나와 함께 놀이를 할 수 있게 되었습니다. 그리고 놀이에서 나는 사람 잡아먹는 괴물입니다.'

6월 17일, 금요일

환자 '나는 늘 내가 어떻게 느끼고 있는지에 대해 논의하는 게 중요하다고 생각했습니다. 그런데 이제는 그게 상대적으로 중요하지 않아 보입니다. 감정과 기분은 변하기 쉽고 일시적이며 가변적인 요인들에 의해 좌우됩니다. 더 중요한 것은 기분 뒤에 있는 것들을 파악하는 것이지요.'

분석가 '그렇습니다, 당신은 내가 이전에 생각하지 못했던 것을 말하고 있습니다. 당신의 기분은 당신이 당신의 자기에 가장 가까이 다가갈 수 있는 통로였습니다.'

환자 '나의 기분이 중요치 않다고 강조한 이유 중 하나는, 사람들은 누가 어떻게 느끼느냐에 의해 영향을 받지 않는다는 걸 알았기 때문입니다.'

분석가 '사람들이 "안녕하세요?"라고 말할 때 그들은 당신이 팔꿈치에 통증이 있다고 말하기를 전혀 원치 않습니다. 질문 속에 있는 아

이디어를 따라가는 것은 적절하지 않습니다.'

환자 '이 말은 아내와 내가 말다툼한 내용과 관계있습니다. 나는 내가 어떻게 느끼는지 묻지 않는다고 아내를 비난했습니다. 아내는 "무슨 말이에요? 당신은 항상 비참하지 않나요?"라고 말합니다. 다른 뭔가가 있는 것이지요. 나는 여기에 오기 전에 내가 이야기하기를 어려워하고 탐탁지 않게 여기는 이유와 관련하여 얼마간 혼란을 느꼈습니다. 두 가지 요인이 있습니다. 격분에 대한 두려움과 사랑받을 희망이 없는 것입니다. 내가 생각하기로는 하나가 맞으면 다른 하나가 틀린 겁니다. 지난 마지막 두 회기에서 분노가 사라졌습니다.'

분석가 '그 둘 사이에 관련이 있을 수 있습니다. 화를 내기 위해서는 희망을 가지고 있어야 합니다. 화를 내기 위해서는 희망하는 것이 없는 것에 대해 반발하는 한편, 당신이 희망하는 것을 당신 마음속에 간직할 수 있어야 하는 것입니다.'

환자 '그 경우 내게 희망이 전혀 없다는 생각은 과장입니다. 우리는 단순화하기 위해 과장을 합니다. 우리의 온갖 괴로움에 대해 한 가지 이유만을 찾아내는 것입니다.'

분석가 '우리는 하나의 문제를 해소하고 나면 다음 문제가 이어지는 것을 종종 보아왔습니다.'

환자 '하나의 해결책이 모든 것을 해결할 수 없다는 걸 나도 잘 알고 있습니다.'

분석가 '격분과 박탈감 사이에는 차이가 있습니다. 당신은 지난 몇 주간 실제적인 박탈감이 없는 이론적 격분에 도달했습니다.'

환자 '그렇습니다, 그 격분은 내가 막연한 불쾌감을 느꼈다는 사실을 제외하고 나면 다소 이론적인 것이었습니다. 나는 어디엔가 분노가 있을 거라 느꼈습니다. 분노와 관련된 또 다른 사항은 분노가 언제나 오래 가지 않는 일시적 기분이라는 것입니다. 분노가 원래 그런 것인가요? 아니면 내가 감당할 수 없는 분노가 어딘가에 묻혀있는 것인가요?'

분석가 '우리는 분노 때문에 당신이 동요하는 것을 봅니다. 분노는 그 자체로 위험과 절망을 야기합니다. 분노는 위험하다기보다 오히려 당신이 삶을 헛되다고 느끼게 만듭니다.' *잠시 멈춤*. '분석에서 당신이 어떤 위험에 처했는데, 그게 분노와 연결되었고, 그래서 다시 절망에 빠졌습니다.'

환자 '분노는 절망보다 생산적입니다. 절망은 부정적이지요.'

분석가 '분노에서 나온 생각들이 설령 위험한 느낌을 내포한다 해도, 당신은 분노했을 때 더욱 현실감을 느낍니다.'

환자 '분노에는 대상이 있습니다. 그러나 절망에는 추구할 것이 전혀 없습니다. 따라서 오늘 논의하는 분노가 어쩌면 보다 유용할 수 있습니다. 나는 절망에 이른다는 생각에 흥분을 느끼지만 막다른 골목에 다다른 것 같습니다. 그래서 이틀 동안 분노가 사라졌습니다. 약간 반복되어가는 느낌입니다. 내가 끊임없이 똑같은 것을 되풀이함으로써 사람들을 지치게 할지도 모른다는 생각이 떠오릅니다. 사교생활에서 나의 단조로움 때문에 사람들을 지치게 한다는 것을 알고 있지만, 달리 어떻게 할 수가 없습니다. 대안은 절망이거나 침묵이거나 완전무결입니다.'

분석가 '박탈감을 인식할 때 분노가 있을 수 있습니다. 그때 당신은 희망과 절망을 거의 동시에 느낍니다.'

환자 '절망은 상대적일 뿐입니다. 완결된 절망이라면, 절망이 인식되지 않을 테니까요.'

분석가 '그렇습니다.'

잠시 멈춤

환자 '나는 이렇게 발견된 사실들을 토대로 이제 다음 단계를 생각하기 시작해야 합니다. 지난 몇 주일과 달리 나는 더 이상 졸지 않습니다. 만약 졸리는 것이 무엇인가 일어나고 있다는 증거라면, 실망스러운 일입니다. 깨어있는 경우, 나는 미래에 대해 명료하게 생각하기 시작합니다. 그런데 이게 비생산적일 수도 있습니다.'

분석가 '박탈감과 정반대되는 생각으로부터, 그러니까 지금 여기에서 내가 당신에게 상당한 애정을 가지고 있다는 생각으로부터 새로운 상황이 나타납니다. 그 생각은 유동적 매개물[18]의 개념과 함께 시작된 당신의 분석 내 일련의 사건들에 관한 새로운 해석이라 할 수 있는 것입니다. 여기서 내가 말하는 사랑은 조건과 제재가 없는 사랑, 당신과 동일시할 수 있는 나의 능력보다 더하지도 덜하지도 않은 사랑입니다.'

환자 '내가 처음에 당신에게 오기 시작했을 때의 상황, 즉 1차 분석을 시작했을 때 내가 처했던 상황에 이제 막 도달했다는 생각이 듭니다. 당시 나는 도대체 무슨 말을 해야 할지 아무것도 생각할 수 없었습니다.'

분석가 '말하자면 그 말은, 만약 내가 당신에 대해 알았더라면 (그렇기 위해서는 내가 마술사라도 되었어야 했을 것이다), 지금 하고 있는 코멘트를 그때 할 수 있었을 것이라는 말이네요. 나는 "당신이 분석을 시작할 수 있는 유일한 방법은 내가 사랑으로 당신에

---

18 이 책 부록의 "철수와 퇴행(Withdrawal and Regression)" 참조.

게 다가가는 것입니다. 그런데 이걸 모르기 때문에 당신이 이런 말을 할 수가 없습니다."라고 말할 수도 있었습니다. 이 일은 당신에게 내가 필요하다는 생각이 없었던 2차 분석을 시작할 때 극적으로 일어났는데, 그때 내가 가서 데리고 오지 않았더라면 당신은 내게 오지 않았을 것입니다. 물론 나는 당신의 첫 번째 박탈감의 실제, 곧 초기 유아기의 사실을 바꾸지 못합니다. 나는 단지 사랑의 증표를 제공할 뿐입니다.'

환자 '나는 그때 분석을 시작할 수 없었다고 느낍니다. 애써해볼 만한 일이 내게 전혀 없었기 때문이지요. 당신에게서부터 무엇이 시작되어야 한다는 생각을 전혀 해보지 못했습니다.'

분석가 '이렇게 해서 우리는 침묵의 적극적인 의미에 도달했습니다. 침묵은 시작이 나한테서부터 나와야 한다는 생각의 표현입니다.'

환자 '이것은 새로운 게 아닙니다. 무엇을 산출해 낼 희망이 없다고 전에 느꼈던 게 생각납니다. 그러나 나는 그 느낌을 당신이 먼저 무엇을 만들어내면 좋겠다는 정도로 생각했습니다. 이제 나는 그게 단지 편한 것 이상의 문제라는 것을 압니다.'

분석가 '내가 시작하는 것을 당신이 좋아한다면, 내가 먼저 시작하는 것은 이미 도움이 되지 않습니다. 당신이 바라는 대로 따라주는 것일 뿐이니까요. 당신의 필요에 적응하기 위해서는, 당신이 그 필요를 알기 전에 내가 사랑을 품고 당신에게 다가가야 합니다.'

환자 '이 말은 나와 여자들과의 관계를 생각나게 합니다. 여자가 먼저 행동을 취할 때만 서로의 관계가 시작됩니다. 나는 여자를 차지할 가망이 없다고 느낍니다. 시도를 한다 해도, 나는 가망이 없을 거라는 가정을 하고 시작합니다. 초기 단계에서는 그렇지 않은데, 그 이후 추진력이 외부로부터 와야 하는 게 왜 중요한지

나는 이해할 수 없습니다.'

분석가 '사실이든 아니든, 당신의 관점에서 볼 때, 당신의 어머니는 자신을 자신의 아기인 당신과 동일시할 수 없었습니다. 갇혀있다라는 단어를 생각해 보면 내가 무슨 뜻으로 말하는지 알 것입니다. 그 말은 어머니도 유아와 마찬가지로 하나의 과정에 몰두한다는 것을 의미하고, 어머니가 일시적으로 거의 완벽하게 자기 아기와 동일시한다는 것을 보여줍니다. 같은 방식으로 나도 당신과 함께 당신의 분석과정에 몰두하며, 당신이 유아기적 의존으로 회귀하는 과정과 당신의 감정이 다시 앞으로 성장하는 과정에 몰두합니다. 내가 당신과 함께 이러한 과정에 몰두하고 있어야만 당신이 존재하기 시작할 수 있습니다.' *잠시 멈춤.* '이러한 사실이 분석가의 동기에 대해 고찰하게 만듭니다.'

환자 '맞습니다. 실제로 나는 "당신이 대략 무엇을 하려고 애쓰고 있는지, 자신의 수행 능력에 대해 어떤 믿음이 있는지 궁금하다."라는 생각을 하고 있었습니다. 의사인 한 친구가 최근 자신의 장래에 관해 이야기하면서, 자기는 정신의학을 해볼 생각이라고 했습니다. 그는 그게 수지가 맞을 것 같다고 했지요. 그는 정신의학의 유익을 신뢰하지 않았고 "그건 정말 시간낭비다."라고 했습니다. 나는 시간낭비라는 생각에 짜증이 났지만, 정신의학에 일말의 진리가 있는지 여부는 나 자신도 의문을 가지고 있었습니다. 나는 의아해하며 "너는 정신분석을 결과도 모르면서 하는 하나의 실험으로 간주하는 거냐?"라고 되물었습니다.'

분석가 '나도 정신분석을 돈 때문에 하는지도 모르고, 내가 잘 할 수 있다는 확신도 없이 하는지도 모릅니다. 그러나 당신이 관심 있는 것은 만약 분석이 실패로 끝나면 나도 당신과 함께 고통을 받느 환자   '맞습니다. 당신이 정신분석을 시도해볼 만한 좋은 전공 분야로 받아들인다면, 그건 선택하기가 쉽기 때문일 겁니다. 당신이 정신분석을 신뢰하지 않을 수도 있으나 하나의 전문적인 훈련으로 수행할 수 있는 것이고, 만약 다른 전공분야를 더 유망하게 여기면 그 일을 기꺼이 내던져 버릴 겁니다.'

잠시 멈춤

분석가   '당신은 분석가가 하는 일을 의사가 하는 일과 비교하면서 차이점을 언급하고 있습니다. 의사는 병을 다루는 것으로 환자의 병이 치유되면 일이 끝납니다. 반면, 분석가는 어떤 적극적인 감정을 가질 필요가 있습니다. 병이 치유되면 끝나는 것이 아니라 환자와의 관계 안에 남는 감정입니다. 한 인간 존재의 실존에 대한 이런 관심은 환자의 병을 치유하기 위해 분석가가 가져야 할 모든 소망의 토대가 됩니다.'

환자   '전에도 한번 우리가 이 문제를 다룬 적이 있지요. 몇 달 전이라고 기억합니다. 내가 당신과 분석을 다시 시작한 직후이고, 우리가 긴장의 직접적인 원인에 대해 이야기를 나눈 이후일겁니다. 이 문제는 모두 "대체 왜 정신분석을 받느냐?"라는 문제와 결부되어 있었습니다. 증상의 제거로 모든 요구가 충족되는 것이라면, 나는 여기에 올 필요가 없기 때문입니다. 이것은 내가 전에 한 번도 답을 한 적이 없는 문제, 곧 어떤 이에게 정신분석이 필요한지 아닌지 그 여부를 결정하는 방법에 답을 하는 겁니다. 그것은 그 증상이 아주 중대한 걸로 밝혀질지, 또는 다른 증상과 비교하여 볼 때 사소한 것으로 밝혀질지 여하에 달려있습니다. 나는 오늘 아침 여기 오기 전에 한 가지 생각을 했습니다. 내가 얼마나 야망을 가져야 하고 분투를 해야 하는지, 아니면 나 자신의 한계 내에서 살아가는 게 가장 현명한 그런 단계에 이미 도달한 것인지 하는 생각이었습니다. 일단 야망을 포기하고 나면 만족을 하게 되는지, 아니면 적어도 실현 가능한 실존을 발견하게 되는지 궁금했습니다.'

분석가 '당신은 이런 문제들을 고찰할 수 있는 위치에 도달하고 있습니다.'

환자 '너무 열심히 노력하기 때문에 한 사람이 전혀 존재하지 않는 그런 상태가 있을 수 있나요? 비유를 들어 볼 수 있습니다. 내가 어떤 그림을 보고 있는데 즐기지 못하면 계속 시도를 해야 합니까, 아니면 그냥 다른 그림으로 넘어가서 거기서 즐거워하고 기쁨을 찾아내며 아까 본 그림에서 무얼 찾기로 되어 있었다는 생각 따위는 무시해야 합니까?'

분석가 '당신이 다른 누군가의 기대에 따라 산다는 생각과 대비되는 생각, 즉 당신 자신으로 존재한다는 생각이 여기에 들어옵니다.'

환자 '기대는 내부에서도 올 수 있습니다.'

분석가 '네, 물론입니다. 기대는 예컨대 당신 아버지와 같이 당신이 마음에 들고 싶어 했던 외부 사람에 어느 정도 기반을 둔 당신 내부의 사람들에게서도 올 수 있습니다. 그러나 당신 스스로 당신의 고유한 권리로서의 존재감이 결여되어 있었기 때문에, 당신은 이 내사된 사람들을 당신 내부에 둘 수밖에 없었습니다.'

환자 '그 말은, 나 자신이 되려고 시도하면서, 내가 인공적인 버팀목을 이용할 수밖에 없었으나 이제는 그것들이 더 이상 필요 없게 됐다는 것으로 요약됩니다. 나는 지금 훨씬 더 분명한 희망을 느낍니다. 나는 어떤 상황이 일어나는지 마음속에 떠올릴 수 있습니다. 예측 가능한 미래로 그렇게 멀지 않습니다. 이미 일어난 사실이라고 곧 말해도 될 것 같습니다. 나는 늘 내가 실제로 존재하기 시작할 가망이 없다고 느껴왔습니다. 그것은 당신에 대한 일종의 도전 같았습니다. - 최악의 분석가가 되어 보시지요. 하지만 나에게는 무슨 일이 실제로 일어날 것이라는 믿음이 없습니다.'

6월 21일, 화요일

환자 '당신은 내가 할 새로운 일에 관해 물어봄으로써 회기를 시작할 수도 있었습니다. 나도 이유를 모르겠는데, 어쨌든 나는 당신에게서 축하를 받는 게 싫다는 생각입니다. 이것은 어머니와 누이에게서도 마찬가지일 겁니다. 새로운 일에 대해 축하받는 게 하나의 침범으로 보입니다. 당신은 그 말을 할 권리가 없어 보입니다. 나와 함께 일하는 사람이나 우연히 알게 된 사람들이 그 말을 하면 문제될 게 없습니다. 그 말이 적극적으로 침범해 들어오지 않을 거니까요.'

분석가 '지금 한 이야기들은 아무 조건 없이 사랑받는다는 주제와 연결됩니다. 축하라는 생각에는 당신의 성공으로 인해 당신이 사랑받는다는 생각이 담겨있을 수 있는데, 그건 당신에게 있어 사랑받는다는 것을 부인하는 겁니다.'

환자 '그렇습니다, 그러나 당신이 여기에서 외부의 일에 대해 언급하는 것은 대체로 적절하지 않고 바람직하지도 않습니다. 어머니는 내가 분석에 오는 것에 일부분 책임이 있으므로 분석의 소재로 되는 게 맞습니다. 그러나 내 누이가 왜 논의되는지 모르겠습니다. 지금 분석을 받고 있는 누이 말입니다.'

분석가 '지금 현재 누이의 상태는 어떻습니까?'

환자 '상당히 건강하고 일도 하고 있습니다. 누이에게 말을 할 때면 약간 긴장이 됩니다. 누이는 아직 치료가 끝나지 않았습니다. 행동이 비현실적입니다.'

잠시 멈춤

분석가 '당신은 어쩔 수 없이 누이의 상태와 당신 자신의 상태를 비교하고 있습니다. 만약 당신이 큰 변화를 이루어 낸다면, 당신 누이도 같은 변화를 이루었는지 관심을 가질 겁니다.'

환자 '잘 모르겠습니다. 그럴 수도 있겠지요. 지금 막 생각해 봅니다. 오늘 여기 오기 전에 생각했던 게 있는데, 대학원생을 위한 병원 사례발표에 관한 겁니다. 마침 정신과 사례발표였습니다. 토론이 있었는데, 그 중 하나가 내가 환자로 자진해서 병원에 처음 찾아갔을 때, 그러니까 2차 분석이 시작되기 전에 내게 있었던 불안을 상기시켰습니다. "내가 조현병 환자였나? 비현실감이 진성 조현병 환자의 주요 증상인가?"하는 등의 불안이었지요. 사례 발표에서 이러한 비현실감이 논의되었습니다. 나는 내가 이 문제를 다루었다고 생각했는데, 지금 다시 내 문제의 이 부분을 검토해야 합니다. 강의를 진행한 의사는 심리치료는 조현병 치료에 별 도움이 되지 않는다고 말했습니다. 당신이 언젠가 내게 신경증이라기보다 정신증이 있다고 했습니다. 나는 그 생각이 걱정스럽습니다.'

분석가 '맞습니다, 내가 그렇게 말했습니다.'

환자 '그 병의 자연적인 진행 경과도 내게는 걱정거리입니다. 더 나쁜 일이 일어날 수도 있다는 것이지요. 조현병은 보통 일시적으로 완화되지만, 아마도 재발을 예상하고 있어야 할 것입니다. 신체적 치료로 환자의 상태가 호전되었을 때조차 재발률이 높습니다. 그러므로 어쩌면 우리가 결국 일어날 붕괴를 지연시키고 있을 뿐인지도 모릅니다. 건강하다고 느끼는 데도, 내가 때때로 비현실의 순간들을 경험하기 때문입니다. 나는 조현병이라는 이름을 붙이는 것을 피해왔습니다. 조현병을 해결의 희망이 거의 없는 문제로 간주했기 때문이지요. 다른 한편, 나는 조현병을 신체적 방법으로 치료해야 한다는 가설에 반대하는 입장입니다. 사고의 장애를 경험적 방법으로 치료하는 것은 틀린 것으로 보입니다. 일부 의사들은 조현병이 신체적 병리를 가지는 기관적(器官的) 질병이라는 주장까지 합니다. 그러한 주장의 기초는 일부 약물이 조현병을 일으킨다는 것입니다. 그래서 나는 치료불능으로 판명될까봐 불안합니다.'

분석가 '당신은 두 가지 대안에 직면해 있는데, 이 둘 다 대단히 큰 쟁점을 내포하고 있습니다. 하나는 당신이 치료 받을 수 있다는 것으로, 이 경우 이에 반대하는 견해를 가진 부류의 모든 의사가 틀린 것이고, 조현병에 대한 공식적 견해도 틀린 것입니다. 다른 하나는 정신과 의사들이 옳은 것으로, 당신은 치료가 불가능합니다.'

환자 '다시 말하지만, 내가 정신분석을 받지 않았다면 아내도 토의에 참가하여 반대의견을 펼쳤을 겁니다. 원래 사용되었던 한 가지 논리적 근거는 내가 정신분석을 받음으로써 훨씬 더 나빠질지 모른다는 거였지만, 내가 정신분석을 받지 않음으로써 나빠진다 해도 그녀는 비난을 받아들이지 않을 겁니다. 내가 완전히 방

치되어 어떤 치료도 효과를 볼 수 없는 게 아닌가하고 두려워하면서 입원해 있던 때가 다시 생각납니다.'

분석가 '당신은 아주 많이 아팠을 때, 나와 당신의 어머니와 누이가 당신의 병을 심리적인 특성으로 보는 것에 의존했습니다. 이 사실이 우리 세 사람을 결합시킵니다.'

환자 '또 하나의 커다란 불안 요소는 만일 내가 새로 스트레스를 받으면 붕괴가 일어날 수도 있다는 느낌입니다. 그래서 나는 정서적 스트레스의 위험을 피하도록 일자리 선택에 있어서 신중을 기해야 하지 않나 하고 생각합니다. 불편한 점은 이런 선택이 일종의 권태 상태를 만들어 낸다는 것입니다.'

분석가 '권태 자체도 스트레스의 한 형태입니다.'

환자 '맞습니다, 그런데 불안은 문제를 처박아 두고 있다는 것에 대한 불안입니다. 나는 중요한 문제를 계속 처박아 두고 있다는 생각에 괴롭습니다. 나는 나의 무책임이 정당화 되어야 한다는 생각을 변명으로 내놓습니다. 그러한 생각은 지금 당장 위안을 주고, 내가 조현병 증상이 있다는 것을 인정해야 하는 대안으로부터 나를 구원해줍니다. 이렇게 해서, 임상적으로 명백한 조현병이 정상행동의 한 변형으로 되고, 나의 조현병 에피소드는 사실 전혀 걱정할 일이 아닌 것이 됩니다.'

분석가 '만일 조현병이 이런 식으로 정상 상태와 연결된다면, 기관적 질병organic illness 이론을 배제시킬 것입니다.'

환자 '그것은 위안이 되겠군요.'

분석가 '그러므로 당신은 자신의 정신분석에서, 조현병이라는 이 거대한 일반적 문제에 대한 해답을 찾고 있는 것입니다.'

환자 '또한 나는 혹시 내가 다른 사람들에게 과도한 부담이 되는 것은 아닌지 염려됩니다. 아내는 나의 붕괴에 대해 이야기하면서, 만일 내가 조현병 환자라면 계속 참고 같이 살 수는 없을 거라는 뜻으로 말했습니다. 내가 조현병 환자처럼 아팠는데도 말입니다. 나는 내가 아내의 삶에 아주 큰 부담이 된다는 것에 양심의 가책을 느끼고 있습니다. 다른 사람들에 대한 이런 불안도 양심에 걸립니다. 특히 만일 내가 앞으로 정신치료를 전공하게 된다면 더욱더 그러할 겁니다. 만일 조현병에 대한 다수 의견이 잘못되었다는 생각을 내가 받아들인다면, 그에 대해 내가 아무 행동도 하지 않는 것은 비도덕적일 겁니다. 선교사적 열정을 필요로 하는 거대한 과제가 여기 있습니다. 지금 내게는 그런 열정이 없습니다. 만일 많은 사람들이 잘못된 일을 하고 있는 것을 발견한다면, 나는 그것에 대해 아무것도 하지 않는 걸 불편하게 여길 겁니다.'

분석가 '당신의 진짜 문제가 당신의 자기이고, 당신이 건강해질 수 있는가 하는 이때에 당신은 조현병 일반이론이라는 추상적인 문제를 다루고 있습니다.

환자 '그 이론이 공정하다는 것을 받아들이기 쉽지 않습니다.'

분석가 '당신 다음으로 그것을 받아들이기 힘들어하는 처음 두 사람은 당신의 어머니와 누이일 겁니다.'

환자 '그렇습니다. 만약 나의 병을 조현병이라고 한다면, 그들의 병도 마찬가지입니다. 그렇다면 결국 가족적인 요소도 있는 것입니다. (반드시 유전된다는 뜻으로 내가 가족적인 요소를 말하는 것은 아니다) 내 아이들은 내 가족들과 같은 식으로 병에 걸리지 않을 거라고 생각해 왔고, 그게 사실이라고 생각할 합리적인 근거가 없는데도 불구하고 아이들의 상태에 대한 일말의 불안감

이 이 말에 내포되어 있습니다. 하지만 그런 일은 일어나지 않을 것처럼 보입니다.'

분석가 '그밖에도 아내의 문제가 있습니다. 예를 들어 당신의 아내는 전반적으로 볼 때 아이들이 다가가기 쉬운 사람입니까 아니면 다가가기 어려운 사람입니까?'

환자 '아내가 갑자기 내 병을 싫어했을 때, 나는 아내에게 다가갈 수 없었습니다. 그러나 아내가 아이들에게는 그렇지 않습니다. 나는 아내가 치료에 대해 좀 더 대담해지면 좋겠습니다.'

분석가 '아마도 당신은 당신의 아내가 당신 어머니와 어떤 중요한 점에서 달랐기 때문에 아내로 선택했을 겁니다.'

환자 '맞습니다, 아내는 상식이 풍부합니다. 우리 가족에겐 없는 것이지요. 미지의 세계로 뛰어들 준비가 되어 있을지언정, 아내는 자기 발을 땅에다 붙이고 있습니다. 아내는 자기가 뭘 원하는지 알고 있습니다. 그리고 그걸 얻기 위해 노력합니다. 따라서 나는 그녀가 내 가족과 대비되기 때문에 아내로 선택한 것을 인정합니다.'

분석가 '그 때문에 당신 아이들은 병에서 영향을 받지 않을 것 같습니다. 당신으로서는 그게 힘들지요. 따라서 아이들이 당신 아내의 현실감으로부터 자연스럽게 끌어내는 것을 당신은 아내에서 얻어낼 수 없습니다.'

환자 '갑자기 사흘 전에 읽었던 논문의 구절 하나가 생각났습니다. "자기에게 몰두하는 사람은 아주 작은 꾸러미를 꾸린다." 그게 나 자신입니다. 아니, 내가 피하려고 애쓰는 것입니다. 나의 한계 때문에 내가 나를 경멸할 수 있습니다. 문득 내가 정신의학을 불신하는 것은 일면 심리의학과 조현병에 대한 나의 전반적인

293

태도 때문이라는 생각이 듭니다. 그 불신은 잘못된 태도에 기초하고 있습니다. 이것은 내가 붕괴하기 전에 잠재의식적으로 인식하고 있었던 것입니다. 만일 내가 다수의 사람들이 하고 있는 생각을 받아들인다면, 나는 다른 모든 것들과 함께 잘못된 것을 받아들여야 합니다.'

6월 22일, 수요일

환자 '지난 회기 이후로 여러 감정들이 계속 이어졌습니다. 병명이 밝혀졌으므로, 무슨 일이 일어날 수 있을는지 불안했습니다. 앞으로 무슨 일이 일어날까요? 치료가 한참 더 계속되어야 한다는 뜻일지도 모르겠습니다. 불안에 위안과 즐거움마저 섞여 있었습니다. 병에 이름이 붙어 병이 덜 모호해지고, 처리하기가 더 쉬워졌으니 이것은 위안입니다. 그래서 내가 더 자신감을 가졌습니다. 조현병은 심리치료로는 치료될 수 없다고 주장하는 바보들의 생각을 마주하면 즐겁고, 아주 많은 사람들이 조현병이라는 질병의 본질은 모르고 있다는 생각을 할 때에도 즐겁습니다. 만일 내가 바로 조현병 환자라는 말을 들으면, 그들이 어떤 표정을 지을지 보는 것도 즐거운 일일 것입니다. 내가 의학 분야에서 레지던트 자리를 차지할 만큼의 수준까지 왔습니다. 그들이 충격을 받을지도 모릅니다. 최근에 나와 함께 일한 사람들과 동료의사들 특히 처음에 나를 면담했고 당신의 보고서를 요구했던 사람들 말입니다. 지금쯤 그들은 그 일을 잊어버렸을 겁니다.'

분석가 '일이 순조롭게 풀려나가면 사람들은 잊어버립니다. 그런데 만일 일이 잘 안 풀리면 그들이 기억할까요?'

환자 '나는 지금 불안하고 내가 새로 하게 될 일에 확신이 없습니다. 여하튼 그렇습니다. 나는 전혀 알 길이 없습니다.'

분석가 '당신은 또한 분석가로서의 나의 능력에 대해서도 궁금해 합니다.'

환자 '나의 상사로 함께 일하는 예닐곱 명의 전문의 과장들 중, 한 사람만이 선발위원회에 포함되었습니다. 나는 아직도 얼마간 도움을 받을 필요가 있다고 느낍니다. 내가 하는 일에서 나는 여전히 의존적인 입장에 설 수밖에 없는 형편입니다. 대등한 조건에서 경쟁을 하면, 나는 불안을 느낍니다. 첫 번째 일자리(그때 내가 붕괴되었다)의 경우를 제외하고는 나는 경쟁을 할 필요가 없었습니다. 지금 현 단계에서는 하고 있는 일을 그만두기 전까지는 새로운 일에 지원하지 못한다는 불리한 점이 있습니다. 내가 실직할 수도 있다는 뜻입니다. 그럴 경우 하루 종일 집에 있는 게 매우 힘들 겁니다. 끝으로 나는 여전히 장래 문제를 걱정합니다. 나는 실제적인 문제에 직면해 있습니다. 나는 일반의가 되는 것을 좋아하지 않습니다. 하지만 다른 대안이 거의 없어 보입니다. 혼자 일한다는 것도 일반의가 마음에 끌리지 않는 이유 중의 하나입니다.'

분석가 '사람들은 일반의가 혼자서 진료하는 일반진료의 이러한 고립된 측면을 무시하려는 경향이 있습니다.'

환자 '그렇습니다. 예컨대, 병원 환자를 일반의에게 다시 위탁하는 데는 문제가 없으나, 일반의가 환자를 병원에 다시 위탁하는 것은 좋게 생각되지 않습니다. 이게 모순을 일으킵니다. 일반의가 되는 것을 경계하게 되는 이유 중 하나는, 그 자리가 안전의 대책이 된다는 것, 즉 소위 영구적인 일자리라는 점입니다. 어떻든 위탁받는 입장이 된다는 것은 괴로운 일입니다. 병원의 의사 직위는 보장이 안 된다는 게 매력이라면 매력이지요. 어느 누구도 미래에 대한 결정을 미리 내릴 필요가 없고, 형편에 따라 처리할 수 있습니다. 그러나 한번 일반의가 되면 영구히 일반의가 되는 것입니다.

어제의 주제로 되돌아가보니, 뭔가 내가 잊어버렸던 게 있습니다. 그때는 그게 나를 피해갔습니다. 그것은 내가 편하고 안정적이고 단조로운 직업을 가지면 일어날 수 있는 일과 관계있습니다. 그렇게 되면 나는 흥미를 잃어버려 고통스러울 겁니다. 나는 의사가 되기로 선택한 것을 걱정하는데 의사에게는 항상 부딪쳐야할 어려운 문제가 있고 정해진 시간이 없기 때문입니다. 과연 내가 의학을 선택한 게 잘한 일인지 모르겠습니다. 완벽한 비밀 준수 의무와 많은 근무시간 그리고 감당해야 하는 책임에 비해 빈약한 보수 등의 문제에 직면해야 하니까요. 그러나 의학을 선택할 당시 내게는 다른 대안이 없었습니다. 그런 혹사를 견디기 위해서는 당신도 선교사적 열의를 가져야 할 겁니다. 의료직원이 행정지원을 얼마나 많이 해주는가 하는 문제도 있습니다. 의사는 의사 아닌 일반인들이 이래라 저래라 하는 말을 듣기 싫어하지요. 그런데 의사들은 자신들이 직접 계획하고 준비하는 것도 싫어합니다. 나는 완전하게 행정지원이 되는 것을 좋아합니다. 간섭에는 분개하면서도 이렇게 의존하는 취약함 때문에 나 자신을 경멸하는 것 같습니다.'

분석가 '당신이 행정지원에 의존하는 것은 당신이 사람에게 의존한다는

것입니다.'

환자 '이것은 아내와 내가 다투는 중요 부분입니다. 나는 아내를 관리자로 여기기를 좋아합니다. 내가 적당한 때에 적당한 행위를 하는지 감독하는 사람 말이지요. 아내는 이 모든 걸 내가 다하기 바랍니다. 하지만 만약 아내가 그 자리에 없어서 돌보지 않는다면, 나의 모든 체계가 무너져 내릴 겁니다. 아내는 이에 대해 분개합니다.'

분석가 '당신이 현재 하는 업무에 대한 것인데, 관리적 성격이 더 많지 않나요?'

환자 '아직은 잘 모르겠습니다. 처음에 나는 자문하는 자리에 있으면, 직접 책임을 져야 하는 나날의 불안이 덜하니까 일이 더 쉬울 거라 여겼습니다. 하지만 과장이 "이 환자를 병실에 입원 시키세요"라고 지시하면 나는 초조해집니다. 그것을 처리하는 임무가 내게 떨어지기 때문입니다. 이 일은 의학적인 문제보다 더 고약한 문제입니다.'

분석가 '그건 업무 환경과, 그런 환경 안에 있는 당신의 문제 같습니다.'

환자 '당신이 한 말의 뜻을 잘 모르겠습니다. 나는 행정지원 업무에 대해 아이들을 돌보는 것과 같은 불안을 느낍니다. 그냥 내버려 둘 수는 없지요. 당신에게 아이들이 있으면 돌보아야 합니다. 당신이 어느 날 오후 "그래, 나도 이제 그만둘 거야."라고 말할 수는 없는 거지요. 이것이 행정지원에 있어서 끔찍한 일입니다. 나는 이것이 어머니가 자신이 어머니로서 부적절하다고 여기는 느낌, 즉 어머니 스스로가 확신이 안 간다는 느낌을 표현하는 말이 아닐까 싶습니다. 그러한 탓으로, 나도 아버지로서 더욱 자신이 없는 것 같습니다. 행정지원 문제와 마찬가지로 체스도 아이들을 돌보는 문제와 유사합니다. 오래전에 했던 생각인데, 체스는 대처하기가 힘듭니다. 한번 수를 쓰는 것도 만만찮게 어려운데, 그 다음 수가 상대방이 어떤 수를 쓰느냐에 달려있기 때문이지요. 그러니까 체스를 두는 것은 살아 움직이는 문제입니다. 테니스에서는 그게 다르게 느껴집니다. 나는 확신을 가지고 어떤 문제에 대처할 수 있기 전까지, 상황을 그대로 묶어두기를 좋아합니다. 그러면 긴급한 일이 없고 역동적 위험도 없습니다.'

분석가 '이는 분석가와 환자가 있는 분석상황에도 적용될 수 있을 것 같습니다.'

환자 '그렇습니다, 당신이 하는 일이 그의 모든 장래에 영향을 미치는 사람에게도 적용될 수 있습니다. 이것이 심리치료와 관련하여 가장 염려되는 부분이긴 하지만 가장 흥미로운 부분이기도 합니다.'

분석가 '당신은 지금 현재 당신 안에서 통합되어 있지 않은 두 측면이 통합되기를 희망하고 있습니다.'

환자 '내가 극심하게 앓고 있다고 느꼈던 당시, 나는 수렁에 빠진 사람 같았고 모래나 자갈로 된 절벽을 기어오르려고 애쓰는 사람 같았습니다. 발걸음을 뗄 때마다 땅이 내려앉았고, 주변은 온통 흔들렸으며, 역동적인 위험의 드라마가 연출됐습니다. 그러나 그때에도 나는 내가 기본적으로 안전을 열망하고, 결코 행복해질 수 없다는 것을 자각하고 있다는 것을 알았습니다. 그래서 나는 역동적인 상황을 다룰 수 있는 능력을 갖추길 원했습니다.'

분석가 '당신은 한편으로는 기본적인 안전을 원했으나, 다른 한편으로는 바로 그 기본적인 안전이 필요 없기를 갈망했습니다.'

환자 '기본적인 안전은 하나의 지적 인식이었습니다. 지금 내가 느끼는 것은 그 이상입니다. 그것은 단순한 앎이거나, 앎의 방향으로 향해가는 그러한 것이 아닙니다. 그것은 아직도 도박과 아주 흡사해 보입니다. 위험부담이 아주 큰 도박이지요. 내가 생각하는 바람직한 흥분은 이것이 아닙니다. 하나를 선택하는 대답을 해야 하는데도, 내가 언제나 "둘 다"라고 말해서 아버지가 나를 괴롭혔다는 얘기는 종종 들었습니다. 나는 무언가를 놓친다는 생각이 항상 두려웠습니다. 그것은 역동적인 불안감에 대처할 수 없는 나의 무능력과 일치합니다. 도박은 그 같은 문제에 대한 불만족스러운 해결입니다. 현명한 결정도 아니고 잘못된 방법이지요.'

분석가 '당신의 대안은 주어진 환경을 당연하게 받아들이는 사람이 되든지 아니면 환경 지향적이 되어 개인으로서의 정체성을 잃는 것입니다. 당신은 이러한 대안들의 딜레마를 해결할 수 없다고 말하고 있는 것입니다' (환자가 잠들었다)

환자 '나는 당황스럽고, 내 능력 밖의 일이라고 느낍니다. 그렇습니다, 내가 잠이 들었습니다. 수면은 딜레마를 면하는 한 방법이지요.' *잠시 멈춤*. '졸음과 관련 있는 생각이 하나 떠오릅니다. 그것은 병에서 회복될 수 없다는 극도의 절망감을 제대로 극복하지 못하는 무능에 직면한 지금의 나의 당황스러움과 관련이 있습니다. 그때 내가 잠이 듭니다.'

분석가 '당신은 문제의 해결이 나한테 달려있다는 것을 지적으로 이해하고 있습니다. 하지만 당신의 문제가 실제로는 해결되지 않았고, 당신은 여전히 당황스러운 상태로 남아있습니다.'

6월 24일, 금요일

환자　'오늘은 시작하기가 힘듭니다. 정지된 상태인 것 같습니다. 무엇이 일어날 전망이 보이지 않습니다. 분석이 대강 그런대로 진전을 보이고 있는데도, 이년 전에 여기 왔을 때와 똑같이 느끼고 있다는 생각이 듭니다. 전보다 더 자신감 있고 덜 우울한데도 불구하고 그렇습니다. 나는 분석을 시작했을 때와 마찬가지로 비현실감을 느끼고 있습니다. 나의 업무 환경이 불만족스러운 것도 한 요인이 될 수 있습니다. 지금 나는 환자들과 접촉이 줄었고 여유 시간이 더 많습니다. 어느 한자리에 꼭 있어야 하는 것도 아닙니다. 이제 집에서 출퇴근하기 때문에 다른 의사들과 접촉을 계속하기가 쉽지 않습니다. 병원에서 지냈던 레지던트 때에는 접촉이 쉬웠습니다. 집에서는 지내기가 약간 수월해졌습니다. 우리 부부는 이제 싸우거나 다투지 않습니다. 그렇다고 더 만족스러운 것은 아닙니다. 내가 나의 현재 상황을 더 잘 처리할 수 없다면, 그것은 내가 더 나아가지 못했다는 뜻입니다.' *잠시 멈춤.* '내가 여기 와서 느낀 게 있는데, 누워서 아무 말도 하지 않고 무슨 일이 일어나는지 보는 것도 좋겠다는 것입니다. 그런데 아마 아무 일도 일어나지 않을 것입니다. 당신은 거기 앉아 나의 침묵을 받아들일 것이고, 그게 나를 불만스럽게 할 것입니다.'

분석가　'당신이 원하는 게 있지만, 그게 무엇이든 당신은 일어날 가망이 없다고 여깁니다.'

환자　'나는 이 말이 최근 우리가 논의했던 사랑받을 가망이 없다는 주제와 연결된다는 것을 알 수 있습니다. 나는 이것을 어느 정도 실제 사실로 입증할 수 있습니다. 분석 외부의 상황에서는 내가 서두르지 않고 그냥 기다리면 아무 일도 일어나지 않을 것입니다. 그래서 내가 마냥 내버려 둘 수 없는 것입니다. 내버려 두면 전망이 절망적일 테니까요.' *잠시 멈춤* '사랑받을 가망이 없는 것에 대해서도 몇 마디 말을 보탤 수 있습니다. 나는 사랑이 온다 해도 그 상황에 대처할 수 없을 거라는 절망감을 느낍니다.'

분석가 '당신은 당신이 사랑을 받아들일 수 있을지 확신을 못 하는 것입니다.'

환자 '나는 여태까지 사랑을 전혀 받아들일 수 없었고 감정을 느낄 수 없었습니다. 그래서 내가 의심하는 것입니다.'

분석가 '내가 당신을 사랑하면, 그에 대한 시험은 당신이 개인적인 어려움을 겪는 것으로 다가올 것입니다. 그런데 사랑해줄 사람이 아무도 없으면, 당신은 시험에 들지 않을 것이고, 그러면 당신은 문제가 없을 거라는 생각을 계속 할 수 있습니다. 당신은 이런 일에 경험이 없기 때문에 알 수 없다고 말하는 것입니다.' (환자가 졸고 있다) '당신은 당신 본성의 깊은 분열에 대해 내게 말하고 있는데, 이 분열 때문에 당신의 충동은 접촉을 만들어내지 못합니다. 당신이 현실을 수용한다고 할 때, 그것은 현실을 느끼지 못하는 당신의 거짓 자기가 하는 수용입니다.'

환자 '그렇습니다. 만약 상황이 그렇다면 무엇을 할 수 있겠습니까? 상황을 인식하면 상황을 바꿀 수 있을까요? 상황을 이해하는 것은 쉬우나 느낌이 없는 것을 다룰 수 있을까요?'

분석가 '말하자면 이 상황이 당신이 처한 상황인데, 당신은 출구를 못 찾고 있습니다.' (환자가 졸고 있다)

환자 '그러나 이 졸음이 지금 말하고 있는 것과 직접 관련되는 것은 아닙니다. 이 졸음은 오히려 전반적인 상황과 관련 되어 있습니

	다. 절망적 상황에 대한 반응이지요.'
분석가	'상황의 성격상 당신은 결과를 전혀 예측할 수 없습니다.'
환자	'지난 이년 동안 우리는 여러 가지 흥미로운 아이디어들을 발굴해 왔으나, 이 대단히 중요한 문제에 대해서만은 세밀하게 다루지 않았습니다.' (환자가 잔다) '나는 방금 아주 이상한 기분을 느꼈는데 거의 꿈같았습니다. 누군가가 병원 문제로 나와 연락을 취하려고 했습니다. 만일 이런 일이 일어난다면 당신은 어떻게 하겠습니까? 만약 외부 세계의 일이 분석상황 안으로 들어오려 한다면 말입니다.'
분석가	'그 꿈은 우리가 논의했던 바로 그 주제에 관한 꿈입니다. 당신이 병원에서 시작된 접촉을 분석에 가져오지만, 당신에 관한 것이 아니니까 문제될 게 없습니다. 여기 분석에서는 당신에 관한 것이 아니면 아무 것도 소용없습니다. 당신에게 희망이 없기 때문입니다. 이는 당신이 여기서 걱정하는 것은 당신이 여기서 나와 접촉하면서도 아무 희망을 느끼지 못한 채 깨어있는 것이라는 걸 보여주고 있습니다.' (환자가 졸고 있다) '당신이 여기에 남아있으면서 접촉에서 배제되고 사실상으로 고립되는 건 힘든 일입니다.'
환자	'그렇습니다, 당신이 사랑의 말을 하는 것을 들을 때, 당신과 내가 여기 분석에 함께 있다는 생각이 생소해집니다.'
분석가	'다음 단계로 나아가기 위한 전제조건은 당신이 나와 함께 여기 분석에 있으면서 고립되어 있는 이 어려운 단계를 넘어서는 것입니다.' (환자가 몇 분간 잠을 잤다.)
환자	'내가 여기서 이야기하기를 어려워하는 것에는 내가 무의식중에, 말하자면, 계획적으로 나를 분리시키는 탓도 있지 않나 싶습

니다. 접촉을 하지 않으려는 욕구가 내게 있습니다.'

분석가 '맞습니다. 하지만 당신은 추상을 실제로 만들려고 하면서도, 추상적인 것에 열심히 매달리는 것으로 보입니다.'

환자 '그렇습니다. 추상을 현실로 바꾸는 것, 그게 내가 하려는 것입니다. 잠을 잠으로써 문제들을 피해 가고 싶으나, 그러는 것은 도움이 안 됩니다. 수면은 이에 따르는 꿈으로 인해 가치가 있을 수 있다고 당신이 언급했기 때문에, 어쩌면 내가 당신을 분석에서 나의 반대편에 세운 게 아닌가 싶습니다. 나는 수면이 교착상태로 이끌고 있다고 느낍니다.'

분석가 '다른 대안은 당신에게 대단히 힘듭니다. 그것은 여기 분석에서 깨어있으면서 나와 접촉하지 않는 것입니다.'

환자 '그렇습니다, 단 하나의 해결책만이 있는 것으로 보입니다. 내가 깨어나면 모든 게 변해 있고 문제가 해결되어 있는 것을 보게 되리라는 생각을 하며 잠이 드는 것입니다.' (졸고 있다… 이 때 환자가 한 손을 얼굴과 이마에 갖다 댄다. 이는 아주 드문 경우로 아마 처음 있는 일일 것이다) *잠시 멈춤*. '그러나 전에도 말했다시피, 때때로 상황을 점검하여 내가 잠들었던 것을 확인하고서는, 내가 쓸모없다며 나 자신을 벌주고 싶어 하는 때가 가끔은 있는 것 같습니다. 잠을 자는 것은 시간 낭비지요.'

분석가 '조금 전에 당신은 한쪽 손을 얼굴에 갖다 댔습니다. 만일 내가 민감한 어머니이고 당신이 유아라면, 당신의 얼굴이 접촉을 원한다는 걸 알았을 테고, 당신 얼굴을 내 젖가슴에 갖다 대었을 것입니다. 그러나 당신은 어머니이자 유아가 되어야 했습니다. 그래서 당신의 손이 당신 어머니의 역할을 해야 했습니다.' (이 해석을 시작하자 잠이 그를 덮쳤다)

환자   '나는 여기에 있지 않으려는 생각으로 여전히 어려움을 겪고 있습니다. 나는 여기 있는 게 아무 소용없다고 느낍니다.'

분석가 이때 내가 그 해석을 반복했다.

환자   '나는 그 말뜻을 이해했습니다. 그러나 나는 당신이 어떻게 할지 당연히 생각을 해야 했습니다. 만일 당신이 실제로 무엇을 한다면, 나는 무서워서 떨게 될 겁니다. 당신이 신체적인 접촉을 해야만 한다고 하는 뜻으로 들렸습니다.'

분석가 '당신은 당신의 머리 바깥쪽에 두통이 있었던 것, 그리고 누가 당신의 머리를 안아준 것에 대해 내가 내렸던 해석을 기억합니까? 당신이 한 아이의 머리를 안아 주던 그 날 내가 그 해석을 내렸지요.'[19]

환자   '여기에 들어맞는 역설이 하나 있는데, 나는 그것을 동료의사와 논의한 적이 있습니다. 우리 병원 외래진료 부서로 찾아오는 환자에 관한 겁니다. 나는 별로 해줄 게 없는 환자들을 계속 진찰하고 싶지 않습니다. 그러나 많은 사람들은 병원에 오는 걸 즐기고, 오래 기다리는 것도 마다하지 않습니다. 지금 현재 나는 외래환자를 더 많이 진찰하고 있고, 매번 그들이 병원에 계속 와야 하는지 여부를 결정해야 합니다. 그들이 원하는 것은 그들의 손을 잡아주는 것이라는 생각, 말하자면, 그들은 말로 하는 접촉에 만족하지 않는다는 생각이 떠올랐습니다. 그들은 신체적 접촉을 필요로 한다는 생각 말이지요.'

분석가 '그들이 신체에 관련된 검사를 받은 게 아니면, 신체적 접촉을 아쉬워하지 않겠습니까?'

---

19 이 책 부록의 "철수와 퇴행(Withdrawal and Regression)" 참조.

환자 '그들은 의사로부터 말만 들으면 병원 방문을 시간낭비로 느낍니다. 아주 사소한 검사만 받아도 그들은 확 달라집니다.'

분석가 '나는 그 주제가 다소 보편적 현상인 외로움이라고 말하고 싶습니다. 그런데 그 주제는 여기에 와 있지만 고립되어 있고 나와 접촉하지 못한다는 당신의 주제와 같다고 생각합니다.' (졸고 있는 걸까?)

환자 '나는 신체적 접촉이라는 생각을 정리하려고 노력하는 중입니다. 오늘 나의 이 졸음은 새로운 것입니다. 말하자면 새로운 배경에서 일어나고 있는 것입니다. 오늘 졸리는 것은 신체적 접촉을 원하면서도 막상 접촉이 이루어지면 겁에 질리는 모순에서 비롯됩니다.'

분석가 '기억합니까? 당신 머리 바깥쪽에 두통이 있었던 때, 내가 실제로 당신 머리를 안아 주었더라면 당신은 그것을 내가 어떤 기술을 기계적으로 적용한 것으로 느꼈을 것이라고 말했던 것 말입니다. 중요한 것은 그 욕구가 내게 이해되고 느껴졌다는 것입니다.'

환자 '나는 정서적으로는 신체적 접촉을 필요로 하나 분석에서 신체적 접촉을 한다는 생각에는 두려움을 느낍니다. 그러나 다른 어떤 곳에서는 내가 그것을 원해야 한다고 느낍니다.'

분석가 '여자친구는 당신에게 중요한 신체적 접촉을 당신에게 제공했습니다. 그 접촉이 여기서 일어나야 했는데 외부에서 일어났습니다. 지금 당신은 필요로 하는 것과 두려워하는 것 사이에서 갈등을 겪고 있습니다. 유아였을 때 당신의 욕구는 아주 명확했고 단순했습니다. 문제는 당신이 지금 여기에 얼마만큼 유아로 있는가 하는 것이며, 한 유아에 대해 우리가 함께 이야기하고 있는

것이 얼마나 진실한가 하는 것입니다.'

환자 '신체접촉 욕구를 인식하는 것은 중요한 발달 단계입니다. 처음에는 지적 추상에 불과했고, 하나의 아이디어로서 그 욕구가 매력적인가 아닌가 하는 문제였습니다.'

분석가 '하지만 지금 당신은 실제적인 욕구에 대해 이야기하고 있습니다.'

환자 '이것은 상당히 명백한 사실이라 할 수 있으나, 때에 따라서는 내가 필요로 하는 접촉이 말로 하는 접촉일 수도 있습니다. 그 접촉이 적당한 때에 이루어진다면 말입니다. 최근에 내가 집에 가도 아내가 인사도 하지 않고, 나에게 아무런 관심을 보이지 않는 것을 볼 때가 더러 있었습니다. 나는 마음이 많이 상했지만 그래보았자 소용이 없다는 걸 알기에 법석을 떨지 않았습니다. 그러나 나는 만일 어떤 말이 적절할 때 아내의 입에서 나온다면, 한마디 말로도 충분할 거라고 생각했습니다.'

분석가 '나는 시의적절한 정확한 해석은 일종의 신체적 접촉이라고 생각합니다.'

환자 '내게 무슨 일이 일어났습니다. 지난 몇 주간 아주 큰 변화가 일어난 걸 나는 알아챘습니다. 나는 일 년 전부터 처음으로 영화를 즐기기 시작했습니다. 몇 시간 동안이나마 나의 문제를 무시할 수 있었기 때문입니다. 나는 영화의 주인공들과 나를 동일시했고, 그래서 불이 켜지는 막간에는 화를 내기도 했습니다. 요즘은 영화를 잘 보러 가지 않지만 보러 간다 해도 집에 돌아갈 때 기분이 더 나쁘고 교감도 더 없으며 곧잘 기분이 상합니다. 나는 더 이상 영화 주인공들에게 빠져들고 싶지 않습니다. 영화를 보고 밖으로 나올 때 경험을 공유할 수 있으므로, 이제는 누구와 같이 영화관에 가는 것도 괜찮습니다. 전에는 나를 더 깊이 파헤쳐 보려고 내가 영화관에 갔다는 것을 지금 나는 압니다. 아내가 영화에 대해 토론하려 하지 않아 짜증이 납니다. 아내가 아직 영화를 보지 않아서 줄거리를 미리 알고 싶지 않거나, 아니면 영화를 보기는 했으나 얼마간 시간이 지나서 따분해졌기 때문입니다.'

(아이들 때문에 두 사람은 좀처럼 함께 영화를 보러 갈 수 없는 상황이다)

6월 28일, 화요일

환자 '나는 할 말이 없습니다. 그런데 그게 어느 정도 긍정적인 특성이 있는 듯합니다.'

분석가 '그 자체로서 그렇다는 말이지요.'

환자 '그렇습니다, 우리가 조현병에 대해 이야기한 후로 나는 나의 느낌이 달라진 걸 더 많이 의식하고 있습니다. 나는 경계심을 늦추지 않고 있으며 정상 상태 인정에 있어 더욱 비판적이 되었습니다. 전에 나는 분석이 나를 몇 년 전의 나로 되돌려놓을 거라는 생각을 받아들일 준비가 되어있었습니다만, 그것은 비현실로 되돌아가는 것일 테지요. 그런데 지금 나는 내가 항상 비정상이었다고 생각합니다. 따라서 내게는 정상과 비교해볼만한 것이 딱히 없는 것입니다. 그러므로 아무 문제가 없는 듯이 지내는 것은 더 이상 적절치 않습니다. 이것이 다시 나를 더욱 절망케 합니다. 가본 적이 없는 어떤 곳에 가야한다면, 거기에 도착할 전망은 더 불확실할 겁니다. 여기에서 우리가 장애물은 제거할 수 있겠지만, 과연 적극적인 조치를 할 수 있을까요? 처음 당신에게 왔을 때, 나는 아무 문제도 자각하지 못했습니다. 나의 유일한 목표는 달라지는 것이었고, 할 수 있는 만큼 더 좋아지는 거였습니다. 어머니는 별로 그럴듯하지 않은 이유로 나에게 분석을 받게 했습니다. 분석을 받아야 할 필요를 내가 알지 못하는데도, 그게 나에게 도움이 될 거라고 했습니다. 아마 어머니도 무엇인가 잘못되었다는 것을 알고 있었을 겁니다. 지금 이 순간 나는 자신을 다르게 만들어달라고 요구하는 사기꾼처럼 보일 겁니다. 이런 요구는 일반적 의학에서는 유례가 없는 일입니다.'

분석가 '거기서는 기본적인 건강이 당연시되고, 병을 고치려는 시도가 있을 뿐입니다.'

환자 '분석을 시작하기 전에는 적극적 건강이 좋은 것이라고 생각했지만, 내가 의사가 된 후로는 그것이 더 이상 가능하지 않다는 느낌입니다. 건강이라는 게 무언가를 놓치고 나서 그게 회복될 수 있다고 확신하는 일종의 지적 관념에 불과할 수 있기 때문입니다.'

분석가 '그런 일이 일어날 때가 유일하게 만족스러울 겁니다.'

환자 '둘째 딸이 첫돌을 맞았습니다. 전날 밤 첫돌 얘기를 하고서도 내가 잊어버렸습니다. 큰 애가 잠에서 깨자마자 그 얘기를 했습니다. 나는 아무런 흥분이 일어나지 않아 마음이 착잡했습니다. 어떻게 하면 흥분하는 것을 배울 수 있을까요? 근본적으로 주체적인 과정은 주입될 수 없는 것이지만, 내가 여기에 온 것은 그것 때문입니다.' *잠시 멈춤*. (잠든 걸까?) '지금 이 순간 나는 어디로 가야할지도 모르고, 다음 단계가 뭔지도 모르는 어려움에 직면해 있습니다. 농담이 아니라, 단지 할 말이 없어 오랫동안 침묵할 수 있는 것입니다.'

분석가 '여기 와 있으면서도 나와 아무런 접촉도 하지 않는 것이 무엇인가를 경험하고 있는 것이라는 사실을 당신이 무시하고 있는 것으로 보입니다.'

환자 '나는 문제의 전반적인 성질은 알고 있으나, 순간순간의 특별한 측면들은 알지 못합니다. 치료를 받으면서 구체적인 문제를 거론하는 것은 바람직하지 않다는 생각이 떠올랐습니다. 내 마음에 생각나는 것을 말해 보았자 지금 당장으로서는 의미가 없습니다. 나는 그게 기대되는 생각(자유연상)이었다는 걸 잊고 있었습니다. 상황을 기억하는 게 도움이 안 됩니다. 나는 쓸데없는 말을 하지 않으려고 항상 노력합니다.'

분석가 '그렇게 할 경우 자유연상은 말하지 않는 것이고, 접촉하지 않는 것입니다.'

환자 '생각들이 이전처럼 사라집니다. 그러나 지금은 생각하기 위해서 거리를 두고 있어야 합니다. 나는 다시 수다를 떨지 못하게 됐습니다. 많은 노력을 해야만 수다가 가능합니다. 따라서 내가 하는 말은 수다가 아니라 억지로 하는 말입니다. 자발적인 경쾌함이 없습니다. 자발적이 되려고 노력하는 때문에 비현실감을 느낍니다. 노력은 그 자체로 인위적입니다.'

분석가 '거리를 두면 당신이 접촉에서 배제되지만, 거리를 두고 있는 것이 현실입니다.'

환자 '접촉이 결핍되어 있어서 밖에서도 똑같은 외로움이 있습니다. 다른 사람들을 거부하므로, 그들은 친구가 되지 못합니다. 아내도 나에 대해 그렇게 느꼈습니다. 아내는 내가 일이 돌아가는 상태에 주목하지 않는다고 불평합니다. 예를 들면, 누가 말을 할 때 나의 첫 반응은 아무 말도 하지 않는 것입니다. 나는 할 말이 없습니다. 하지만 나는 친구가 되고 싶기에 친해지려고 노력하면서 말을 겁니다. 그러나 그 노력이 늘 가망 없다는 것을 나는 알고 있습니다.' 긴 멈춤. '잠에서 깨었을 때 나는 머리카락 때문에 숨이 막힌다고 느꼈습니다.'

분석가 '아마도 어머니와 당신과 관계있는 어떤 일일 것입니다.'

환자 '그런 것 같습니다. 그러면 그게 뭘까요? 어머니의 돌봄과 숨이 막히게 하는 것 사이에 어떤 연결이 있는 것 같이 느껴집니다.'

분석가 '어머니란 분은 멀리 떨어져 있을 때도 당신과 닿을 수 있는 분입니다.'

환자 '그게 사실일지라도, 매우 어려운 일이겠지요. 내게 무엇이 필요한지 아는 사람은 여기 밖에 어디에도 없습니다. 당신이 여기서 무슨 말을 해주기를 바란다고 내가 암시를 해도, 당신은 결코 그렇게 하지 않을 겁니다. 당신은 그렇게 안 하기로 맹세한 사람 같습니다. 내게 필요한 유일한 것을 당신이 하지 않기로 결심했다는 것을 아는 것은 절망적인 일입니다.'

분석가 '당신에게 필요한 게 뭔지 내가 어떻게 알 수 있겠습니까? 당신은 교제하는 사람이 아무도 없어서 해보지 못했던 경험을 찾고 있는 것입니다.'

환자 '이 탐색이 어떻게 성과를 거둘 수 있을까요?'

분석가 '당신은 분노를 느낄 지경일 것입니다. 이것은 당신에게 실패의 순간이 다가올 때 늘 나타나는 현상입니다.' (환자가 잠든다) '당신은 잠을 잘 때 당신을 보호해 줄 누군가에게 안기고 싶은 욕구

가 있습니다.'

환자 '여기서의 분석 메카니즘이 본질적으로 말로 이루어진다는 점에서 나는 어려움에 직면해 있습니다. 언어 차원을 따라 분석의 진전을 그려내기는 힘듭니다. 그 메카니즘이 보탬이 된다는 것은 너무나 마법 같은 일로 내가 기대할 수 없는 겁니다. 하지만 어떤 면에서는 그게 그다지 비논리적이지 않을 겁니다.'

분석가 '내가 실제로 당신을 안아준다 해도, 그 보다 카우치가 더 나입니다. 이런 문제들이 다 어색하다는 것은 당신이 당신 자신이 그렇다고 느끼는 유아가 아님을 당신에게 분명히 상기시켜 주는 것일 뿐입니다.'

환자 '어머니 집에서나 장모님 집에서 나는 아무 말도 하지 않고 그냥 졸면서 시간을 보냅니다. 우리가 했던 말로하면, 아마 내가 지지를 호소하고 있는 것이고 앉거나 눕고 싶은 욕망이 내게 있는 것입니다. 나는 애써 깨어있을 수 없을 것 같습니다.' *잠시 멈춤.* '수면이 애무 받고 싶은 아기의 욕망이 충족되지 않았다는 인식을 대변하고 있는 것은 아닌지 다시 궁금해집니다. 나는 무엇인가에 죽어있습니다. 힘든 문제는 내가 분노를 두려워한다는 것입니다. 과거 우리는 숨어있는 분노에 대해 이야기한 적이 있습니다. 이것은 분노가 흘러나오지 않게 너무나 조심하는 나에게 화가 났던 상황을 생각나게 합니다. 나는 훨씬 더 많은 분노의 분출에도 맞서 견딜 수 있지만, 진전을 막는 거대한 장벽을 떠받치고 있는 것에 화가 납니다. 장벽의 와해는 분노의 표출에 달려있습니다.'

분석가 '분노의 영향에 맞서기 위해서는 당신이 충분히 통합되어 있다고 느낄 필요가 있습니다.'

환자   '지금 나는 더 많은 분열도 감당할 수 있을 것 같은 느낌입니다.'

분석가   '내가 한 말이 모두 옳다면, 내가 당신을 안아주지 않기 때문에 당신이 내게 화가 나는 것입니다. 이는 최초의 실패가 현재까지 이어지는 것입니다.'

환자   '나는 여기에서 아무 할 말이 없을 때 어떤 메카니즘이 내게 이렇게 말하는 것을 느끼기도 합니다. "넌 문제없어, 마음의 동요 정도야 감수할 만하잖아? 너는 잘 해낼 수 있을 것이야." 이 목소리에 호소해보았자 소용이 없습니다. 위험을 감당할 준비가 되어있으나, 나의 또 다른 부분이 너무나 조심스러워하거든요.'

6월 29일, 수요일

환자   '간밤에 꿈을 하나 꾸었습니다. 희미하게 생각납니다. 그 꿈은 아내와 어떤 남자 사이의 마치 사실 같은 이야기를 중심으로 전개되었습니다. 악몽에 가까웠지요. 아마 내가 그 남자와 싸우거나 격투를 했을 겁니다. 나는 이삼 일 전날 밤 내가 처음부터 아내의 남자친구와 더 격렬하게 싸웠어야 했고, 덜 나약하게 굴었어야 했다고 느꼈습니다. 그 꿈은 내가 일어나길 바라는 일이 극화된 것입니다.'

분석가   '당신 내면에 무언가 강하게 하는 힘이 있어, 늘 암시되어왔던 싸움을 당신이 하도록 이끈 것으로 보입니다.'

환자   '그렇습니다, 나는 때때로 아내와의 관계가 변할 수 있다고 느낍니다. 만약 내가 지금이라도 아내에게 다가가 좀 더 상냥하게 대한다면, 아내가 나를 좀 더 마음에 들어 할 수도 있을 거라 느꼈습니다. 아내가 남자친구 이야기를 전 보다 덜 합니다. 아마 아내는 그를 자주 만나지 않을 겁니다. 내 주관적인 느낌이 그렇다는 것이지 더 이상은 아닙니다.'

분석가 '당신이 두 남자끼리 싸운다는 생각에 근접했다가 이 입장에서 후퇴하는 걸 우리가 자주 봐 왔는데, 당신이 지금 다시 이런 생각에 접근하는 것으로 보입니다.'

환자 '한두 회기 전에, 내가 어머니의 돌봄이나 애무 받기를 원한다는 것에 대해 우리가 논의했던 게 생각납니다. 그리고 어제 분석을 마치고 돌아가면서, 어쩌면 내가 여자들로부터 그런 것을 원할지도 모르는데, 아내는 거기에는 전혀 관심이 없고 내게서 아버지의 돌봄을 받기 바란다고 생각했던 게 기억납니다. 버스 안에서 나는 내가 실제로 어머니의 돌봄을 받는 것에는 두려움을 가지고 있다는 생각을 했습니다. 당신과 1차 분석에서 이야기했던 음악선생을 기억할 겁니다. 만약 올바른 사람에게서 받는 것이라면, 어머니의 돌봄을 받는 건 좋은 일일 것입니다. 그러나 나의 장모님은 적합한 사람이 아닙니다. 나는 유치하거나 여자같이 유약한 태도 때문에 나 자신을 경멸하는 구석도 일부 있습니다. 불행하게도 나는 어머니의 돌봄을 전혀 좋아하지 않는 사람을 아내로 택했습니다. 만일 누군가 내게 몹시 애정을 보이고 어머니 같이 돌보고 싶어 하는 것 같아서 내가 그것에 마음을 써야 한다면, 나는 아마 굉장한 경계심을 가지게 될 겁니다.'

분석가 '당신은 내게서 어머니의 돌봄이 어떤 것인지 몇몇 사례를 보게 될 것이나, 이 예들을 통해 제대로 된 사람에게서 제 때 돌봄을 받지 못하는 게 어떤 건지 알게 될 것입니다.'

환자 '내가 이 과정을 제대로 이해하고 있는지 모르겠습니다. 분석에서는 자라고 있는 태아 같은 상징의 형태에서 놓쳐버린 것도 살펴보나요? 나는 그러는 게 이해가 됩니다. 그렇게 하는 게 보다 합리적으로 보입니다.'

분석가 '당신이 여자에 대해 느끼는 것과 분석에 대해 느끼는 것은 서로 연관되어 있습니다. 내가 분석을 잘 하고 있을 때, 당신은 분석에서 당신을 왜곡시키고 분노케 했던 실패 요인들에 대해 대처할 힘이 있다고 느낍니다. 거기에 분노가 나타나지 않았던 것은 당신의 입장이 분노를 드러낼 수 있을 만큼 강하게 구조화되지 않았기 때문입니다.'

환자 '따라서 나는 두 가지 대안만을 볼 수 있습니다. 하나는 어머니의 돌봄 과정을 경험하는 것이고, 다른 하나는 제 때에 좋은 어머니의 돌봄이 없어서 분노하는 것입니다.'

분석가 '치료과정에서 우리가 보게 될 것입니다.' (환자가 잔다) '아버지와 충돌한다는 생각에 당신이 접근해 갔을 때, 그 충돌이 가치가 있는지의 문제가 대두되었습니다. 그런데 어머니에 대한 당신의 관계 또한 충분하다고 할 만큼 견고하지 않았고, 기초도 잘 세워져 있지 않았습니다. 그래서 당신이 이 관계에 취약할 수밖에 없었습니다.' (환자가 졸고 있다)

환자 '내가 실제로 잔 것은 아닙니다. 당신이 너무 빨리 나가고 있어서 잠시 멈춘 겁니다. 따라갈 수가 없어서 멈췄습니다. 당신이 너무 앞서 가는 데 대한 반응이었지요.'

분석가 '만약 내가 계속 앞서간다면, 그것은 가르치는 것이지 정신분석이 아닙니다.'

환자 '내가 앞장을 서야 하는 책임을 받아들이기가 힘듭니다. 그러나 왜 그래야 하는지는 이해할 수 있습니다.'

잠시 멈춤

분석가 '방금 내가 너무 빨리 앞서갔던 그 때, 나는 가장 심했을 때의 당신 어머니와 꼭 같았거나, 아니면 다소 위태로웠던 어린 시절 당신이 그렇다고 느꼈던 어머니였습니다. 현재가 과거와 같았고, 이 모든 것 안에 나에 대한 당신의 분노가 내포되어 있었습니다.'

환자 '젖병으로 우유를 먹는 작은 딸의 실제적인 문제가 이것과 관련이 있습니다. 우리는 아이가 젖병 대신 우유 컵으로 먹게 하려고 애를 쓰지만 아이는 아랑곳하지 않습니다. 나는 한편으로 아이를 밀어붙이며, 아이가 늦되게 놔두는 걸 막느라 어쩔 줄을 모릅니다. 아이가 너무 늦게까지 젖병에 매달리게 두면 사람들은 말도 안 된다고 나무라지요. 그러나 다른 한편 아이에게서 젖병을 빼앗는 충격만큼은 주고 싶지 않습니다. 인간의 사고와 관련된 두 학파가 있습니다. 밀어붙이는 학파와 빼앗지 않는 학파이지요. 병원에서도, 아이들이 인형을 가져오면 간호사들이 첫째로 하는 일이 인형을 빼앗는 일입니다. 아이들이 집이라는 환경을 빼앗긴 바로 그때 아이들에게서 인형을 빼앗는 것은 지금 나로서는 틀림없이 나쁜 방침으로 보입니다. 그 행위는 분리를 더욱 어렵게 만들 것이 확실합니다. 그래서 나는 내 아이의 경우를 통해서 나 자신의 배경이 그 딜레마 해결에 어떻게 도움이 되는지 알 수 있습니다.'

분석가 '병원에 오는 아이들은 대개 한 살이 조금 넘습니다. 그리고 당신 작은아이의 나이인 한 살 때는 서두르는 게 확실히 해가 됩니다. 그러나 당신 자신의 어려운 문제는 밀어붙여 지는 것과 적응 실패에 당신이 전혀 대응할 수 없었던 훨씬 더 초기 단계의 일이

었습니다.'

환자 '아이에게 상처를 줄 위험을 감수하기보다는 다른 사람들의 경멸을 받는 게 낫습니다.'

분석가 '당신이 아주 어린 유아를 책임지고 있을 때, 다른 사람들의 경멸은 조금도 중요하지 않습니다.'

환자 '결론은 아이와 싸우려는 생각은 나쁘다는 겁니다. 아이가 먹거나 배우는 것을 거부할 때와 마찬가지로, 나중에는 아이가 무슨 일이 일어나고 있는지 알게 되고 싸움이 덜 해로워지게 됩니다. 발달 초기에 일이 잘 진행되어야 나중의 싸움이 가치가 있다는 것을 지금 나는 이해합니다. 내 누이의 버릇없는 아이들에 대한 아내의 태도도 문제입니다. 아내는 가족 내의 병적 패턴이 재발될까 두려워합니다. 나는 요즘 아내가 아이들 싸움에 실제로 놀라는 것을 봅니다. 그 아이들 나이 때는 싸움이란 게 동의하지 않는다는 걸 의미합니다. 별로 이상한 게 아닙니다. 이 모두가 내 문제와 무관해 보이지만, 나는 그게 내 문제와 얼마간 관련이 있다고 가정해 봅니다. 문제는 어떻게 나의 문제로 돌아오느냐 하는 것입니다. 요약하면, 나 자신의 문제는 한 번도 해보지 않았던 싸움을 어떻게 찾아내느냐 하는 것입니다. 꿈속에서 놓치는 것은 싸움이었습니다.'

분석가 '당신은 아이가 아버지와 충돌할 때 삼각관계 상황이 주는 구원, 곧 어머니와 둘이서 하는 싸움으로부터의 구원을 받을 수가 없었습니다.'

환자 환자가 '이것은 사라지는 것과 같습니다. 당신의 멸절이 함축되어 있습니다.'라고 말했을 때 보고가 다시 중단되었다. *잠시 멈춤.* '때때로 나는 여기서 너무 많이 흥분하면 위험하다는 것을 깨달습니다. 흥분이라는 개념에는 서둘러 가버린다는 의미가 내포되어 있기 때문입니다. 분노도 마찬가지지요. 만약 내가 갑자기 흥분한다면 나는 일어나서 당신에게 이런저런 말을 하고, 행동을 할 겁니다. 흥분은 여기서 쓸모없습니다.'

분석가 '당신은 충돌로 인한 위험을 너무 크게 느낍니다.'

환자 '흥분의 특징은 자극하는 것이라서 흥분은 사적인 것이 아닙니다. 이건 성적인 문제에도 적용됩니다. 나는 여자와의 성적 관계에서도 늘 사적 자유가 없는 어려움을 겪었습니다. 거기에 두 사람이 있기 때문입니다. 그것은 바람직하지 않습니다. 나는 여자와 관계를 가질 때, 마치 내가 그 여자를 이제 그만 만나기로 한 것처럼 갑자기 외로움을 느꼈던 경우가 여러 번 있었습니다. 또 나는 결혼 후 처음 갔던 휴가에서 아내를 화나게 만들었습니다. 사람들과 함께 갔는데 나는 아내와 단 둘이 있기를 원치 않았습니다. 나는 다른 사람들로부터 소외되는 것을 원치 않았는데, 우리 둘만 있으면 무슨 일이 일어날 것처럼 두려웠기 때문입니다.'

분석가 '각각 다 약간씩 그랬던 것 아닌가요.'

환자 '여기서 치료받는 것 때문에 아내와 어려움이 있다는 것도 나는 알고 있습니다. 나는 분석에 대해 아내에게 이야기하고 싶고, 다른 누군가가 이 문제에 나서주기를 바라고 있습니다. 나는 다른 사람을 배제해가면서까지 한 사람을 원하지는 않습니다. 어머니와의 문제는 아버지가 배제된다는 것입니다.'

분석가 '언젠가 당신은 당신에게 필요한 것은 양친 부모가 당신을 유아로 인정하는 것이고, 그래서 당신들 셋이 있는 것이라고 말한 적이 있습니다.'

환자 '어머니가 완전하다는 생각은 아버지를 배제하는 것으로 보입니다. 내가 보기에 "어머니mother"라는 단어와 "숨 막히게 하다 smother"라는 단어는 관련이 있는 것 같습니다.'

분석가 '당신은 어머니의 사랑에 섞여 있는 어머니의 증오를 다루려고 하는군요.'

환자 '그런 식으로는 아닙니다. 싸움 문제에 영리하게 대처하려는 어머니의 음모에 아버지가 가담했기 때문에 어머니는 아버지와 싸움을 하지 않습니다.'

7월 1일, 금요일

환자 '처음 떠오르는 생각은 내가 지난주에 알아차린 어떤 것입니다. 내가 회기를 너무 어렵게 시작한다고 당신이 말했기 때문에, 어떻게 회기를 시작할 것인지에 대해 약간의 의문이 생겼습니다. 그러다가 시작할 때 하는 이야기는 거의 다 맞지 않다는 생각이 문득 들었습니다. 나는 이 문제에 주의해야 합니다.'

분석가 '당신은 말을 시작하는 사람이 되는 것을 부자연스럽게 느끼는군요.'

환자 '지난 두 회기 때 나는 굉장히 서두르며 말을 시작했습니다. 그러나 여기 오면서 대부분의 시간을 이 생각을 하면서 왔는데, 그게 자연스러운 행동 양식이라는 거였습니다.'

분석가 '당신같이 조심하면 침묵과 뜻밖의 놀람, 둘 다 확실하게 예방할 것입니다.'

환자 '또한 내용은 잊어버렸지만 내가 지난밤에 선명한 꿈 하나를 꾼 건 기억합니다. 이상한 일이었습니다. 나는 잠에서 깨고 나서 한 시간 동안 그 꿈을 기억했습니다. 그리고서는 잊어버렸지요. 두 가지 사항이 그 꿈과 관련됩니다. 그 꿈에는 허울을 쓴 진실과 더불어 싸움도 있었습니다. 그것은 가공적인 것일 수 있습니다.'

분석가 '당신이 지금 그 꿈을 잊어버리긴 했으나, 그 꿈은 당신의 내적 현실과 외부의 삶을 잇는 다리입니다. 꿈이 당신 생각에 유쾌했나요, 아니면 불쾌했나요?'

환자 '이전 꿈들처럼 불쾌하지는 않았습니다.'

분석가 '싸움이 있었던 것으로 보입니다.'

환자 '맞습니다, 아내 남자친구와의 싸움이었던 것 같습니다.' *잠시 멈춤*. '지금 나는 이야기를 시작할 지점을 찾으면서 많은 생각들을 떠올려보고 있습니다. 이런저런 생각들이 떠올랐다가 조리가 없다거나 중요치 않다고 버려집니다.'

분석가 '당신은 아직 형태를 갖추지 못한 생각들을 받아들이는 것, 그리고 그것들이 어디에 도달하는지 못 보게 막고 있습니다. 그 미성숙한 생각들은 어쩌면 말조차도 되지 못하고 그냥 소리로 남을 수도 있습니다.'

환자 '그것은 단어들이 뒤범벅된 것으로 아무 의미도 없습니다. 이상한 조각들과 부스러기들입니다. 징표들이지요.'

분석가 '나는 우리가 이야기를 나눈 적 있는, 당신 발달의 어느 시기를 생각해 보고 있습니다. 당신이 생각을 표현할 수 있기 이전의 시기로 당시는 지껄이기나 그냥 옹알거리기가 당신이 할 수 있는 모든 것이었습니다. 문제는 어떤 부류의 사람들이 그걸 듣고 있는지, 그리고 내가 무엇을 기대한다고 당신이 느끼느냐 하는 것입니다.'

환자 '내가 미리 검토할 시간을 갖지 못한 일을 당신이 다루게 한 것에 대한 두려운 마음도 있습니다. 나는 당신이 잘못 인도되어 틀린 생각들을 뒤쫓게 될까봐 걱정됩니다. 내가 불편한 상황에 처하게 될지도 모른다는 더 깊은 두려움 또한 있을 수 있습니다.'
잠시 멈춤. '이런 많은 생각들은 나의 직무에 관련된 일들과 연결되어 있습니다. 실제로는 불안해할 이유가 전혀 없습니다. 과거 이러한 상황에서 내려진 해석은 내가 병원 문제로 당신을 지치게 하고 싶어 하지 않는다는 것이었습니다. 지금은 오히려 내가 의도적으로 당신을 병원 문제로부터 떼어놓는 측면이 있습니다. 당신이 나의 세계의 모든 부분에 와 닿는 것을 나는 원치 않습니다. 나는 당신이 너무 전능해질지도 모른다는 위협감을 느낍니다. 당신을 떼어놓는 방법이 반드시 있어야 합니다.'

분석가   '당신은 나를 외부에 두는 것의 긍정적 요소를 말하고 있는데, 그것은 당신 내부에 대해서는 당신이 권리를 가진다는 것을 의미합니다. 나는 여기에 어머니와 관련된 어떤 것이 있을 수 있다고 생각합니다.' (환자가 졸고 있다)

환자   '오늘 졸음이 많이 오는 것 같습니다. 변명을 하자면 금요일은 바쁜 날이라는 거지요. 하지만 그게 전부는 아닙니다.'

분석가   '내가 말한 것을 당신이 이해하는지 잘 모르겠습니다.'

환자   '예, 이해한다고 생각합니다. 하지만 당신이 이야기하는 동안 나는 딴생각을 하고 있었습니다.'

분석가   '당신을 깨우지 말았어야 했다고 생각합니다.'

환자   '나는 고발당한 느낌입니다. 나는 체포되고 싶지 않습니다.'

분석가   '당신이 비밀의 잠을 자고 있었는데, 내가 이 비밀을 발견했다고 당신이 느끼는 겁니다.'

환자   '여러 가지 이유가 있습니다. 하나는 잠을 잠으로써 내가 당신을 모욕하는 것이고, 다른 하나는 나를 잠자게 한 것에 대해 당신이 사과한다는 생각을 내가 좋아하지 않는 겁니다. 당신이 너무 쉽게 물러서고 사과하는 것을 보고 싶어 하지 않는 사고 패턴이 내게 있는 겁니다. 그게 나를 당신을 보살피게 하는 위치에 가져다 놓습니다.'

분석가 '그리고 싸움이라는 생각도 못하게 합니다.'

환자 '내가 아내에게 사과하면, 아내는 짜증을 냅니다. 사과는 과도해질 수 있습니다. 사과는 승인을 강요합니다. 사과는 그냥 버려둘 수 없습니다. 어떤 추가적인 행위를 기대하기 때문이지요.' *잠시 멈춤*. '나는 잠을 불신합니다. 여기는 잠을 자기에 적합한 장소가 아닙니다. 내가 잠든 것을 알아챌 것이라서, 나는 잠에 대한 코멘트를 못하게 나를 깨워야 합니다.'

분석가 '내가 너무 빨리 앞서가서 당신이 멈춘다고 했던 며칠 전처럼 당신은 잠을 잘 때 나를 두고 떠나갑니다.'

환자 '그렇습니다, 나는 따라갈 수가 없었습니다. 그래서 애를 쓸 필요가 없었습니다. 지금 나는 분석의 진전이라는 면에서 생각하고 있습니다. 잠자는 동안은 여기서 의사소통이 이루어질 수 없기에 잠은 짜증나는 일입니다. 하여간 여기서 이야기하는 것이 어렵다고 여기는 것은 상당히 생소한 외부의 어려운 일들과 연관되어 있습니다. 나는 오늘 무척 바빴습니다. 기록할 것들과 처리할 일들이 밀려 있었습니다. 그것은 걱정거리지요. 이러한 외부의 걱정거리들이 여기 분석을 흐트러지게 하는데 반영된 것은 새로운 현상입니다.'

분석가 '이것은 당신 삶의 두 측면 사이에 구분이 줄어들고 있는 것을 보여주는 또 다른 예입니다.'

환자 '보통 외부 문제들이 여기서 나를 자극합니다. 그러나 지금은 그 문제들이 나를 혼란과 졸음으로 이끌 뿐입니다. 지나치게 혼란스러워지는 것은 외부의 일들입니다.' *잠시 멈춤.* '나는 이러한 모든 달아남과 연결되어 있는 어떤 생각을 하고 있었습니다. 첫째, 침묵과 수면은 달아나는 것과 같은 것입니다. 둘째, 새로운 생각인데, 오늘 내가 궁지에 빠진 느낌이라 이 상황으로부터 달아나고 싶습니다. 언젠가 내가 당신을 스치고 지나가는 것에 대해 이야기한 적이 있는데, 당시 나는 내가 싫증이 난 것을 인식하지 못했습니다. 그때 감당할 수 없는 혼란이 있었던 것, 그래서 내가 떠났다가 나중에 다시 시도하고 싶어 했던 것을 내가 지금 느끼고 있습니다. 그건 아이가 꿈을 꾸는 상황을 상기시킵니다. 사람들은 그것은 꿈일 뿐이라고 말합니다. 중요한 것은 깨어나는 것입니다. 그건 같은 성질의 것입니다. 나는 깨어나고 싶습니다. 말하자면, 일어나서 떠나가고 싶습니다.'

분석가 '꿈으로 인해 당신이 불편해지는 것으로 보입니다.'

환자 '내가 역할을 제대로 수행하지 못하는 데 대해 당신이 나를 비판한다는 생각이 하나 있고, 그리고 내가 당신의 시간을 헛되이 쓰고 있으므로 여기 오는 것을 정당화해야 한다는 생각도 있습니다.'

분석가 '내가 당신 수면을 침범함으로써 분석이 얼마나 많이 혼란스러워졌을까요? 나에게는 내가 한 침범 행위가 당신을 파괴케 했던 최초의 정신적 충격과 같은 것으로 보입니다.'

환자 '위험한 일은 내가 조숙하도록 부추겨 졌다는 것입니다. 사실 나는 아주 어릴 적부터 글을 읽을 줄 알았는데, 이제 보니 이 능력이 문제 많은 장점이었다는 생각이 듭니다.'

분석가 '일찍부터 책을 읽을 줄 아는 바람에, 당신은 잠들 때 책읽어주는 소리를 듣는 경험을 놓쳤습니다.'

환자 '지난 이년 동안 아내에게 짜증이 났던 일 중 하나는, 아내가 자기 전에 나와 이야기하지 않으려 한다는 것이었다는 생각이 방금 떠올랐습니다.'

분석가 '어쩌면 당신 아내가 이야기를 했을지도 모르고, 아내가 이야기하는 동안 당신이 잠이 들었을 수도 있습니다.'

환자 '그러나 아내가 퉁명스럽게 "나는 이제 그만 말할 거예요."라고 선언하는 것은 나로서는 화나는 일입니다. 소통이 끝나는 거지요. 그 소통이라는 생각 속에는 내가 잠이 들 때까지 아내를 이용할 수 있기 바라는 생각도 포함되어 있습니다. 희미한 생각입니다만, 어쨌든 아내가 잘 자라는 말을 하지 않아 내가 짜증을 내고 있는 모습 같은 게 보입니다. 우리 중 하나가 잠들기 전까지 대화가 가능하면 좋겠습니다.'

분석가 '그렇다면 내가 이야기하는 동안에 당신이 잠드는 것에는 긍정적인 요소가 있습니다. 이 긍정적 요소가 결여되었기 때문에 당신이 손가락을 빨게 됐는지도 모릅니다.' 잠시 멈춤. (여기에서 그의 한 손이 입과 얼굴 위에 가 있다)

환자 '그리고 또 나를 깨우는 일로 당신을 너무 걱정하게 만든다면, 당신이 겁이 나서 아무것도 못하게 되는 상황을 내가 만든 것일 수도 있습니다. 나의 수면에서 일어나는 막연한 위험은 당신이 나의 수면에 대해 아무것도 하지 않아 내가 다시는 깨어나지 못할 수도 있다는 것입니다. 이것은 모두 당신이 내게 너무 미안해하고 지배적이 아닌 것에 대해 내가 느끼는 불안의 일부분입니다.'

분석가 '내가 하는 일은 두 가지입니다. 하나는 내가 아주 잘할 때 인데 실패한 당신 어머니나 다른 사람들을 대신하는 것입니다. 또 하나는 내가 잘못할 때인데 나쁜 과거를 되살아나게 하는 것입니다. 그러면 그 과거가 현재로 들어오게 됩니다.'

환자 '또 다른 불안 부분은 만일 내가 당신의 상황에 놓이게 된다면, 나는 이 어려운 문제들을 처리할 수 없을 거라는 생각입니다. 나는 여기로 오는 열차 안에서 이 생각을 했습니다. 최근 당신은 당신이 한 행동의 효과에 주의를 기울이고 있습니다. 만일 내가 같은 일을 한다면 온통 실수투성일 겁니다. 당신은 정상에 도달한 것으로 보입니다.'

분석가 '나도 분명히 실수를 합니다. 그러나 실수를 인정할 때 실수가 소중해 질 수 있는 그런 때가 있습니다.'

7월 5일, 화요일

(오늘 내가 늦었는데, 늦는다고 미리 알려주었다. 늦은 것이 분석 자료에 나타날 정도의 영향을 미치지는 않았다. 옆집에 칵테일파티가 있어서 평소와 다르게 소란스러웠다)

환자 '오오! 나는 오늘 여기 오면서 어떻게 회기를 시작할 것인지 생각하지 않았습니다. 분석의 목표라는 막연한 문제를 제외하고는 당면한 문제나 긴급한 문제가 없기 때문입니다.'

분석가 '내가 보기에는 이 "막연한 목표 문제"가 당신의 병에 있어 대단히 근본적인 것으로 보입니다.'

환자   '내가 목표하고 있는 게 무엇인지 잘 모르겠습니다.'
분석가   '이 문제가 드러났던 방식은 많습니다. 그중 하나가 2차 분석에서 당신이 곧장 내게 올 수 없었고, 내가 당신을 찾아갔어야 했다는 겁니다. 당신은 1차 분석에서도 목표가 없다고 말했습니다. 처음에는 당신도 다른 유아들처럼 목표가 없었습니다. 그런데 이 문제가 아직도 당신에게 남아있습니다.'
환자   '"처음에는"이란 말을 무슨 뜻으로 하는지 잘 모르겠습니다.'
분석가   '노골적으로 말하면, 아기가 젖을 맛보면 아기는 그의 목표가 젖을 먹는 것이라는 것을 압니다. 그러나 만일 젖을 주지 않으면 그 목표는 분명치 않은 것으로 남습니다. 이 개념은 유아 돌보기 전체 세부사항으로 확대될 수 있습니다. 내가 보기에는 "막연한 목표 문제"라는 당신의 말이 모든 것을 말해주는 것 같고, 내게서 나오는 해결책 말고는 당신에게 다른 해결책이 없는 것 같습니다.'
환자   '이 말은 목표나 목적이 없는 내 삶의 많은 문제에 대한 일반적인 표현으로 보입니다. 예컨대, 직업의 선택이나 나의 미래 전체에 목표나 목적이 없는 것입니다. 지금까지는 모든 게 우발적인 사태에 의해 좌우되었습니다.'
분석가   '아마도 그게 당신 어머니가 당신에게서 실패한 유일한 일일 겁니다. 어머니는 당신의 최초 충동을 대처하는 데 실패했고, 당신의 목표에 방향을 부여하는 데 실패했습니다. 이 때문에 당신은 인간 발달에 내재된 어려움을 과장되게 가지고 있습니다. 당신 어머니는 자기 아이와의 동일시에 의해서만 자기가 존재할 수 있다는 충분한 민감성이 처음부터 없었던 것으로 보입니다.'
환자   '어떻게 그런 건지 잘 모르겠습니다.'

분석가 '당신이 한쪽 손을 당신 얼굴에 갖다 대자, 내가 "만일 내가 민감한 아기 어머니라면 당신의 얼굴이 접촉을 필요로 한다는 것을 알 것인데"라고 말했던 것을 당신이 기억할 겁니다.'

환자 '그러니까 지금의 문제는, 내가 잘못을 바로잡으려고 노력해야 한다거나, 나의 발달에 있어서 무언가가 놓쳐지고 있었다는 걸 내가 인정해야 한다는 건가요?'

분석가 '당신에게는 두 가지 대안이 있습니다. 나를 충분히 유능하다고 여기든지, 아니면 내가 당신의 기대를 저버릴 거라고 여기는 것입니다. 당신이 이 둘째 단계에 이른 것은 아니지만, 이 경우에는 분노가 포함됩니다.'

환자 '나는 누락된 것을 바로잡는 것이 가능한지 밝혀낼 결심을 해야 합니다.'

분석가 '이런 시도에서 일어나는 문제는 정신분석이 당신을 망각되어 왔던 어떤 좋은 것에 다시 데려가는 것이 아니라 실패한 것이나 무엇의 부재로 데려간다는 것입니다.'

환자 '나는 목표를 발견하는 방법을 배워야만 할 것 같습니다. 목표가 없는 나의 현재와는 대조적으로, 이제 나는 목표를 가져야 한다고 느낍니다.'

분석가 '당신이 말하고 있는 것은 당신이 절망을 느낀다는 것이고, 당신이 무엇에 절망을 느낀다는 것입니다. 그것은 바로 이 목표의 문제에 관한 것입니다.'

환자 '이제는 달라져야 할 때입니다. 어쩌면 내가 의도적인 결정을 내려야 할지도 모릅니다.'

분석가 '나는 그렇지 않다고 생각하는데요.'

환자 '그렇다면 무엇을 얻으려면, 내가 당신에게 가야 한다는 뜻이겠

군요.'

분석가 '당신은 여기서만 나에게 의존합니다. 그리고 당신이 지금 이 순간 느끼기로 내가 당신의 기대를 저버리고 있다고 말하고 있습니다. 당신은 오늘 회기를 시작할 때 했던 생각을 열심히 계속하고 있으나, 이 문제를 명료하게 하고 있는 것은 그 사이에 이루어진 분석 작업입니다.'

환자 '회기의 시작이 언제나 어색한 것은 아니라고 말하고 싶습니다. 지난 몇 주일 사이 분석을 시작할 때의 어려움이 적어졌고 심지어는 없어지기도 했습니다.'

분석가 '당신은 마치 봇물 터지듯이 회기를 시작한 적이 두 번 있었다고 말한 것을 기억할 겁니다. 변화는 회기 시간 동안 우리가 수행하는 분석 작업을 통해 이루어집니다. 우리가 기대하는 변화는 이 목표 문제가 해소되는 것입니다. 분석시간에 하는 일은 우리 관계 안에 있는 섬세한 요소들에 달려 있습니다.'

환자 '나는 섬세함이 필요하다는 것을 인정합니다. 섬세함은 새로운 어려움과 새로운 강조점을 제시합니다. 내가 특정한 질문을 하거나 구체적인 문제를 제시하는 것은 별 의미가 없습니다. 기다리고 있는 사이에 예가 하나 생각났습니다. 구체적인 주제에 대해 내가 논의야 할 수 있지만, 그게 무슨 의미가 있을까요? 이 주제는 나와 별로 상관이 없습니다. 그런데 이게 이야기하는 것에 대한 나의 어려움을 가릴 수도 있고, 이야기를 시작하는 나쁜 방법이 될 수도 있습니다.'

분석가 '구체적인 질문은 한계가 있습니다.'

환자 '나는 흥미 있는 주제에 대해 당신의 의견을 묻고 싶었지만, 그게 나에게 어떤 성과를 가져다줄 것 같지는 않습니다.'

분석가 '그 질문에는 소중한 것이 포함되어 있을 수 있습니다. 당신이 질문하는 의도를 내가 알긴 하지만, 그냥 간단히 그 답을 하면 나는 아무 소용이 없다는 것입니다.'

환자 '하지만 답을 알고 싶다기보다 그 질문이 당신의 흥미를 끌지도 모른다는 게 내가 생각하고 있는 겁니다. 그래서 사람들이 우연히 누구를 만날 때 하는 방식대로, 당신도 그들의 배경 등을 물어보는 것으로 이야기를 시작할 수 있지요. 이것은 게임을 개시하는 첫수로서 나중에 버려지는 수이지요. 질문은 이번 주 "영국의학저널"에 실린 보고서에 관한 것이었습니다. 그 내용은 최면 요법으로 피부장애를 치료하는 것인데, 어떤 특정 피부 결함이 조금씩 제거될 수 있다는 흥미로운 아이디어인 것 같습니다. 나는 오래 전에 프로이트의 책에서 최면술에 관해 읽은 적이 있습니다. 거기 보면 프로이트가 최면술을 시작했다가 그만두었다는 사실은 있지만, 그가 그렇게 한 데 대한 납득할 만한 이유가 제시되지는 않았던 것 같습니다. 최면이라는 개념에는 내가 당신에게서 무엇을 손쉽게 끌어내려한다는 생각이나 최면을 거는 당신이 주도권을 잡아야 한다는 생각이 포함되어 있습니다. 따라서 질문 자체가 중요할 수도 있습니다.'

분석가 '내가 분석을 지배하는 인물이 되면, 당신이 당신의 개인적 목표를 충족시켜야하는 문제는 제거 됩니다. 하지만 이것은 우리가 대등한 조건에서 섬세하게 만날 수 없을지도 모른다는 당신의 극단적 절망감을 재차 드러내는 것으로 보입니다.'

환자 '최면에 대해 나는 늘 내게서는 일어날 수 없는 일이라고 느꼈습니다. 나는 사람들이 최면을 어떻게 시작할 수 있었는지 상상이 가지 않습니다. 나는 처음부터 아주 회의적이었습니다. 내가 최

면상태에 빠진다는 건 말도 안 됩니다.'

분석가 '당신이 졸려서 내가 지배해주기를 원할 때, 가끔은 당신이 마치 최면상태를 요구하는 것처럼 보입니다. 이 사실에 비추어볼 때 당신의 방금 그 말은 흥미롭습니다. 이 말은 당신 자신을 표현한 것으로, 거대한 적대감이 수면에 감싸여있는 것입니다. 그럼에도 불구하고 이 모든 말은 우리가 섬세한 상호교환 방식으로 만날 수 없다는 당신의 절망감을 계속 표현하고 있는 것입니다.'

환자 '제대로 알지 못하면서도 바로 섬세한 상호교환과 같은 것을 내가 계속 찾았던 걸 보면 그런 개념을 내가 알고 있었던 게 분명합니다. 나는 여자들에 대한 나의 어려움을 이런 방식으로 표현할 수 있습니다. 나는 관계를 형성하는 두 가지 방식만 생각할 수 있다는 겁니다. 한 가지 방식은 모든 관계 형성이 나에게서 비롯되는 것이고, 다른 방식은, 물론 그런 일이 일어나진 않지만, 모든 관계 형성이 여자에게서 시작되는 것입니다. 만일 그런 식으로 해서 관계가 형성된다 해도, 내가 그런 관계를 좋아하진 않을 겁니다. 그러므로 "섬세한 상호작용"이라는 두 단어로 표현되는 어떤 만족스러운 타협이 가능하다는 것을 내가 알고 있었던 게 틀림없습니다.'

분석가 '지금 우리가 섬세한 상호작용이라고 부르는 이것이 분석 내내 일어나고 있습니다. 그것은 내일 일어날지도 모르는 어떤 게 아니라 지금 현재 일어나고 있는 것입니다.'

환자 '어떤 면에서는 그렇습니다, 하지만 상호작용은 아주 자주 중단되거나 전개가 되지 않습니다. 우리는 상호작용을 중단했다가 다시 시작합니다.'

분석가 '이 상호작용이 중단되는 시점마다 나는 처음에 잘못되었던 행

|환자|위를 정확히 그대로 하는 것이며, 당신은 그 잘못되었던 행위에 의해 맨 처음에 영향을 받았듯이 지금도 영향을 받습니다.'

환자 '지금 이런 생각이 떠오릅니다. 내가 가끔은 회기를 시작하는 방법에 대해 아무런 희망도 없이 여기로 오며, 해결 방법도 전혀 찾아낼 길이 없다는 생각 말입니다. 그런데 이렇게 말하는 도중에 불가능하다고 여겼던 이야기하기와 분석의 진전을 내가 지금 해보이고 있다는 것을 갑자기 의식합니다. 이건 마치 내가 갑자기 잠에서 깨어나 불가능하다고 여겼던 어떤 일을 내가 실행하고 있는 것을 보는 것과 같습니다.'

분석가 '우리는 둘 다 섬세한 상호작용이라는 문제에 참여하고 있습니다. 이 문제로 인한 절망감을 당신이 생생하게 알고 있으므로, 나는 상호작용의 경험이 당신에게 즐거울 거라고 생각합니다.'

환자 '나는 그것이 흥분되게 하는 것이라고도 말할 수 있습니다.'

분석가 '"사랑"이라는 단어는 다양한 뜻을 가지고 있습니다. 그러나 사랑은 이 섬세한 상호작용의 경험을 포함해야 합니다. 우리는 이런 상황 안에서 당신이 사랑을 경험하고 있고, 사랑을 하고 있다고 말할 수 있습니다.'

잠시 멈춤

환자 '또 한편 오늘은 뭔가 다르군요. 평상시보다 좀 시끄러운 건가요?'

분석가 '옆집에 칵테일파티가 있어서 많이 시끄럽습니다. 우리가 잘 아는 아이들 또한 많이 흥분된 상태여서 평소보다 더 시끄럽게 놀고 있습니다. 회기를 시작했을 때 당신이 이점에 대해 아무 말 하지 않았다는 걸 나는 알고 있습니다.'

환자 '나도 알았지만 언급할 가치가 없어 보였습니다.'

분석가 '시작할 때 당신이 이에 대해 언급하지 않은 게 분석에 긍정적 기여를 했다는 것이 이제 드러납니다. 왜냐하면 그에 대한 언급은 "막연한 목표 문제"로부터 그냥 떠나가는 것일 수 있기 때문입니다. 당신은 외부 사건에 반응하는 것으로 분석을 시작했을 겁니다.'

환자 '이게 아내에 대한 나의 어려움을 일부 표현해줍니다. 아내에게 이야기하려 할 때, 바로 이렇게 합니다. 나는 내가 알기로 아내가 관심이 없는 구체적인 사항들을 이야기하는데, 그것으로 끝입니다. 아내는 내가 침묵을 깨는 방법을 찾으려 애쓴다는 것을 분명히 알 텐데도 그걸 다 거부합니다. 아내는 도움이 되기를 거절합니다. 나도 가끔은 편하게 이야기를 늘어놓을 필요가 있다는 걸 인정해 주지 않는 아내에게 야단을 치고 싶습니다. 실제로 내가 야단친 적도 있습니다.'

분석가 '만약 당신이 정상이라면, 나는 당신의 아내가 어떤지 판단할 입장에 있지 않습니다. 그러나 여기서 우리는 당신의 치료자가 되기를 거부하는 파업을 벌이고 있는 당신의 아내를 대하고 있는 것입니다.'

환자 '내가 이런 모든 것을 당연하게 받아들일 수 있다 해도, 아내가 어떨지는 판단할 방법이 없습니다.' *잠시 멈춤*. '내가 더 단호한 노선을 택하기를 아내가 기대하기 때문에, 나는 여기서 어려움에 부닥치게 됩니다. 나는 그래봐야 소용이 없다고 느낍니다. 노선의 결정은 자연스럽게 이루어져야 합니다. 그러나 아내는 이런 태도를 이해하려 하지 않을 겁니다. 내가 예고 없이 집에 갔다가 아내의 남자친구를 보게 되는 상황을 상상해봅니다. 과거 같으면 그냥 걸어 나왔을 겁니다. 내가 더 강경한 노선을 취해야 하는지, 그래서 그에게 나가라고 해야 하는지 알고 싶어집니다. 그러나 보다 단호한 행동이 무슨 소용이 있는지 나는 잘 모릅니다. 무슨 일이 일어나기를 내가 바라는지 나는 정말 모릅니다. 나는 시험을 보는 상황을 상상해 봅니다. 그러나 내가 원하는 시험은 무엇이며 내가 원하는 답은 무엇일까요? 아내가 미안해하기를 내가 원하는 걸까요? 그 남자에게 강하게 대하기를 내가 원하는 걸까요? 아내가 정말로 나에게 반항하도록 아내에게 도발하기를 내가 원하는 걸까요? 일어나는 상황에 내가 직면할 수 없다는 생각을 나는 좋아하지 않습니다.'

분석가 '당신의 아내와 당신의 관계에서 결핍된 것은 섬세한 상호작용입니다. 이는 우리가 아는 바와 같이 상호작용을 당연한 것으로 받아들이지 못하는 당신의 무능력 탓이기도 합니다. 어떤 의미에서는 이제 우리가 그 질문에 답해야 할 차례입니다. 프로이트가 분석가와 환자 사이의 섬세한 상호작용의 가치를 알아냈으나 최면술에는 바로 이게 제거되고 없다는 것을 깨달았기 때문에 최면술을 버리고 정신분석을 개발했다고 말하는 게 합리적일 겁니다.'

7월 6일, 수요일

환자 '지금 막 생각났는데, 간밤에 꿈을 꾼 것을 말해야겠습니다. 지금은 조금밖에 기억나지 않습니다. 내가 병원에서 시험을 보고 있었습니다.' (어떤 성격의 시험인지는 잘 모르겠습니다) '시험은 내가 다녔던 의과대학의 "X" 교수가 주관했는데, 현장시험은 내가 치료하고 있는 환자들을 대상으로 했습니다. 따라서 시험은 오히려 담소의 성격을 띠고 있었고, 환자들에 대한 검사 없이 이루어지는 토론이었습니다. 그 환자들에 대해서는 어떻든 내가 많이 알고 있으므로 그들을 검사하는 것은 어리석은 일이었을 겁니다. 여하튼 나는 다음 주에 시험 비슷한 걸 봅니다. 내가 대리의사로서 이미 수행하고 있는 직무에 관한 면접입니다. 병원에 관한 인터뷰도 있습니다. 직무에 대한 면접은 의학과는 무관한데, 이 사실과 연결되는 부분이 하나 있습니다. 그건 임상에 대해서는 결코 묻지 않는다는 이상한 전통입니다.'

분석가 '나는 그 꿈에서 "담소"라는 단어를 끄집어내려 합니다. 당신은 그 말이 최근 어떻게 분석에 등장했는지 기억할 겁니다. 놀이영역에서 그 교수와 접촉한다는 생각 비슷한 것이 있어 보입니다.'

환자 '그 교수는 친절하다는 평판이 있는 상냥한 사람입니다. 최근에 그를 본 적 있다는 게 방금 생각났습니다. 내가 근무하던 병원에 들렀을 때였습니다. 사실 나는 그가 나를 알아보지 못해서 실망했습니다. 당시에는 내가 학생에 불과했으니 알아보기 힘든 데도 내가 기대를 한 거지요. 하지만 다른 일부 직원들은 나를 알아보았을지 모릅니다. 아마도 그는 우월감에 젖어 있는 사람일 것이고, 내게는 아버지 상을 나타낼 수 있습니다.'

분석가 '그 교수는 당신이 편한 관계를 맺을 수 있기 바라는 그런 사람입니다.'

환자 '맞습니다, 그러나 그는 가까이하기 어려운 사람입니다. 지금 나는 그에게 도전하고 싶지 않습니다.'

분석가 '그가 상냥한 인물이라고 하니 그의 태도가 엄청 궁금해집니다.'

환자 '그렇습니다, 거기 있는 다른 사람들이 학생들을 더 잘 알아볼

것 같기 때문이지요.'

분석가 '만약 시험이 당신의 환자에 관한 것이라면 당신이 시험을 훨씬 더 잘 볼 것 같은데, 아닌가요?'

환자 'X 교수는 엄격할 겁니다. 그는 기준을 높이 책정하지요. 그는 속일 수 없는 사람입니다. 그리고 비록 그가 상냥한 성품이라 해도 자기에게서 연수를 받는 입주 내과 의사들에게 만큼은 매우 높은 업무기준을 요구하기에 그들에게 한가한 시간이 전혀 없다는 것 또한 사실입니다. 내가 처음 병원 근무를 했을 때 주말 휴가가 필요했는데, X 교수 밑에서의 근무 전망은 쉴 틈이라곤 전혀 기대할 수 없는 소름끼치는 일이었습니다. 생각만 해도 끔찍합니다. 그가 자기 입주 내과 의사들에게는 그 같은 기준을 요구하면서, 자기 환자들에게 동일한 기준의 적용을 허용하지 않는 게 신기합니다. 엄청나게 많은 것을 요구하는데도 그 자리를 찾는 사람이 아주 많다는 사실에 편승하는 것은 분명 기이한 전통입니다. 따라서 그의 상냥한 성격에 대한 분개도 많습니다. 그가 휴식도 주지 않고 일만 요구하기 때문에 내가 거기에 일자리를 구할 엄두를 내지 못하는 데 대해 나도 그를 비난할 지경입니다.'

분석가 '그렇다면 당신은 당신이 있었던 병원에서 일하기를 정말 좋아했던 것이군요.'

환자 '맞습니다, 그로부터 얻어지는 유익이 아주 많습니다. 명성의 문제지요. 그러나 경험에 관해서 볼 때 그 일자리는 좋지 않습니다. 환자도 적고 책임도 적습니다. 그러나 명성이라는 요소는 간과할 수 없는 거지요. 내가 어젯밤에 본 영화 "여자들의 세계"도 이와 비슷한 맥락입니다. 거대한 자동차회사의 사장이 가장 뛰어난 세 명의 세일즈맨과 그 부인들을 휴가에 초대하여 자기와 함께 지내게 하는데, 휴가기간 동안 이들 부부들이 하는 행동을 보고 누구에게 중요한 일을 맡길지 그가 결정한다는 이야기입니다.'

분석가 '정말 끔찍한 상황이군요.'

환자 '그건 한 번의 면접과 세 명의 지원자라는 나 자신의 처지와 같습니다.'

분석가 '그래서 '싸움'이라는 단어도 등장합니다.'

환자 '그런 측면은 생각해보지 못했습니다. 병원에서 일을 하는 동안 나는 무엇 때문에 싸워 본 적이 없습니다. 나는 내가 잘 지내길 바랐습니다. 싸운다는 것은 불편한 느낌입니다. 내게는 내 방식대로 싸울 능력이 없어 보입니다.'

분석가 '싸움과 성공하지 못한 지원자의 배제라는 생각이 그 영화를 통해 지금 분석에 들어오고 있습니다.'

환자 '그렇군요. 영화 속 등장인물 중 하나가 "우리가 친구를 미워하도록 강요받다니 이 얼마나 가련한 일인가!"라고 했습니다.'

분석가 '그러므로 당신도 어쩔 수 없이 지원한 다른 세 사람을 미워하게 됩니다.'

환자 '나는 그 사실을 알지 못했습니다. 그러나 지금은 그런 생각이 배경에 있다는 걸 알 것 같습니다. 나는 이러한 증오를 전혀 인식할 수 없었습니다. 내게는 언제나 질투심이 결여되어 있었습니다. 나는 얼마 전부터 질투심이 필요하다는 걸 알게 됐습니다. 그래서 나는 나의 증오를 경쟁을 강요하는 체제로 돌리려 합니다. 나는 첫 번째 일자리를 얻을 때 다른 세 사람과 경쟁했던 것과 그 자리를 얻게 되어 내가 기뻐했던 것을 기억합니다. 나는

	다른 사람들을 결코 사람으로 생각지 않았습니다. 그들은 단지 경쟁자들이었고, 나는 지적으로 만족을 얻었습니다.'
분석가	'당신은 그 당시 사람들에게서 승리를 쟁취할 그런 위치에 있지 않았습니다.'
환자	'나는 나의 원시적 경쟁의식을 희미하게 인식하고 있었을 뿐입니다. 경쟁에 실패한 자들을 기쁜 듯이 바라보는 내가 너무 유치해 보였습니다. 어린 사내아이였던 내가 집에서 편애를 받았을 때 기뻐했을 수도 있습니다. 그러나 그건 품위가 없는 짓이었습니다. 그것은 어른다운 행동이 아닙니다.'
분석가	'아동기에 벌써 그런 것까지 생각하였나요?'
환자	'가장 먼저 떠오르는 생각은 누이들과 했던 경쟁에서 아버지가 내 말을 들어주었고, 그래서 내가 누이들을 물리치고 이겼다고 우쭐했던 사건입니다.'
분석가	'당신은 그게 그들이 여자애들이고 당신이 사내아이인 것과 관계가 있었다고 생각합니까?'
환자	'당연히 그랬을 겁니다. 여자애들이 나와 다르므로 그건 공정하지 않은 경쟁이고, 그 때문에 나는 그런 경쟁이 의미가 없는 거라 느낍니다. 만일 내가 남자 형제와 경쟁했더라면, 그건 진정한 승리였을 겁니다.'
분석가	'당신은 타고난 승리를 의미하고 있습니다. 남자이기 때문에 우월성을 갖는다는 생각 말입니다.'
환자	'맞습니다, 그렇다고 생각합니다.' (의심스러워한다) *잠시 멈춤*. (생각하고 있다) '나는 여기서 막힙니다. 우리가 너무 멀리 내닫는다는 생각이 듭니다.'
분석가	'그건 내 잘못일 수 있습니다.'

환자	'나는 경쟁을 하지 않는 경우가 너무 많습니다. 자질은 충분히 있어 보이나, 전반적으로 관심이 결여되어 있었습니다.'
분석가	'그게 사실일 수도 있으나, 지금 현재로는 그게 중심 문제가 아닙니다.'
환자	'남자인 것이 외로움을 강조하는 것 말고, 잘 어울리는 게 있는지 잘 모르겠습니다. 경쟁에 직면하지 못하는 나의 무능력도 내가 여기서 알아보려는 것 중 하나입니다.'

잠시 멈춤

분석가	이 시점에서 내가 해석하기 시작했다.
환자	'미안합니다. 우리가 이야기하고 있던 주제를 놓쳐버렸습니다. 내가 여기 오는 것이 다른 사람이 여기 오는 것을 배제한다는 뜻으로 당신이 말하는 것인가요? 당신이 꺼낸 것으로 생각하는데, 나는 그 말에 납득이 가지 않습니다. 설령 그런 뜻으로 말한 거라 해도, 나는 흔쾌히 인정하지 않을 겁니다. 어쩌면 그 말에는 더 이상의 것이 내포되어 있을 겁니다. 왜냐하면 내가 여기 분석을 받으러 오는 데 대한 아내의 비판과 정신분석에 대한 나의 비판 모두가 정신분석은 극소수의 사람들만이 이용할 수 있는 치료라는 데 초점이 맞춰져 있기 때문입니다. 분석 치료는 누구나 이용할 수 있는 게 아니고 조건이 맞아야 하므로 타당성이 입증된 치료가 아닙니다. 나는 이 문제에 대해 제대로 된 답을 내본 적이 전혀 없습니다. 나는 그냥 무시합니다. 내게는 분석 치료가 필요하다는 것, 그게 전부입니다. 때때로 그 생각은 불편한 생각입니다.' 잠시 멈춤. '내가 생각하고 있던 것은 아마 도움받기 원한다는 생각과 그게 부끄럽다는 생각의 연장선상에 있는 어떤 것일 겁니다. 나는 병원의 정신의료 사회복지사의 역할에 대

해 입원환자들이 비난했던 것을 기억합니다. 해당 업무담당자는 자신의 두 가지 중요 기능을 제대로 수행하지 못했던 것 같습니다. 담당자는 환자 가족들과 연락을 취하지도 않았고 가족들이 와서 말을 건넬 때 그들에게 아무런 정보도 전해주지 못했습니다. 게다가 환자들이 퇴원한 후 취업이나 재활 등을 돕기 위해 해준 일도 거의 없었습니다. 이 일이 내게는 해당되지 않았습니다. 담당자의 생각은 '퇴원해라 그리고 일이 필요하면 네가 찾아라.'라는 것이었습니다. 나는 화가 났습니다. 누군가가 마땅히 해야 할 일을 하지 않는다는 생각 때문이었습니다.'

분석가 '이 생각은 다시 싸움과 관련됩니다.'

환자 '병원의 의료업무 사회복지사가 수행하는 업무도 마찬가지 경우입니다. 그들이 부모의 책임을 대신해주는 환자 가족의 일원인데도, 그들이 환자를 제대로 보살피지 않는 게 아닐까 하는 생각이 듭니다. 이는 부분적으로는 복지국가에 대한 비판이지요. 환자들이 의료적인 돌봄뿐 아니라 사회적인 돌봄까지 받을 수 있도록 그들을 수용하고 보살펴주는 병원조직을 나 자신이 기대하고 바란다는 사실에 짜증이 납니다. 이와 마찬가지로 의과대학을 졸업하고 새로 면허를 취득한 의사들도 안정된 일자리를 원합니다. 이것은 나약하고 미성숙하다는 의미일 것이나, 나는 그것을 분명하게 느끼지는 못합니다.'

분석가 '그 모든 것 안에는 승리를 감당하지 못하고 자신의 공격성을 수용하지 못하는 당신의 무능이 포함되어 있습니다.'

환자 '의료 환자에 대한 내 생각은 완전한 보호와 완전한 버림 사이를 왔다 갔다 합니다. 나는 한편으로는 사회적인 돌봄을 제공하는 것이 좋고 위안이 된다고 느끼면서도, 다른 한편으로는 그것에 대해 비판적입니다. 과잉보호라는 것이지요. 나의 나약함은 나 자신의 의견을 내가 형성할 수 없다는 것입니다. 나의 우유부단함은 대부분 나와 나의 결정에 대한 책임을 받아들이려 하지 않는 데서 비롯됩니다. 그 결정이 다른 사람들에 의해 이루어지기 때문입니다. 내가 어떻게 느끼느냐 하는 것은 결정을 내리는 데 있어 문제가 안 된다고 말함으로써 나는 결정과 관련된 어려움을 숨깁니다.' *잠시 멈춤.* '지금 나는 갈피를 못 잡는 느낌입니다. 너무 미적거렸습니다. 나는 하나의 목표에 집중하지 못했습니다. 당황스럽군요. 중요한 것은 내가 당신에게 인상을 심어주는 데 실패했다고 느끼는 겁니다. 내가 당신에게 깊은 인상을 심어주는지 여부가 기준이라는 것을 아마 내가 숨기고 있었을 겁니다.'

분석가 '두 가지 대안이 있는 것으로 보입니다. 하나의 대안은 꿈의 주제 안에 내가 놓쳤고 요지를 틀리게 파악한 무언가가 있다는 생각이고, 다른 대안은 내가 맞는 것으로 경쟁자에 대한 증오가 중심 주제라는 내 생각에 당신이 강하게 저항하고 있다는 생각입니다. 내가 생각하기로는, 당신은 내가 당신의 최초 면접에서 실제로 당신을 지지했던 것처럼, 다음 주에 있을 면접에서도 내가 당신을 지지해야 한다고 느끼고 있습니다. X 교수에 관한 당신의 꿈을 통해 이 사실을 알게 됐습니다.'

환자 'X 교수가 심사위원 중 한 명이거나 아니면 그와 같은 누군가가 심사위원일지도 모른다는 생각이 듭니다. 그럴 가능성은 희박하지만 말입니다. 그게 가소로운 불평이라는 것 또한 알고 있습니다. 내가 이미 그 직무를 수행하고 있어 심사위원들이 내게 어느 정도 부담을 가질 거라는 사실에 내가 희망을 걸고 있기 때문이지요. 나는 점점 안으로 기어들었습니다. 내게 유리한 편견에 의존해서는 안 되기에, 나는 죄책감을 느낍니다.'

분석가 '왜냐하면 이게 다시금 싸움을 없애고 당신이 성취하려는 경쟁자를 타도하는 일마저 없애기 때문입니다.'

환자 '나는 정직할 수 있는 형편이 못 됩니다. 그래서 불공정한 무기를 사용합니다. 하지만 이게 만족스럽지 않습니다.'

분석가 '무엇이 당신에게 만족스러운 것인지 알기 힘듭니다.

    1. 싸우는 것.
    2. 당신의 성적이 다른 사람들 보다 나아야 하는 것.
    3. 기어드는 것(경쟁하는 것), 그리고
    4. 당신이 더 나은 사람이 될 수도 있는 것.

당신이 지원자들 중에서 전반적인 면에서 가장 훌륭한 사람인 게 사실이라면, 어떤 느낌일 것 같습니까?'

환자 '모르겠습니다, 그렇다면 경쟁이 없을 것입니다.'

분석가 '만족스러운 대안이 첫 번째인 것은 분명합니다. 그러나 경쟁자들을 죽이기 위해 싸우는 꿈을 당신은 꿀 수 없습니다.'

7월 8일, 금요일

환자 '가장 먼저 떠오르는 생각은 그저께 밤에 또 시험 보는 꿈을 꾸었다는 겁니다. 다시 X 교수가 나타났으나, 시험은 사례들과 더 많이 관련되어 있었습니다. 어젯밤에도 꿈을 꾸었는데 X 교수에 관한 것은 아니었습니다. 시험의 주제나 구술시험이 나의 무의식에서는 내가 받아들일 준비가 되어 있는 것보다 더 중요한 것이 틀림없는 것 같습니다. 사흘 밤 연속 이런 식으로 꿈을 꾸었습니다. 잠에서 깨면서는 꿈이 생각나나 그러다 한 시간쯤 후가 되면 그 꿈 줄거리만 생각나는 것을 보니 참 흥미롭습니다. 그러고서는 내가 꿈을 완전히 잊고 있었는데, 여기 도착하고 다시 기억이 났습니다. 그러나 그때는 이미 주제를 기억하기 힘들었습니다. 꿈이 어떻게 이렇게 다시 생각나는지 신기합니다. 내가 잠에서 완전히 깨어나는데도, 꿈이 여전히 거기 있습니다. 그러나 나는 여전히 졸립니다. 그러다가 내가 정신을 바짝 차리면 꿈은 사라집니다.'

분석가 '다음 주에 면접을 본다는 외부적 사실이 줄곧 분석의 소재로 남아있습니다.'

환자 '지난번 우리는 이 주제를 논의하는데 많은 시간을 보냈습니다. 그러나 어떻게 논의했는지는 기억이 가물가물합니다.'

분석가 '면접에서 불합격한 사람들과 당신의 관계가 논의의 주요 부분이었다는 게 기억날 겁니다.'

환자 '네, 맞습니다, 이제 생각납니다. 내가 오늘 주목한 것인데, 외래 환자를 진료할 때 가끔 일어났던 일입니다. 나는 일이 바쁠 때 환자를 사람으로 생각하기보다는 일의 단위로 생각하는 성향이 있었습니다. 해결해야 할 업무 항목으로 보았던 거지요. 나는 내심 잘못된 일이 하나도 없기를 간절히 바랐습니다. 잘못된 일을 내가 직접 처리해야 하는 것을 피하기 위해서지요. 나는 끊임없이 자제해야 했고, 이들이 진찰 받으러 온 사람들이라는 것을 생각하고 있어야 했습니다. 그러나 모든 환자에게서 잘못된 것이 없기를 기대할 수는 없지요. 나는 거듭거듭 자제했습니다.'

분석가 '단위로 비교되는 사람들의 문제는 마지막 두 번의 꿈에서 나타나지 않은 당신의 경쟁자들과 비슷합니다.'

환자 '외래환자 진료 실태의 다른 측면을 말하자면, 나는 외래병동에 두어 번 이상 왔던 환자들만 진료를 하는데 그들이 치료를 더 받을 필요가 있는지, 그들에게 이제 안 와도 된다고 말해야 하는지, 정기적인 검진이 필요한지 등을 알아보기 위해 검사 결과도 들여다봅니다. 나는 그 일이 그다지 나쁘다고 느끼지는 않지만, 진짜 아픈 환자를 알아보기 위해 눈을 크게 뜨고 있어야 합니다. 양심이 개입되는 기이한 상황입니다. 내가 보좌하는 전문의 과장들은 두 부류인 것 같습니다. 한 부류의 과장들은 환자들을 진찰하고서 가능한 한 빨리 일반의에게 보내는 것을 목표로 합니다. 다른 과장들은 환자를 절대로 내보내려고 하지 않습니다. 그래서 외래환자 진료 부문이 오래된 환자들로 가득 찹니다. 첫째 경우에서 나는 퇴원을 말리는 척 해야 하고, 둘째 경우에서는 그 반대로 해야 합니다. 나는 환자 수를 줄이는 것을 선호하는 경향이 있다는 것을 알고 있는데, 환자 명단이 긴 것을 내가 좋아하지 않는 것도 이유라면 이유입니다. 나는 환자들에게 불필요한 걸음을 덜어주는 것이라고 말하면서 이를 정당화합니다. 나는 환자의 입장에서 바라보고 곰곰이 생각해 봅니다. "나라면 무엇을 좋아할까?" 등등입니다. 그러니까 그것은 여기에 오는 것과 비슷합니다. 내가 당신의 외래환자 부서로 오고 있다는 것, 나의 목표는 여기에 올 필요가 없게 되는 것이라는 것을 지금에서야 내가 진정으로 깨달았습니다. 이는 내가 분석을 그만 받게 하는 게 당신이 목표임을 확인하고 싶은 나의 욕구를 반영하는 겁니다.'

분석가 '당신 자신을 환자의 입장에 두고 생각하는 행위는 섬세한 상호 교환의 한 가지 예입니다.'

환자 '그게 내가 하려고 하는 것입니다. 양극단에 있는 방침 모두 다 정당화될 수 있으나, 나는 나의 외래환자로 오는 모든 이에게 내가 제시할 수 있는 절충점을 찾아주려고 노력합니다. 기준점은 환자들의 감정을 감안할 때 뭐가 합리적이냐는 것입니다.'

분석가 '이 말은 당신에 대한 나의 입장을 설명한 것입니다.'

환자 '그렇습니다. 이는 치료를 그만 받기 원하지만 세심히 살펴볼 필요가 있고, 아직 건강하지 않은 걸 알 수 있는 그런 환자들에 대한 설명이기도 합니다. 따라서 여기서는 내가 어떻게 느끼느냐 하는 것만이 문제가 아닙니다. 내가 아는 것 보다 더 많이 알기 위해서는 당신에게 의존해야 합니다.'

분석가 '분석의 원리는 당신이 분석에 올 필요가 없도록 하기 위해 당신이 분석에 오는 것입니다.' *잠시 멈춤.* '나는 이 사실과 최근의 꿈들과의 관계를 아직 모르겠습니다.'

환자 '사람을 대하는 태도가 자기 직업의 요구에 부합하는지에 대해 언급한 것일 수도 있습니다. 그의 양심이 개입됩니다.'

분석가 '일자리를 위한 면접이 의학적인 명민함에 대해서 고려하지 않는다고 당신이 말합니다. 그들이 환자에 대한 당신의 양심도 평가에서 제외한다고 당신이 느끼는지 궁금합니다.'

환자 '그들은 양심을 평가할 수 없습니다. 양심을 평가하는 데는 두 가지 방법이 있을 뿐입니다. 지원자의 상사로 일하는 전문의 과장들의 의견을 듣는 것과 환자들의 의견을 듣는 것입니다. 나는 어느 면에서는 내가 아직도 사기꾼이라고 느낍니다. 나는 나의 능력이 다른 사람들이 생각하는 것에 반밖에 안 된다고 느낍니다. 의학에서는 능력이라는 게 대부분 허세입니다. 그래서 나는 나 자신에게 물어보아야 합니다. 내가 보통 사람들보다 더 허세를 부리는가?'

분석가 '이건 정말 나에 대한 시험입니다. 당신은 나의 환자로서 내가 허세를 부리고 있는지 알아볼 기회를 가진 사람 중 하나입니다.'

환자 '환자는 나의 허세부리기가 얼마나 괜찮아 보이는지 말할 수 있습니다. 환자는 내가 당황하고 방향을 잃은 것처럼 보이는 것을 알아차릴 겁니다. 내가 뛰어난 배우가 아니므로 이런 일이 일어나게 마련입니다. 나는 본색을 숨길 수 없습니다. 만일 내가 이야기의 갈피를 잡지 못하면 얼굴이 화끈거리고 안절부절못하는 모습을 보일 겁니다. 이것은 분석에서 당신이 길을 잃었을 때, 당신이 어떻게 대처하는지 내가 알고 싶어 하는 것과 같은 것입니다.'

분석가 '환자들은 배우와 의사가 당황한 모습을 보인다면, 그 둘 중에 누구를 더 좋아할까요?'

환자 '글쎄요, 아무래도 배우이겠지요. 그러나 환자들은 연기가 형편없으면 실망합니다.'

분석가 '내가 사과하는 것을 당신이 싫어하는 이유가 이거였군요.'

환자 '나는 확실하지 않을 때 사과하는 것을 좋아하지 않습니다. 또한 의사나 의료업무 사회복지사 같은 다른 사람들을 상대할 때 내가 멍해 보인다는 것을 나 스스로 느낍니다. 문제는 그들이 그것을 알아차리는가 하는 것입니다. 나는 그들이 내가 느끼는 만큼 잘 알아채지 못할 것이라 확신합니다. 나는 그들이 이것을 일종의 매너리즘이나 하나의 포즈로 받아주길 바랄 뿐입니다.'

분석가 '내가 너무 앞서 나갔기 때문에 당신이 이야기를 중단했던 때를 상기시켜주고 싶습니다.(p. 315 참조) 나는 당신이 멍해 보인다는 이 느낌이 이 멈춤이나 철수 또는 여기서 일어나는 졸음과 거의 같은 것이라고 생각합니다.'

환자 '아니 직장에 있을 때는 나는 이해하는 척이라도 합니다. 그러나 여기서는 매너리즘과 연기가 그대로 드러납니다. 나는 그걸 만족스럽고 유용하게 여깁니다. 그런데 내가 여기 있지 않을 때 다른 사람들이 나를 당신만큼 지켜보지 않고, 나를 모르며, 나에게 주목하지 않는다는 사실을 잊고 지냅니다. 그건 마치 당신이 부재할 때 다른 사람들이 당신 역을 대행한다고 상상하는 것과 같습니다. 나의 감성의 한 부분은 여기를 벗어나도 내가 주제인 이곳에 오는 것과 연결되어 있습니다.'

분석가 '그렇습니다, 여기서는 당신이 주제입니다. 그러나 거기서는 그들 또한 그들 자신의 사고를 하고, 그들 자신의 주제를 가지고 있습니다.'

환자 '이 말이 나를 일자리와 시험이라는 주제로 돌려놓습니다. 내가 면접을 걱정하는 것 같습니다. 면접은 내게 일자리보다 더 중요합니다. 이것은 나에 대한 판단입니다. 내가 쓸모 있는 사람인지 아닌지에 대한 총체적인 판단 말입니다. 만약 내가 그 일자리를 얻는다면 다른 누군가는 실패할 것이기 때문에 내가 그 사람들 걱정을 하는 겁니다. 이 면접은 다른 사람들이 나보다 더 자격이 있는지를 고려하는 게 아니므로 나에 대한 판단입니다. 이것은 주관적인 접근입니다. 내가 대리의사로 이미 그 일을 해 온 것을 다들 알고 있는 터라, 만약 나를 고용하지 않는다면 그건 오히려 거절 같은 것입니다. 그래서 내가 그 일을 계속 맡을 것 같습니다. 이런 문제를 피하기 위해 같은 그룹 내의 일자리에 지원하는 것을 내가 선호하지 않는 것이라는 느낌이 듭니다. 고용주가 고용인에게 호의를 보이는 의무를 져야 한다면 그건 고용주에게 불공정합니다. 나는 그 점을 부당하게 이용하고 있습니다. 만일 내가 필요 없는 사람으로 드러난다면, 나는 약점을 이용하여 이 자리에 지원하고 있는 것입니다. 나는 나의 선택에 어느 정도 책임을 받아들입니다.'

분석가 '세 개의 주제가 있습니다. 하나는 당신 자신이고, 다른 하나는 일자리입니다. 그리고 셋째는 다른 후보자들입니다. 당신이 언급하고 있지 않는 내용은 당신이 쫓아낼 수도 있는 이 사람들이 당신 친구일 수 있다는 사실입니다. 이것이 영화에 나왔습니다.'

환자 '어쨌든, 오늘은 계속하고 싶지 않다는 느낌이 드는군요. 내일 다시 오고 싶습니다. 나는 불편하고 지쳤으며 달아나고 싶습니다.'

분석가 '당신이 앞에 두고 힘들어하는 것은 자신이 승리에 연루되어 있을지 모른다는 사실입니다. 면접의 이 특유한 측면, 즉 싸움이 있게 될 거라는 것과 당신이 싸우고 죽이게 될 거라는 것을 당신이 받아들일 수 없는 겁니다.'

환자 '맞습니다.' (잠이 든다) '당신이 승리에 대해 이야기하고 있을 때, 문득 이런 생각이 났습니다. 일이 너무 힘들 때나 환자에 대해 너무 버거운 책임을 질 때 내가 느끼는 불안의 일부는, 갑자기 여러 가지 일들이 너무 빨리 진행되는 바람에 아무 의지할 사람 없이 혼자 덩그마니 허공에 버티고 있는 나를 발견하는 것이라는 생각 말입니다. 달아난다는 것은 후퇴하는 것을 의미합니다. 얼마 전 당신이 한 아기가 자기 어머니에게로 걸어가다가 자기 혼자 힘으로 서 있는 걸 보고 깜짝 놀라는 것에 대해 묘사한 적이 있습니다. 나는 그 묘사 그대로 어머니 무릎으로 돌아가고 싶습니다. 걷는 것은 분리를 의미하지요. 승리를 함께 나눌 사람을 상상해서라도 만들 수 있다면, 나는 승리를 받아들일 수 있습니다. 그러나 그것은 위험한 일입니다. 상상은 실패할 수 있고, 나는 아기를 안은 채로 남아 있을 겁니다.'

분석가 '이것은 당신이 외동아들인 것과 어느 정도 관련이 있습니다. 내가 전에 이것에 대해 말한 것이 생각납니까?'

환자 '아니요.'

분석가 '당신에게 형제가 없다는 사실이 중요한 요인이 될 수 있습니다. 당신이 말했지요. 아버지에 대한 경쟁자들이 당신 자매들이면, 당신이 외동아들이기 때문에 경쟁에서 오는 만족감이 적어진다고'

환자 '보여줄 사람이 없는 승리는 공허하게 느껴집니다.'

분석가 '여기서 어려움은 현실과 환상 사이에 있습니다. 경쟁을 하는 게임에서 당신이 이기면, 당신은 승리를 다른 경쟁자들과 함께 나눌 수 있습니다. 그러나 만약 그게 꿈이고 당신의 목표가 죽이는 것이라면 – (환자가 깊이 잠들었다) – 당신은 경쟁자와 승리를 나눌 수 없습니다.'

　　　(경쟁을 주제로 받아들이는 기술적 오류, 곧 너무 빨리 앞서 나가는 오류를 내가 범한 것이 아닌가 하는 문제가 심각하게 제기되었다.)

환자 '지난 몇 분 동안 따라가는 게 무척 힘들었습니다. 아마 내가 잠을 잤을 겁니다. 시간을 낭비한 데 대해 내게 짜증이 납니다. 변명의 여지가 전혀 없습니다.' (다시 잠이 든다)

분석가 '다음 주에 면접이 있습니다. 그 면접이 당신의 분석에서 당신보다 앞서 있는 것이 사실인 것처럼 보입니다. 당신은 면접 자체에 대해서는 별로 걱정하지 않습니다. 그러나 나에 대한 당신의 관계로 비춰볼 때, 그 면접이 당신에게 의미하는 것은 당신이 도달하지 못한 어떤 것, 그래서 당신이 중단한 어떤 것입니다. 당신은 경쟁자를 죽이는 꿈을 꿀 수 없습니다. 상황이 내가 앞서갔던 그날처럼 앞서나가고 있습니다.'

환자 '만약 내가 보통의 방식대로 대등한 조건에서 일자리에 지원하고 있다면, 면접이 더 쉬울 수도 있습니다.'

분석가 '그럴 수도 있겠죠. 그러나 현 상태의 당신 분석에서 당신이 그 같은 일을 쉽게 처리할 수 있을지 나는 확신할 수 없습니다.'

환자 '그건 가설적입니다. 그럴 수도 있다는 거지요. 나는 면접이나 일자리 자체는 걱정하지 않습니다. 그건 불확실성과 불확실성이 있어서는 안 된다는 느낌이 결합된 것입니다.'

분석가 '나는 당신이 공개경쟁에 준비가 되어있지 않다고 생각합니다.'

환자 '만약 그게 외부 일자리라면, 내가 초연해 질 수 있습니다. 문제는 그 일자리가 병원 "내부에" 있다는 것이지요.'

분석가 '그렇습니다, 바로 그것입니다.'

7월 13일, 수요일

7월 12일, 화요일에 환자가 자신의 분석시간에 전화를 걸어, 날씨도 덥고 많이 피곤하므로 회기를 한번 쉬었으면 좋겠다고 했다.

환자 '지난밤에는 완전히 탈진한 느낌이었습니다. 그런데, 나는 그 일자리를 얻지 못했습니다. 그 문제와 더위 때문에 오고 싶지 않았습니다. 지역 병원의 레지던트 선발에는 이런저런 말들이 거의 없습니다. 이번 면접에서 나는 이전의 면접들과 달리 많이 동요되는 걸 느꼈습니다. 그럴 이유가 없었는데, 참 이상합니다. 나는 다른 면접 때와 같은 사람이 아니라는 느낌이었습니다. 나는 삼십 분 동안 지나치게 당황했고, 그런 다음에야 안도감을 느꼈습니다. 이 일자리를 얻는 게 나로서는 썩 만족스러운 것은 아니었을 겁니다. 부당하게 기회를 이용하는 것은 공정한 것이 아니라는 느낌이 들었습니다. 적어도 지금은 다른 일을 하고 있으므로, 나는 내가 내 발로 서 있다는 것을 확신할 수 있을 것입니다. 이런 생각이 한편으로 나에게 위안이 됩니다. 그 일자리의 장점은 같은 그룹 내에서 일 하는 것이어서 나에 대한 평판이 좋을 거라는 것이었습니다. 그러나 사람들이 생각하는 것과는 달리 그렇게 인상적인 것은 아닙니다.'

분석가 '당신은 지난주 면접 전에도 이런 말들을 했습니다.'

환자 '오늘 오후, 나는 당분간 치료를 쉬었으면 좋겠다는 느낌이 더 많이 듭니다. 장단점이 있지요. 장점은 일자리 선택에 있어 내게 여지가 더 많아진다는 것입니다. 이제 분석에 오는 것은 다른 무엇보다도 내가 하는 일에 달려있다고 여겨집니다. 단점은 분석 과정이 종결되지 않았다는 것으로, 시간적인 공백이 생기기 전에 끝을 맺어야 한다는 것입니다. 한번 시도해보고 싶은데, 나로서는 판단하기 힘듭니다.'

분석가 '이전의 여러 회기에서 당신이 내게 말한 것들이 있습니다. 내가 당신보다 더 잘 판단할 수 있다는 것을 당신도 알 겁니다. 예컨대, 면접에 관한 당신의 서술에서, 당신이 죽임을 당했다는 것을

|환자|'좀 이상한 일을 겪었습니다. 면접일 아침, 면접 전에 한 지원자가 나를 만나러 왔었습니다. 나는 그가 왜 왔는지 의아했습니다. 그는 자기가 임명될 걸로 내가 생각하는지 등에 관해 물어보았습니다. 내게 묻는 것은 어리석은 일이지요. 나는 아니라고 말하고 싶었고, 경쟁을 줄이고 싶었습니다. 나는 그에게 적개심을 느꼈습니다. 그런 상황에서 내가 처음으로 적개심을 느꼈다고 생각합니다. 나는 그와 이야기하고 싶지 않았는데, 그도 나와 이야기하고 싶지 않았을 겁니다.'

분석가 '당신은 그 상황에 맞는 자연스러운 감정을 가졌던 걸로 보입니다.'

환자 '나는 병원 직원으로부터 나에 대한 면접관들의 호의는 큰 비중이 있는 게 아니라는 주의를 들었습니다. 면접을 마치고 나온 후 나는 다른 지원자들을 더 친근하게 느꼈습니다. 한 사람이 선발되었을 때 남은 세 사람 사이의 분위기가 달라졌습니다. 우리는 더 이상 다툴 게 없었습니다.'

분석가 '당신은 그러니까 평소보다 더 깊이 경쟁 상황에 몰입한 것입니다.'

환자 '대체로 그렇습니다. 나는 경쟁이 지금 상황일 때 경쟁을 더 잘 느낍니다. 나는 아내의 남자친구에 대해 더 깊은 적개심을 끌어낼 수 있습니다. 최근에 그를 만난 것은 아닙니다. 아내는 우리가 직접 부딪히지 않게 합니다. 만약 우리 둘이 지금 만난다면 내가 더욱더 적개심을 느낄 겁니다. 자비를 청하지 않을 게 틀림없습니다. 나는 대체로 아주 단호하고 강압적으로 말하는 경향이 있습니다. 업무에서 나타나는 이런 경향은 어느 정도 경험의 증가에 기인하는 것으로, 나는 더 권위적이 될 수도 있습니다. 나는 오늘 인턴의사와 회진을 돌면서 명확한 진단을 내릴 수 있었습니다. 인턴은 이 진단에 대해 확신하지 못했습니다. 나는 주저하지 않고 그렇게 진단을 내렸습니다. 몇 달 전까지만 해도 권위적이라는 개념은 내가 이론상으로만 받아들일 수 있는 것이었습니다. 지금은 그 개념이 더 논리적으로 느껴지고, 덜 연기 같으며, 더 자연스럽습니다. 그 사례는 아주 분명했습니다. 내가 알아차린 것을 그는 왜 못 알아차렸나 하는 생각을 하지 않을 수 없었습니다.'

분석가 '경험이 항상 당신을 영리하게 만들어 주지는 않습니다. 경험은 진실을 더 분명하게 보이게 합니다.'

환자 '전에는 내가 왜 그렇게 할 수 없었는지 궁금합니다.' *잠시 멈춤*. '지금 나는 내가 분석을 계속 받아야 하는지 아닌지에 대해 당신이 아무 언급이 없다는 점을 주목하고 있습니다. 내가 여기에 와야 할 충분한 이유가 있다 하더라도, 나는 내가 원하기 때문에 여기 온다고 느끼고 싶지는 않을 겁니다. 만일 내가 이와 같은 결정에 책임질 필요가 없다면, 결정을 내리기가 더 쉬울 겁니다. 분석을 받으러 오는 것을 반대하는 비판 중 하나는, 내가 스스로 아니오 라고 말할 수 있다는 것입니다. 그럼에도 불구하고 나는 당신의 견해를 좋아합니다. 내가 계속 분석을 받으러 오는 게 얼마나 중요한가요?'

분석가 '당신이 분석을 계속할 수 있다면, 나는 그렇게 하는 게 더 좋겠다고 분명하게 말할 것입니다. 그럼에도 불구하고 치료의 진전에 대해 나도 기뻐할 수 있는 중대한 국면이 있습니다. 이 말의 의미는 당신이 치료보다 일을 더 우선시 할 수 있는 때가 있다는

것입니다.'

환자 '과연 그게 가능하다고 생각해도 될까요?'

분석가 '나는 그게 분명 가능하다고 생각합니다.'

환자 '내가 입원해 있던 병원에서, 일자리를 얻는 것에 대해 얘기하자 그들은, "당신이 얻을 수는 있지만, 그럴 필요는 없습니다."라고 했습니다. 이 말은 그 일이 하나의 도박이라는 것을 암시했습니다. 내가 분석에서 진전을 이루었는데도 일자리 얻는 게 여전히 도박인가요?'

분석가 '나는 당신이 분석을 그만두어도 괜찮다고 생각합니다. 그러나 경쟁이라는 주제와 관련해서 당신이 분석에서 얻어낼 게 더 있습니다. 당신은 그 주제가 함축하고 있는 의미를 이제 막 온전하게 받아들이기 시작했습니다. 따라서 다시 내가 말하겠는데 당신이 9월에 돌아와서 이 주제를 다룰 수 있으면 더 좋겠습니다.'

환자 '오늘 저녁 여기 오는데 그들이 제안했던 주요 일자리 중 하나가 X에 소재한다는 생각이 났습니다. 하지만 멀리 떨어진 곳이라 내가 별로 내켜하지 않는다는 것을 알게 되었습니다. 우습게도 나는 그곳이 집에서 너무 멀다는 생각만 했지, 거기서 이리로 올 수 있는지 어떤지는 전혀 생각해보지 않았습니다.'

분석가 '최근 분석에서 일어난 변화의 결과로 당신은 자신에게서 분명히 많은 걸 발견하고 있을 겁니다.'

환자 '예전에 첫 번째 치료를 받았을 때, 당신은 내게 이런 결과는 전시상황을 고려할 때 상당히 좋은 것이라고 했습니다. 지금도 같은 종류의 코멘트를 할 건가요? 좋지만 완전한 게 아니라고요? 붕괴가 나중에 다시 일어날 것 같습니까?'

분석가 '아닙니다. 지금은 그렇게 말하지 않을 겁니다.'

환자 '만약 언젠가 붕괴를 겪어야 한다면, 상당히 좋은 것은 충분히 좋은 것이 아닙니다. 붕괴가 어느 정도로 불가피한가요? 내가 결코 정상이 아니라고 느꼈던 것은 아마도 내가 첫 번째 치료를 그만두었을 때였을 것입니다. 나는 지금 나의 삶에서 내가 무엇을 추구하기를 바라는지 정말 모른다는 걱정을 하고 있습니다.'

분석가 '당신이 9월에 다시 오기 바란다고 내가 분명히 말합니다. 만약 오지 않더라도, 분석을 쉬는 데서 얻어지는 이득이 있다는 것을 나는 알고 있습니다.'

환자 '나는 정신분석에 대한 나의 견해를 십년 전의 견해와 비교할 수 있습니다. 나는 늘 분석가들이 너무 교조적이고 거의 종파적이라고까지 느끼면서, 정신분석이 비과학적이라는 강경한 견해를 표명하곤 했습니다. 당시에는 분석가와 의견을 달리하면 이단자가 되는 분위기였습니다. 그래서 정신분석은 내게 나쁜 것으로 보였고 나는 이 견해를 내가 붕괴될 때까지 견지했습니다. 지금의 나의 경험이 이와는 다르므로 내가 어디서 그런 견해들을 갖게 되었는지 나도 알 수 없습니다. 그게 어머니 탓인지도 모르겠습니다. 이것은 아주 최근에 생각한 겁니다. 프로이트와 그의 정신분석에 대한 어머니의 단단한 집착은 내가 보기에 대부분의 분석가들의 경우와 다릅니다. 내가 아는 분석가들은 모두 프로이트만 옳고 그 외는 다 틀렸다고 말하지 않습니다. 그들은 양자가 함께 갈 수 있다고 생각합니다. 아내는 내가 정신분석에 적대적이었을 때 했던 말을 인용합니다. 당시 나는 정신분석에 격렬한 적대감을 표명했습니다. 그러니 지금 내가 여기 오는 것은 아내에게는 나 자신의 원칙에 반하는 짓을 하는 것으로, 타락으로 간주됩니다. 또한 십년 전에 나를 혼란스럽게 했던 게 하나

더 있는데 그것은 인류학에 대해서 다루었던 프로이트의 책입니다. 그런데 책이름이 생각나지 않네요.'

분석가 '『토템과 타부』*Totem and Taboo*인가요?'

환자 '맞습니다, 그는 현재 사회로 과거를 재구성하는 이론으로 논증을 해나갔습니다. 물론 나는 오랫동안 그 책을 읽지 않았습니다. 지금 내가 그러한 주장을 타당한 비평으로 간주할지 궁금합니다.'

분석가 '당신이『토템과 타부』를 받아들일 수 없는 것으로 언급하는 게 흥미롭군요. 아버지를 살해하기 위해 형제들이 뭉치고 아버지를 타도하기 위해 형제간의 적개심이 억제된다는 게 그 책의 주제가 아닌가요?'

환자 (웃음) '내가 정신분석에 비판적이었을 당시, 나 자신이 정서적인 편견을 갖고 있을지도 모른다는 생각을 해본 적이 없습니다. 당시 나는 프로이트가 원시사회에서 오이디푸스 콤플렉스가 중요했다고 말한 것에 비판적이었습니다. 원시사회는 사실상 모계사회였습니다. 사내아이들이 자기들의 아버지를 몰랐다는 사실을 고려해볼 때, 그런 것은 있을 법하지 않습니다. 딸들 역시 아버지가 누구인지 모르지요. 따라서 동일한 관례들을 적용하기가 불가능할 겁니다. 그러나 그 책 내용이 내 기억에 흐릿하고 오랫동안 그것에 대해 생각해보지 않았다는 것만큼은 말하고 넘어가야겠습니다. 아마도 내가 그 책을 다시 꺼내 읽어야 할 것 같습니다.'

분석가 '인류학자들이『토템과 타부』를 비판하는 것은 그럴 수 있는 일입니다. 그러나 당신이 비판했던 그런 방향에서 할 수 있는 것은 아니라고 생각합니다. 부모에 대한 인식이 있었으며, 모계혈통

의 삼촌의 이용 등과 관련된 일부 관습들이 있었을 뿐이라는 게 일반적 견해라 할 수 있습니다.'

환자 '내 기억이 잘못된 것이 아니라면 원죄 개념이 그 안에서 중요한 역할을 한다는 생각입니다. 인류의 역사가 시작된 이래로 아이들이 부모의 성관계에 관심을 가졌다는 생각에 대해 나는 커다란 적개심을 가졌습니다. 인간의 모든 마음가짐에 영향을 미치는 거의 종교적이라고 할 만한 편견이 책 전반에 흐르고 있습니다. 내가 무신론자로 키워졌기 때문에 (아버지가 그렇게 했다) 종교적인 관념을 받아들여야 할지도 모른다는 생각은 두렵게 여겨졌고 정신분석을 적대시하게 만들었습니다.'

분석가 '그 책에 나타난 주제 가운데서 당신이 빠트린 게 있다는 걸 말해 둡니다. 죄는 아버지 살해와 관련되어 있는 게 맞습니다. 그러나 당신은 중심 주제, 즉 서로 적대했던 모든 형제들이 그들의 어머니를 사랑했다는 사실, 그들로 하여금 원색적 장면에서 아버지를 살해하고 싶게 만든 것은 어머니에 대한 사랑이었다는 사실에 대해서는 아무 말이 없습니다.'

환자 '나는 죄와 이 책에서 죄가 들어오게 된 과정에 대해 기억이 희미합니다.'

분석가 '내게는 이 책에서 원죄가 어머니에 대한 사랑으로 들어오는 것으로 보입니다.'

환자 '나는 아버지에 대한 보편적 증오라는 개념을 받아들일 능력이 없습니다. 그 개념은 나의 구미에 맞지 않습니다. 그러나 현재 상황과 관련하여 이것에서 얻을 게 더 있다고 생각합니다. 당시 나는 교조적이 아닌 것에 끌렸습니다. 그러나 지금은 유연성을 좋아한다고 확실히 말할 수 있습니다. 의학에 대해 내가 비판하

는 것은 의학 안에 들어있는 교조적 주장 때문입니다. 우리가 그렇게 배웠기 때문에 그렇게 하는 것이지요.'

분석가 '지금껏 당신은 내게 경의를 표해주었습니다. 당신은 내가 더 교조적이 되기를 자주 요구했습니다. 그러나 때로 당신도 말한바 있듯이, 당신은 분석에서 드러나는 나의 유연성과 함께 여러 가지를 시도해 보려는 나의 자발성을 높이 평가하고 있습니다. 이는 특히 당신이 고려하는 있는 치료를 그만둘 것인가 계속할 것인가 하는 문제와 관계있습니다.'

환자 '도그마의 문제점은 그게 틀릴 리가 없다고 하는 것입니다. 위대한 스승, 프로이트, 교황, 스탈린의 말이 그렇듯이 말입니다. 도그마의 수용은 아버지를 대신하는 것입니다. 당신은 그가 틀릴 리 없다고 생각합니다. 그는 아버지 상입니다. 지성을 비논리적인 정서에 의존하게 만드는 것은 나쁜 짓입니다.' *잠시 멈춤.* '어떤 점에서는, 내가 이론적인 말로써 끝을 내고 있는 것으로 보입니다. 무엇을 파헤치는 것을 내가 무의식중에 의도적으로 회피하고 있는 것입니까?'

분석가 '일종의 회피가 있습니다. 그 회피는 나를 일반적 방식의 분석가나 어머니 상으로 이용하는 것과 유사하고, 당신의 분석에서 내가 당신에게 아버지 상이기도 하다는 사실을 무시하는 것과 맥락을 같이합니다. 당신이 돌아오기를 바란다want to come back고 말할 때, 나는 어머니 상입니다. 그리고 이것은 당신이 유아상태에 있는 한, 당신에게 소중합니다. 돌아옴을 바라보는 또 다른 방식이 있는데, 그것은 내가 아버지로서 당신에게 돌아와야만 한다must come back고 말하는 것입니다. 이제 당신은 내게 도전할 수 있는 위치에 있습니다. 그 문제를 바라보는 제3의 방식에서는 분석이 당신이 원하는 어머니고, 나는 당신의 아버지입니다. 내가 당신을 살해하든지, 아니면 당신이 나를 살해합니다. 우리가 경쟁관계이기 때문이지요. 우리가 이런 문제들을 자주 논의하지만 당신이 9월에 돌아오느냐 아니냐 하는 문제는 실제적인 상황과 관련되어 있고, 지적 문제라기보다 정서적인 문제가 당신 앞에 놓여있습니다.'

분석의 종결

(거의 아홉 달이 지난 후, 환자가 다음의 편지를 보내왔다.)

4월 10일

친애하는 위니캇 박사님,

진작 편지 드리지 못한 점 참으로 송구하게 생각합니다. 당신과 마지막으로 만났을 때, 저는 다음 부활절 때까지는 분석을 중지하고 일을 하다가 그때 가서 당신에게 알리려고 결심했습니다.

    전체적으로 보아 그 결심은 대단히 만족스러운 것으로 드러났습니다. 지금까지의 저의 계획은 저의 임명 기간이 끝나는 다음 해 8월까지는 현재처럼 지내는 것입니다.

    그 이후 무엇을 할지에 대해서는 제가 전혀 알지 못합니다. 아직까지는 제가 그처럼 멀리까지 앞서 계획하는 것이 가능하지 않습니다. 제가 지금 아주 건강하다고 느끼고 있어서 가끔은 분석을 그만둘까 싶어집니다. 다른 한편, 저는 분석과정이 종결된 게 아니라는 것, 그리고 당신과 분석을 재개할 것인지, 당신과의 분석이 더 이상

가능하지 않다면 다른 누구와 새로 시작할 것인지를 그때 가서 결정하면 된다는 것을 잘 알고 있습니다. 제가 그 생각을 아주 쉽게 받아들일 수 있다는 사실이 제게는 커다란 진전으로 보입니다.

    다음에 우리가 분석을 재개하지 못한다면, 저는 이 기회를 빌려 당신이 제게 해준 모든 것에 감사하는 마음을 표하고 싶습니다.

진심으로 감사드리며,

부 록

철수와 퇴행[20]

지난 십년 간 분석을 진행하면서 나는 몇몇 성인 환자들이 전이 내 퇴행을 일으키는 것을 경험했다.

한 환자의 분석에서 있었던 일을 전달하고자 하는데, 그 퇴행은 임상적으로 실제로 진행된 것이 아니라, 분석회기 중에 일어난 순간적 철수 상태 내로 국한된 것이었다. 내가 이러한 철수 상태를 관리하는 방식은 퇴행환자들을 치료해 본 경험에서 많은 영향을 받았다.

(이 논문에서 '철수'는 외부 현실과의 깨어있는 관계로부터 순간적으로 분리되는 것을 의미한다. 이 분리는 때로는 깜빡 잠이 드는 형태로 나타난다. 내가 말하는 퇴행은 의존으로의 퇴행으로, 특별히 성감대와 관련된 퇴행은 아니다)

나는 한 분열성-우울증 환자의 전체 분석 자료에서 여섯 개의 중요한 일화를 택했는데, 이를 차례로 제시하고자 한다. 환자는 가족이 있는 기혼 남성으로 지금 앓고 있는 병이 시작되면서 붕괴를 겪었다. 그때 그

---

20 1954년 11월 파리에서 열린 제 17차 로망스 언어권 정신분석가 학술대회와 1955년 6월 29일 영국정신분석학회에 발표된 논문으로 위니캇『논문선집』(1958)에 들어있으며, 이 선집은『소아의학을 거쳐서 정신분석으로』(위니캇, 1975)라는 제목으로 재 발행되었다. 이 책 서문 p. 1 및 p. 33, 각주 2 참조.

는 현실감을 느끼지 못했고, 미약하게나마 가지고 있던 자발성의 능력을 상실했다. 그는 분석이 시작된 후 몇 달 동안은 일을 할 수 없었다. 처음에 나에게 올 때 그는 한 정신병원의 입원환자였다. (이 환자는 전쟁 기간 동안 나와 함께 단기간의 분석을 했다. 그 결과 청소년기의 극심한 장애에서 임상적으로 회복되었지만, 통찰을 얻은 것은 아니었다)

환자가 의식적으로 정신분석을 추구하는 주된 이유는 다른 사람이 시작하는 진지한 대화에는 매우 지적으로 참여할 수 있으나, 추진력이 없고 말을 먼저 시작하지 못하는 무능력 때문이다. 자발 능력이 결핍되어 친구관계가 망쳐지기 때문에, 그는 친구가 거의 없다. 이러한 무능은 그를 따분한 인간으로 만든다. (영화관에서 한 번 크게 웃었던 일을 보고했는데, 진전을 보여주는 이 작은 증거로 인해 그는 분석의 결과에 희망을 느끼게 되었다)

오랜 기간 그의 자유연상은 자기 내면에서 늘 진행되고 있는 대화를 수사적인 언어로 보고하는 것이었고, 그가 느끼기에 분석가의 흥미를 끌도록 주의 깊게 배열되어 제시되었다.

분석을 받는 다른 많은 환자들과 마찬가지로, 이 환자도 가끔 분석 상황 안으로 깊이 빠져든다. 그리고 드물기는 하지만 중요한 순간에 철수한다. 이러한 철수 순간에 예기치 않은 일들이 일어나는데, 때때로 그는 이에 대해 보고할 수 있다. 독자들의 양해를 구하며, 이 논문을 위해 방대한 분량의 일상적 정신분석 자료에서 몇몇 사건들을 추려내어 제시한다.

에피소드 1, 2

첫 번째 사건 (그가 겨우 기억해내서 보고할 수 있었던 환상)은, 환자가 순간적으로 철수한 상태에서 카우치 위에서 **몸을 웅크렸다가 카우치 뒤쪽으로 굴린** 것이었다. 이 행위는 이 환자 분석에서 자발적 자기에 대한 최초의 직접적 증거였다. 그 다음 철수 순간은 몇 주 뒤에 있었다. 환자가 나를 자기 아버지(환자의 아버지는 환자가 18세였을 때 사망했다)의 대리물로 이용하려고 시도했던 게 분명하고, 그는 직장에서 있었던 세부적인 일에 대해 내게 조언을 구했다. 나는 먼저 그 일에 대해 그와 이야기를 나누었지만, 그가 나를 분석가로서 필요로 하는 것이지 아버지-대리물로 필요로 하는 것이 아니란 점을 지적했다. 그는 자신이 늘 하던 방식대로 계속 이야기하는 것은 시간 낭비라고 했다. 그러고서 그는 자신이 철수했는데, 무언가로부터의 도피 같다고 했다. 그는 이 순간적 수면에서 꾸었던 꿈을 전혀 기억하지 못했다. 나는 그에게 그의 철수 순간은 깨어있는 상태와 잠자는 상태의 사이에 있거나, 내게 이성적으로 이야기하는 상태와 철수한 상태 사이에 있는, 고통스러운 경험에서 도피하는 때라고 지적해 주었다. 바로 이때 그가 실제로는 평소처럼 가슴에 두 손을 겹쳐 얹고 바닥에 등을 붙인 채 누워있었지만, 생각으로는 다시 몸을 **웅크렸다고** 내게 말할 수 있었다.

　여기서 나는 이십년 전이면 하지 않았을 해석을 처음으로 시도했다. 이 해석은 대단히 중요한 것으로 드러났다. 그는 몸을 웅크리는 것에 대해 말하면서, 자신의 웅크린 자세가 얼굴 앞 어딘가에 있다는 것과 자기가 웅크린 자세로 뒹군다는 것을 보여주려고 두 손으로 동작을 해 보였다. 그때 내가 즉시 말했다. '당신은 웅크려서 뒹군다고 말함으로써, 당신이 모르기 때문에 당연히 묘사하지 못하고 있는 어떤 것의 존재를 동시에 암시하고 있습니다. 당신은 어떤 **매개물이 존재하고 있음**을 암시합니다.' 잠시 후 나는 그에게 내가 한 말의 뜻을 이해했는지 물어보았고, 그가 즉시 이해했다는 것을 알았다. 그는 '그것은 바퀴를 움직이는 윤활유 같은 것이지요.'라고 말했다. 이제 그는 자신을 감싸고 있는 매개물이라는 개념을 받아들이면서 두 손으로 보여주었던 것을 말로 계속 설명했는데, 그는 늘 앞쪽으로 몸을 돌렸다는 것이다. 그리고 그는 이것을 그가 몇 주 앞서 보고했던 카우치 뒤쪽으로 몸을 돌리는 것과 대비시켰다.

이 매개물 해석으로부터 나는 분석환경이라는 주제를 계속해서 발전시킬 수 있었고, 분석가에 의해 제공되는 전문화된 상황과 환자의 욕구에 적응하는 분석가의 능력의 한계에 대해 보다 분명한 의견 일치를 이루어 내었다. 이 일이 있은 후, 환자가 아주 중요한 꿈을 꾸었다. 그 꿈을 분석한 결과, 그가 철수하는 순간에 내가 적절한 매개물을 제공해줄 수 있다는 것이 입증되었기에, 그는 이제 더 이상 필요 없게 된 방어물을 버릴 수 있다는 것을 보여주었다. **철수한 그의 자기 주변에 내가 즉시 하나의 매개물을 갖다 놓음으로써, 내가 그의 철수를 퇴행으로 전환시켰고,** 그리하여 그가 이 경험을 건설적으로 사용하게 했던 것 같다. 내가 분석가로서 초창기 시절이었다면, 아마도 이런 기회를 놓쳤을 것이다. 환자는 이 분석회기를 '중대한'이라는 말로 묘사했다.

이러한 세밀한 분석으로부터 아주 대단한 결과가 도출되었는데, 이는 분석가로서 내가 할 수 있는 역할을 보다 분명하게 이해하는 것, 때로 견디기 힘들 정도의 엄청난 의존이 있다는 것을 인식하는 것, 직장과 가정에서의 그의 현실 상황을 완전히 새로운 방식으로 이해하게 되는 것 등이다. 마침 그의 아내가 임신을 했는데, 그가 말하기를 이 사실이 매개물 안에 있는 그의 웅크린 상태를 자궁 안에 있는 태아라는 생각과 아주 쉽게 연결시켰다고 했다. 그는 실제로 자신의 아이와 자신을 동일시했고, 그와 동시에 처음부터 그가 어머니에게 의존했음을 인정했다.

이 회기 후 어머니를 만났을 때, 그는 처음으로 어머니가 지불하는 분석 비용이 얼마인지 물어볼 수 있었고, 여기에 관심을 가질 수 있게 되었다. 그 다음 회기에서 그는 나를 비판할 수 있었고 내가 사기꾼일지도 모른다는 의심을 표현할 수 있었다.

에피소드 3

그 다음 일화는 몇 달 후의 것으로, 분석이 아주 잘 이루어진 기간 후의 일이다. 이 일화는 분석 자료가 항문기적 특징을 띄고, 그를 특히 두렵게 한 분석 측면인 전이 상황에서의 동성애적 측면이 재도입되었을 때 일어났다. 그는 아동기에 자기가 어떤 남자에게 쫓긴다는 두려움을 늘 가지고 있었다고 보고했다. 내가 몇 가지 해석을 해주었는데, 그는 내가 이야기하는 동안 멀리 있는 어떤 공장에 가 있었다고 보고했다. 일상적인 언어로 말하자면 그의 '사고가 방황을 한 것이다.' 이 방황은 그에게 실제 사실로 느껴졌고, 그는 나와 했던 이전의 분석을 그만둔 후에 (그는 전쟁 때문에 이 분석을 끝내야 했다) 다녔던 공장에서 마치 실제로 일을 하고 있는 것처럼 느꼈다. 나는 즉시 그가 **나의 무릎으로부터** 떨어져 나갔다는 해석을 했다. 그가 철수한 상태였고, 정서 발달의 면에서 유아기에 있었기 때문에, 카우치가 자동으로 분석가의 무릎으로 되었다는 점에서 무릎이라는 표현은 적절했다. 그가 돌아올 무릎을 내가 제공해주는 것과 그가 웅크린 자세로 공간 안에서 뒹굴 수 있게 해주는 매개물을 내가 제공해주는 것 사이에 어떤 관계가 있음을 쉽게 알 수 있을 것이다.

에피소드 4

내가 선택한 네 번째 일화는 그렇게 명확한 것은 아니다. 이 에피소드는 환자가 애정 행위를 할 수 없다고 말했던 회기에서 일어난 것이다. 분석 자료를 전반적으로 검토함으로써, 나는 환자와 세계의 관계에 해리가 있다는 해석을 내릴 수 있었다. 다시 말해, 한편으로는 상상의 세계에서 말고는 대상을 발견할 희망이 없는 그러한 참 자기로부터 오는 자발성과, 다른 한편으로는 다소간 **거짓**이거나 비현실적인 자기로부터 오는 자극에 대한 반응 사이에 해리가 있다는 것이다. 이 해석에서 나는 환자가 자신의 내부에 있는 이런 분열을 나에 대한 그의 관계 안에서 결합할 수 있기를 희망하고 있다고 언급했다. 이 때 그가 잠시 동안 철수 상태에 빠져들었고, 그러고 나서 자신이 철수했을 때 어떤 일이 일어났는지 내게 말해줄 수 있었다. **하늘이 어두워졌고, 먹구름이 몰려들었으며 비가 내리기 시작했다. 세차게 쏟아지는 비는 그의 벌거벗은 몸을 때렸다.** 이 때 나는 갓 태어난 아기인 그를 이토록 잔인하고 무자비한 환경으로 밀어 넣을 수 있었고, 통합되고 독립적이 되려면 그가 어떤 종류의 환경을 기대해야 하는지 지적해 줄 수 있었다. 그것은 역전된 형태의 '매개물' 해석이었다.

에피소드 5

다섯 번째 에피소드의 내용은 나의 여름휴가를 포함해 아홉 주간의 공백이 있은 후의 분석 자료에서 나왔다.

긴 공백 후 분석에 복귀하면서, 그는 자기가 왜 다시 와야 하는지 잘 모르겠고 분석을 다시 시작하는 것이 어렵다고 했다. 그가 주로 보고한 것은 집에서나 친구들 사이에서 무슨 말이 되었건 자기가 먼저 자발적으로 말을 꺼내기가 여전히 어렵다는 내용이었다. 그는 대화에 참여만 할 수 있을 뿐이었고, 다른 두 사람이 서로 이야기를 주고받음으로써 대화의 책임을 질 때 가장 편했다. 그는 자신이 말을 꺼내는 것이 부모 중 한 사람의 관능(官能)을 침범하는 것 (말하자면 원색장면에서) 이라고 느꼈다. 그에게 필요한 것은 부모에게서 유아로 인정을 받는 것이었다. 그는 현재 일어나고 있는 문제들을 내가 계속 다룰 수 있도록 자신에 대해 충분히 말해 주었다.

다섯 번째 에피소드는 일상적인 꿈에 대한 고찰을 통해 나온 것이다.

첫 회기가 있던 날 밤에 그는 꿈을 꾸었고, 이를 다음날 보고했다. 그 꿈은 보기 드물게 생생한 꿈이었다. 꿈속에서 그는 **토요일에 출발하여 월요일에 돌아오는 일정으로** 해외로 주말여행을 떠났다. 여행에서 가장 중요한 것은 치료를 받기 위해 병원을 떠나 해외로 간 환자를 만나는 것이었다. (그 환자는 사지 중 하나가 절단된 환자로 밝혀졌다. 그 꿈에는 이 의사소통의 주제와 특별한 관계가 없는 다른 중요한 내용들도 있었다)

나의 첫 해석은 꿈속에서 **그가 갔다가 돌아온다고** 언급한 것에 대해서였다. 내가 보고하고자 하는 것은 바로 이 언급이다. 이 언급이 매개물과 무릎이라는 개념을 제공했던 처음 두 에피소드에서 내가 한 언급과, 한 개인을 나쁜 환각 환경에다 두었던 네 번째 에피소드에서 내가 한 언급과 연결되기 때문이다. 이어서 나는 그 꿈이 그가 분석과 맺고 있는 관계의 두 측면을 표현한다는 보다 완전한 해석으로 나아갔다. 한 측면에서는 그가 떠났다가 다시 돌아오고, 다른 측면에서는 그가 해외로 간다. 병원에서 떠나온 환자는 그의 이 부분을 나타낸다. 그가 해외로 가서 그 환자와 접촉한다는 것은 그 자신의 이런 두 측면 사이에 있는 해리를 와해시키려고 그가 노력하고 있다는 것을 의미한다. 나의 환자는 꿈속에서 그 환자와 접촉하는데 특별하게 열중했다고 말했다. 이로써 자신 안에 있는 해리나 분열을 자각하고 있으며, 자신이 통합되기를 원한다는 것을 암시하는 한편. 해리를 와해시키는 노력을 계속하고 있음을 보여주었다.

　이 에피소드는 분석으로 인해 꿈의 형태로 나타난 에피소드일 수 있다. 왜냐하면 그 꿈이 철수한 자기와 환경의 제공이라는 두 가지 요소를 함께 포함하고 있기 때문이다. 분석가의 매개물적인 측면이 내사되었다.

　나는 해석을 계속했다. 그 꿈은 환자가 휴가를 어떻게 다루는지 보여주었다. 그는 치료로부터 도피하는 경험을 즐길 수 있었고, 자기가 달아난다 해도 다시 돌아온다는 것 또한 알고 있었다. 이런 식으로 해서, 이런 유형의 환자에게 심각한 문제가 될 수 있는 매우 긴 휴가가 그에게는 큰 장애가 되지 않았다. 환자는 떠나고 멀어져가는 이 문제가 그의 마음 안에서는 자신이 먼저 말을 꺼내거나 무언가를 자발적으로 하는 것과 밀접한 관련이 있다는 특별한 주장을 했다. 그리고 나서 그는 자신이 갑자기 어떤 사람에게 키스하는 꿈을 꾸었던 바로 그 날, 그의 특유한 두려움이 다시 시작되었다고 털어놓았다. 그 사람은 어쩌다 자기 옆에 있던 누군가였을 것으로 남자일 수도 있다. 만일 갑자기 여자에게 키스한 것으로 밝혀지면, 그는 자신을 그렇게 바보로 여기지는 않을 것이다.

　그때 그가 분석상황 안으로 더욱 깊게 빠져들기 시작했다. 그는 자신을 집에 있는 작은 아이로 느꼈다. 만약 그가 말을 한다면 그것은 잘못된 일이다. 그렇게 하면 부모의 자리를 차지하는 것이기 때문이다. 자발적 몸짓으로 부응하지 못하는 것에 대한 절망감이 있었다. (그리고 이는 그의 가족 상황과 관련하여 알려진 것들과 일치한다) 그때 훨씬 더 심층적인 자료가 드러났는데, 그는 사람들이 문 안으로 들어오기도 하고, 문밖으로 나가기도 한다고 느꼈다. 이것이 호흡과 관련 있다는 나의 해석은 그의 진전된 연상에 의해 지지를 받았다. 생각이란 숨과 같은 것이며 아이들과도 같은 것이다. 만약 내가 아이들에게 아무것도 해주지 않으면 그는 아이들이 버려졌다고 느낄 것이다. 그의 커다란 두려움은 버려진 아이, 버려진 생각, 버려진 말 또는 낭비된 아이의 몸짓에 대한 것이다.

에피소드 6

일주일 후 환자는 (그의 관점으로서는 예기치 않은 일이다) 그가 자기 아버지의 죽음을 결코 받아들이지 않았다는 사실에 직면하게 되었다. 이 일은 환자가 꾸었던 한 꿈, 즉 아버지가 나타나서, 환자와 같이 환자의 현재의 성적 문제에 대해 합리적이고 자유롭게 논의할 수 있었던 꿈에 이어서 일어났다. 이틀 후에 환자가 왔고, 이전에 겪었던 두통과 전혀 다른 두통 때문에 대단히 힘들었다고 보고했다. 두통은 대강 이틀 전에 있었던 회기 때부터 시작되었다. 주로 관자놀이 쪽이 아팠는데 때로는 이마 쪽도 아팠다. **이 두통은 마치 머리 바로 바깥쪽에 자리 잡고 있는 것 같았다.** 두통은 계속되었고 그는 병이 났다고 느끼게 되었다. 그의 아내가 이해해 주었다면, 그는 분석에 오지 않고 잠을 자러 갔을 것이다. 그는 심히 괴로웠는데, 이것은 분명 기능장애이며 생리학적으로 설명이 될 수 없다는 것을 의사로서 알 수 있었기 때문이다. (그러므로 이것은 일종의 광증 같은 것이다)

분석이 진행되면서 나는 어떤 해석이 가능한지 알 수 있었고, 다음과 같이 말했다. '머리 바로 바깥에 있는 통증은, 당신이 어린 시절 정서적으로 아주 괴로운 상태에 있었을 때 당신에게 자연스럽게 해주곤 했던 대로, 당신 머리를 **안아달라는 욕구**를 나타내는 것입니다.' 이 해석이 처음에는 환자에게 별 의미가 없었지만, 어린 시절 제때 제대로 머리를 안아준 사람은 그의 어머니라기보다 아버지였을 거라는 것이 점차 분명해졌다. 달리 말하자면, 아버지가 죽은 후에, 환자가 애도하며 무너진다 해도, 그의 머리를 안아줄 수 있는 사람이 없었다는 것이다.

나는 나의 해석을 매개물 해석이라는 실마리 해석과 연결시켰고 환자는 차차 그의 손에 대한 나의 생각이 옳다고 느꼈다. 그는 공감적 관리에 필요한 도구를 제공해주는 어떤 기계가 내게 있으며 또 내가 작동도 시킬 수 있다고 느끼면서 자신이 순간적으로 철수했다고 보고했다. 이 말이 그에게 의미했던 것은 내가 실제로 그의 머리를 안아주지 않는 것이 중요하다는 것이다. 머리를 안아주는 행위는 사실 기법적인 원리들을 기계적으로 적용하는 것에 지나지 않는다. **중요한 것은 그가 필요로 하는 것을 내가 즉시 이해한다는 것이었다.**

그 회기가 끝날 무렵에 그는 한 아이의 머리를 안는 데 오후 나절을 다 보냈던 것을 상기하고 놀라워했다. 그 아이는 국소마취를 하고 작은 수술을 받았는데, 수술이 한 시간 이상 걸렸다. 아이를 돕기 위해 그가 할 수 있는 모든 것을 다 했지만, 그다지 성과를 거두지는 못했다. 그는 그 아이가 누군가 자기 머리를 안아주기를 틀림없이 원할 거라 느꼈다.

그때 환자는 나의 해석이 그가 그날 분석을 받기 원했던 것에 관한 것임을 깊이 깨달았으며, 아내가 자신에게 공감하지 않고 자기 마음대로 그의 머리를 안지 않은 것을 감사하게 느꼈다.

요 약

이 교신의 배후에 있는 생각은 우리가 분석시간에 일어나는 퇴행에 대해 알고 있으면 퇴행에 즉각 대처할 수 있으므로, 중증이 아닌 일부 환자들에게 짧은 기간 동안 어쩌면 거의 순간적으로 그들에게 필요한 퇴행을 경험하게 해줄 수 있다는 것이다. **철수한 상태에서 환자는 자기 self를 안고 있는 것이어서, 철수 상태가 나타나자마자 분석가가 환자를 안아줄 수 있으면**, 안아주지 못 할 경우 일종의 철수 상태로 있을 것이, 퇴행으로 될 수도 있을 것이다. 퇴행의 유익한 점은 퇴행과 동시에 환자의 과거 병력 내에 있었던, 즉 환자의 유아기 관리 내에 있었던 부적절한 욕구-적응을 교정할 기회를 얻게 된다는 것이다. 이와는 대조적으로 철수한 상태는 유익하지 않으며, 철수한 상태에서 회복할 때 환자는 변화되지 않은 채 남는다.

우리가 환자를 깊이 이해하고 올바르고 시의적절한 해석을 통해 환자에 대한 이해를 보여 줄 때마다 우리는 사실상 환자를 안아주고 있는 것이며 환자가 어느 정도 퇴행하고 의존하는 관계에 참여하고 있는 것이다.

정신분석이 진행되는 동안 일어난 환자 퇴행에는 얼마간의 위험이 내포되어 있다는 것이 일반적인 생각이다. 그 위험은 퇴행 자체에 있는 것이 아니라, 분석가가 퇴행과 퇴행에 따르는 의존에 대처할 준비를 갖추지 못한 데에 있다. 분석가가 경험을 통해 퇴행관리에 충분한 자신감을 가지고 퇴행을 더 빨리 받아들이고 적절히 대처해 갈 때, 환자가 퇴행적 성질을 가진 병에 걸릴 확률이 줄어든다고 할 수 있을 것이다.

참고문헌

Freud, S. (1895). *Studies on Hysteria* in Volume 2 of *The Standard Edition of the Complete Psychological Works of Sigmund Freud*, (London: The Hogarth Press; New York: Norton).

Giovacchini, P. L.(ed.) (1972). *Tactics and Techniques in Psychoanalytic Therapy* (New York: Science House; London: The Hogarth Press).

Nietzsche, F. (1886). *The Gay Science*. Translated, with commentary, by Walter Kaufman (New york: Vintage Books, 1974).

Winnicott, D. W. (1931). *Clinical Notes on Disorders of Childhood*(London: Heinemann).

——(1935). 'The Manic Defence' in Winnicott 1975.

——(1936). 'Appetite and Emotional Disorder' in *ibid*. (1975).

——(1945). 'Primitive Emotional Development' in *ibid*. (1975).

——(1948a). 'Paediatrics and Psychiatry' in *ibid*. (1975).

——(1948b). 'Reparation in Respect of Mother's Organized Defence against Depression' in *ibid*. (1975).

——(1949a). 'Birth Memories, Birth Trauma, and Anxiety' in *ibid*. (1975).

——(1949b). 'Mind, and its Relation to the PsycheSoma' in *ibid*. (1975).

——(1951). 'Transitional Objects and Transitional Phenomena' in *ibid*. (1975).

——(1952). 'Anxiety Associated with Insecurity' in *ibid*. (1975).

——(1954a). 'Withdrawal and Regression' in *ibid*. (1975), and reprinted as the Appendix to this volume.

——(1954b). 'The Depressive Position in Normal Emotional Development' in *ibid*. (1975).

——(1954c). 'Metapsychological and Clinical Aspects of Regression within PsychoAnalytical SetUp' in *ibid*. (1975).

——(1955). 'Clinical Varieties of Transference' in *ibid*. (1975).

——(1956). 'The AntiSocial Tendency' in *ibid*. (1975).

——(1958). 'The Capacity to be Alone' in Winnicott 1965.

——(1960a). 'Ego Distortion in Terms of True and False Self' in *ibid*. (1965).

——(1960b). 'The Theory of the Parentinfant Relationship' in *ibid*. (1965).

——(1963a). 'The Development of the Capacity for Concern' in *ibid*. (1965).

——(1963b). 'Psychiatric Disorder in Terms of Infantile Maturational Processes' in *ibid*. (1965).

——(1963c). 'Psychotherapy of Character Disorders' in *ibid*. (1965).

——(1965). *The Maturational Processes and the Facilitating Environment* (London: The Hogarth Press; New York: Int. Univ. Press).

——(1970). 'The MotherInfant Experience of Mutuality' in *Parenthood*, edited by E. J. Anthony and T. Benedek (Boston: Little, Brown & Co.).

——(1971). *Playing and Reality* (London: Tavistock Publications; New York: Basic Books).

——(1972). 'Mother's Madness appearing in the Clinical Material as an Egoalien Factor' in Giovacchini 1972.

——(1973). 'Delinquency as a Sign of Hope' in *Adolescent Psychiatry,* II, edited by S. C. Feinstein and P. L. Giovacchini (New York: Basic Books).

——(1975). *Through Paediatrics to PsychoAnalysis* – a reissue of Winnicott's *Collected Papers* (London: Tavistock Publications, 1958), with an introduction by M. Masud R. Khan (London: The Hogarth Press; New York: Basic Books).

한국심리치료연구소 총서

◇ 정기 간행물

000 정신분석 프리즘

◇ 대상관계이론과 기법 시리즈

멜라니 클라인
  001 멜라니 클라인
  002 임상적 클라인
  003 무의식적 환상

도널드 위니캇
  004 놀이와 현실
  005 그림놀이를 통한 어린이 심리치료
  006 성숙과정과 촉진적 환경
  007 박탈과 비행
  008 소아의학을 거쳐 정신분석학으로
  009 가정, 우리 정신의 근원
  010 아이, 가족, 그리고 외부세계
  011 울타리와 공간
  012 참자기
  013 100% 위니캇
  014 안아주기와 해석

로널드 페어베언
  015 성격에 관한 정신분석학적 연구

크리스토퍼 볼라스
  016 대상의 그림자
  017 환기적 대상세계
  018 끝없는 질문
  019 그들을 잡아줘 떨어지기 전에

오토 컨버그
  020 내면세계와 외부현실
  021 대상관계이론과 임상적 정신분석
  022 인격장애와 성도착에서의 공격성

◇ 대상관계이론과 기법 시리즈

그 외 이론 및 기법서
  023 심각한 외상과 대상관계
  024 정신분석학적 대상관계이론
  025 대상관계 개인치료1: 이론
  026 대상관계 개인치료2: 기법
  027 대상관계 부부치료
  028 대상관계 단기치료
  029 대상관계 가족치료1
  030 대상관계 집단치료
  031 초보자를 위한 대상관계 심리치료
  032 단기 대상관계 부부치료
  033 대상관계이론과 정신병리

◇ 하인즈 코헛과 자기심리학 시리즈

034 자기의 분석
035 자기의 회복
036 정신분석은 어떻게 치료하는가?
037 하인즈 코헛과 자기심리학
038 하인즈 코헛의 자기심리학 이야기1
039 자기심리학 개론
040 코헛의 프로이트 강의

◇ 아스퍼거와 자폐증

041 자폐아동을 위한 심리치료
042 살아있는 동반자
043 아동 자폐증과 정신분석
044 아스퍼거 아동으로 산다는 것은?
045 자폐아동의 부모를 위한 101개의 도움말
046 자폐적 변형

◇ 비온학파와 현대정신분석

047 신데렐라와 그 자매들
048 애도
049 정신분열증 치료와 모던정신분석
050 정신분석과 이야기 하기
051 비온 정신분석사전
052 전이담기
053 상호주관적 과정과 무의식
054 숙고
055 윌프레드 비온의 임상 세미나
056 분석적 장: 임상적 개념
057 상상을 위한 틀
046 자폐적 변형

제임스 그롯슈타인
058 흑암의 빛줄기
059 그러나 동시에 또 다른 수준에서 I
060 그러나 동시에 또 다른 수준에서 II

마이클 아이건
061 독이든 양분
062 무의식으로부터의 불꽃
063 감정이 중요해
064 깊이와의 접촉
065 심연의 화염
066 정신증의 핵
067 신앙과 변형

도널드 멜처
068 멜처읽기
069 아름다움의 인식
070 폐소
071 꿈 생활
072 비온 이론의 임상적 적용
073 정신분석의 과정

◇ 정신분석 주요개념 및 사전

074 꿈 상징 사전
075 편집증과 심리치료
076 프로이트 이후
077 정신분석 용어사전
078 환자에게서 배우기
079 비교정신분석학
080 정신분석학 주요개념
081 정신분석학 주요개념2: 임상적 현상
082 오늘날 정신분석의 꿈 담론
051 비온 정신분석 사전

◇ 사회/문화/교육/종교 시리즈

083 인간의 욕망과 기독교 복음
084 살아있는 신의 탄생
085 현대 정신분석학과 종교
086 종교와 무의식
087 인간의 관계경험과 하나님 경험
088 살아있는 인간문서
089 신학과 목회상담
090 성서와 정신
091 목회와 성
092 교육, 허무주의, 생존
093 희망의 목회상담
094 전환기의 종교와 심리학
095 신경증의 치료와 기독교 신앙
096 치유의 상상력
097 영성과 심리치료
098 의례의 과정
099 외상, 심리치료 그리고 목회신학
100 모성의 재생산
101 상한 마음의 치유

한국심리치료연구소 총서

◇ 사회/문화/교육/종교 시리즈

102 그리스도인의 원형
103 융의 심리학과 기독교 영성
104 살아계신 하나님과 우리의 살아있는 정신
105 정신분석과 기독교 신앙
106 성서와 개성화
107 나의 이성 나의 감성

◇ 아동과 발달

108 유아의 심리적 탄생
109 내면의 삶
110 아기에게 말하기
111 난 멀쩡해. 도움 따윈 필요 없어!
004 놀이와 현실
005 그림놀이를 통한 어린이 심리치료
006 성숙과정과 촉진적 환경
007 박탈과 비행
008 소아의학을 거쳐 정신분석학으로
009 가정, 우리 정신의 근원
010 아이, 가족, 그리고 외부세계
011 울타리와 공간
012 참자기
013 100% 위니캇
041 자폐아동을 위한 심리치료
044 아스퍼거 아동으로 산다는 것은?
045 자폐 아동의 부모를 위한 101개의 도움말

◇ 자아심리학/분석심리학/기타 학파

112 C.G. 융과 후기 융학파
113 C. G. 융
114 하인즈 하트만의 자아심리학
115 자기와 대상세계
116 프로이트의 정신분석학

◇ 스토리텔링을 통한 어린이 심리치료 전집

117 스토리텔링을 통한…심리치료(가이드 북)
118 감정을 억누르는 아동을 도우려면
119 강박증에 시달리는 아동을 도우려면
120 마음이 굳어진 아동을 도우려면
121 꿈과 희망을 잃은 아동을 도우려면
122 두려움이 많은 아동을 도우려면
123 상실을 경험한 아동을 도우려면
124 자존감이 낮은 아동을 도우려면
125 그리움 속에 사는 아동을 도우려면
126 분노와 증오에 사로잡힌 아동을 도우려면

◇ 정신분석 아카데미 시리즈

127 성애적 사랑에서 나타나는 자기애와 대상애
128 싸이코패스는 누구인가?
129 영조, 사도세자, 정조 그들은 왜?
130 정신분석에서의 종결
131 자폐적 대상에 대한 정신분석학적 연구
132 정신분석과 은유
133 정신분열증, 그 환상의 세계로 가다
134 사라짐의 의미
135 제4차 산업혁명에 대한 정신분석적 고찰

◇ 초심자를 위한 추천도서

001 멜라니 클라인
004 놀이와 현실
013 100% 위니캇
031 초보자를 위한 대상관계 심리치료
037 하인즈 코헛과 자기심리학
076 프로이트 이후
136 왜 정신분석인가?

현대정신분석연구소 수련 과정 안내

이 책을 혼자 읽고 이해하기 어려우셨나요? 그렇다면 함께 공부합시다!
현대정신분석연구소에서 이 책의 내용에 대한 강의를 들으실 수 있습니다.

현대정신분석연구소는 1996년에 한국심리치료연구소라는 이름으로 창립되어, 국내에 정신분석 및 대상관계이론을 전파하는 선구자적 역할을 해왔습니다.

　　　　정신분석을 연구하고 교육하는 기관으로서 주요 정신분석 도서 130여 권을 출판 하였으며, 정신분석전문가 및 정신분석가를 양성하고 있습니다. 또한 부설기관인 광화문심리치료센터에서는 대중을 위한 정신분석 및 정신분석적 심리치료를 제공하고 있습니다.

　　　　현대정신분석연구소에서는 미국 뉴욕과 보스턴 등에서 정식 훈련을 받고 정신분석 면허를 취득한 교수진 및 수퍼바이저들로 구성되어 있으며, 뉴욕주 정신분석가 면허 기준에 의거한 분석가 및 정신분석전문가 프로그램을 운영하고 있습니다. 프로그램에서는 프로이트부터 출발하여 대상관계, 자기심리학, 상호주관성, 모던정신분석, 신경정신분석학, 애착 이론, 라깡 이론 등 최신 정신분석의 이론에 이르는 다양한 이론들을 연구하는 포용적 eclectic 관점을 채택하고 있습니다.

　　　　프로그램에서 요구하는 요건들을 모두 충족하고 프로그램을 졸업하게 되면, 사단법인 한국정신분석협회에서 공인하는 'Psychoanalyst'와 'Psychoanalytic Psychotherapist' 자격을 취득하게 됩니다. 이와 동시에 현대정신분석연구소와 결연을 맺은 미국 모던정신분석협회 Society of Modern Psychoanalysts, SMP 에서 수여하는 'Psychoanalyst'와 'Applied Psychoanalysis Professional' 자격증을 신청할 수 있습니다.

　　　　국내에서 가장 정통있는 정신분석 기관 중 하나로서 **현대정신분석연구소**는 인간에 대한 보다 심층적인 이해를 통해 한국사회의 정신건강에 기여하고자 합니다.

■ 졸업 요건

구분	PSYCHOANALYST	PSYCHOANALYTIC PSYCHOTHERAPIST
번호	· 등록민간자격 2020-003430	· 등록민간자격 2020-003429
임상	· 개인분석 300시간 이상 · 개인수퍼비전 200시간 · 임상 1,000시간 이상	· 개인분석 150시간 이상 · 개인수퍼비전 25시간 · 임상 150시간 이상
교육	· 졸업이수학점 72학점 · 기말페이퍼 12과목 · 종합시험 5과목 · 졸업 사례발표 2회 · 졸업논문	· 졸업이수학점 48학점 · 종합시험 5과목 · 졸업 사례발표 1회
입학자격	석사 혹은 그에 준하는 학력이상	학사 혹은 그에 준하는 학력이상

※상기 자격은 자격기본법 규정에 따라 등록한 민간자격으로, 국가로부터 인정받은 공인자격이 아닙니다.

■ 문의 및 오시는 길

서울시 종로구 새문안로 5가길 28(적선동, 광화문플래티넘) 918호
- Tel: 02) 730-2537~8 / Fax: 02) 730-2539
- E-mail: kicp21@naver.com
- 홈페이지: www. kicp.co.kr (홈페이지를 통해 인터넷 강의도 수강이 가능합니다)

* 정신분석에 관한 유용한 정보들을 한눈에 보실 수 있는 정신분석플랫폼 몽상의
SNS 채널들과 현대정신분석연구소 유튜브 채널을 팔로우 해보세요!

- 네이버 블로그: blog.naver.com/kicp21
- 인스타그램: @psya_reverie
- 유튜브 채널: 현대정신분석연구소KICP
- 페이스북 페이지: 정신분석플랫폼 몽상

QR코드로 접속하기